21世纪经济学系列教材

高鸿业《西方经济学》

（宏观部分·第八版）学习指导书

主　编　王海滨

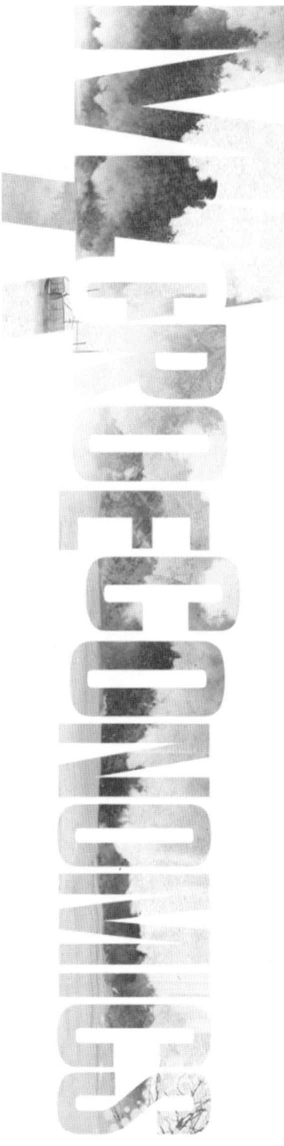

中国人民大学出版社
·北京·

内容简介

本书是配套于高鸿业版《西方经济学》(宏观部分·第八版)的学习指导书,每一章均包括学习精要、习题解析和补充训练三个部分。学习精要部分对每章知识点做出精要提炼;习题解析部分提供每章课后习题的答案及详细解释;补充训练部分针对课后习题未能覆盖或者覆盖密度不足的重难点提供一些补充练习题。

本书适合经济学本科生及考研人士复习使用。

作者简介

王海滨,2006 年至今一直从事微观经济学、宏观经济学考研培训,培养了大量优秀学员,编有《高鸿业版〈西方经济学〉(微观部分·第七版)学习手册》《高鸿业版〈西方经济学〉(宏观部分·第七版)学习手册》《西方经济学·微观部分习题册(第 2 版)》《西方经济学·宏观部分习题册(第 2 版)》等书籍,曾主译《曼昆版〈宏观经济学〉(第七版)习题集》。

总 序

改革开放以来，经济社会的发展对中国经济学教育、教学产生了重要的影响，提出了新的要求。为了使经济学教育、教学根植于我国改革开放和现代化建设的肥沃土壤，服务于时代和实践的需求，中国人民大学出版社从本世纪初就开始组织国内知名经济学者编写适应新时期经济学教学的“21 世纪经济学系列教材”。

十多年来，21 世纪经济学系列教材已经逐步推出了许多适合中国特点的经济学教科书，影响了一批又一批的青年学子。这其中，我国经济学界杰出教育家、西方经济学学科主要奠基人之一高鸿业先生主编的《西方经济学》，已成为我国高校经济学专业的权威性教材，读者早已超过千万！中国马克思主义政治经济学的奠基人宋涛先生的《政治经济学教程》，对马克思主义政治经济学在中国的传播、普及和发展发挥了重要作用。该系列已经出版的其他教材，如孙久文教授的《区域经济学教程》、彭刚教授的《发展经济学教程》、王则柯教授的《博弈论教程》、黄卫平教授的《国际经济学教程》等等，都产生了广泛的影响，为中国的经济学教育作出了贡献。

近几年来，中国的经济学教育、教学面临新的形势，取得了长足的进步：一是我国经济学界教育思想、教育观念已经发生了重大转变，更加重视素质教育；二是教学内容有了重大改革，在学科专业调整建设、课程体系、教学内容改革方面取得了进展；三是教育、教学方法有了重大进步，更加重视理论联系实际，实验、实践、案例教学逐步加强，现代化教学手段被广泛应用。

有鉴于此，为了应对新的形势与变化，中国人民大学出版社在认真调查研究高等学校经济学专业本科培养方案和课程教学大纲的基础上，组织专家学者，经过反复研究论证、合理定位、精心写作、吐故纳新，进一步整合优化了“21 世纪经济学系列教材”。这套教材将涵盖经济学专业所有的基础课、主干课、核心课，使学生通过《政治经济学》《微观经济学》《宏观经济学》等基础理论教材的学习，掌握经济学的基础理论，培养厚实的经济学理论功底；通过《产业经济学》《区域经济学》《国际经济学》等应用类主干课程教材的学习，掌握现实经济部门的运行和发展；通过《经济学说史》《经济思想史》《世界经济史》等经济史学类教材的学习，理解经济学的发展和演变规律；通过《计量经济学》《统计学》等经济学方法类教材的学习，掌握经济学的思考方法和具体的研究方法；通过《博弈论》《行为经济学》等专业教材的学习，了解经济学理论的前沿进展；通过《西方经济学典型题题解》《政治经济学学习与教学手册》等基础课程的配套教辅书的学习，牢固掌握所学经济学理论。

这套教材的编写特色主要体现在以下几个方面：

第一，作者阵容强大，教学经验丰富。作者大都是来自中国人民大学、北京大学、清华大学、南开大学、复旦大学、浙江大学、武汉大学等国内重点大学的学科带头人，有很高的科研水平和丰富的教学经验。

第二，在教材编写和内容安排上，强调基础知识、基本理论、基本技能。同时充分吸收国内外优秀教材的优点，定位明确，体系科学，概念准确，深入浅出。

第三，融合本学科现有的研究成果，反映本学科研究的最新进展，反映中国改革开放和现代化建设实践中的新成果，反映当今世界发生的深刻变革对经济学理论和实践产生的影响。

第四，教材重视加入现实经济生活中的案例、新闻素材等内容，使教材的可读性更强，更能够与当前中国经济现实结合起来，使学生能够学以致用。

中国人民大学出版社希望通过这套教材的出版，与广大教师、学生一起研究和探讨，进一步提高中国经济学教材的编写水平，提高经济学教学质量，为经济学的发展，为培养具有创新能力与实践能力、具有国际视野又了解中国国情的高层次经济学人才作出新的贡献。

前 言

01

本书每一章均分为三大部分：

学习精要：这部分提炼出本章内容的要点，便于读者快速地了解本章的知识框架以及重难点，协助读者做到提纲挈领，以便提高复习效率。

习题解析：这部分针对教材的课后习题，提供答案和解析，有助于读者自学。本书的答案和解析力求精练，尽量用简明扼要的语句，让读者清晰地把握问题的关键点所在，以求节省读者宝贵的时间。

补充训练：这部分针对课后习题所未能覆盖或者覆盖密度不足的重难点提供一些补充习题，便于读者在使用本书后，能对所有重难点进行一轮较为完整的训练。本书补充习题一律取材于各大名校历年考研真题。

有必要提一下的是，本书所选考题未必来自经济学专业的考研试卷，部分相关专业例如金融学、管理学等以及部分专业硕士例如金融硕士、保险硕士、资产评估硕士等的考研试卷里也可能会有经济学题目，但本书没有详细指出所选真题来自什么试卷，否则略显啰唆。

在本书的最后，编者用表格的形式列出了全部知识点，把知识点与两部分习题的编号一一对应起来，便于读者查阅。

02

我们每做一道题，都等于给自己的经济学知识体系添了一块砖，每一道题都可以让我们的知识体系完善一分。这种做题方法是比较科学的。要达到这样的效果，编者提出两个意见，与读者共勉。

(1) **做完每道题后都要花费一点时间思考、总结。**思考、总结做完每道题后自己获得了什么，是完善了知识体系，熟悉了解题技巧，还是有了其他收获。编者在部分题目的答案后附有“提示”或“总结”，只是一种示范，读者可以按照这样的方法自己总结出更多的东西。

(2) **不建议只做考试会考的题型。**例如，如果考试只考主观题，就跳过所有客观题，认为客观题没用。在基础复习阶段，这种做法是有害的。主观题和客观题只是“长相”不同，本质并没有区别，所有客观题都可以改编为主观题。选习题就如选人，要看内涵，而不是“长相”。

更多经济学学习方法的建议，可关注编者的微信公众号。

03

限于篇幅，本书不能把所有内容都写进来，一些补充文字、配套的视频讲解、勘误等，编者在自建的微信公众号“王海滨老师”中提供(可微信扫描右侧二维码关注)。

读者若有意见反馈或者寻求关于本书学习方面的帮助，可联系编者。**凡本书范围内，编者不限量免费答疑。**个人微信：whb3533153213；读者交流QQ群：432166853。

本书参编者包括王海滨、刘莉莉、王华柏、蒋爱荣、王海珍等，全书由王海滨统稿，并且由王海滨对内容上的任何质量问题承担全部责任。

王海滨所主编的西方经济学教辅书见下表，图书已在或即将在中国人民大学出版社出版发行。

书名	定位	特色
《高鸿业〈西方经济学〉(微观部分·第八版)学习指导书》	教材同步辅导书，适合本科在读生期末考试复习以及考研学生前期复习	题目不超出教材范围
《高鸿业〈西方经济学〉(宏观部分·第八版)学习指导书》		
《高鸿业〈西方经济学〉(微观部分·第八版)习题册》	综合型习题册，适合所有学生	题目覆盖初、中级经济学范围，难题和中级题有标注，含财经时事题
《高鸿业〈西方经济学〉(宏观部分·第八版)习题册》		

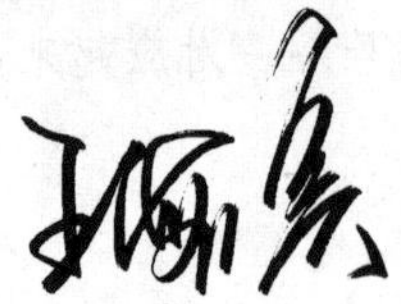

2021年9月

目 录

第十二章 宏观经济的基本指标及其衡量

学习精要

一、学习重点

1. 国内生产总值
2. 运用收入法和支出法核算 GDP
3. 国民收入的其他衡量指标

二、知识脉络图

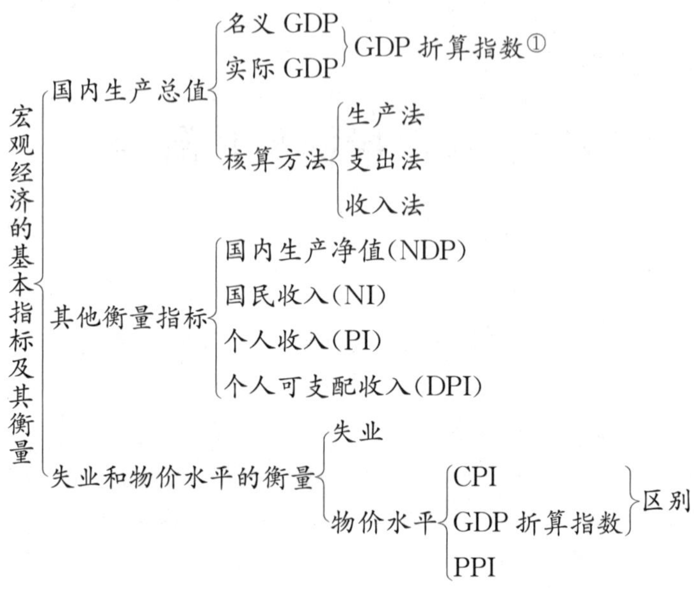

三、理论精要

知识点一 宏观经济学的特点

宏观经济学研究的是国家经济总体运行的问题，它把经济主体划分为家庭、企业、政府三大类，把市场划分为产品、货币、劳动三大类。

宏观经济学和微观经济学的异同既体现在经济理论上，也体现在经济政策上。微观经济学研究的是个体经济活动参与者的行为和后果；宏观经济学研究的是社会总体的经济行为和后果。微观经济政策的目标主要是解决资源优化配置问题，宏观经济政策的目标是解决资源利用问题。

知识点二 国内生产总值

国内生产总值（GDP）：指经济社会（即一国或一地区）在一定时期内运用生产要素所生产的全部最终产品（产品和劳务）的市场价值。GDP的计算遵循国土原则。

最终产品：指由最终使用者购买的产品和劳务，不再投入生产。

中间产品：指用于再出售而供生产别种产品和劳务用的产品和劳务。

判断一件产品或劳务究竟是最终产品还是中间产品，取决于谁购买了它以及用

① GDP折算指数又称GDP平减指数。

于什么目的。

名义 GDP：指用生产产品和劳务的当年价格计算出来的全部最终产品的市场价值。

实际 GDP：指用从前某一年的价格作为基期价格计算出来的全部最终产品的市场价值。

GDP 折算指数：$\frac{\text{名义 GDP}}{\text{实际 GDP}}$，用来反映物价变动程度。

国民生产总值（GNP）：指某国国民所拥有的全部生产要素在一定时期内所生产的最终产品的市场价值。GNP 的计算遵循国民原则，区别于 GDP。

知识点三　国民收入核算方法

生产法：又叫增值法，采用对每个生产过程新增价值加总的方法计算 GDP。

支出法：GDP＝消费＋投资＋政府购买＋净出口＝$C+I+G+(X-M)$。

住宅购买不包括在消费支出内。

投资＝固定资产投资＋存货投资＝(净投资＋重置投资)＋存货投资

政府转移支付不计入政府购买。

收入法：GDP＝税前工资＋利息＋税前利润＋租金＋间接税和企业转移支付＋折旧。

知识点四　国民收入的其他衡量指标

国内生产净值（NDP）：指一个国家一年内新增加的产值，即在国内生产总值中扣除了折旧（当期资本耗费）之后的产值。

NDP＝GDP－折旧

国民收入（NI）：指一个国家一年内用于生产的各种生产要素所得到的全部收入。

NI＝NDP－间接税和企业转移支付＋政府补助金

（NI 为要素收入，即工资、利润、利息、租金的加总。）

个人收入（PI）：PI＝NI－公司所得税和公司未分配利润－社会保险税＋转移支付。

个人可支配收入（DPI）：税后个人收入，即 DPI＝PI－个人所得税。

知识点五　储蓄—投资恒等式

两部门经济：$I=S$，投资＝储蓄。

三部门经济：$I=S+(T-G)$，投资＝私人储蓄＋政府储蓄。

四部门经济：$I=S+(T-G)+(M-X+K_r)$，投资＝私人储蓄＋政府储蓄＋国外储蓄。

知识点六　失业率、物价和采购经理指数

$$劳动力数量=就业人数+失业人数$$

$$失业率=\frac{失业人数}{劳动力数量}\times 100\%$$

CPI：通过计算城市居民日常消费的一个市场篮子的生活用品和劳务的价格水平变动而得到的指数。

$$CPI=\frac{现期价格指数}{基期价格指数}\times 100\%$$

PPI：通过计算生产者在生产过程中所有阶段上所获得的产品的价格水平变动而得到的指数。这些产品包括制成品和原材料。

PMI：反映经济变化趋势，PMI＞50％说明经济在发展，PMI＜50％说明经济在衰退。

【提示】PMI是第八版教材新增的知识点，但从历年考研情况来看，不是考试重点。

习题解析

1. 宏观经济学和微观经济学有什么联系和区别？为什么有些经济活动从微观看是合理的、有效的，而从宏观看却是不合理的、无效的？

【难度】[①] 1　　**【考点】**宏观经济学的特点

【答案】宏观经济学和微观经济学都是研究市场经济中经济活动参与者的行为及其后果的。两者的联系主要表现在以下方面：

（1）微观经济学和宏观经济学是互为补充的。微观经济学在资源总量既定的条件下，通过研究个体经济活动参与者的经济行为及其后果来说明市场机制如何实现各种资源的最优配置；而宏观经济学则是在资源配置方式既定的条件下研究经济中各有关总量的决定及其变化。两者分别从个体和总体角度分析了经济的运行状况，共同构成了西方经济学的整体。

---

① 难度级别我们主要用以下方法核定：1级表示基础题，考查读者对课本内容的记忆；2级表示提高题，考查读者运用课本基础知识进行简单思考的能力；3级表示难题或综合题，考查读者对课本知识进行较深入及较复杂思考的能力、结合社会问题考查读者理论联系实际的分析能力，或考查读者融会贯通前后知识点进行分析的能力。

（2）微观经济学是宏观经济学的基础。这是因为任何总体总是由个体组成的，对总体行为的分析自然也离不开对个体行为的分析。例如，宏观经济学中的消费是单个消费者选择的结果，而投资也同样来源于单个厂商的选择。

（3）微观经济学和宏观经济学都采用了供求均衡分析的方法。这是因为市场经济中所有经济活动参与者的行为都是一定意义上的供给和需求行为，因而，微观经济学通过需求曲线和供给曲线决定产品的均衡价格和产量；宏观经济学通过总需求曲线和总供给曲线研究社会的一般价格水平和产出水平。

微观经济学和宏观经济学的区别：

（1）研究对象不同。微观经济学研究的是个体经济活动参与者的行为及其后果，侧重讨论市场机制下各种资源的最优配置问题；而宏观经济学研究的是社会总体的经济行为及其后果，侧重讨论经济社会资源的充分利用问题。

（2）中心理论不同。微观经济学的中心理论是价格理论；宏观经济学的中心理论是国民收入决定理论。

（3）研究方法不同。微观经济学的研究方法是个量分析；宏观经济学的研究方法是总量分析。

虽然我们说经济学中的总体行为是个体行为的加总，但不是简单加总，总体经济运行有着和个体经济运行不一样的规律，因而，有些经济活动从微观看是合理的、有效的，但是从宏观看是不合理的、无效的。一个典型的例子是“节俭悖论”，储蓄的增加对个人而言是财富的累积，而对总体而言，却会因为总消费减少导致总需求下降和实际产出减少。

2. 举例说明最终产品和中间产品的区别不是根据产品的物质属性而是根据产品是否进入最终使用者手中。

【难度】1　　**【考点】**国内生产总值

【答案】最终产品指的是由最终使用者购买的产品和服务，不再投入生产。中间产品是指作为其他产品和服务生产过程中的投入品存在的产品和服务。区分最终产品和中间产品不能根据产品的物质属性，而是要看它是否进入最终使用者手中。比如面粉，不能简单地将其归为最终产品或者中间产品，因为当它被一个家庭主妇购买用于家庭消费的时候，已不再投入生产了，因而是最终产品。但是，当面粉被面包师购买做成面包出售时，它是面包的投入品，因而属于中间产品。读者可以试举其他例子。

3. 为什么人们从公司债券中得到的利息应计入 GDP，而从政府公债中得到的利息不计入 GDP?

【难度】2　　**【考点】**国民收入核算方法

【答案】这是因为公司债券的利息支出是企业融资所支付的成本，而企业通过发行债券募集的资金将用于企业的生产，比如用于添置机器设备等，提供生产性服务，最终形成了产出，因而资金可以被看成是生产要素，理所当然地利息收入也就是生产要素的报酬了，按照收入法核算应当计入 GDP。

但是购买政府公债获得的利息往往被看作是转移支付，因为政府借的债不一定用于生产产品，往往用于弥补财政赤字。政府公债利息往往通过将来的税收来偿还，所以可以被看作是从纳税人的收入中征取一部分来支付，因而属于一种转移支付。

【提示】以上答案用于考试可得满分，但解释还不够详细。更深入详细的解释，可关注微信公众号“王海滨老师”，点击菜单栏中的“精品文章/精品文章合集/为什么公司债券利息计入 GDP 而政府公债利息不计入 GDP?”或微信扫描二维码查看。

4. 为什么政府给公务员发的工资要计入 GDP，而给灾区或困难人群发的救济金不计入 GDP?

【难度】1　　**【考点】**国民收入核算方法

【答案】政府给公务员发工资是因为公务员被政府雇用来为社会提供了服务，也就是说这部分政府支出属于购买劳务的支出，根据支出法核算 GDP 的定义，政府的购买支出应该计入 GDP。而给灾区或困难人群发的救济金这部分政府支出只是简单地把收入从一些人或一些组织（纳税人）手中转移到另一些人或另一些组织（灾区或困难人群）手中，没有对应的物品和劳务的交换发生，属于政府的转移支付，因而不能计入 GDP。

5. 为什么企业向政府缴纳的间接税也计入 GDP?

【难度】2　　**【考点】**国民收入核算方法

【答案】根据收入法核算 GDP 是指用企业的生产成本来核算国内生产总值。企业向政府缴纳的间接税虽然不是生产要素创造的收入，但和要素收入一起构成产品市场价值的部分，会通过产品价格转嫁给消费者，因而也应被视为成本，应计入 GDP。

6. 假定某国某年发生了以下活动：(a) 一家银矿公司支付 7.5 万美元工资给矿工开采 50 千克银并卖给一个银器制造商，售价 10 万美元；(b) 银器制造商支付 5 万美元工资给工人加工一批项链并卖给消费者，售价 40 万美元。

(1) 用最终产品生产法计算 GDP。

(2) 在生产活动中赚得的工资和利润各为多少？用收入法计算 GDP。

【难度】1　　**【考点】**国民收入核算方法

【答案】(1) 最终产品为项链，价值 40 万美元。

(2) 两企业支付工资加总为：7.5＋5＝12.5(万美元)。所获利润共计：(10－7.5)＋(40－10－5)＝27.5(万美元)。用收入法计算的 GDP 为各生产要素收入之和，即：工资＋利润＝12.5＋27.5＝40(万美元)。

7. 一经济社会生产三种产品：书、面包和菜豆。它们在 2016 年和 2017 年的产量和价格如下表所示。

	2016 年		2017 年	
	产量	价格	产量	价格
书	100 本	10 美元	110 本	10 美元
面包	200 条	1 美元	200 条	1.5 美元
菜豆	500 千克	0.5 美元	450 千克	1 美元

试求：(1) 2016 年名义 GDP。

(2) 2017 年名义 GDP。

(3) 以 2016 年为基期，2016 年和 2017 年的实际 GDP 是多少？这两年实际 GDP 变化了多少百分比？

(4) 以 2017 年为基期，2016 年和 2017 年的实际 GDP 是多少？这两年实际 GDP 变化了多少百分比？

(5) "GDP 的变化取决于我们用哪一年的价格作为衡量实际 GDP 的基期价格。" 这句话是否正确？

(6) 以 2016 年为基期，计算 2016 年和 2017 年的 GDP 折算指数。

【难度】 2　　**【考点】** 国内生产总值

【答案】 (1) 2016 年名义 GDP＝100×10＋200×1＋500×0.5＝1 450(美元)。

(2) 2017 年名义 GDP＝110×10＋200×1.5＋450×1＝1 850(美元)。

(3) 以 2016 年为基期，2016 年实际 GDP＝1 450 美元；2017 年实际 GDP＝110×10＋200×1＋450×0.5＝1 525(美元)。

$$\text{这两年实际 GDP 变化百分比}=\frac{\text{2017 年实际 GDP}-\text{2016 年实际 GDP}}{\text{2016 年实际 GDP}}\times 100\%$$

$$=\frac{1\ 525-1\ 450}{1\ 450}\times 100\%$$

$$=5.17\%$$

(4) 以 2017 年为基期，

2017 年实际 GDP＝1 850(美元)

2016 年实际 GDP＝100×10＋200×1.5＋500×1＝1 800(美元)

$$\text{这两年实际 GDP 变化百分比}=\frac{\text{2017 年实际 GDP}-\text{2016 年实际 GDP}}{\text{2016 年实际 GDP}}\times 100\%$$

$$=\frac{1\ 850-1\ 800}{1\ 800}\times 100\%$$

$$=2.78\%$$

(5) GDP 的变动受两个因素影响：一是所生产的物品和劳务的数量变动，二是物品和劳务的价格变动。"GDP 的变化取决于我们用哪一年的价格作为衡量实际 GDP 的基期价格。" 这句话只说了价格变动的影响，所以是不全面的。

（6）以 2016 年为基期，

$$2016\text{ 年 GDP 折算指数}=\frac{\text{名义 GDP}}{\text{实际 GDP}}=\frac{1\ 450}{1\ 450}\times 100\%=100\%$$

$$2017\text{ 年 GDP 折算指数}=\frac{\text{名义 GDP}}{\text{实际 GDP}}=\frac{1\ 850}{1\ 525}\times 100\%=121.31\%$$

8. 假定一国有下列国民收入统计资料：

某国的国民收入统计资料 **单位：亿美元**

国内生产总值	4 800
总投资	800
净投资	300
消费	3 000
政府购买	960
政府预算盈余	30

试计算：(1) 国内生产净值；(2) 净出口；(3) 政府税收减去转移支付后的收入；(4) 个人可支配收入；(5) 个人储蓄。

【难度】2 **【考点】**国民收入核算方法

【答案】（1）NDP＝GDP－资本折旧＝GDP－(总投资－净投资)＝4 800－(800－300)＝4 300(亿美元)。

（2）GDP＝$C+I+G+(X-M)$，所以，净出口$(X-M)$＝GDP－$(C+I+G)$＝4 800－(3 000＋800＋960)＝40(亿美元)。

（3）政府预算盈余(BS)＝政府税收(T)－政府购买(G)－政府转移支付(T_r)，得出 $T-T_r=BS+G=30+960=990$(亿美元)。

（4）本题中没有说明间接税、公司利润、社会保险税等因素，因此，剔除这些因素后可从国民生产净值中直接得到个人可支配收入，即 DPI＝NDP－税收＋政府转移支付＝NDP－$(T-T_r)$＝4 300－990＝3 310(亿美元)。

（5）个人储蓄(S)＝个人可支配收入－消费＝DPI－C＝3 310－3 000＝310(亿美元)。

【提示】本题在熟悉了后面的国民收入决定方面的知识后应该说是一道比较简单的习题。放在这里主要是考查经济学思维中必备的简化抽象问题的能力。比如第（3）问需要自己推导政府预算盈余公式，政府预算盈余等于政府收入减去支出部分，收入部分是税收，支出部分包括政府购买和转移支付。第（4）问需要在书上原有公式中排除题干中没有涉及的项目，简化公式。

9. 假定国内生产总值是 5 000，个人可支配收入是 4 100，政府预算赤字是 200，消费是 3 800，贸易赤字是 100（单位都是亿元）。

试计算：(1) 储蓄；(2) 投资；(3) 政府支出。

【难度】 2　　**【考点】** 国民收入核算方法

【答案】 (1) 个人可支配收入分为两部分：消费＋储蓄。所以储蓄(S)＝个人可支配收入(DPI)－消费(C)＝4 100－3 800＝300(亿元)。

(2) 运用投资等于储蓄的恒等式来解题。在四部门经济中投资＝私人储蓄＋政府储蓄＋国外储蓄。政府储蓄就是政府的预算盈余，由于是赤字，相当于负储蓄，即政府储蓄＝－200(亿元)。国外储蓄等于外国的出口减去进口，相当于本国的进口减去出口，本题贸易赤字（进口减出口）等于 100(亿元)，那么国外储蓄等于 100(亿元)，所以投资 I＝300－200＋100＝200(亿元)。

(3) 根据支出法核算 GDP 有：GDP＝$C+I+G+NX$；G＝GDP－($C+I+NX$)＝5 000－3 800－200－(－100)＝1 100(亿元)。

10. 举例说明资本存量、总投资、净投资和重置投资四者的关系，这四者是否都计入 GDP？它们是否一定都是正数？

【难度】 2　　**【考点】** 国民收入核算方法

【答案】 (1) 一般而言，与净投资、重置投资一起进行对比的总投资，是指总固定投资。

总固定投资（后文简称为总投资）是指一定时期内增加到资本存量中的资本流量。例如本年度总投资 1 000 亿美元，就是指在去年既有的资本存量基础上，又增加了1 000亿美元的资本。

资本存量是指在某个时点上，市场上的历史资本积累的数量。例如一个经济体在第一年年初没有任何资本品，即资本存量为零，第一年总投资共计 1 000 亿美元，假设没有折旧，到第二年年初，资本存量就是 1 000 亿美元。如果第二年再投资1 000 亿美元，假设还没有折旧，到第三年年初，资本存量就是 2 000 亿美元。

折旧是指资本品的磨损、消耗，例如，机器设备会不断磨损，设备老化也会损耗价值，设备过时也会有贬值损耗，这些统称为折旧。例如，第一年总投资 1 000 亿美元，到第二年年初，在这 1 000 亿美元的投资里，有 100 亿美元已经被损耗了，折旧就是 100 亿美元。

重置投资就是投资里用于重置资本设备的部分，即用来替换或者补偿旧资本消耗的部分。例如，第二年总投资还是 1 000 亿美元，但其中 100 亿美元用来替换第一年的资本消耗，这就是重置投资。

净投资就是投资中剔除重置投资后的部分，例如，第二年的投资是 1 000 亿美元，其中 100 亿美元用于重置投资，所以第二年的净投资就是 1 000－100＝900(亿美元)。

(2) GDP 是这一年所创造的产品和服务的价值总和，计入 GDP 的是总投资。

(3) 总投资、资本存量和重置投资都不可能是负数。拿总投资来说，即使本年度没有生产任何资本品，总投资也只是零而不能为负。重置投资也不可能是负数，因为设备即使没有被消耗，重置投资也只是零，而不可能是负的。但净投资情况就不同，如果本年度生产的资本品不足以弥补资本消耗的折旧，净投资就要成为负数。例如，本年度投入了价值 1 000 万美元的 1 000 台机器，但报废了 1 万美元/台的 1 200 台机器，这样，尽管总投资达 1 000 万美元，但由于重置投资达 1 200 万美元，因此净投资就是－200 万美元。

【提示】以上所说的总投资是指总固定投资，不包括存货投资，否则总投资理论上是有可能为负数的。详细分析可扫描二维码阅读。

11. 为什么存货会被算作资本、存货变动会被算作投资?

【难度】1 **【考点】**国民收入核算方法

【答案】存货对于厂商来说，像设备一样，能提供某种服务。例如，当市场发生意料之外的需求增加时，存货可应付这种临时增加的需要，同时，生产过程要顺利地连续不断地维持下去，仓库也必须有足够的原材料储备。至于商店，更需要库存必需的商品，才能满足顾客的需要。可见，存货对于厂商的正常经营来说是必不可少的，它构成资本存量的一部分。GDP 是某经济社会在每一时期所生产的产品价值。如果把存货排除在 GDP 之外，所计得的就只是销售额，而不是生产额。例如，某国某年生产9 000 亿美元产品，但只卖掉 8 500 亿美元，还有 500 亿美元要作为存货投资计入 GDP，即把企业自己购买存货的支出计入 GDP。

12. 为什么计入 GDP 的只能是净出口而不是出口?

【难度】1 **【考点】**国民收入核算方法

【答案】出口是本国生产的一部分，因而也是本国 GDP 的一部分，而从外国进口的货物并不是本国生产的一部分，只是外国生产的一部分，但被计入本国的消费支出、投资支出和政府购买的一部分。因此，我们计算 GDP 时，必须从出口中扣除进口部分，否则在 GDP 中就存在重复计算的错误。

13. 假定甲厂商为乙厂商提供服务应得的报酬为 400 美元，乙厂商为甲厂商提供服务应得的报酬为 300 美元，甲和乙商定互相抵销 300 美元，结果甲只收乙 100 美元。试问计入 GDP 的是否就是这 100 美元?

【难度】1 **【考点】**国内生产总值

【答案】不是。计入 GDP 的应当是 400＋300＝700(美元)，因为 GDP 计算的是生产的最终产品和服务的价值，现在甲、乙两厂商生产的服务价值总共是 700 美元而不是 100 美元，因此，计入 GDP 的应是 700 美元。至于双方抵销多少，和 GDP 核算无关。

14. 根据下列统计资料计算国民收入（NI)、国内生产净值（NDP)、国内生产总值（GDP)、个人收入（PI)。

单位：亿美元

折旧	20	间接税	15	红利	100
公司利润	250	个人租金收入	140	社会保险税	10
雇员报酬	500	非公司企业主收入	200	政府转移支付	50
企业支付的利息	25				

【难度】1　　**【考点】**国民收入的其他衡量指标

【答案】国民收入(NI)＝公司利润＋个人租金收入＋雇员报酬＋非公司企业主收入＋企业支付的利息＝250＋140＋500＋200＋25＝1 115(亿美元)。

国内生产净值(NDP)＝国民收入＋间接税＝1 115＋15＝1 130(亿美元)。

国内生产总值(GDP)＝国内生产净值＋折旧＝1 130＋20＝1 150(亿美元)。

个人收入(PI)＝国民收入－(公司利润＋社会保险税)＋政府转移支付＋红利＝1 115－(250＋10)＋50＋100＝1 005(亿美元)。

15. 消费价格指数（CPI）能完美地衡量人们的生活费用变动吗？

【难度】1　　**【考点】**失业率、物价和采购经理指数

【答案】消费价格指数（CPI）也称生活费用价格指数，是反映消费品（包括劳务）价格水平变动状况的一种价格指数，用公式表示即：

$$\text{CPI}=\frac{\text{现期价格指数}}{\text{基期价格指数}}\times 100\%$$

消费价格指数的优点是，能及时反映消费品供给与需求的对比关系，资料容易搜集，能够迅速直接地反映影响居民生活的价格趋势。但它并不能完美地衡量人们的生活费用变动。

(1) 消费价格指数的“一篮子”产品和服务组合的种类和数量是固定的，如果一些消费者实际消费的“一篮子”产品和服务的组合及数量与 CPI 不一致，这些消费者的生活费用及其变化就不能完全反映在 CPI 上。例如，在目前中国的 CPI 中，食品的权重很高，而高收入者的主要消费支出可能用于医疗保健和个人用品、娱乐、教育、文化用品和服务等，高收入者的生活费用及其变化就会与定期公布的 CPI 不一致。

(2) 消费价格指数没有考虑到消费者的替代倾向。由于 CPI 衡量固定的“一篮子”产品和服务的价格，所以，它没有反映消费者用相对价格下降的产品和服务进行替代的能力。因此，CPI 会高估生活费用的实际变化。

(3) 消费价格指数没有考虑到新产品或新服务的出现。在出现新产品或新服务后，消费者有了更多的选择，而更多的选择意味着消费者为了维持既定生活水平所需支出的钱可以减少了。这一点又使得 CPI 会高估生活费用的实际变化。

(4) 消费价格指数难以反映和衡量产品和服务质量。如果一种产品和服务的质量提高了，而这种产品和服务的价格保持不变，单位货币的购买力实际上是上升

了；反之，则是下降了。但由于CPI的“一篮子”产品和服务的组合是固定的，所以也难以反映和衡量产品和服务的质量。

补充训练

1. (名词解释) GNP (山东大学2011)

2. (名词解释) 非计划存货 (南京大学2017)

3. (判断题) 由于GDP衡量的是全部最终产品的市场价值总和，因此所有非市场活动产生的产品和劳务均不计入按支出法核算的GDP。(华东师范大学2015)

4. (判断题) 由于政府向失业者提供的救济金和保险公司收取的保险金都没有相应的物品和劳务的交换发生，因此都不计入一国的GDP。(对外经济贸易大学2011)

5. 如果名义GDP增加了5%，GDP平减指数增加了3%，那么实际GDP(　　)了(　　)。(上海财经大学2014)

A. 增加；2%　　B. 减少；2%　　C. 增加；8%　　D. 减少；8%

6. 计入GDP的物品是最终产品意义上的商品，而不是中间产品意义上的商品。以下古诗中含有最终产品的商品是(　　)。(南京航空航天大学2015)

A. 出自幽谷，迁于乔木

B. 卖炭得钱何所营？身上衣裳口中食

C. 疏影横斜水清浅，暗香浮动月黄昏

D. 躬耕而食兮；掘井而饮

7. 以下哪个选项是流量？(　　)(同济大学2017)

A. 现有的住房数量　　B. 国民债务余额

C. 失业人数　　D. 人口数量

8. GDP is not a perfect measure of well-being because (　　). (中国矿业大学2013)

A. the value of leisure is included in GDP

B. GDP is not adjusted for pollution

C. GDP is adjusted for changes in crime

D. GDP is adjusted for increases in drug addiction

9. 伐木工将树木以1 000元的价格卖给了木材厂，木材厂加工成木板后以2 500元的价格卖给了家具厂，家具厂加工成衣柜后以5 000元的价格卖给了消费者，在这个过程中，GDP增加了(　　)。(暨南大学2017)

A. 1 000元　　B. 2 500元　　C. 4 000元　　D. 5 000元

10. 用支出法核算GDP时，以下哪项不计入其中？(　　)(重庆大学2014)

A. 政府修建社区卫生站的投资　　B. 企业设备更新的投入

C. 企业缴纳的职工公积金　　D. 政府购买的办公用品

11. 如果家庭主妇作为就业者进入劳动力统计范畴，而不是被排除在劳动力之

外，将（　　）。（中国矿业大学 2013）

A. 提高失业率的计算值　　B. 提高劳动力参与率的计算值

C. 降低劳动力数量　　D. 降低工作年龄人口的数量

12. 2010 年苹果和橘子的单价分别是 2 元/斤和 1 元/斤，2016 年苹果和橘子的单价分别是 4 元/斤和 3 元/斤。假定用于计算消费价格指数（CPI）的“一篮子”商品构成是 5 斤苹果和 10 斤橘子，2010 年 CPI 是 100%，那么 2016 年 CPI 是（　　）%。（暨南大学 2017）

A. 150　　B. 200　　C. 250　　D. 300

13. 某国 2016 年 12 月总人口是 200 万，成年人口是 160 万，劳动力总量为 120 万，未达到退休年龄的劳动力为 100 万，失业人口为 6 万，该国的失业率为（　　）。（暨南大学 2017）

A. 3%　　B. 3.75%　　C. 5%　　D. 6%

14. 宏观经济学中为什么用 GDP 为主要核算指标，但又不能盲目崇拜 GDP?（上海大学 2006）

15. 你认为生活在一个高 GDP 水平而低增长率的国家好，还是生活在一个低 GDP 水平而高增长率的国家好？（中国海洋大学 2012）

16. 如果甲、乙两国合并成一个国家，对 GDP 总和会有什么影响（假定两国产出不变）？（中国矿业大学 2011）

17. 核算中净存货的定义是什么？它在核算中有什么作用？（南京大学 2007）

18. 请从两部门、三部门、四部门的经济国民收入核算角度：

（1）分别写出三者对应的储蓄—投资恒等式。

（2）分别列出三者对应的储蓄构成，即能够用于增加国内资本存量的资金来源。（东北财经大学 2015）

19. 解释潜在 GDP 和实际 GDP 的区别、名义 GDP 和真实 GDP 的区别，以及 GDP 平减指数和 CPI 的区别。（上海大学 2014）

20. 假设一国的成年人口构成如下：就业人数 1.34 亿；失业人数 860 万；非劳动力人数 7 090 万。求：

（1）劳动力人数；

（2）劳动力参与率；

（3）失业率。（武汉大学 2011）

21. 什么是 CPI？CPI 统计主要由哪几类商品构成？（东华大学 2016）

22. 假设一个经济体只有两种商品 A 和 B，2001—2003 年产量和价格如下：

	2001 年		2002 年		2003 年	
	价格 P	产量 Q	价格 P	产量 Q	价格 P	产量 Q
商品 A	10	9	12	10	10	12
商品 B	5	6	6	8	8	10

请完成以下要求：

（1）计算每一年的名义 GDP。

（2）以 2001 年为基期，计算每一年的实际 GDP。

（3）计算每一年的 GDP 平减指数。根据 GDP 平减指数，计算通胀率。

（4）如果一个典型的消费者商品篮子包括 2 个 A 和 1 个 B，试计算 CPI。比较 CPI 和（3）中通胀率的差别，说明产生差别的原因。（中国海洋大学 2013）

23. 假设在一个简单的经济体里，消费者只购买三种产品：大米、水和衣服。消费价格指数（CPI）的篮子里有 50 斤大米、20 件衣服和 80 桶水，设 2010 年为基年。

	大米（元/斤）	衣服（元/件）	水（元/桶）
2010 年价格	4	100	2
2011 年价格	5	150	3
2012 年价格	6	300	2

（1）2010 年、2011 年、2012 年三年的消费价格指数各是多少？

（2）这三年以来的通胀率各为多少？（从 2010 年到 2012 年）

（3）这三类商品的价格变化，哪个对消费者影响最大？为什么？

（4）假设在 2010 年该经济体的人民居住在免费的公有房中；在 2011 年进行房改，一半人住私有房，房价为 5 000 元/（年·人）。到 2012 年所有住房私有，且私有房的房租为 10 000 元/（年·人）。请问在这种情况下消费价格指数在这三年中各为多少？

（5）请谈谈消费价格指数在反映真实生活费用上的弊端。（清华大学 2015）

24. 假定一国有下列国民收入统计资料。

国内生产总值	10 600
总投资	2 200
折旧	1 000
消费	6 600
政府购买	2 000
政府预算盈余	200

求：

（1）国内生产净值；

（2）净出口；

（3）政府税收减去转移支付后的收入；

（4）个人可支配收入（不考虑间接税、公司利润、社会保险税等因素）；

（5）个人储蓄。（深圳大学 2014）

25. 图 12－1 为中国的制造业采购经理指数（PMI）。

（1）简述该指数的经济含义和计量方法。

（2）2011 年 11 月该指数值为 49％，传递了何种信息？（苏州大学 2012）

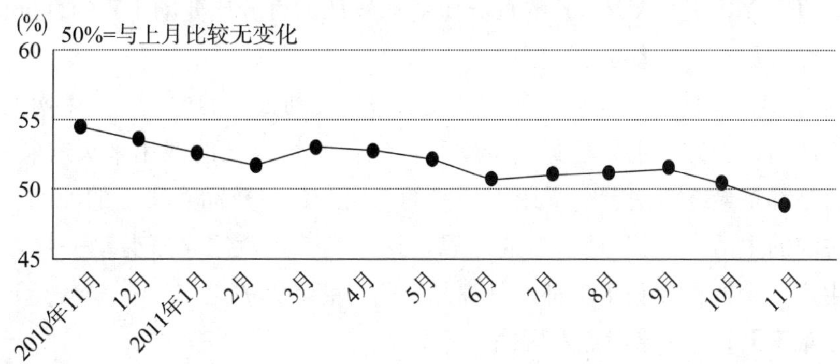

图 12－1　制造业采购经理指数

参考答案

1. **【难度】**1　　　**【考点】**国内生产总值

【答案】GNP 是国民生产总值的英文首字母缩写，是指一国所拥有的生产要素在一定时期内所生产的全部最终产品的市场价值，因此是一个国民概念。具体说就是，本国生产要素通过在国外投资或到国外工作所获得的收入（称之为从国外得到的要素收入），应计入本国国民生产总值（GNP）。而非本国国民在本国领土范围内的投资或工作所获得的收入（称之为支付给国外的要素收入），则不应计入本国的国民生产总值。

2. **【难度】**1　　　**【考点】**国民收入核算方法

【答案】非计划存货又称非意愿性存货，是指超过企业计划的那一部分存货。企业为了平稳生产或便利生产，一般会持有一定量的计划存货（又称意愿性存货）。但现实中，由于实际销售量和计划销售量会有出入，当实际销售量少于计划销售量时，意味着企业生产的产品数量会非计划性地积压在仓库里，从而成为非计划存货，可以说企业有正的非计划存货；反之，当实际销售量多于计划销售量时，企业就有负的非计划存货。由于 GDP 是按照生产量而非销售量核算的，所以，未销售出去的存货，就只能以企业的非计划存货计入投资之中。当实际销售量小于计划销售量时，企业的非计划存货投资为正数，否则为负数。

3. **【难度】**1　　　**【考点】**国内生产总值

【答案】错误。房主住在自己的房子里，虽然是非市场活动，但也按租房计入 GDP。

4. **【难度】**1　　　**【考点】**国民收入核算方法

【答案】错误。保险金、佣金都属于当年的劳务产出，应计入 GDP。

5.【难度】1　　　【考点】国内生产总值

【答案】A。注意一个算术技巧：两个变量乘积的百分比变动近似地等于每一个变量的百分比变动之和。假设 P 表示 GDP 平减指数，Y 表示实际 GDP，名义 GDP 即为 $P\times Y$，则有：$P\times Y$ 的百分比变动 $\approx P$ 的百分比变动 $+Y$ 的百分比变动。

6.【难度】2　　　【考点】国内生产总值

【答案】B。A 是指（鸟）从幽谷里飞出来，飞到很高的树上。B 中卖的炭不一定是最终产品，也许买主只是买去打铁用，但他卖炭得到的钱用来买衣裳和食物，这两种商品都是最终消费者购买用来消费的，属于最终产品意义上的商品。D 描写的是自耕农的生活，“躬”是亲自的意思，这一类劳动就跟家庭劳动一样，不计入 GDP，生产出来的粮食和水也都不是商品。C 与商品无关。

7.【难度】1　　　【考点】国内生产总值

【答案】C。失业人数是某个时间段里失业的总人数，这个概念本身没有“内置的时间限制”，需要在单位里加上，例如平均 1 万人/月，或者在描述里增加时间段，例如本月的失业人数为 1 万人，所以属于流量。但如果是“12 月 25 日的失业人数”，已经限定了时间点，那么统计出来的就是存量了。

【提示】流量和存量的第二个特征区别可以更轻松地区分它们，详见微信公众号“王海滨老师”，点击菜单栏中的“精品文章/精品文章合集/流量和存量，给你 2 个简便的区分技巧”或微信扫描二维码查看。

8.【难度】1　　　【考点】国内生产总值

【答案】B。GDP 没有考虑闲暇的价值，没有考虑环境污染，没有考虑犯罪率的变化，没有考虑吸毒的增加。

9.【难度】1　　　【考点】国内生产总值

【答案】D。GDP 核算的是最终产品的市场价值。

10.【难度】1　　　【考点】国民收入核算方法

【答案】C。公积金属于工资的一部分，工资也计入 GDP，但这是按收入法核算 GDP 时计算的项目。

11.【难度】1　　　【考点】失业率、物价和采购经理指数

【答案】B。劳动力参与率 $=\frac{\text{劳动力人数}}{\text{成年人口总数}}\times 100\%$，如果家庭主妇作为劳动力数量进入统计范畴，不仅会提高劳动力参与率，也会降低失业率的计算值，因为这样计算的话，家庭妇女的失业率是 0，所以拉低了平均值。

12.【难度】1　　　【考点】失业率、物价和采购经理指数

【答案】C。CPI = 现期价格指数/基期价格指数 $\times 100\%=\frac{5\times 4+10\times 3}{5\times 2+10\times 1}\times$

100％＝250％。

13.【难度】1　　【考点】失业率、物价和采购经理指数

【答案】C。失业率＝失业人数/劳动力数量×100％＝$\frac{6}{120}$×100％＝5％。

14.【难度】2　　【考点】国内生产总值

【答案】GDP 是一个经济社会在一定时期内运用生产要素所生产的全部最终产品的市场价值。从收入的角度来看，它包括工资、利息、租金、企业税前利润、政府税收、折旧等部分，它是核算一个经济体在一年内的产出的重要指标。从国家之间的角度来看，GDP 可以反映一个国家的经济规模，按照 GDP 总量的排序可以大概测度一个国家在国际上的经济地位。GDP 还是观测经济状况的重要指标，能帮助决策者判断经济处于低迷还是膨胀状态，应该采取何种宏观经济政策。因此，GDP 作为一个经济指标是非常重要的。

但是，GDP 本身是有缺陷的，不可盲目崇拜。因为 GDP 不能完全准确地反映出一个国家的真实福利情况。①GDP 不能反映社会成本，例如 GDP 水平很高的地方如果赌博和黄色交易盛行，社会成本较高，则国民收入核算体系并不能将其反映出来。②GDP 不能反映经济增长的方式和为此付出的代价，例如不能反映经济增长对生态、环境造成的破坏。③GDP 不能反映经济增长的效率、效益和质量，例如高能耗、低效率、粗放式增长方式就反映不出来。④GDP 不能反映人们的生活质量，例如不能反映人们在精神上的满足程度，不能反映闲暇给人们带来的享受等。⑤GDP 不能衡量社会财富分配情况和社会公正程度。⑥GDP 不能反映非市场交易。例如，许多不经过市场交易的活动，像家务活动、自给自足生产等，难以在 GDP 的统计中反映出来。又如，不少地下交易，只是为了逃避税收，经济活动发生了，却没有反映在 GDP 中。

15.【难度】2　　【考点】国内生产总值

【答案】生活在高 GDP 水平而低增长率的国家比较好。

GDP 即国内生产总值，指在某一既定时期一个国家内生产的所有最终产品的市场价值总和。GDP 是一个市场价值的概念，一国的 GDP 既衡量本国经济中赚到的总收入，也衡量经济中对产品与劳务产量的总支出。真实 GDP 水平是对经济繁荣的一个良好的判断标准。

GDP 的增长率作为衡量经济增长速度的一个重要指标，可以衡量一个国家的生活水平的提高或下降。但是 GDP 的增长率这一指标并不能反映整个社会的发展程度。

生活在高 GDP 水平而低增长率的国家比较好，除非低 GDP 水平的国家经济增长特别快，而且其 GDP 水平将很快超过其他国家。

（1）高 GDP 水平一般伴随着高物质生活水平，高 GDP 水平而低增长率意味着现在享受了较高的物质生活水平，低 GDP 水平而高增长率意味着现在享受了较低的物质生活水平。

（2）按照库兹涅茨的倒U形曲线，低GDP水平而高增长率往往伴随着环境破坏，进一步降低了生活质量。

（3）按照库兹涅茨的倒U形曲线，高GDP水平而低增长率往往还伴随着低基尼系数，低GDP水平而高增长率则伴随着高基尼系数。在一个低基尼系数的国家，社会环境相对安稳平和，也提升了生活质量。

16.**【难度】**2　　**【考点】**国内生产总值；国民收入核算方法

【答案】如果甲、乙两国合并成一个国家，对GDP总和没有影响。

假设甲、乙两国未合并成一个国家前，双方有贸易往来：甲国向乙国出口10台机器，价值10万美元，乙国向甲国出口800套服装，价值8万美元。

从甲国看：净出口（$X-M$）$=10-8=2$(万美元)；但甲国进口了800套服装，这800套服装要么被居民或政府购买去穿，要么积压在仓库，不妨假设居民购买了630套，价值6.3万美元，这部分应计入消费（C），政府没有购买，还剩170套成为积压存货，价值1.7万美元，这部分应计入存货投资（I）。此时，计入甲国的$GDP=C+I+G+(X-M)=6.3+1.7+0+(10-8)=10$(万美元)。

从乙国看：净出口（$X-M$）$=8-10=-2$(万美元)；但乙国进口了10台机器，这10台机器要么被使用，要么积压在仓库，不妨假设其中4台被政府采购供给部队使用，价值4万美元，这部分应计入政府购买（G），5台被企业采购用于生产，价值5万美元，这部分应计入企业投资（I），还剩1台积压在仓库，价值1万美元，这部分也应计入投资（I），只不过是存货投资。此时计入乙国的$GDP=C+I+G+(X-M)=0+(5+1)+4+(8-10)=8$(万美元)。

因此，计入两国的GDP之和$=10+8=18$(万美元)。

如果这两国合并成一个国家，两国贸易就变成了两地区间的贸易。甲地区出售给乙地区10台机器，从收入看，甲地区增加10万美元；从支出看，乙地区增加10万美元。相反，乙地区出售给甲地区800套服装，从收入看，乙地区增加8万美元；从支出看，甲地区增加8万美元。由于甲、乙两地属于同一个国家，因此，该国共收入18万美元，而投资加消费的支出也是18万美元，因此，无论从收入看还是从支出看，计入GDP的价值都是18万美元。

可见，甲、乙两国无论是两个独立的国家还是合并成一个国家，GDP之和都是18万美元。所以，如果甲、乙两国合并成一个国家，对GDP总和没有影响。

【提示】换一种思路分析就更加简单了，GDP是核算一段时间内生产的产品和劳务的市场价值总和，两个国家合并后，生产的产品和劳务并没有减少，所以GDP总和没有变化。

17.**【难度】**1　　**【考点】**国民收入核算方法

【答案】净存货也称净库存，其意为年末存货减去年初存货之差。净存货大于零表明当年的存货在前一年存货的基础上有所增加，净存货等于零表明当年存货总量维持前一年的水平，净存货小于零表明当年存货在前一年存货的基础上有所下降。

净存货反映存货在一年中的变化：存货增加，则净存货大于零；存货减少，则净存货小于零。存货增加说明企业当年生产的一部分产品没有被销售出去。GNP或GDP口径是对产量的衡量，而不是对销量的衡量，因此，这部分未销售出去的产品应予计入。这部分产品既然不能通过家庭消费支出、企业固定投资支出等正常的支出口径计入，那么，只能通过大于零的净存货这个特殊的支出口径计入当年的总产量。这样，通过设定净存货这个核算口径，当运用支出法核算产量时，当年生产而未销售的产品就不会被漏掉了。

存货减少说明家庭消费、企业投资等支出中有一部分是对往年产品的购买。这一部分支出显然不能计入当年的总产量。存货减少使净存货为负，负的净存货使当年支出中对往年产品的购买自动被剔除，从而保证了总支出是对当年产量的衡量。

所以，在对总产量核算的支出法中，净存货口径担当着十分重要的任务。它"一身二任"：一方面使未销售的产品被计入总产量；另一方面使对往年产品的购买被剔除。

18. **【难度】**1　　**【考点】**储蓄—投资恒等式

【答案】（1）①两部门经济的储蓄—投资恒等式：

从支出的角度，国内生产总值等于消费加投资，即$Y=C+I$；

从收入的角度，国内生产总值等于总收入，即$Y=C+S$；

储蓄—投资恒等式：$I=S$。

这里的恒等式是从国民收入会计的角度看的，就整个经济而言，事后的储蓄和事后的投资总量相等，而以后分析宏观经济均衡时投资等于储蓄，是指计划投资（事前投资）等于计划储蓄（事前储蓄）所形成的经济均衡状态。

②三部门经济的储蓄—投资恒等式：

从支出的角度，$Y=C+I+G$，其中G为政府购买；

从收入的角度，$Y=C+S+T$，其中T为剔除了政府转移支付的净税收收入；

储蓄—投资恒等式：$I=S+(T-G)$，其中，$(T-G)$可被视为政府储蓄，既可以是正值，也可以是负值。

③四部门经济的储蓄—投资恒等式：

从支出的角度，$Y=C+I+G+(X-M)$；

从收入的角度，$Y=C+S+T+K_r$，其中K_r代表本国居民对外国人的转移支付；

储蓄—投资恒等式：$I=S+(T-G)+(M-X+K_r)$，其中$(M-X+K_r)$表示外国对本国的储蓄。

（2）对于两部门经济，国内投资等于国内储蓄，即消费者的投资与其储蓄相等。对于三部门经济，国内的投资等于私人储蓄和政府储蓄之和，政府的储蓄即为它的净税收和政府购买之差。对于四部门经济，投资等于私人储蓄、政府储蓄以及外国在国内的储蓄之和。外国在国内的储蓄是本国进口额减去出口额再加上本国居民对国外的转移支付。

19.**【难度】**2 **【考点】**国内生产总值；失业率、物价和采购经理指数

【答案】(1) 潜在 GDP 是指一个经济社会的生产要素或经济资源在被充分利用条件下所实现的产出。在实践中，由于机器、设备、劳动、土地等全部生产要素是否已经被充分利用难以测算，相对来说，计算生产要素中的劳动力被利用的状况倒比较容易，因此，潜在 GDP 也被定义为充分就业条件下所实现的产出。

实际 GDP 就是某一时间实现的经济产出，实际 GDP 可能会高于、低于或等于潜在 GDP。

实际 GDP 与潜在 GDP 的差别反映了经济周期的情况。如果实际 GDP 大于潜在 GDP，则经济高涨，有通货膨胀的压力；如果实际 GDP 小于潜在 GDP，则经济衰退，有失业的压力。

(2) 名义 GDP 也称货币 GDP，是用当年价格计算的全部最终产品的市场价值。名义 GDP 的变动可以有两种原因：一种是实际产量的变动；另一种是价格的变动。

真实 GDP 是用从前某一年作为基期，以基期年份的价格计算出来的全部最终产品的市场价值。真实 GDP 剔除了价格水平的变动，因而更能反映经济实际产量的真实状况。

(3) GDP 平减指数和 CPI 都能反映价格水平的变动，但它们之间有所区别。

GDP 平减指数是名义 GDP 与真实 GDP 的比率，它的计算基础比 CPI 广泛得多，涉及全部商品和服务，除消费外，还包括生产资料和资本、进出口商品和劳务等。

具体来说，GDP 平减指数与 CPI 之间有三个关键的差别：

①GDP 平减指数衡量生产出来的所有产品和服务的价格；而 CPI 只衡量消费者购买的产品与服务的价格。

②GDP 平减指数只包括国内生产的产品，进口品并不是 GDP 的一部分，也不反映在 GDP 平减指数上；但进口品影响 CPI。

③CPI 是用固定的“一篮子”产品来计算的；而 GDP 平减指数允许当 GDP 组成部分变动时，“一篮子”产品随时间变动。

【提示】潜在国民收入的概念，在第十三章中会介绍。

20.**【难度】**1 **【考点】**失业率、物价和采购经理指数

【答案】(1) 劳动力人数＝就业人数＋失业人数＝1.34＋0.086＝1.426 亿。

(2) 劳动力参与率＝劳动力人数/成年人口总数＝劳动力人数/(劳动力人数＋非劳动力人数)＝1.426/(1.426＋0.709)＝1.426/2.135＝0.668＝66.8%。

(3) 失业率＝失业人数/劳动力人数＝0.086/1.426＝0.06＝6%。

21.**【难度】**1 **【考点】**失业率、物价和采购经理指数

【答案】 CPI 即消费价格指数，是指通过计算城市居民日常消费的一个市场篮子的生活用品和劳务的价格水平变动而得到的指数，计算公式是：

$$\text{CPI}=\frac{\text{现期价格指数}}{\text{基期价格指数}}\times 100\%$$

CPI 涵盖全国城乡居民生活消费的食品、烟酒及用品、衣着、家庭设备用品及维修服务、医疗保健和个人用品、交通和通信、娱乐教育文化用品及服务、居住等八大类、共 262 个基本分类的商品与服务价格。数据来源于全国 31 个省（市、自治区）500 个市县、6.3 万个价格调查点，包括食杂店、百货店、超市、便利店、专业市场、专卖店、购物中心以及农贸市场与服务消费单位等。

22. **【难度】** 2　　**【考点】** 国内生产总值；失业率、物价和采购经理指数

【答案】（1）名义 GDP 是用生产物品和劳务的当年价格计算的全部最终产品的市场价值。因此，

2001 年的名义 GDP 为：$10\times 9+5\times 6=120$；

2002 年的名义 GDP 为：$12\times 10+6\times 8=168$；

2003 年的名义 GDP 为：$10\times 12+8\times 10=200$。

（2）实际 GDP 是用以前某一年作为基期价格计算出来的全部最终产品的市场价值。以 2001 年为基期计算实际 GDP，就是用 2001 年的价格与各年的产量相乘，则有：

2001 年的实际 GDP＝2001 年的名义 GDP＝120；

2002 年的实际 GDP 为：$10\times 10+5\times 8=140$；

2003 年的实际 GDP 为：$10\times 12+5\times 10=170$。

（3）GDP 平减指数＝名义 GDP/实际 GDP，所以

2001 年的平减指数为：$\frac{120}{120}\times 100\%=100\%$；

2002 年的平减指数为：$\frac{168}{140}\times 100\%=120\%$；

2003 年的平减指数为：$\frac{200}{170}\times 100\%=117.6\%$。

利用 GDP 平减指数计算通胀率，则 2001—2002 年的通胀率是：$\frac{120-100}{100}\times 100\%=20\%$；2002—2003 年的通胀率是：$\frac{117.6-120}{120}\times 100\%=-2\%$。

（4）CPI＝一组固定商品按当期价格计算的价值/一组固定商品按基期价格计算的价值，以 2001 年为基期，消费者商品篮子包括 2 个 A 和 1 个 B；则：

2001 年市场篮子的总价值为：$2\times 10+1\times 5=25$；

2002 年市场篮子的总价值为：$2\times 12+1\times 6=30$；

2003 年市场篮子的总价值为：$2\times 10+1\times 8=28$。

$CPI_{2001}=\frac{25}{25}\times100\%=100\%$；$CPI_{2002}=\frac{30}{25}\times100\%=120\%$；$CPI_{2003}=\frac{28}{25}\times100\%=112\%$。

用 CPI 衡量，2001—2002 年的物价总水平变动的百分比为：$\frac{120-100}{100}\times100\%=20\%$；2002—2003 年的通货膨胀率为：$\frac{112-120}{120}\times100\%=-6.67\%$。

用 CPI 计算通货膨胀率会高估价格变动的幅度。用这两种方法计算的通货膨胀率不同，因为用 CPI 计算的通货膨胀率保持了产品与服务的篮子不变；而用 GDP 平减指数计算的通货膨胀率允许产品与服务的篮子发生变化。

23. **【难度】** 2　　**【考点】** 失业率、物价和采购经理指数

【答案】（1）由 $CPI=\frac{\text{一组固定商品按当期价格计算的价值}}{\text{一组固定商品按基期价格计算的价值}}\times100\%$ 可知：

2010 年消费价格指数为：$CPI=\frac{4\times50+100\times20+2\times80}{4\times50+100\times20+2\times80}\times100\%=100\%$；

2011 年消费价格指数为：$CPI=\frac{5\times50+150\times20+3\times80}{4\times50+100\times20+2\times80}\times100\%=\frac{3\ 490}{2\ 360}\times100\%=147.9\%$；

2012 年消费价格指数为：$CPI=\frac{6\times50+300\times20+2\times80}{4\times50+100\times20+2\times80}\times100\%=\frac{6\ 460}{2\ 360}\times100\%=273.7\%$。

（2）如果以 CPI 来衡量通货膨胀率 π，那么某年的通货膨胀率为 $\pi_t=\frac{CPI_t-CPI_{t-1}}{CPI_{t-1}}\times100\%$，由此可知：

2011 年的通胀率为：$\pi_{2011}=\frac{CPI_{2011}-CPI_{2010}}{CPI_{2010}}\times100\%=\frac{147.9-100}{100}\times100\%=47.9\%$。

2012 年的通胀率为：$\pi_{2012}=\frac{CPI_{2012}-CPI_{2011}}{CPI_{2011}}\times100\%=\frac{273.7-147.9}{147.9}\times100\%=85.1\%$。

（3）在这三类商品的价格变化里，衣服对消费者的影响最大，因为从 2010 年到 2011 年，衣服价格上涨了 50 元，且其消费量达到 20 件，额外增加了 1 000 元的支出，带动 CPI 上涨的幅度达 42.4%，是当年 CPI 上涨的最主要原因；从 2011 年到 2012 年，衣服价格上涨了 150 元，额外增加了 3 000 元的支出，带动 CPI 上涨的幅度达 86.0%，是当年 CPI 上涨的最主要原因。

（4）2010 年消费价格指数为：

$$CPI=\frac{4\times50+100\times20+2\times80}{4\times50+100\times20+2\times80}\times100\%=100\%$$

2011 年消费价格指数为：

$$CPI=\frac{5\times50+150\times20+3\times80+0.5\times5\ 000}{4\times50+100\times20+2\times80}\times100\%=\frac{5\ 990}{2\ 360}\times100\%=253.8\%$$

2012 年消费价格指数为：

$$CPI=\frac{6\times50+300\times20+2\times80+10\ 000}{4\times50+100\times20+2\times80}\times100\%=\frac{16\ 460}{2\ 360}\times100\%=697.5\%$$

（5）消费价格指数尽管能够在很大程度上反映人们的生活费用，但存在以下诸多缺陷：①消费价格指数的“一篮子”产品和服务组合的种类和数量是固定的，如果一些消费者实际消费的“一篮子”产品和服务的组合及数量与 CPI 不一致，这些消费者的生活费用及其变化就不能完全在 CPI 上反映出来。例如，目前中国的 CPI 中食品的权重很高，而高收入者的主要消费支出可能用于医疗保健和个人用品、娱乐、教育、文化用品和服务等，高收入者的生活费用及其变化就会与定期公布的 CPI 不一致。②消费价格指数没有考虑到消费者的替代倾向。由于 CPI 衡量固定的“一篮子”产品和服务的价格，所以，它没有反映消费者用相对价格下降的产品和服务进行替代的能力。因此，当相对价格变动时，真实生活费用的增加比 CPI 慢。③消费价格指数没有考虑到新产品或新服务的出现。当新产品或新服务出现后，消费者有了更多的选择，而更多的选择则意味着消费者为了维持既定生活水平所需要支出的钱可以减少了。因此 CPI 会高估生活费用的变化。④消费价格指数难以反映和衡量产品和服务的质量。如果某种产品和服务的质量提高了，而这种产品和服务的价格保持不变，单位货币的购买力实际上是上升了；反之，则是下降了。但由于 CPI 的“一篮子”产品和服务的组合是固定的，所以也难以反映和衡量产品和服务的质量。

24.**【难度】**2　　**【考点】**国民收入的其他衡量指标

【答案】（1）国内生产净值＝国内生产总值－折旧＝10 600－1 000＝9 600。

（2）净出口＝国内生产总值－消费－总投资－政府购买＝10 600－6 600－2 200－2 000＝－200。

（3）政府税收－转移支付＝政府预算盈余＋政府购买＝200＋2 000＝2 200。

【提示】政府支出一般专指政府购买，不包括转移支付。虽然转移支付也是政府付出去的，但一般把它计为负税收：政府税收－转移支付＝政府净税收。

（4）个人可支配收入＝国内生产净值－个人所得税＋转移支付＝国内生产净值－(政府税收－转移支付)＝9 600－2 200＝7 400。

【提示】因为不考虑间接税，这里个人所得税的净税收支付就是政府税收的净税收收入。对于个人而言，个人所得税－转移支付＝个人对政府的净税收；对于政府而言，政府税收－转移支付＝政府净税收。

(5) 个人储蓄＝个人可支配收入－消费＝7 400－6 600＝800。

25.**【难度】**3　　**【考点】**失业率、物价和采购经理指数

【答案】(1) 制造业采购经理指数（PMI）是衡量制造业在生产、新订单、商品价格、存货、雇员、订单交货、新出口订单和进口等八个方面状况的指数。PMI是经济先行指标中一项非常重要的附属指标。

中国制造业采购经理指数体系共包括 11 个指数：新订单、生产、就业、供应商配送、存货、新出口订单、采购、产成品库存、购进价格、进口、积压订单，按照一定的权重比例扣除季节等影响因素后得出采购经理指数。

(2) 采购经理指数以百分比来表示，50％是经济强弱的分界点：当指数高于50％时，则是经济扩张的信号；当指数低于 50％，尤其是非常接近 40％时，则有经济萧条的忧虑。一般指数在 40％～50％之间时，说明制造业处于萧条中，但整体经济还在扩张。2011 年 11 月该指数值为 49％，意味着这个时候制造业开始进入萧条，但整体经济还在扩张。

第十三章 国民收入的决定：收入—支出模型

学习精要

一、 学习重点

1. 均衡产出
2. 凯恩斯的消费理论
3. 均衡收入的决定模型
4. 乘数理论

二、 知识脉络图

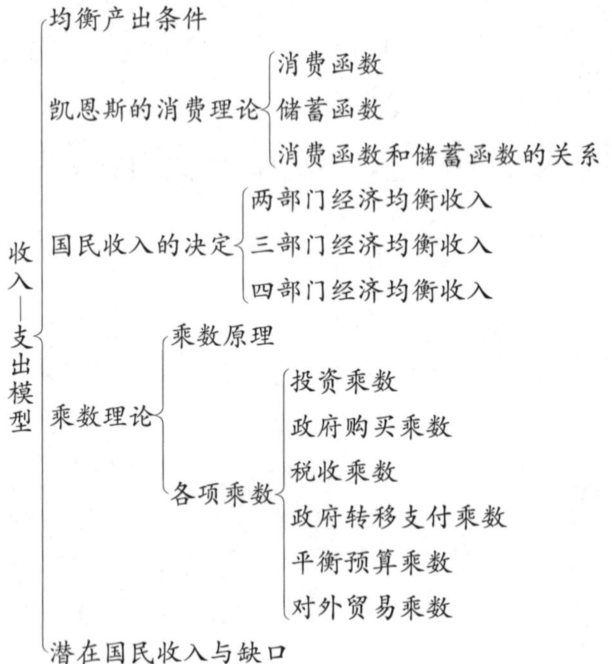

三、 理论精要

知识点一 均衡产出

均衡产出是和总需求相一致的产出，也就是经济社会的收入正好等于全体居民和企业想要有的支出。

均衡产出的条件：

（1）$y=E=c+i$，E 代表计划支出，在两部门经济中包括消费支出和投资支出。

（2）均衡条件的另一种表达式为：$\left.\begin{aligned}E&=c+i\\y&=c+s\\E&=y\end{aligned}\right\}\Rightarrow i=s$，即计划投资＝计划储蓄。

知识点二 凯恩斯消费函数

凯恩斯消费心理规律：随着收入的增加，消费也会增加，但是消费的增加不及收入的增加快。

消费函数：表示消费和收入关系的函数式，用 $c=c(y)$ 表示。

边际消费倾向：指增加的消费与增加的收入之比率，也就是增加的 1 单位收入中用于增加消费部分的比率。用公式表示为：$MPC=\dfrac{\Delta c}{\Delta y}$ 或 $MPC=\dfrac{\mathrm{d}c}{\mathrm{d}y}$。

边际消费倾向的特征：

（1）在图形上，MPC 是消费曲线上任一点的切线的斜率。

（2）$0<MPC<1$。

（3）边际消费倾向递减规律：随着收入的增加，边际消费倾向越来越小。

平均消费倾向：任一收入水平上消费支出在收入中的比率。公式为：$APC=\frac{c}{y}$。

平均消费倾向的特征：

（1）APC 是消费曲线上任一点与原点的连线的斜率。

（2）APC 可能大于、等于或小于 1，因为消费可能大于、等于或小于收入。

（3）$APC>MPC$，且随着收入的增加，APC 逐渐趋近于 MPC。

线性消费函数：$c=\alpha+\beta y$。α 表示必不可少的自发消费，β 为边际消费倾向。其经济含义是：消费等于自发消费 α 与引致消费 βy 之和。

知识点三　储蓄函数

储蓄函数：$s=s(y)=y-c(y)=y-(\alpha+\beta y)=-\alpha+(1-\beta)y$。

边际储蓄倾向：表示储蓄增量与收入增量的比率，公式为：$MPS=\frac{\Delta s}{\Delta y}$ 或 $MPS=\frac{\mathrm{d}s}{\mathrm{d}y}$。

MPS 为储蓄曲线上任一点切线的斜率。

平均储蓄倾向：指任一收入水平上储蓄在收入中所占的比率。公式为：$APS=\frac{s}{y}$。

APS 是储蓄曲线上任一点与原点的连线的斜率。

消费函数和储蓄函数的关系：

（1）消费函数和储蓄函数互为补数，二者之和等于收入。

（2）若 APC 和 MPC 随收入增加而递减，但 $APC>MPC$，则 APS 和 MPS 都随收入增加而递增，但 $APS<MPS$。

（3）$APS+APC=1$；$MPC+MPS=1$。

知识点四　国民收入的决定

经济的产出水平或者说国民收入由总需求决定。

（1）两部门经济均衡收入。

$$\begin{cases}\text{均衡公式：}y=c+i\\ \text{消费函数：}c=\alpha+\beta y\end{cases}$$

联立求解得均衡收入：$y=\frac{\alpha+i}{1-\beta}$。

（2）三部门经济均衡收入。

$$\begin{cases}均衡公式：y=c+i+g\\消费函数：c=\alpha+\beta y_d\\可支配收入：y_d=y-t+t_r\end{cases}$$

联立求解得均衡收入：$y=\dfrac{\alpha+i+g+\beta t_r-\beta t}{1-\beta}$。

（3）四部门经济均衡收入。

$$\begin{cases}均衡公式：y=c+i+g+(x-m)\\消费函数：c=\alpha+\beta y_d\\可支配收入：y_d=y-t+t_r\\进口函数：m=m_0+\gamma y\end{cases}$$

联立求解得均衡收入：$y=\dfrac{\alpha+i+g+\beta t_r-\beta t+x-m_0}{1-\beta+\gamma}$。

知识点五　乘数理论

乘数原理：国民收入的变化量与引起这种变化的总需求变量的增加量之间的比率关系。

根据定义，由均衡收入公式求微分可得各项乘数。

三部门经济各项乘数：

（1）投资乘数：$k_i=\dfrac{\Delta y}{\Delta i}=\dfrac{1}{1-\beta}$。

（2）政府购买乘数：$k_g=\dfrac{\Delta y}{\Delta g}=\dfrac{1}{1-\beta}$；$k_g=k_i$。

（3）税收乘数：$k_t=\dfrac{\Delta y}{\Delta t}=-\dfrac{\beta}{1-\beta}$。

（4）政府转移支付乘数：$k_{t_r}=\dfrac{\Delta y}{\Delta t_r}=\dfrac{\beta}{1-\beta}$；$k_{t_r}=-k_t$。

（5）平衡预算乘数：$k_b=\dfrac{\Delta y}{\Delta g}=\dfrac{\Delta y}{\Delta t}=1$。

四部门对外贸易乘数：$k_x=\dfrac{\Delta y}{\Delta x}=\dfrac{1}{1-\beta+\gamma}$。

【提示】教材没有提到比例税制下的税收乘数和平衡预算乘数，但市面上关于比例税制下这两个乘数的公式很多都是错的。设税收 $T=T_0+ty$，正确的乘数应该是：

税收乘数 $k_T=-\frac{\beta}{1-\beta(1-t)}$

平衡预算乘数 $k_b=\frac{1-\beta}{1-\beta(1-t)}<1$

相关证明，可关注微信公众号“王海滨老师”，点击菜单栏中的“精品文章/精品文章合集/比例税下税收/平衡预算乘数究竟是多少？[权威答案]（1）”“精品文章/精品文章合集/比例税下税收/平衡预算乘数究竟是多少？[权威答案]（2）”或微信扫描二维码查看。

知识点六　潜在国民收入与缺口

潜在国民收入又称充分就业状态下的国民收入，是指利用社会上一切可利用的经济资源（劳动、资本、土地等）所能够生产的产品和劳务的最大量值，也就是一国的经济潜力充分利用或发挥时所能够达到的最大产出量。潜在国民收入决定于一国在一定时期内可利用的资本、劳动、自然资源等生产要素的总量以及所达到的技术水平。

实际国民收入是指和当前总支出水平相一致时的均衡收入，它由整个社会的消费、投资、政府购买和净出口加总而成的总需求水平决定。

潜在国民收入和实际国民收入之间的差距称为国内生产总值缺口。实际国民收入小于潜在国民收入时，称存在通货紧缩缺口；实际国民收入大于潜在国民收入时，称存在通货膨胀缺口。

习题解析

1. 能否说边际消费倾向和平均消费倾向总是大于 0 而小于 1?

【难度】1　　**【考点】**凯恩斯消费函数

【答案】一般来说，边际消费倾向总是大于 0 而小于 1，但是平均消费倾向则不然。

（1）边际消费倾向是指增加的消费与增加的收入的比率，也就是增加的一单位收入中用于增加消费的比率。用公式表示为：$MPC=\frac{\Delta c}{\Delta y}$或$MPC=\frac{\mathrm{d}c}{\mathrm{d}y}$。当收入增加时，消费也会增加，因而 $MPC>0$；国民收入分为消费和储蓄两部分，那么增加的收入 Δy 也分为增加的消费 Δc 和增加的储蓄 Δs 两部分，因而有 $1=\frac{\Delta y}{\Delta y}=\frac{\Delta c+\Delta s}{\Delta y}>$

$\frac{\Delta c}{\Delta y}=MPC$。所以，一般来讲 $0<MPC<1$。

（2）平均消费倾向是指任一收入水平上消费支出占收入的比率。公式为：$APC=\frac{c}{y}$。当人们收入很低的时候，即便收入为 0，这时候还是必须消费的，一般人们会借钱消费，显然这时的消费要大于收入水平，也就是 $APC=\frac{c}{y}>1$。因此，平均消费倾向并不一定总是大于 0 而小于 1。

2. 什么是凯恩斯定律？提出凯恩斯定律的社会经济背景是什么？

【难度】1　　**【考点】**均衡产出

【答案】凯恩斯定律指的是生产和收入决定于总需求的有效需求决定论。当经济社会存在失业和大量闲置资源时，变动社会的总需求将使得闲置的资源得到利用，导致产出和收入的增加，但不会使资源的价格上升，从而不会引起价格变动。凯恩斯定律被认为适用于短期分析。因为在短期中，价格不易变动，或者说具有黏性，当社会需求变动时，企业首先考虑的是调整产量而不是价格。

凯恩斯定律的提出是有其社会经济背景的。在 20 世纪 30 年代之前，主流经济学家们坚持市场自由的经济观点，信仰“看不见的手”的力量，认为市场调节能自动实现社会需求与供给的均衡，社会的供给能够自动创造需求，因而不存在生产过剩的现象，社会是处于充分就业状态的。但是，在 1929—1933 年间，西方社会发生了经济“大萧条”，失业问题特别严重，存在大量的闲置资源，企业处于生产能力过剩状态，如果社会需求增加，确实会引起产出的增加。因此，这时凯恩斯提出的凯恩斯定律具有很强的现实性，得到了很多学者的赞同，进而成为之后流行于西方社会几十年的主流经济学观点。但是，如果在经济高涨状态，一味强调增加需求，其结果就必然是物价上涨。西方社会在 20 世纪 70 年代面对的就是这种状况。

3. 为什么一些西方经济学家认为，将一部分国民收入从富人转移给穷人将提高总收入水平？

【难度】2　　**【考点】**凯恩斯消费函数

【答案】这种观点源于凯恩斯的消费观点。凯恩斯认为在影响消费的众多因素中，最主要的是收入水平，因而，国民消费水平是国民收入的函数。同理，家庭消费是家庭收入的函数。同时，国民消费水平是家庭消费水平的加总，因此，家庭消费水平将影响社会消费水平。另外，我们根据凯恩斯消费函数得出，边际消费倾向越大，增加收入带来的消费增加就越多。由于富人的边际消费倾向较低，边际储蓄倾向较高，而穷人的边际消费倾向较高（因为穷人收入低，为维持基本生活水平，他们的消费支出占收入的比重必然大于富人），因而将一部分国民收入从富人转给穷人，可提高整个社会的边际消费倾向，从而提高整个社会的总消费支出水平，于是总收入水平就会随之提高。

4. 为什么政府购买乘数的绝对值大于政府税收乘数和政府转移支付乘数的绝对值？

【难度】 2　　**【考点】** 乘数理论

【答案】 从数量上看，政府购买乘数为$\frac{1}{1-\beta}$，而政府税收乘数和政府转移支付乘数的绝对值为$\frac{\beta}{1-\beta}$，由于$0<\beta<1$，因而有$\frac{1}{1-\beta}>\frac{\beta}{1-\beta}$。出现这种情况是因为政府购买支出直接作用于总需求，所以乘数为$\frac{1}{1-\beta}$；而税收和转移支付则不同，它们不会直接影响总需求，而是首先影响人们的可支配收入，进而影响人们的消费需求，再影响总需求，其数量在转变成消费需求的过程中被边际消费倾向系数减少了，因而导致的收入变化较小。所以，政府税收乘数和政府转移支付乘数的绝对值比政府购买乘数的绝对值要小。

5. 平衡预算乘数作用的机理是什么？

【难度】 2　　**【考点】** 乘数理论

【答案】 平衡预算乘数是指政府收入和支出以相等的数量增加或减少时国民收入变动对政府收支变动的比率。政府的收入主要是税收，政府的支出主要是购买支出。平衡预算要求政府购买支出与税收增加或减少同等的数量，因而平衡预算乘数所起的作用是政府购买乘数和税收乘数共同作用的结果。当政府购买支出增加时，这部分购买将成为被购买的这些产品部门的收入，这些部门得到的收入在扣除税收和储蓄后将用于消费，从而转化为另一些部门的收入，如此反复循环下去，就会导致国民收入倍增。在增加政府购买支出时，政府税收的增加将导致各部门可支配收入的减少，进而使得各部门消费支出减少，消费支出减少进而导致国民经济各部门的收入减少，结果消费进一步减少，如此反复循环，最终导致国民收入以税收增加的倍数递减。政府购买乘数和税收乘数的作用结合起来就是平衡预算乘数的作用。

6. 税收、政府购买和转移支付这三者对总需求的影响有何区别？

【难度】 2　　**【考点】** 乘数理论

【答案】 税收并不直接影响总需求，它通过改变人们的可支配收入来影响人们的消费支出，从而影响总需求。税收的变化与总需求的变化是反向的，税收增加导致人们的可支配收入减少，从而使消费需求减少，进而使总需求减少。其中，总需求的减少量是税收增加量的倍数。税收减少时结果相反。

政府转移支付对总需求的影响类似于税收，都是通过改变人们的可支配收入来影响消费需求，进而间接影响总需求的。但和税收不一样的是，政府转移支付与总需求是同方向变化的。这是因为税收增加意味着人们的可支配收入减少，而转移支付增加意味着人们的可支配收入增加。转移支付引起的总需求的变化量也是转移支付变化量的倍数。

与税收和转移支付不同，政府购买支出是总需求的一部分，因而其变化将直接影响总需求。政府购买支出和总需求的变化是同方向的，总需求的变化量也数倍于政府购买量的变化，这个倍数就是政府购买乘数。由于政府购买支出直接作用于总需求，因而它引起的总需求变化要大于税收和转移支付引起的总需求的变化，即政府购买乘数的绝对值大于税收乘数和政府转移支付乘数的绝对值。

7. 假设某经济的消费函数为 $c=100+0.8y_d$，投资 $i=50$，政府购买支出 $g=200$，政府转移支付 $t_r=62.5$，税收 $t=250$（单位均为10亿美元）。

（1）求均衡收入。

（2）试求投资乘数、政府购买乘数、税收乘数、政府转移支付乘数、平衡预算乘数。

【难度】 2　　**【考点】** 国民收入的决定

【答案】（1）将可支配收入 $y_d=y-t+t_r$ 和消费函数 $c=100+0.8y_d$ 代入均衡收入公式，有：

$$\begin{aligned} y &= c+i+g \\ &= 100+0.8\times(y-t+t_r)+i+g \\ &= 100+0.8\times(y-250+62.5)+50+200 \end{aligned}$$

求解得均衡收入 $y=1\ 000$。

（2）根据三部门经济中各项乘数公式，有：

投资乘数：$k_i=\dfrac{\Delta y}{\Delta i}=\dfrac{1}{1-\beta}=\dfrac{1}{1-0.8}=5$；

政府购买乘数：$k_g=\dfrac{\Delta y}{\Delta g}=\dfrac{1}{1-\beta}=5$；

税收乘数：$k_t=\dfrac{\Delta y}{\Delta t}=-\dfrac{\beta}{1-\beta}=-\dfrac{0.8}{1-0.8}=-4$；

政府转移支付乘数：$k_{t_r}=\dfrac{\Delta y}{\Delta t_r}=\dfrac{\beta}{1-\beta}=4$；

平衡预算乘数：$k_b=\dfrac{\Delta y}{\Delta g}=\dfrac{\Delta y}{\Delta t}=1$（求平衡预算乘数时已假定 $\Delta g=\Delta t$）。

8. 在上题中，假定该社会达到充分就业所需要的国民收入为1 200，试问：（1）增加政府购买，或（2）减少税收，或（3）以同一数额增加政府购买和税收（以便预算平衡）实现充分就业，各需多少数额？

【难度】 2　　**【考点】** 乘数理论

【答案】 原均衡收入为1 000，新的均衡收入即充分就业的国民收入为1 200，那么均衡收入增加了 $\Delta y=1\ 200-1\ 000=200$。

（1）增加政府购买量：$\Delta g=\dfrac{\Delta y}{k_g}=\dfrac{200}{5}=40$。

（2）减少税收量：$\Delta t=\dfrac{\Delta y}{|k_t|}=\dfrac{200}{4}=50$。

（3）增加等额的政府购买和税收以实现预算平衡，意味着可使用预算平衡乘数求解，即：

$$k_b=\frac{\Delta y}{\Delta g}=\frac{\Delta y}{\Delta t}=1\Rightarrow\Delta g=\Delta t=\Delta y=200$$

9. 消费支出波动比国内生产总值波动平稳的主要原因是什么？

【难度】 2　　　**【考点】** 凯恩斯消费函数

【答案】 从长期来看，消费支出和GDP按相同的比率增长。但从短期或经济周期的角度来看，消费支出和国内生产总值都有波动，消费支出的波动幅度比国内生产总值要小。

这是由于GDP中包含折旧、税收、公司未分配利润等内容，而直接决定消费的个人可支配收入则不包含这些；个人可支配收入包含诸如社会保险等政府转移支付，而国内生产总值中不包含这些。

由于税收和政府转移支付的存在，因而当经济衰退时（即GDP减少时），政府给个人的转移支付增加，使得个人可支配收入的减少量小于经济衰退程度（即GDP减少量）；反之，当经济高涨时，税收增加，政府给个人的转移支付减少，使得个人可支配收入的增加量小于经济高涨程度（即GDP增加量）。

税收和转移支付起到了自动稳定器的作用，个人可支配收入的波动幅度要小于GDP的波动幅度。而消费支出依赖于个人可支配收入，显然，消费支出的波动幅度要比GDP的波动幅度小，即消费支出的波动比GDP的波动要平稳一些。

10. 按照凯恩斯的观点，增加储蓄对均衡收入会有什么影响？什么是“节俭悖论”？

【难度】 2　　　**【考点】** 均衡产出；凯恩斯消费函数；储蓄函数

【答案】 凯恩斯认为，增加储蓄会使均衡收入减少。

假设在一个两部门经济体中，$c=\alpha+\beta y$，$i=i_0$不变，则有：$y=c+i_0=\alpha+\beta y+i_0$，解得均衡收入$y=\frac{\alpha+i_0}{1-\beta}$。

如果增加储蓄，则有两种可能：一是自发消费α减少，二是边际消费倾向β减少。由均衡收入公式可知，无论是哪一种，都会导致均衡收入y减少。

这一规律也可以用图分析，储蓄曲线可表示为$s=y-c=-\alpha+(1-\beta)y$。

（1）如果自发消费减少，如图13-1（a）所示，例如从α_1变动到α_2，则表现为s曲线的纵截距更接近原点，也就是上移，按照$i=s$的原理可知，均衡收入从y_1减少到y_2。

（2）如果边际消费倾向β减少，如图13-1（b）所示，例如从β_1减少到β_2，则表现为s曲线的斜率（$1-\beta$）增大，也就是s曲线绕纵截距点逆时针旋转，按照$i=s$的原理可知，均衡收入从y_1减少到y_2。

由此可以得出一个看似自相矛盾的推论：节制消费、增加储蓄会增加个人财富，对个人是好事，但由于会减少国民收入从而引起萧条，因而对整个经济来说是

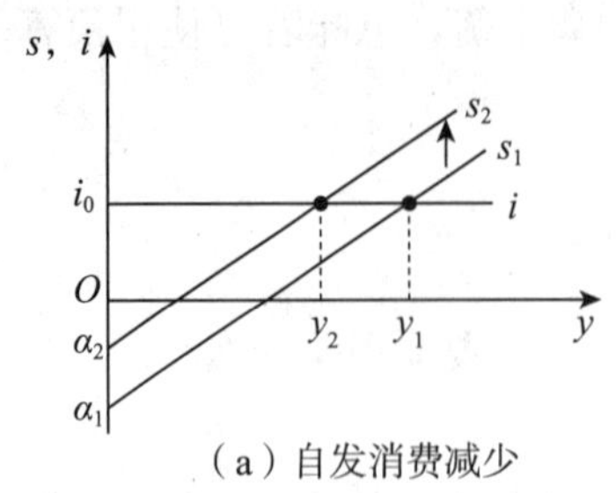

（a）自发消费减少

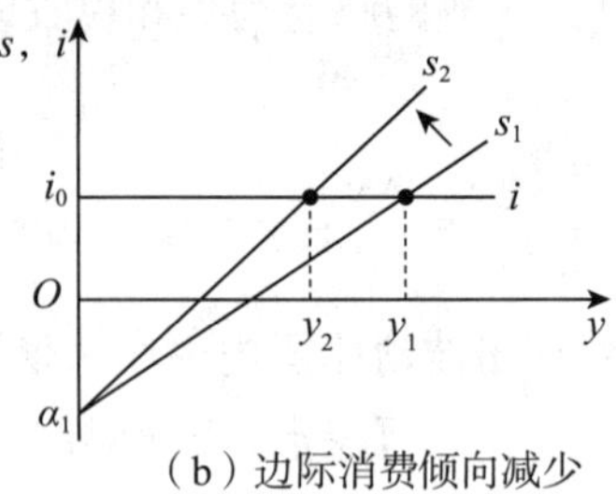

（b）边际消费倾向减少

图 13－1　储蓄增加对均衡收入的影响

坏事；增加消费、减少个人储蓄会减少个人财富，对个人是坏事，但由于会增加国民收入从而引起经济繁荣，因而对整个经济来说是好事。这就是“节俭悖论”。

【提示】以上是凯恩斯在《就业、利息和货币通论》中对“节俭悖论”的介绍。但布兰查德在其《宏观经济学》中利用凯恩斯的假设前提对“节俭悖论”做了进一步解读：只要投资、税收、政府支出都不变，个人减少消费只会减少均衡收入，最终的均衡储蓄完全不会增加。

这一观点可用多种方法证明，具体证明过程可关注微信公众号“王海滨老师”，点击菜单栏中的“精品文章/精品文章合集/减少消费就可以增加储蓄？NO!”或微信扫描二维码查看。

11. 为什么西方宏观经济学家通常可假定产量是由总需求决定的?

【难度】2　　　**【考点】**均衡产出

【答案】宏观经济学之所以假定产量决定于总需求，可以从企业的行为上做出回答。在正常条件下，大多数企业总是在有某种超额生产能力的情况下运转的。例如，美国制造业生产能力的平均利用率约为86％，一些机器闲置着作为备用品，另一些机器只在三班中开两班。同样，劳动力不总处于充分就业状态，即使是充分就业时，社会也有5％～6％的劳动力处于所谓自然失业率状态。因此，一旦市场对产品的需求增加，企业就有相当大余地通过增加生产能力和利用率来增加生产，企业可以把以前每年雇的人召回，或让一些工人加班加点，增加生产。同样，当需求下降时，企业也会做出同样的反应，减少生产。因此，把经济社会作为一个整体看，可以把整个社会的产量看作是由总需求决定的。在短期内，总需求的波动会引起GDP的波动。

12. 试述乘数理论的适用性。

【难度】2　　　**【考点】**乘数理论

【答案】乘数理论的公式为$\Delta Y=k\times\Delta A$，其中k为乘数，ΔA为自发支出的变化，包括投资变化Δi、政府购买变化Δg、转移支付变化Δt_r，等等。这个公式表明自发需求的变化导致产出发生了k倍的变化。

这个理论反映了现代经济的特点，即由于经济中各部门之间的密切关系，某一部门支出（即需求）的增加必然在经济中引起其他部门的连锁反应，从而使收入以 k 倍的比例增加。

一般说来，需求的增加有两个影响：一是价格水平上升；二是产出水平（即收入水平）上升。只有当经济中存在没有得到充分利用的资源，并且假定自发需求变化时利率、汇率等都不变时，自发需求增加 ΔA 才会导致收入水平增加 $k\times\Delta A$。如果经济中已实现了充分就业，即没有可利用的闲置资源，则自发需求增加 ΔA 只会导致价格水平上升，不会使产出水平（或实际收入水平）上升。一般情况下，需求的增加将导致价格水平和产出水平同时上升，但两者的上升幅度一般不相等。还应该指出，有时经济中的大部分资源没有得到充分利用，但由于某一种或几种重要资源处于“瓶颈状态”，因而也会限制乘数发挥作用，因为这种“瓶颈状态”会使利用其他闲置资源成为不可能。还要指出，自发支出增加时，产出如果能够按 k 倍增加还要以社会价格水平、货币需求、利率和汇率水平等不变为前提，否则，自发支出增加时产出即使增加，也无法以 k 倍增加。例如，投资增加时，如果产出增加导致货币需求增加，引起利率上升，就会有“挤出效应”，产出增加就会打折扣。

13. 能否说边际消费倾向递减，平均消费倾向也一定递减？能否反过来说，平均消费倾向递减，边际消费倾向也一定递减？

【难度】1　　　**【考点】**凯恩斯消费函数

【答案】在消费函数 $c=\alpha+\beta y$ 中，边际消费倾向是 β，平均消费倾向是 $\alpha/y+\beta$。从这个公式可以看出，如果边际消费倾向递减，平均消费倾向一定递减，但是平均消费倾向递减，边际消费倾向不一定递减，因为当收入 y 增加时，边际消费倾向即使不变，平均消费倾向也是递减的。

14. 假设某社会经济的储蓄函数为 $s=-1\,600+0.25y$，投资从 $i=400$ 增加到 $i=600$ 时，均衡国民收入增加多少？

【难度】1　　**【考点】**储蓄函数；国民收入的决定

【答案】当 $i=400$ 时，按照 $i=s$ 原理可知，$400=-1\,600+0.25y$，解得均衡收入 $y=8\,000$。

当 $i=600$ 时，按照 $i=s$ 原理可知，$600=-1\,600+0.25y$，解得均衡收入 $y=8\,800$。

可知均衡国民收入增加了 $8\,800-8\,000=800$。

15. 假设某经济的消费函数为 $c=1\,000+0.75y_d$，投资为 $i=800$，政府购买为 $g=750$，净税收为 $t=600$，试求：(1) 均衡国民收入和可支配收入；(2) 消费支出；(3) 私人储蓄和政府储蓄；(4) 投资乘数。

【难度】1　　**【考点】**国民收入的决定；乘数理论

【答案】（1）均衡国民收入 $y=c+i+g=1\,000+0.75\times(y-600)+800+750=1\,000+0.75y-450+800+750$，解得均衡国民收入 $y=8\,400$。

可支配收入 $y_d=y-t=8\,400-600=7\,800$。

（2）消费支出 $c=1\,000+0.75\times 7\,800=6\,850$。

(3) 私人储蓄 $s_p=y_d-c=7\ 800-6\ 850=950$。

政府储蓄 $s_g=t-g=600-750=-150$。

(4) 投资乘数 $k_i=\frac{1}{1-0.75}=4$。

16. 在一个两部门经济中，假设边际储蓄倾向为 0.2，投资增加 1 000 亿美元时，国民收入、消费及储蓄如何变化？

【难度】 1　　**【考点】** 储蓄函数；国民收入的决定

【答案】 该经济投资乘数 $k_i=1/0.2=5$，投资增加 1 000 亿美元时，国民收入增加 $\Delta y=5\times1\ 000=5\ 000$(亿美元)，消费增加量 $\Delta c=(1-0.2)\times\Delta y=0.8\times5\ 000=4\ 000$(亿美元)，储蓄增加量 $\Delta s=0.2\times\Delta y=0.2\times5\ 000=1\ 000$(亿美元)。

17. 假设一国经济中消费者支出增加 600，政府购买、政府转移支付和税收各减少 300，边际储蓄倾向为 0.2，试问新的均衡国民收入将如何变动？

【难度】 1　　**【考点】** 国民收入的决定

【答案】 设消费 $c=\alpha+\beta y_d$，依题意知 $\beta=1-0.2=0.8$。

初始均衡收入 $y_1=\frac{\alpha+i+g+\beta t_r-\beta t}{1-\beta}$。

新的均衡收入
$$y_2=\frac{(\alpha+600)+i+(g-300)+\beta(t_r-300)-\beta(t-300)}{1-\beta}$$
$$=\frac{\alpha+i+g+\beta t_r-\beta t}{1-\beta}+\frac{600-300-300\beta+300\beta}{1-\beta}$$
$$=y_1+\frac{600-300}{1-0.8}$$
$$=y_1+1\ 500。$$

即新的均衡国民收入将增加 1 500。

18. 假设某经济的消费函数为 $c=150+0.75y$，试问 $y=1\ 000$ 时的边际消费倾向、平均消费倾向、边际储蓄倾向和平均储蓄倾向是多少？

【难度】 1　　**【考点】** 凯恩斯消费函数；储蓄函数

【答案】 当 $y=1\ 000$ 时，$c=150+0.75\times1\ 000=900$，$s=y-c=1\ 000-900=100$。

边际消费倾向 $MPC=0.75$，平均消费倾向 $APC=c/y=900/1\ 000=0.9$，边际储蓄倾向 $MPS=1-MPC=1-0.75=0.25$，平均储蓄倾向 $APS=1-APC=1-0.9=0.1$。

19. 什么是宏观税收函数？

【难度】 1　　**【考点】** 国民收入的决定

【答案】 宏观税收函数是指宏观税收收入与收入之间的关系，说明税收随收入的变动而变动，可用公式 $T=T_0+ty$ 来表示。其中，T 表示税收收入；T_0 表示不随收入变动的自发税收，例如流转税、遗产税等；t 表示收入的边际税率，就是收入每增加 1 单位时，税收增加的额度；ty 表示收入引致的税收。

补充训练

1.（名词解释）边际储蓄倾向（浙江工商大学 2019）

2.（名词解释）政府购买乘数（华中师范大学 2018）

3.（名词解释）税收乘数（中央财经大学 2011）

4.（名词解释）潜在 GDP（浙江大学 2013）

5.（判断题）自发消费随着国民收入的变动而变动，它取决于国民收入和边际消费倾向。（上海海事大学 2017）

6.（判断题）在均衡产量上，计划存货投资不为零，非计划存货投资为零。（中南财经政法大学 2011）

7.（判断题）开放经济中自发支出变动的乘数效应大于封闭经济中的乘数效应。（对外经济贸易大学 2011）

8.（判断题）通过税收来融资而增加政府支出，由于乘数效应的作用，一定能够使国民收入出现更大幅度的增加。（华东师范大学 2015）

9. 如果实际产出水平位于储蓄曲线与投资曲线交点的右方，则（　　）。（华东师范大学 2015）

A. 存在超额产出　　B. 非计划存货小于零

C. 计划储蓄等于计划投资　　D. 以上各项均对

10. 商品市场达到短期均衡时，下面哪种情况不一定会出现？（　　）（暨南大学 2013）

A. 企业的存货投资等于零

B. 计划投资等于实际投资

C. 计划支出没有发生变化的倾向

D. 实际支出等于消费、计划投资、政府购买与净出口之和

11.（多选题）关于均衡国民收入，下列哪些说法是正确的？（　　）（同济大学 2017）

A. 均衡国民收入不一定等于充分就业的国民收入

B. 均衡国民收入通常是可以持续下去的国民收入

C. 均衡国民收入的大小在两部门模型中取决于计划储蓄等于计划投资时的水平

D. 均衡国民收入取决于计划支出等于计划产出时的水平

E. 均衡国民收入不一定是理想的国民收入

12. 在考虑定量税（T_0）、比例所得税（t）和转移支付（TR）的条件下，三部门经济中的消费为（　　）。（华东师范大学 2006）

A. $a+bT_0-bTR+b(1-t)Y$　　B. $a-bT_0-bTR+b(1-t)Y$

C. $a+bT_0-bTR-b(1-t)Y$　　D. $a-bT_0+bTR+b(1-t)Y$

13. 消费者储蓄增多而消费支出减少，则（　　）。（复旦大学 2001）

A. GDP 将下降，但储蓄 S 将不变　　B. GDP 将下降，但储蓄 S 将上升

C. GDP 和储蓄 S 都下降　　D. GDP 不变，但储蓄 S 下降

14. 下列哪项经济政策会导致国民收入水平最有效增长？（　　）（重庆大学 2013）

A. 政府加税 50 亿元，同时增加转移支付 50 亿元

B. 政府减税 50 亿元

C. 政府增加购买 50 亿元

D. 政府转移支付增加 50 亿元

15. 凯恩斯关于消费函数的三个猜测是什么？（厦门大学 2011）

16. 在凯恩斯的消费函数中，消费倾向是决定家庭消费水平的重要变量。

（1）证明在消费函数为线性时，边际消费倾向（*MPC*）小于平均消费倾向（*APC*）。

（2）作图并解释随着收入的增加，平均消费倾向逐渐趋近于边际消费倾向。（西南财经大学 2011）

17. 试用凯恩斯主义交叉图说明凯恩斯提出的支出决定收入原理。（山东大学 2016）

18. 如何理解凯恩斯提出的节俭悖论？（山东大学 2017）

19. 某开放经济，充分就业的国民收入是 2 000，消费 $C=100+0.8Y_d$，投资 $I=150$，政府支出 $G=100$，税收 $T=50$，转移支付 $Tr=30$，净出口 $NE=-16$。

（1）均衡国民收入是多少？存在什么类型的缺口？

（2）通过变动税收来消除这一缺口，需要变动多少可能实现？

（3）如果要使国民收入变动到 5 000，通过变动政府支出和税收相同的量来实现，需要同时变动多少？（浙江工商大学 2016）

20. 假设某一国家的居民总是将可支配收入中的 10%用于储蓄，且充分就业的国民收入为 7 000 亿美元。今年的私人投资支出为 900 亿美元，政府购买支出为 600 亿美元，出口为 200 亿美元，自发消费为 500 亿美元，平均税率为 10%，进口函数为 $M=0.21Y$（M 和 Y 分别表示进口和国民收入），政府转移支付和定额税均为 0。请计算：

（1）该国今年的均衡国民收入。

（2）今年该国政府的预算盈余。

（3）该国充分就业时的预算盈余。

（4）如何利用充分就业预算盈余的概念来判断该国应该实施何种财政政策和已经实施了何种财政政策？（对外经济贸易大学 2015）

21. 假定在某国经济萧条时期，消费函数 $C=15+0.75Y_d$，其中 C 为消费支出，Y_d 为可支配收入。税收函数 $T=6+0.4Y$，其中，T 为税收收入，Y 为国民收入。转移支付 $R=2$，投资 $I=20$，政府购买 $G=12$。

（1）求均衡产出以及均衡产出时的税收收入。

（2）如果充分就业产出为 90，需要增加多少投资可以实现？

（3）如果充分就业产出为 90，边际税率为多少可以实现？（东华大学 2016）

22. 假设某一经济的消费函数为 $C=100+0.8Y_d$，投资为 $I=50$，政府购买为 $G=200$，政府转移支付为 $TR=62.5$，税率为 $t=0.25$。

（1）求均衡收入水平。

（2）求投资乘数、政府购买乘数、税收乘数、转移支付乘数、平衡预算乘数。

（3）假定该社会达到充分就业的总产出为 1 200，试问用①增加政府购买，②减税，③在增税的同时将增加的税收用于增加政府购买来实现充分就业，各需要多少？（中南财经政法大学 2016）

23. 已知 $c=100+0.8y_d$，$t'=0.25$，$g=200$，$t_r=62.5$，$i=50$，$t=t'y$。问均衡收入是多少？边际税率乘数是多少？政府购买乘数是多少？平衡预算乘数是多少？当实际收入水平是 800 时，非意愿投资是多少？（北京大学 2007）

24. 在不考虑资本流动和汇率变动的情况下，已知某国的宏观模型为：$Y=C+I+G+X-M$，其中 Y 为经济产出，C 为消费，消费函数为 $C=40+0.8Y$，$I=50$ 为投资，$G=20$ 为政府支出，$X=100$ 为出口，M 为进口，进口函数为 $M=0.2Y+30$。试计算：

（1）外贸乘数与产品市场均衡产出。

（2）使贸易收支均衡的产出水平。

（3）如果充分就业的产出水平为 650，实现充分就业时的贸易收支。（东华大学 2017）

25. 潜在国民收入和均衡国民收入两个概念在宏观经济分析中有何重要作用？（上海大学 2007）

26. 如果失业率与 GDP 之间的关系满足奥肯定律 $(Y-Y^*)/Y^*=-3(u-u^*)$，其中 Y 是实际 GDP，Y^* 是潜在 GDP，u 是失业率，u^* 是自然失业率。假定 2000 年、2001 年、2002 年、2003 年的失业率分别是 4%、4%、5%、6%。

（1）当自然失业率是 6%时，各年度失业率所对应的 GDP 缺口是多少？

（2）若 2002 年的实际 GDP 为 2 000 亿元，计算当年的潜在 GDP 水平。（上海大学 2005）

参考答案

1.【**难度**】1　　【**考点**】储蓄函数

【**答案**】边际储蓄倾向是指收入增加一单位所引起的储蓄的变化量，可以表示为：$MPS=\Delta s/\Delta y$。其中，Δy 表示收入的变化量，Δs 表示储蓄的变化量。一般而言，边际储蓄倾向在 0～1 之间波动。因为全部新增收入要么用来消费，要么用来储蓄，所以边际消费倾向与边际储蓄倾向之和恒为 1。边际储蓄倾向可以说成是国民收入的储蓄倾向，也可以说成是可支配收入的储蓄倾向。

【提示】物质产品平衡表体系（system of material product balance）也简称MPS，它是苏联在总结1925年以来计算国民收入经验基础上逐渐形成的一套核算方法和体系，过去主要为中央计划经济国家所采用。但MPS不能反映非物质生产部门的发展状况，尤其是第三产业的发展情况，不能系统反映社会资金运行情况，不利于政府实行间接宏观调控和管理，不能反映国民经济循环全貌以及各环节间的衔接情况，不利于社会经济总体平衡的调控，也不利于进行国际比较和交流。随着各国向市场经济体制方向进行改革和开放，目前世界上已经很少有国家再按MPS核算国民经济，大都采用SNA，即国民经济核算体系（system of national accounts）。SNA将GDP作为核算国民经济活动的核心指标。

2. **【难度】**1　　**【考点】**乘数理论

【答案】政府购买乘数是指收入变动对引起这种变动的政府购买变动的比率。$k_g=\frac{\Delta y}{\Delta g}$，$k_g$一般为正值，也与投资乘数相等。在三部门条件下，设税收$T=T_0+ty$，均衡收入水平为$y=\frac{\alpha+i+g-\beta T_0+\beta t_r}{1-\beta(1-t)}$，则政府购买乘数$k_g=\frac{\Delta y}{\Delta g}=\frac{1}{1-\beta(1-t)}$。

3. **【难度】**1　　**【考点】**乘数理论

【答案】税收乘数是指国民收入变动与引起这种变动的政府税收变动的比率。广义层面上的税收乘数包括两种：一种是比例税制中的税率变动对总收入的影响，设税收$T=T_0+ty$，则这一乘数是指t变动对均衡收入的影响；另一种是税收绝对量变动对均衡收入的影响，设税收$T=T_0+ty$，则这一乘数是T_0变动对均衡收入的影响。一般来说，狭义层面上的税收乘数是指后者，即T_0变动对均衡收入的影响。

在四部门经济中，设消费$c=\alpha+\beta y$，税收$T=T_0+ty$，进口$m=m_0+\gamma y$，则均衡收入为$y=\frac{\alpha-\beta T_0+\beta t_r+i+g+x-m_0}{1-\beta(1-t)+\gamma}$，其中，$t_r$、$i$、$g$、$x$分别表示转移支付、投资、政府购买、出口，此时，狭义税收乘数$k_T=-\frac{\beta}{1-\beta(1-t)+\gamma}$。

4. **【难度】**1　　**【考点】**潜在国民收入与缺口

【答案】潜在GDP又称充分就业状态下的国民收入，是指利用社会上一切可利用的经济资源（劳动、资本、土地等）所能够生产的产品和劳务的最大量值，也就是一国的经济潜力充分利用或发挥时所能够达到的最大产出量。潜在国民收入决定于一国在一定时期内可利用的资本、劳动、自然资源等生产要素的总量以及所能达到的技术水平。

潜在GDP和实际GDP之间的差距称为GDP缺口。实际GDP小于潜在GDP时，称存在通货紧缩缺口；实际GDP大于潜在GDP时，称存在通货膨胀缺口。

5. **【难度】**1　　**【考点】**凯恩斯消费函数

【答案】错误。根据凯恩斯消费理论，消费函数可表示为$C=\alpha+\beta Y$，其中α为必不可少的自发消费部分，即收入为 0 时举债或动用过去的储蓄也必须要有的基本生活消费，它与国民收入和边际消费倾向无关；βY 为引致消费部分，随着国民收入的变动而变动，它取决于国民收入和边际消费倾向。

6.**【难度】**1　　　**【考点】**均衡产出

【答案】正确。既然是均衡产量，就意味着没有非计划存货投资，也就是非计划存货投资为零。

7.**【难度】**1　　　**【考点】**乘数理论

【答案】错误。三部门经济中国民收入决定公式为 $y=\frac{\alpha+i+g+\beta t_r-\beta t}{1-\beta}$，因此自发支出的乘数为 $\frac{1}{1-\beta}$，四部门经济中国民收入决定公式为 $y=\frac{\alpha+i+g+\beta t_r-\beta t+x-m_0}{1-\beta+\gamma}$，因此自发支出的乘数为$\frac{1}{1-\beta+\gamma}$，显然开放经济中的自发支出的乘数小于封闭经济中的乘数。

8.**【难度】**1　　　**【考点】**乘数理论

【答案】错误。增加税收，然后等额用于政府购买，会增加国民收入，但增加额度和税收额度相等。

9.**【难度】**1　　　**【考点】**均衡产出

【答案】A。此时有储蓄大于投资，存在超额产出。

10.**【难度】**1　　　**【考点】**均衡产出

【答案】A。实际产出等于计划支出加非计划存货投资，在商品市场达到短期均衡时，计划支出和计划产出正好相等，此时，非计划存货投资等于零，但企业的计划存货投资不一定为零。

11.**【难度】**1　　　**【考点】**均衡产出

【答案】ABCDE。当计划支出（也就是需求）和计划产出（也就是供给）相等时，非计划存货投资为零，此时供求均衡，所以是均衡的国民收入。因为此时市场供求达到均衡，如果没有其他力量的冲击，这个均衡收入可以持续下去。但这个均衡收入不一定是充分就业时的收入（自然也就不一定是理想的收入），如果均衡收入和充分就业收入有出入，可以通过宏观经济政策人为调整，使得均衡收入增加或减少到充分就业时的国民收入。

12.**【难度】**1　　　**【考点】**凯恩斯消费函数

【答案】D。依题意有税收 $T=T_0+tY$，消费 $C=a+bY_d=a+b(Y-T_0-tY+TR)=a-bT_0+bTR+b(1-t)Y$。

13.**【难度】**1　　　**【考点】**国民收入的决定；储蓄函数

【答案】A。这就是“节俭悖论”。在收入不变的前提下，减少消费会增加储蓄；但均衡收入减少则储蓄减少。如果全国消费者统一减少消费，均衡收入一定会下降，消费减少导致的储蓄增加和收入减少导致的储蓄减少互相抵消了，最终储蓄不变。

【提示】这一观点可用多种方法证明，具体证明过程可关注微信公众号“王海滨老师”，点击菜单栏中的“精品文章/精品文章合集/减少消费就可以增加储蓄？NO!”或微信扫描二维码查看。

14.【难度】1　　【考点】乘数理论

【答案】C。政府购买乘数大于政府转移支付乘数，也大于税收乘数的绝对值。

15.【难度】1　　【考点】凯恩斯消费函数

【答案】凯恩斯关于消费函数的三个猜测是：

(1) 边际消费倾向介于0和1之间。边际消费倾向（β）是每增加1单位收入时人们所增加的消费量。$0<\beta<1$就意味着人们不会把所有收入都用于消费，而是拿出一部分收入进行消费，另一部分进行储蓄。

(2) 平均消费倾向随收入的增加而下降。平均消费倾向等于消费与收入之比。凯恩斯认为，储蓄是奢侈品，因此富人用于储蓄的比例要高于穷人。

(3) 收入是消费的主要决定因素，而利率对储蓄并没有重要作用，这种猜测和此前的古典经济学家的信念形成鲜明对比。

根据以上三个猜测，凯恩斯主义的消费函数通常可以写为：$c=\alpha+\beta y$，$\alpha>0$，$0<\beta<1$。

【提示】凯恩斯的三个猜测在教材中没有被明确提及，只是零碎地出现在教材中本章第三节里，但这三个猜测是非常重要的内容，是凯恩斯主义的宏观经济理论基础之一。

16.【难度】1　　【考点】凯恩斯消费函数

【答案】(1) 边际消费倾向（MPC）是指增加的消费与增加的收入之比，可以表示为$MPC=\frac{\mathrm{d}c}{\mathrm{d}y}$；平均消费倾向（$APC$）则是指任一收入水平上消费支出占收入的比率，即$APC=\frac{c}{y}$。

凯恩斯的线性消费函数为$c=\alpha+\beta y$，其中α为必不可少的自发消费，$\alpha>0$，而β为边际消费倾向，是一个常数且$0<\beta<1$。

根据凯恩斯线性消费函数，平均消费倾向$APC=\frac{c}{y}=\frac{\alpha+\beta y}{y}=\frac{\alpha}{y}+\beta$，由于$\alpha>0$且$y>0$，因此，$MPC=\beta<APC$。

(2) 从(1)中不难看出，随着收入的增加，$\frac{\alpha}{y}$的值越来越小，说明随着收入的提高，APC 逐渐趋向于 MPC，如图 13－2 所示。

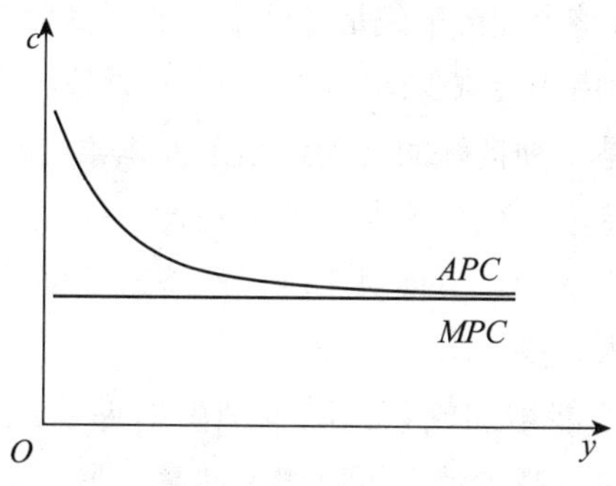

图 13－2 *MPC* 与 *APC* 的关系

17.【难度】1 【考点】国民收入的决定

【答案】如图 13－3 所示，横轴表示收入（即产出），纵轴表示支出，在消费曲线 c 上加投资曲线 i 得到总支出曲线 $c+i$（假设投资是固定不变的数量），这就是家庭部门想要的消费支出和企业部门想要的投资支出的总和。

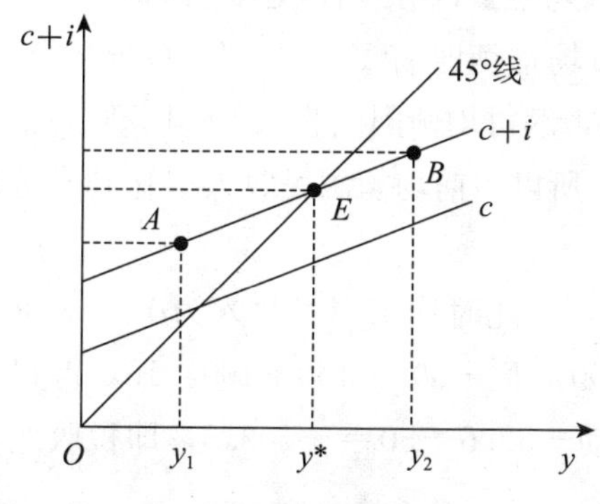

图 13－3 凯恩斯交叉图

如果支出小于收入，即 $c+i<y$，例如图中的 B 点，则家庭部门和企业部门的总计划支出小于实际产出，就会有部分产量销售不出去，成为非计划存货投资。这种存货的非计划增加引起企业解雇工人并减少生产，这些行为减少了 GDP。这种非计划存货积累和收入下降的过程一直进行到收入 y 下降到均衡水平为止。

反之，如果支出大于收入，即 $c+i>y$，例如图中的 A 点，就会出现产量供不应求，于是将以前的存货拿出去销售，造成非计划存货投资为负数。这种存货的非计划减少引起企业增雇工人并增加生产，这些行为又增加了 GDP。这种非计划存货投资减少和收入增加的过程要一直进行到收入 y 上升到均衡水平时为止。

只有当支出与收入相等，即 $c+i=y$ 时，非计划存货投资才为零，企业既不增产也不减产，经济才处于均衡状态。

18.【难度】2 【考点】国民收入的决定

【答案】节俭悖论是由凯恩斯最早提出的一种关于储蓄与国民收入之间相互作

用的理论。节制储蓄、增加消费会减少个人财富，对个人是件坏事，但由于会增加国民收入、使经济繁荣，对整个经济来说是件好事；节制消费、增加储蓄会增加个人财富，对个人是件好事，但由于会减少国民收入、引起萧条，对国民经济是件坏事。

对个人而言，节俭是一种良好的行为，是个人积累财富最常用的方式。从微观上分析，某个家庭勤俭持家，减少浪费，增加积蓄，往往可以发家致富。然而，凯恩斯的国民收入决定理论认为，节俭对于国民经济起负面作用。公众节俭，降低消费，往往会导致国民收入减少。

另外，减少消费并不能增加储蓄。减少消费对储蓄的影响有两个方面：一方面，在可支配收入不变时，减少消费可以增加储蓄；另一方面，减少消费也会减少国民收入，进而减少可支配收入，这又会导致储蓄减少。从总量上看，按照投资储蓄恒等式，储蓄与投资相等，消费的增减并不能改变储蓄量，或者说，由于消费对储蓄两方面的影响互相抵消，消费的增减并不能改变储蓄量。

按照节俭悖论，对于个人而言，减少消费可以积累财富，并且发家致富。但对于经济社会而言，需要增加消费，以此促进经济增长。

19.**【难度】**2　　　**【考点】**潜在国民收入与缺口

【答案】(1) 产品市场均衡时有 $Y=C+I+G+(X-M)=100+0.8\times(Y-50+30)+150+100-16$，解得均衡国民收入 $Y=1\ 590$。

$Y_f=2\ 000>1\ 590$，所以当前均衡国民收入未达到充分就业水平，存在通货紧缩缺口。

(2) 设新的税收为 T'，此时均衡国民收入为 $Y_f=2\ 000$，根据均衡条件可得：$2\ 000=100+0.8\times(2\ 000-T'+30)+150+100-16$，得到 $T'=-52.5$。

故政府税收应该变动 $-52.5-50=-102.5$，即税收应该减少 102.5 来消除产出缺口。

【补充】税收为负数有些奇怪，但我们也没办法。

(3) 不妨设变动量为 ΔS，为使产出增加，税收应该减少而政府支出应该增加，故可得：

$$5\ 000=100+0.8\times(5\ 000-50+30+\Delta S)+150+100+\Delta S-16$$

得到 $\Delta S\approx 379$，即政府需同时增加政府支出和减少税收 379 才能使国民收入变动到 5 000。

20.**【难度】**2　　　**【考点】**均衡产出；潜在国民收入与缺口

【答案】(1) 该国的居民总是将可支配收入中的 10%用于储蓄，对应的边际储蓄率为 0.1，所以边际消费倾向 $\beta=1-0.1=0.9$。由四部门经济产品市场均衡条件可得：

$$Y=C+I+G+NX=500+0.9\times(1-0.1)Y+900+600+(200-0.21Y)$$

$=2\ 200+0.6Y$

解得均衡产出水平 $Y=5\ 500$。

（2）预算盈余 $BS=tY-G-TR=0.1\times5\ 500-600=-50$。

（3）充分就业预算盈余 $BS^*=tY^*-G-TR=0.1\times7\ 000-600=100$。

（4）充分就业预算盈余是指既定的政府预算在充分就业的国民收入水平即潜在的国民收入水平上所产生的政府盈余。如果这种盈余为负值，就是充分就业预算赤字，它不同于实际的预算盈余。

充分就业预算盈余把收入水平固定在充分就业的水平上，消除经济中收入水平周期性波动对预算状况的影响，从而就能更准确地反映财政政策对预算状况的影响，并为判断财政政策是扩张性的还是紧缩性的提供了一个较为准确的依据。若充分就业预算盈余增加了或赤字减少了，财政政策就是紧缩性的，反之，则财政政策是扩张性的。由于当前的充分就业预算盈余为 100，因此，该国当前实施的是紧缩性的财政政策，应该实施扩张性的财政政策。

21. **【难度】**2　　**【考点】**均衡产出；乘数理论

【答案】（1）$Y=C+I+G=\alpha+\beta(Y-T_0-tY+R)+I+G$，整理得均衡产出如下：

$$Y=\frac{\alpha-\beta T_0+\beta R+I+G}{1-\beta(1-t)}$$

$$=\frac{15-0.75\times6+0.75\times2+20+12}{1-0.75\times(1-0.4)}$$

$$=80$$

税收收入 $T=6+0.4\times80=38$。

【提示】$Y=\dfrac{\alpha-\beta T_0+\beta R+I+G}{1-\beta(1-t)}$是很关键的式子，一般情况下都建议列出来，后面可能会用得上。而且，列出这个关键式子，自己的思路也会清晰很多。

（2）解法一：

此时产出缺口 $\Delta Y=90-80=10$。

投资乘数 $K_I=\dfrac{1}{1-\beta(1-t)}=\dfrac{1}{1-0.75\times(1-0.4)}=\dfrac{20}{11}$。

所以需要增加的投资 $\Delta I=\dfrac{\Delta Y}{K_I}=\dfrac{10}{20/11}=5.5$。

解法二：

设投资为 I' 时，产出达到充分就业产出，此时有：

$$Y=\frac{\alpha-\beta T_0+\beta R+I'+G}{1-\beta(1-t)}=\frac{15-0.75\times6+0.75\times2+I'+12}{1-0.75\times(1-0.4)}=90$$

解得 $I'=25.5$。

所以需要增加的投资 $\Delta I=I'-I=25.5-20=5.5$。

（3）设边际税率为 t' 时，产出达到充分就业产出，此时有：

$$Y=\frac{\alpha-\beta T_0+\beta R+I+G}{1-\beta(1-t')}=\frac{15-0.75\times 6+0.75\times 2+20+12}{1-0.75\times(1-t')}=90$$

解得 $t'=0.318\ 5$。

【提示】本小题不建议用乘数法计算。

如果用乘数法，本小题是这样：

$$\text{边际税率乘数 } K_t=\frac{\partial Y}{\partial t}=-\beta\frac{\alpha-\beta T_0+\beta R+I+G}{[1-\beta(1-t)]^2}$$

$$=-0.75\times\frac{15-0.75\times 6+0.75\times 2+20+12}{[1-0.75\times(1-0.4)]^2}$$

$$=-\frac{1\ 200}{11}\text{。}$$

所以需要变动税率 $\Delta t=\frac{\Delta Y}{K_t}=\frac{10}{-1\ 200/11}=-\frac{11}{120}\approx-0.091\ 7$。

所以边际税率 $t'=t+\Delta t\approx 0.4-0.091\ 7=0.308\ 3$。

两个算法所得结果之所以有出入，是因为用乘数法计算时有 $K_t=-\beta\frac{\alpha-\beta T_0+\beta R+I+G}{[1-\beta(1-t)]^2}$，乘数公式里含有“$t$”。在这种情况下，如果要计算精确，就要求 t 不变，否则，计算时 t 取变化之前的值还是变化之后的值就是个问题。无论 t 取初始值还是最终值，都是不精确的，这就是为什么两个算法算出来的结果略有差异（类似的问题在求解弧弹性的时候也会出现）。

22.【难度】2　　【考点】均衡产出；乘数理论

【答案】（1）$Y=C+I+G=\alpha+\beta Y_d+I+G=\alpha+\beta[(1-t)Y+TR]+I+G$，整理得：

$$Y=\frac{\alpha+\beta TR+I+G}{1-\beta(1-t)}$$

$$=\frac{100+0.8\times 62.5+50+200}{1-0.8\times(1-0.25)}$$

$$=1\ 000$$

（2）投资乘数 $k_I=\frac{1}{1-\beta(1-t)}=\frac{1}{1-0.8\times(1-0.25)}=2.5$。

政府购买乘数 $k_G=\frac{1}{1-\beta(1-t)}=\frac{1}{1-0.8\times(1-0.25)}=2.5$。

税收乘数 $k_T=-\frac{\beta}{1-\beta(1-t)}=-\frac{0.8}{1-0.8\times(1-0.25)}=-2$。

转移支付乘数 $k_{TR}=\frac{\beta}{1-\beta(1-t)}=\frac{0.8}{1-0.8\times(1-0.25)}=2$。

平衡预算乘数 $k_B=k_G+k_T=2.5-2=0.5$。

【提示】(1) 均衡收入 Y 与税率 t 的关系不叫税收乘数，可以理解为税率乘数。关于税率乘数，北京大学 2007 年考题里出现过一次，详见本章补充训练题第 23 题。

(2) 税收乘数是指定量税增加 1 单位后，能引起均衡收入变化多少单位。本题中，税收 $T=tY$，没有定量税部分，有一点不严谨。只能理解为 $T=T_0+tY$，然后 $T_0=0$，增税后即 $T_0>0$。

(3) 比例税制下，①税收乘数 $k_T=-\frac{\beta}{1-\beta(1-t)}$ 而不是 $k_T=-\frac{\beta(1-t)}{1-\beta(1-t)}$，②平衡预算乘数 $k_B=\frac{1-\beta}{1-\beta(1-t)}<1$，这两点编者在微信公众号里做了详细的论证。可关注微信公众号"王海滨老师"，点击菜单栏中的"精品文章/精品文章合集/比例税下税收/平衡预算乘数究竟是多少？[权威答案]（2）"或微信扫描二维码查看。

(3) 该社会达到充分就业的总产出为 1 200，因此应增加 200 的产出。

①若增加政府购买，$\Delta G=\frac{\Delta Y}{k_G}=\frac{200}{2.5}=80$，即增加政府购买 80。

②若减税，$\Delta T=\frac{\Delta Y}{k_T}=\frac{200}{-2}=-100$，即减税 100。

③若增加的税收全部用于政府购买，$\Delta G=\Delta T=\frac{\Delta Y}{k_B}=\frac{200}{0.5}=400$，即应增加税收 400，然后全部用于政府购买。

23. **【难度】**2　　　**【考点】**国民收入的决定；乘数理论

【答案】$y=c+i+g=\alpha+\beta(y-t'y+t_r)+i+g$，整理得均衡收入：

$$
\begin{aligned}
y &= \frac{\alpha+\beta t_r+i+g}{1-\beta(1-t')} \\
&= \frac{100+0.8\times 62.5+50+200}{1-0.8\times(1-0.25)} \\
&= 1\,000
\end{aligned}
$$

【提示】税率 $t'=0.25$，边际消费倾向 $\beta=0.8$，转移支付 $t_r=62.5$，这几个数字是计算题里最常见到的，因为这样的数字搭配计算量比较小，适合考试。

边际税率乘数：

$$k_{t'}=\frac{dy}{dt'}=\frac{-(\alpha+\beta t_r+i+g)\beta}{[1-\beta(1-t')]^2}$$
$$=\frac{-\beta y}{1-\beta(1-t')}$$
$$=\frac{-0.8\times 1\,000}{1-0.8\times(1-0.25)}$$
$$=-2\,000$$

政府购买乘数：

$$k_g=\frac{dy}{dg}=\frac{1}{1-\beta(1-t')}=\frac{1}{1-0.8\times(1-0.25)}=2.5$$

设 $t=t_0+t'y$（本题可视为 $t_0=0$），然后得均衡收入为：

$$y=\frac{\alpha-\beta t_0+\beta t_r+i+g}{1-\beta(1-t')}$$

税收乘数：

$$k_t=\frac{dy}{dt_0}$$
$$=-\frac{\beta}{1-\beta(1-t')}$$
$$=-\frac{0.8}{1-0.8\times(1-0.25)}$$
$$=-2$$

平衡预算乘数：

$$k_b=k_g+k_t=2.5-2=0.5$$

【提示】税收乘数是指税收总量增加 1 单位时均衡收入的变化量，所以应该理解为税收中的定量税部分增加 1 单位时均衡收入的变化量。本题税收里没有定量税部分，因此计算税收乘数时需要增加定量税部分，即设 $t=t_0+t'y$（本题可视为 $t_0=0$），然后税收乘数 $k_t=\frac{dy}{dt_0}$。

当实际收入水平为 $y=800$ 时，$c=100+0.8\times(800-0.25\times 800+62.5)=630$。
社会总需求 $=c+i+g=630+50+200=880$。
社会非意愿投资 $=y-(c+i+g)=800-880=-80$。

24. **【难度】**2　　**【考点】**均衡产出；乘数理论

【答案】(1) $Y=C+I+G+X-M=\alpha+\beta Y+I+G+X-M_0-\gamma Y$。

整理得均衡产出：

$$Y=\frac{\alpha+I+G+X-M_0}{1-\beta+\gamma}$$

$$=\frac{40+50+20+100-30}{1-0.8+0.2}$$

$$=450$$

外贸乘数：

$$K_X=\frac{1}{1-\beta+\gamma}=\frac{1}{1-0.8+0.2}=2.5$$

（2）令 $X=M$ 有 $100=0.2Y+30$，解得使贸易收支均衡的产出水平 $Y=350$。

（3）实现充分就业时有 $Y=Y_f=650$，此时 $M=0.2\times650+30=160$。

净出口 $NX=X-M=100-160=-60$。

25.**【难度】**1　　**【考点】**潜在国民收入与缺口

【答案】潜在国民收入也被称为充分就业产量或者自然率产量，是指充分地利用现有资源时达到的可能的最大产量；均衡国民收入则是指在总需求或总支出约束条件下，达到宏观均衡的实际产量。

两者的关系可以反映短期经济波动的原因：二者正好相等表明资源处于充分利用状态，经济处于充分就业状态；均衡国民收入小于潜在国民收入，则资源未充分利用，表现为经济衰退，失业增加；均衡国民收入大于潜在国民收入，则资源超正常使用，表现为经济增长，通货膨胀。

26.**【难度】**1　　**【考点】**潜在国民收入与缺口

【答案】（1）根据奥肯定律，各年度失业率所对应的 GDP 缺口分别是：

2000 年：$\frac{Y_{2000}-Y^*}{Y^*}=-3\times(4\%-6\%)=6\%$；

2001 年：$\frac{Y_{2001}-Y^*}{Y^*}=-3\times(4\%-6\%)=6\%$；

2002 年：$\frac{Y_{2002}-Y^*}{Y^*}=-3\times(5\%-6\%)=3\%$；

2003 年：$\frac{Y_{2003}-Y^*}{Y^*}=-3\times(6\%-6\%)=0$。

（2）依题意有$\frac{Y_{2002}-Y^*}{Y^*}=\frac{2\,000-Y^*}{Y^*}=3\%$，解得 2002 年的潜在 GDP 水平 $Y^*=1\,941.75$(亿元)。

第十四章

国民收入的决定：*IS*—*LM* 模型

学习精要

一、 学习重点

1. *IS* 曲线方程的推导及 *IS* 曲线斜率的影响因素
2. 凯恩斯货币需求理论
3. *LM* 曲线方程的推导及 *LM* 曲线斜率的影响因素
4. *IS*—*LM* 模型

二、 知识脉络图

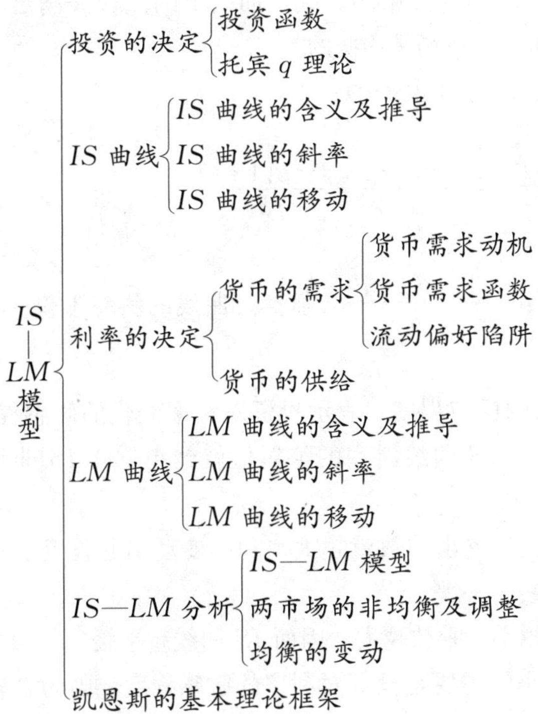

三、 理论精要

知识点一　投资的决定

实际利率是决定投资的首要因素。

投资函数：反映投资与利率之间的反向关系的函数，表示为：$i=i(r)=e-dr$。这里，e 是自主投资，d 是利率对投资需求的影响系数，r 是实际利率（=名义利率－通货膨胀率）。

利率越高，投资量越小；利率越低，投资量越大。

托宾 q 理论：股票价格会影响企业投资，当股票价格上升时，投资会增加。

$$q=\frac{\text{企业的市场价值}}{\text{企业的重置成本}}=\frac{\text{企业的股票市场价值}}{\text{新建造企业的成本}}$$

$q>1$ 说明新建造企业比购买旧企业便宜，因而投资需求增加。

【补充】 第八版教材删除了托宾 q 理论，但这个知识点是考研常考知识点，考虑到本书很多读者是考研考生，本书保留了这个知识点。

知识点二　*IS* 曲线

IS 曲线：用来表示利率和收入间相互关系的曲线，曲线上的点代表满足关系式$i=s$ 的 r 和 y 的组合，$i=s$ 表明产品市场是均衡的。

IS 曲线的推导（以三部门经济、比例税为例）：

$$\left.\begin{array}{l}\text{均衡条件：}y=c+i+g\\ \text{消费函数：}c=\alpha+\beta y_d\\ \text{投资函数：}i=e-dr\end{array}\right\}\Rightarrow r=\frac{a+e+g}{d}-\frac{1-\beta(1-t)}{d}y$$

根据公式知 *IS* 曲线的斜率为：$-\frac{1-\beta(1-t)}{d}$，显然，曲线的斜率不仅受到 β 和 d 的影响，还取决于边际税率 t。

（1）d 是投资需求对利率变动的反应程度，表示投资对利率变化的敏感程度。d 值越大，投资对利率变化越敏感，*IS* 曲线斜率的绝对值就越小，即 *IS* 曲线越平缓。

（2）β 是边际消费倾向。β 越大，支出乘数就越大，利率变动引起投资变动时导致的收入变动越大，因而 *IS* 曲线越平缓。

（3）t 表示边际税率。税率 t 越小，乘数越大，因而 *IS* 曲线越平缓。

通常认为影响 *IS* 曲线斜率大小的主要是投资对利率的敏感程度，因为 β 较稳定，t 也不会轻易变动。

IS 曲线的移动主要受到以下因素的影响：

（1）投资需求 i、政府购买支出 g 的变动。如果 i 或者 g 增加，*IS* 曲线将向右平移，反之，则向左平移。移动的距离等于乘数乘以投资或政府购买支出变动量。

（2）当储蓄意愿增加时，意味着自发消费 α 减少了，*IS* 曲线向左平移，反之，则向右平移。移动距离等于乘数乘以储蓄变化量。

（3）增加税收，企业的投资需求和居民的消费需求会减少，那么 *IS* 曲线向左平移；反之，则向右平移。移动距离等于税收乘数乘以税收变化量。

知识点三　凯恩斯货币需求理论

利率由货币的供给量和货币的需求量决定。货币的实际供给量（用 m 表示）一般由国家加以控制，是一个外生变量。因此，货币市场分析的主要是货币的需求。

货币需求又称“流动性偏好”，指由于货币具有使用上的灵活性，人们宁肯以牺牲利息收入而储存不生息的货币来保持财富的心理倾向。

货币需求的三个心理动机为：

（1）交易动机，指个人和企业需要货币是为了进行正常的交易活动。

出于交易动机的货币需求量主要取决于收入，收入越高，交易数量越大。

（2）谨慎动机（预防动机），指为预防意外支出而持有一部分货币的动机，如个人或企业为应付事故、失业、疾病等意外事件而需要事先持有一定数量的货币。从全社会的角度看，这一货币需求量大体上也和收入成正比，是收入的函数。

交易动机和谨慎动机所产生的全部实际货币需求量用 L_1 表示：$L_1=L_1(y)=ky$，其中，y 为实际收入。

（3）投机动机，指人们为了抓住有利的购买有价证券的机会而持有一部分货币的动机。对货币的投机需求与利率成反比，表示为：$L_2=L_2(r)=-hr$，其中，r 为利率。

货币的总需求 L 是人们对货币的交易需求、预防需求和投机需求的总和。因此，货币的总需求函数为：

$$L=L_1+L_2=L_1(y)+L_2(r)=ky-hr$$

流动偏好陷阱：当利率极低时，人们会认为利率不大可能再下降，或者说有价证券的市场价格不大可能再上升而只会下跌，因而会将所持有的有价证券全部换成货币。人们不管有多少货币都愿意持在手中，这种情况被称为“流动偏好陷阱”或“凯恩斯陷阱”。

知识点四　*LM* 曲线

LM 曲线：实际货币供给量 m 给定时，用来表示货币市场均衡（货币的需求等于货币的供给）下的收入 y 与利率 r 的关系的图形。

LM 曲线的推导：货币市场均衡 $m=L\Rightarrow m=ky-hr\Rightarrow r=\frac{ky}{h}-\frac{m}{h}$。

LM 曲线的斜率值为$\frac{k}{h}$，所以 *LM* 曲线斜率的大小取决于以下两个因素：

（1）货币需求对收入的敏感系数 k。h 一定时，k 越大，*LM* 曲线的斜率越大，*LM* 曲线越陡峭。

（2）货币需求对利率的敏感系数 h。k 一定时，h 越大，*LM* 曲线的斜率越小，*LM* 曲线越平缓。

LM 曲线的三个区域：

（1）凯恩斯区域：利率降到很低，以致货币的投机需求无限大，从而 *LM* 曲线为水平线。

（2）中间区域：*LM* 曲线的斜率为正值，*LM* 曲线由左下方向右上方倾斜。

（3）古典区域：当利率上升到很高时，货币的投机需求将等于零，*LM* 曲线的斜率无穷大，从而 *LM* 曲线为垂直线。

由 *LM* 曲线的表达式 $r=\frac{ky}{h}-\frac{m}{h}=\frac{ky}{h}-\frac{M}{Ph}$可知，造成 *LM* 曲线移动的因素只能是：

（1）名义货币供给量 M 的变动。在价格水平不变时，M 增加，LM 曲线向右下方平移，反之，LM 曲线向左上方平移。

（2）价格水平 P 的变动。价格水平 P 上升，实际货币供给量 m 变小，LM 曲线向左上方平移，反之，LM 曲线向右下方平移。

知识点五　*IS—LM* 分析

IS 曲线和 LM 曲线的交点表示产品市场和货币市场同时实现均衡时的利率和收入。

$$IS—LM\text{ 模型：}\begin{cases}\text{产品市场均衡：}i(r)=s(y)\\ \text{货币市场均衡：}m=L_1(y)+L_2(r)\end{cases}$$

两个市场的非均衡及调整：

（1）当收入和利率组合点位于 IS 曲线左下方时，$i>s$，意味着有超额产品需求，从而导致收入上升，组合点右移；当收入和利率组合点位于 IS 曲线右上方时，$i<s$，意味着有超额产品供给，从而导致收入下降，组合点左移。

（2）当收入和利率组合点位于 LM 曲线左上方时，$L<M$，意味着有超额货币供给，从而导致利率下降，组合点下移；当收入和利率组合点位于 LM 曲线右下方时，$L>M$，意味着有超额货币需求，从而导致利率上升，组合点上移。

$IS—LM$ 模型的经济政策运用：

IS 曲线与 LM 曲线的交点的均衡并不意味着一定是充分就业的均衡。此时，单纯依靠市场调节无法实现充分就业均衡，因此需要政府运用财政政策或货币政策进行调整，具体表现为扩张性财政政策（增加政府购买或减少税收），使得 IS 曲线向右上方移动；或扩张性货币政策（增加货币供给），使得 LM 曲线向右下方移动。

习题解析

1. 怎样理解 *IS—LM* 模型是凯恩斯主义宏观经济学的核心?

【难度】 2　　**【考点】** $IS—LM$ 分析

【答案】 凯恩斯理论的核心是有效需求原理，认为国民收入取决于有效需求，而有效需求原理的支柱是边际消费倾向递减、资本边际效率递减以及流动性偏好这三个心理规律的作用。这三个心理规律涉及四个变量：边际消费倾向、资本边际效率、货币需求和货币供给。在这里，凯恩斯通过利率把货币经济和实物经济联系了起来，打破了新古典学派把实物经济和货币经济分开的两分法，认为货币不是中性的，货币市场上的均衡利率会影响投资和收入，而产品市场上的均衡收入又会影响货币需求和利率，这就是产品市场和货币市场的相互联系和作用。但凯恩斯本人并没有用一种模型把上述四个变量联系在一起。汉森、希克斯这两位经济学家则用 $IS—LM$ 模型把这四个变量放在一起，构成一个产品市场和货币市场之间相互作用共同决定国民收入与利率的理论框架，从而使凯恩斯的有效需求原理得到了较为完善的表述。不仅如此，凯恩斯主义的经济政策即财政政策和货币政策的分析，也是围绕 *IS—LM* 模型而展开的，因此可以说，*IS—LM* 模型是凯恩斯主义宏观经济学的核心。

2. 一个预期长期实际利率是3%的厂商正在考虑一个投资项目清单，每个项目都需要花费 100 万美元，这些项目在回收期长短和回收数量上不同。第一个项目将在两年内回收 120 万美元；第二个项目将在三年内回收 125 万美元；第三个项目将在四年内回收 130 万美元。哪个项目值得投资？如果利率是 5%，答案有变化吗？（假定价格稳定。）

【难度】2　　**【考点】**投资的决定

【答案】每个项目的投资价格现值一样，可求解各项目的资本边际效率来判断其是否值得投资。如果投资的 *MEC*＞市场利率，那么投资可行。

（1）第一个项目的资本边际效率：$R=\frac{R_1}{(1+r)^2}\Rightarrow 100=\frac{120}{(1+r)^2}\times 100\%\Rightarrow$ $r=9.5\%$。

（2）第二个项目的资本边际效率：$R=\frac{R_2}{(1+r)^3}\Rightarrow 100=\frac{125}{(1+r)^3}\times 100\%\Rightarrow$ $r=7.7\%$。

（3）第三个项目的资本边际效率：$R=\frac{R_3}{(1+r)^4}\Rightarrow 100=\frac{130}{(1+r)^4}\times 100\%\Rightarrow$ $r=6.8\%$。

显然，无论是3%还是5%的利率都比三个项目的资本边际效率要小，因而三个项目的投资都是可行的。

3. 假定每年通货膨胀率是 4%，上题中回收的资金以当时的名义美元计算，这些项目仍然值得投资吗？

【难度】2　　**【考点】**投资的决定

【答案】由于存在通货膨胀，因此需要考虑通货膨胀造成的回收资金的贬值。

（1）第一个项目的资本边际效率：

$$R=\frac{R_1}{(1+r)^2}\Rightarrow 100=\frac{120}{(1+r)^2(1+\pi)^2}=\frac{120}{(1+r)^2(1+0.04)^2}\times 100\%$$
$$\Rightarrow r=5.3\%$$

（2）第二个项目的资本边际效率：

$$R=\frac{R_2}{(1+r)^3}\Rightarrow 100=\frac{125}{(1+r)^3(1+\pi)^3}=\frac{125}{(1+r)^3(1+0.04)^3}\times 100\%$$
$$\Rightarrow r=3.6\%$$

（3）第三个项目的资本边际效率：

$$R=\frac{R_3}{(1+r)^4}\Rightarrow 100=\frac{130}{(1+r)^4(1+\pi)^4}=\frac{130}{(1+r)^4(1+0.04)^4}\times 100\%$$

$$\Rightarrow r=2.7\%$$

当实际利率为3%时，第一、第二个项目的资本边际效率大于实际利率，因而投资可行。但第三个项目的资本边际效率小于实际利率，因而投资不可行。

当实际利率为5%时，只有第一个项目的资本边际效率大于实际利率，因而投资可行。其他项目的投资都不可行。

本题还可以使用市场利率≈实际利率＋通货膨胀率的公式，结合上一题求解资本边际效率来判断，结论是一样的。

4. (1) 若投资函数为 $i=100$(亿美元)$-5r$，找出利率为4%、5%、6%和7%时的投资量；

(2) 若储蓄函数为 $s=-40$(亿美元)$+0.25y$，找出与上述投资相均衡的收入水平；

(3) 求 *IS* 曲线并画出图形。

【难度】1　　**【考点】***IS* 曲线

【答案】(1) 投资函数 $i=100$(亿美元)$-5r$，则：

当 $r=4$ 时，$i=100-5\times 4=80$（亿美元）；

当 $r=5$ 时，$i=100-5\times 5=75$（亿美元）；

当 $r=6$ 时，$i=100-5\times 6=70$（亿美元）；

当 $r=7$ 时，$i=100-5\times 7=65$（亿美元）。

(2) 若储蓄函数为 $s=-40$(亿美元)$+0.25y$，根据均衡条件 $i=s\Rightarrow 100-5r=-40+0.25y$，求解得 $y=560-20r$，将利率代入其中可求得均衡收入 y：

当 $r=4$ 时，$y=480$（亿美元）；

当 $r=5$ 时，$y=460$（亿美元）；

当 $r=6$ 时，$y=440$（亿美元）；

当 $r=7$ 时，$y=420$（亿美元）。

(3) *IS* 曲线如图14－1所示。

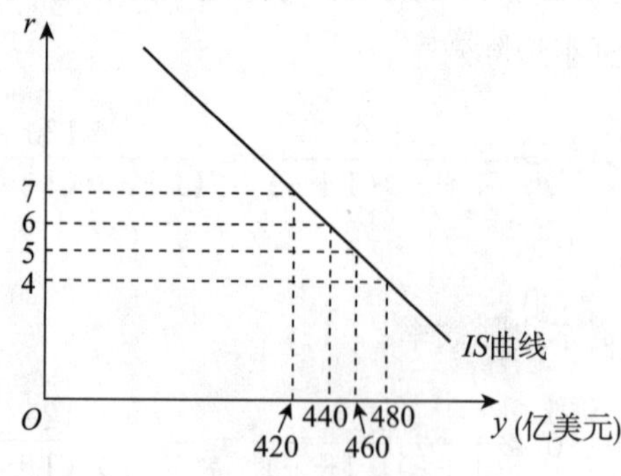

图14－1　*IS* 曲线

5. 假定：

(a) 消费函数为 $c=50+0.8y$，投资函数为 $i=100$（亿美元）$-5r$；

(b) 消费函数为 $c=50+0.8y$，投资函数为 $i=100$（亿美元）$-10r$；

(c) 消费函数为 $c=50+0.75y$，投资函数为 $i=100$(亿美元)$-10r$。

(1) 求(a)、(b)、(c)的 *IS* 曲线；

(2) 比较(a)和(b)，说明投资对利率更敏感时，*IS* 曲线的斜率会发生什么变化；

(3) 比较(b)和(c)，说明边际消费倾向变动时，*IS* 曲线的斜率会发生什么变化。

【难度】1　　**【考点】***IS* 曲线

【答案】(1) 使用公式求解。

$$\left.\begin{array}{l}\text{均衡条件：} y=c+i \\ \text{消费函数：} c=\alpha+\beta y \\ \text{投资函数：} i=e-dr\end{array}\right\} \Rightarrow r=\frac{\alpha+e}{d}-\frac{1-\beta}{d}y$$

将已知条件中的各参数代入 *IS* 曲线方程得：

(a) 的 *IS* 曲线为：$r=\frac{50+100}{5}-\frac{1-0.8}{5}y=30-\frac{y}{25}$。

(b) 的 *IS* 曲线为：$r=\frac{50+100}{10}-\frac{1-0.8}{10}y=15-\frac{y}{50}$。

(c) 的 *IS* 曲线为：$r=\frac{50+100}{10}-\frac{1-0.75}{10}y=15-\frac{y}{40}$。

(2) 比较(a)和(b)，我们可以发现(b)的投资函数中的投资对利率更敏感，即 d 值较大。根据(1)的计算结果，(b)的 *IS* 曲线斜率的绝对值要比(a)的更小，*IS* 曲线更平坦。因此，我们可以说投资对利率越敏感，*IS* 曲线斜率的绝对值越小。

(3) 比较(b)和(c)，我们可以发现(c)的边际消费倾向要比(b)更小。根据(1)的计算结果，(c)的 *IS* 曲线斜率的绝对值要比(b)的更大，*IS* 曲线更陡峭。因此，我们可以说边际消费倾向变小(从 0.8 变为 0.75)时，*IS* 曲线斜率的绝对值变大了。

6. 假定货币需求为 $L=0.2y-5r$。

(1) 画出利率为 10%、8%和 6%而收入为 800 亿美元、900 亿美元和 1 000 亿美元时的货币需求曲线。

(2) 若名义货币供给为 150 亿美元，价格水平 $P=1$，找出货币需求与供给相均衡的收入与利率。

(3) 画出 *LM* 曲线，并说明什么是 *LM* 曲线。

(4) 若货币供给为 200 亿美元，再画一条 *LM* 曲线，这条 *LM* 曲线与（3）中的 *LM* 曲线相比有何不同？

(5) 若 $r=10$，$y=1\ 100$ 亿美元，货币供给与（4）中的相同，则货币需求与供给是否均衡？若不均衡，利率会怎样变动？

【难度】2　　**【考点】**凯恩斯货币需求理论

【答案】(1) 将已知条件代入货币需求函数 $L=0.2y-5r$。

当收入 $y=800$ 时有：

$r=10$，$L=0.2\times800-5\times10=110$；
$r=8$，$L=0.2\times800-5\times8=120$；
$r=6$，$L=0.2\times800-5\times6=130$。

当收入 $y=900$ 时有：

$r=10$，$L=0.2\times900-5\times10=130$；
$r=8$，$L=0.2\times900-5\times8=140$；
$r=6$，$L=0.2\times900-5\times6=150$。

当收入 $y=1\,000$ 时有：

$r=10$，$L=0.2\times1\,000-5\times10=150$；
$r=8$，$L=0.2\times1\,000-5\times8=160$；
$r=6$，$L=0.2\times1\,000-5\times6=170$。

根据以上数值，获得货币需求曲线 L_1（$y=800$）、L_2（$y=900$）、L_3（$y=1\,000$），如图 14－2 所示。

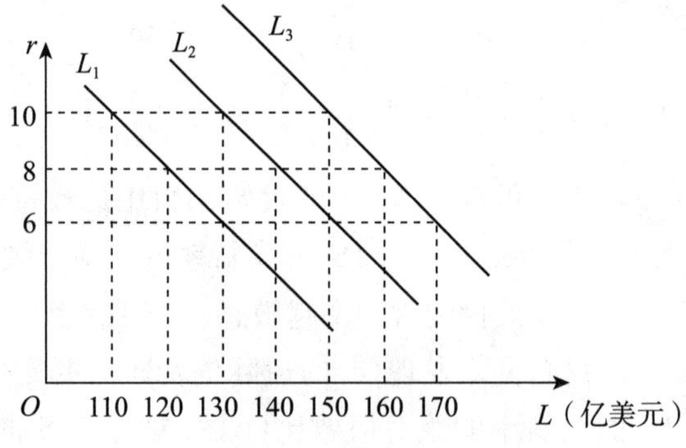

图 14－2　货币需求曲线

（2）货币需求与供给相均衡，意味着 $m=\frac{M}{P}=L=0.2y-5r$，又已知 $M=150$，$P=1$，代入求得 LM 曲线方程为：$150=0.2y-5r\Rightarrow r=-30+\frac{y}{25}$。

可见，货币需求与货币供给均衡时的收入和利率为：

$y=1\,000$，$r=10$；
$y=950$，$r=8$；
$y=900$，$r=6$；
……

（3）已知 LM 曲线方程为 $r=-30+\frac{y}{25}$，则 LM 曲线如图 14－3 所示。

(4) 如果名义货币供给变为 $M'=200$（亿美元），则新的 LM 曲线方程为：$200=0.2y-5r \Rightarrow r=-40+\frac{y}{25}$，即如图 14-3 所示的 LM' 曲线。这条 LM' 曲线与第 (3) 问中得到的 LM 曲线相比，平行向右移动了 250 个单位。

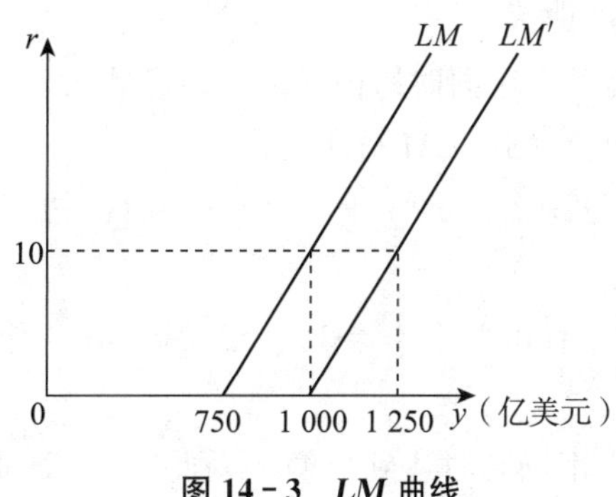

图 14-3　*LM* 曲线

(5) 如果 $r=10$，$y=1\ 100$（亿美元），则这时的货币需求为：

$$L=0.2y-5r=0.2\times 1\ 100-5\times 10=170<\frac{M'}{P}=200$$

显然货币供给过量，因而利率会下降，直到重新实现均衡。

7. 假定名义货币供给用 M 表示，价格水平用 P 表示，实际货币需求用 $L=ky-hr$ 表示。

(1) 求 *LM* 曲线的代数表达式，找出 *LM* 曲线的斜率的表达式。

(2) 找出 $k=0.20$，$h=10$；$k=0.20$，$h=20$；$k=0.10$，$h=10$ 时 *LM* 曲线斜率的值。

(3) 当 k 变小时，*LM* 曲线的斜率如何变化？当 h 增加时，*LM* 曲线的斜率如何变化？请说明变化原因。

(4) 若 $k=0.20$，$h=0$，*LM* 曲线的形状如何？

【难度】1　　**【考点】***LM* 曲线

【答案】(1) 货币市场均衡：$m=L \Rightarrow \frac{M}{P}=L=ky-hr \Rightarrow r=\frac{ky}{h}-\frac{m}{h}$，所以 LM 曲线斜率的代数表达式为：k/h。

(2) 当 $k=0.20$，$h=10$ 时，LM 曲线的斜率的值为：$k/h=0.2/10=0.02$。

当 $k=0.20$，$h=20$ 时，LM 曲线的斜率的值为：$k/h=0.2/20=0.01$。

当 $k=0.10$，$h=10$ 时，LM 曲线的斜率的值为：$k/h=0.1/10=0.01$。

(3) 由于 LM 曲线的斜率为 k/h，因此，k 越小，LM 曲线的斜率越小，其曲线越平坦；h 越大，LM 曲线的斜率也越小，其曲线也越平坦。第 (2) 问也验证了这一点。

(4) 如果 $k=0.20$，$h=0$，则 LM 曲线为 $m=0.2y$，这表明 LM 曲线为一条垂

直于横轴（收入 y）的直线，$h=0$ 表明货币需求与利率大小无关，这正好是 LM 曲线的古典区域情况。

8. 假设在一个只有家庭和企业的两部门经济中，消费 $c=100+0.8y$，投资 $i=150-6r$，实际货币供给 $m=150$，货币需求 $L=0.2y-4r$（单位均为亿美元）。

(1) 求 IS 曲线和 LM 曲线；

(2) 求产品市场和货币市场同时均衡时的利率和收入。

【难度】2　　**【考点】**IS—LM 分析

【答案】(1) 产品市场均衡：$y=c+i=100+0.8y+150-6r$。化简得 IS 曲线方程为：$y=1\ 250-30r$。

货币市场均衡：$m=L=0.2y-4r \Rightarrow 150=0.2y-4r$。化简得 LM 曲线方程为：$y=750+20r$。

(2) 产品市场和货币市场同时达到均衡，因此联立 IS 曲线方程和 LM 曲线方程求解得均衡利率 $r=10$，均衡收入 $y=950$（亿美元）。

9. 分析研究 IS 曲线和 LM 曲线的斜率及其决定因素有什么意义？

【难度】2　　**【考点】**IS 曲线；LM 曲线

【答案】分析研究 IS 曲线和 LM 曲线的斜率及其决定因素，主要是为了分析有哪些因素会影响财政政策和货币政策的效果。

在分析财政政策效果时，比方说分析一项增加政府支出的扩张性财政政策的效果时，如果增加一笔政府支出会使利率上升很多（在 LM 曲线比较陡峭时就会是这样），或利率每上升一定幅度会使私人部门投资下降很多（在 IS 曲线比较平坦时就会是这样），则政府支出的“挤出效应”就大，从而扩张性财政政策的效果就较小，反之亦然。可见，通过分析 IS 曲线和 LM 曲线的斜率以及它们的决定因素，可以比较直观地了解财政政策效果的决定因素：使 IS 曲线斜率较小的因素（如投资对利率较敏感，边际消费倾向较大从而支出乘数较大，边际税率较小也会使支出乘数较大），以及使 LM 曲线斜率较大的因素（如货币需求对利率较不敏感，货币需求对收入较为敏感），都是使财政政策效果较不明显的因素。

在分析货币政策效果时，比方说分析一项增加货币供给的扩张性货币政策的效果时，如果增加一笔货币供给会使利率下降很多（在 LM 曲线陡峭时就会是这样），或利率下降一定幅度会使私人部门投资增加很多（在 IS 曲线比较平坦时就会是这样），则货币政策效果就会很明显，反之亦然。可见，通过分析 IS 曲线和 LM 曲线的斜率以及它们的决定因素就可以比较直观地了解货币政策效果的决定因素：使 IS 曲线斜率较小的因素以及使 LM 曲线斜率较大的因素，都是使货币政策效果明显的因素。

10. 为什么要讨论 IS 曲线和 LM 曲线的移动？

【难度】2　　**【考点】**IS 曲线；LM 曲线

【答案】在 IS—LM 框架中，引起 IS 曲线和 LM 曲线移动的因素有很多，如政府购买、转移支付、税收、进出口等的变动都会使 IS 曲线移动，而实际货币供给和货币需求的变动都会使 LM 曲线移动，这些移动都会引起均衡收入和利率的变动。例如，政府减税使人们的可支配收入增加，在其他情况不变时，消费支出水平就会上升。再如，汇率变动，比方说本国货币贬值在其他情况不变时会使出口增加，进口减少，从而使净出口增加，IS 曲线也会向右上方移动。同样，在价格水平不变时增加名义货币供给或减少名义货币需求，或者在货币名义供求不变时价格水平下降，都会使 LM 曲线向右下方移动。在诸多使 IS 曲线和 LM 曲线移动的因素中，西方学者特别重视财政政策和货币政策的变动。政府实行扩张性财政政策，IS 曲线向右上方移动，收入和利率同时上升，并且不同斜率的 IS 曲线和 LM 曲线相交，可清楚地表现出财政政策的效果。同样，政府实行扩张性货币政策，LM 曲线向右下方移动，利率下降，收入增加，并且不同斜率的 IS 曲线和 LM 曲线相交，可清楚地表现出货币政策的效果。因此，西方学者常常把 IS—LM 模型作为分析财政政策和货币政策及其效果的简明而直观的工具。这也可以说是西方学者讨论 IS 曲线和 LM 曲线移动的主要目的之一。

11. 消费函数中的自发消费支出和边际消费倾向变动时，IS 曲线会有什么变动？

【难度】 2　　**【考点】** IS 曲线

【答案】 若消费函数用 $c=\alpha+\beta y$ 表示，则自发消费支出 α 增加或减少，会使 IS 曲线向右上方或左下方平行移动。而边际消费倾向增大或变小，会使 IS 曲线斜率变小或变大，原因是 β 变大表示同样的收入中会有更多的收入用于消费支出，留作储蓄的更少了。为使储蓄和一定利率水平上的投资相等，现在需要有更多的收入才能产生相应的储蓄，从而要有更多的收入和一定的利率相结合才能使 $i=s$，这就使 IS 曲线变得更为平缓。

12. 什么是 LM 曲线的三个区域，其经济含义是什么？

【难度】 2　　**【考点】** 凯恩斯货币需求理论；LM 曲线

【答案】 LM 曲线上斜率的三个区域分别指曲线从左到右所经历的水平线、向右上方倾斜线、垂直线三个区域。LM 曲线的这三个区域分别被称为“凯恩斯区域”“中间区域”“古典区域”。

其经济含义指，在水平线区域的 LM 曲线上，货币的需求曲线已处于水平状态，对货币的投机需求已达到利率下降的最低点，即“凯恩斯陷阱”或“流动偏好陷阱”阶段，货币需求对利率敏感性极大。凯恩斯认为：当利率很低，即债券价格很高时，人们觉得用货币购买债券的风险极大，因为债券价格已这样高，从而只会跌不会涨，因此购买债券很可能会亏损，人们不管有多少货币在手，都不肯去购买债券。这时，人们出于投机动机，愿意持有无限多货币，即货币投机需求无限大，从而使 LM 曲线呈水平状态。由于这种分析是凯恩斯提出的，所以水平的区域被称为“凯恩斯区域”。

在垂直区域，货币的投机需求对利率已毫无敏感性，从而货币需求曲线的斜率趋向于无穷大，呈垂直状态。这表示不论利率如何变动，货币的投机需求均为零，

从而 LM 曲线呈垂直状态。由于“古典学派”认为货币需求只有交易需求而无投机需求，因此垂直的区域被称为“古典区域”。

介于垂直线与水平线之间的区域则被称为“中间区域”。这时，人们对货币的投机需求量介于无穷大和零之间。

13. 如果经济中的收入和利率的组合不在 *IS* 曲线和 *LM* 曲线的交点上，市场能否使产品市场和货币市场的这种非均衡走向均衡？

【难度】 2　　**【考点】** *IS—LM* 分析

【答案】 只要生产能随产品市场的供求而变动，利率能随货币市场的供求而变动，产品市场和货币市场中的非均衡就可以通过调整逐步走向均衡。例如，若利率和收入的组合点在 IS 曲线和 LM 曲线之上，则一方面表示这时储蓄大于投资，另一方面表示货币供给大于货币需求，在这种非均衡的情况出现时，只要市场机制能充分起作用，则储蓄大于投资（即产品市场上供过于求）就会导致生产收缩，货币供给大于货币需求就会导致利率下降，经过多次调整，一定会使收入和利率趋向两个市场同时达到均衡的地步。

14. 为什么政府支出增加会使利率和收入均上升，而中央银行增加货币供给会使收入增加而利率下降？

【难度】 2　　**【考点】** *IS—LM* 分析

【答案】（1）政府支出的增加意味着总需求（或总支出）的增加，这将使产量和收入增加，从而增加对货币的交易需求量，在货币供给量不变的条件下（或 LM 曲线不变），新增加的货币需求会使利率上升，最终引起投机动机的货币需求下降来保证货币市场均衡。这个过程在 $IS—LM$ 模型上表现为在 LM 曲线不变的条件下，IS 曲线向右上方移动，总需求的增加引起收入和利率同时增加。

（2）如果中央银行增加货币供给量而货币需求不变，利率将会下降。从产品市场看，在 IS 曲线上，在既定投资函数上，利率的下降会导致投资和国民收入的增加，这个过程表现为在 IS 曲线不变的条件下，LM 曲线向右下方移动，并导致利率下降和国民收入上升。

15. 已知 *IS* 方程为 $y=550-1\ 000r$，边际储蓄倾向 $MPS=0.2$，利率 $r=0.05$。

（1）如果政府购买支出增加 5 个单位，新旧均衡收入分别为多少？

（2）*IS* 曲线如何移动？

【难度】 2　　**【考点】** *IS* 曲线

【答案】（1）边际消费倾向 $\beta=1-MPS=1-0.2=0.8$。

当 $r=0.05$ 时，均衡收入 $y=550-1\ 000\times0.05=500$。

政府购买乘数 $k_g=1/MPS=1/0.2=5$。

所以，政府购买支出 $\Delta g=5$，则 $\Delta y=k_g\times\Delta g=5\times5=25$。

所以新均衡收入 $y'=500+25=525$。

（2）IS 曲线向右水平移动 25 个单位。

16. 假定 $y=c+i+g$，消费需求为 $c=800+0.63y$，投资需求为 $i=7\ 500-$

20 000r，货币需求为 $L=0.162\,5y-10\,000r$，价格水平为 $P=1$，试计算名义货币供给是 6 000 亿美元，政府支出是 7 500 亿美元时的 GDP 值，并证明所求的 GDP 值等于消费、投资和政府支出的总和。

【难度】2　　**【考点】**IS—LM 分析

【答案】$y=c+i+g=800+0.63y+7\,500-20\,000r+7\,500$。

整理得 IS 曲线方程：

$$r=\frac{15\,800}{20\,000}-\frac{0.37}{20\,000}y$$

由 $L=M/P$ 得：

$$0.162\,5y-10\,000r=6\,000/1$$

其中，$M/P=m$，m 表示实际货币供给，M 表示名义货币供给。

整理得 LM 曲线方程：

$$r=\frac{0.162\,5}{10\,000}y-\frac{6\,000}{10\,000}$$

联立 IS、LM 曲线方程，解得：

$$y=40\,000$$

即 GDP 为 40 000 亿美元。

此时，

$$r=\frac{15\,800}{20\,000}-\frac{0.37}{20\,000}\times 40\,000=0.05$$

所以，消费需求为：

$$c=800+0.63\times 40\,000=26\,000(\text{亿美元})$$

投资需求为：

$$i=7\,500-20\,000\times 0.05=6\,500(\text{亿美元})$$

$$c+i+g=26\,000+6\,500+7\,500=40\,000(\text{亿美元})$$

可见，所求的 GDP 值等于消费、投资和政府支出的总和。

补充训练

1. （名词解释）投资的托宾 q 值（对外经济贸易大学 2018）
2. （名词解释）IS 曲线（山东大学 2012）
3. （名词解释）谨慎动机与投机动机（扬州大学 2018）
4. （名词解释）凯恩斯陷阱（江西财经大学 2017）

5. 引起 *IS* 曲线向左移动的原因是（　　）。（南京航空航天大学 2017）

A. 政府降低个人所得税

B. 政府通过中央银行减少货币供给

C. 政府决定取消原有的冬季采暖补贴

D. 政府将原计划用于进口设备的资金投入到国内的公路建设

6. 假定货币供给量和价格水平不变，货币需求为收入和利率的函数，则收入增加时（　　）。（上海社会科学院 2016）

A. 货币需求增加，利率上升　　B. 货币需求增加，利率下降

C. 货币需求减少，利率上升　　D. 货币需求减少，利率下降

7. 根据流动性偏好理论，保持实际货币余额供给不变，收入上升会（　　）实际货币余额需求，并且会（　　）利率。（上海财经大学 2014）

A. 增加；提高　　B. 增加；降低

C. 减少；降低　　D. 减少；提高

8. 假定名义货币供给量不变，价格总水平上升将导致一条向右上方倾斜的 *LM* 曲线上的一点（　　）。（金融联考 2008）

A. 沿原 *LM* 曲线向上方移动　　B. 沿原 *LM* 曲线向下方移动

C. 向右移动到另一条 *LM* 曲线上　　D. 向左移动到另一条 *LM* 曲线上

9. 根据 *IS*—*LM* 模型，如果一个国家政府提高支出，那么将导致（　　）。（暨南大学 2017）

A. 投资上升，产出上升　　B. 投资上升，产出下降

C. 投资下降，产出上升　　D. 投资下降，产出下降

10. 如果政府提高定额税收并增加货币供给量，那么（　　）。（同济大学 2017）

A. 收入上升，利率也上升　　B. 收入下降，利率上升

C. 收入不确定，利率下降　　D. 收入和利率的变动都不确定

11. 利率和收入的组合点出现在 *IS* 曲线右上方、*LM* 曲线左上方的区域中，则表示（　　）。（上海社会科学院 2016）

A. 投资小于储蓄且货币需求小于货币供给

B. 投资小于储蓄且货币需求大于货币供给

C. 投资大于储蓄且货币需求小于货币供给

D. 投资大于储蓄且货币需求大于货币供给

12. 分析税收和政府支出对 *IS* 曲线的影响，并分析其中隐含的政策意义。（清华大学 2005）

13. 流动性偏好理论的主要内容是什么？（西南财经大学 2005）

14. 运用流动性偏好理论说明货币供给减少会如何影响利率。（西安交通大学 2011）

15. 试推导 *LM* 曲线，并说明影响 *LM* 曲线斜率和位置移动的因素。（苏州大学 2014）

16. 假设一国货币需求函数为 $L=0.5Y-0.2R$，消费函数为 $C=100+0.8Y$。如果政府支出增加 10 亿元，货币供给量要增加多少才能使利率不变（假定价格水平为 1）？（东南大学 2006）

17. 如果民间投资对利率变化的反应越来越敏感，请问政府实施扩张性财政政策和货币政策的效果会有什么变化？（南京理工大学 2015）

18. 请根据 IS—LM 模型，作图说明宏观经济的均衡过程。（兰州大学 2013）

19. 假设某一宏观经济由下列数据和关系描述：

消费曲线 $C=40+0.8Y_D$，其中，C 为消费，Y_D 为可支配收入；货币需求曲线 $L=0.2Y-5r$，其中，L 为货币需求，Y 为收入，r 为利率；投资曲线 $I=140-10r$；政府购买 $G=50$，政府税收为 $T=0.2Y$，名义货币供给为 $M=200$，价格水平 $P=2$。

（1）求当经济中产品市场和货币市场同时达到均衡时的收入、利率、储蓄和投资。

（2）如果政府购买 G 增加 50，求政府购买乘数。（中国人民大学 2007）

20. 用 IS—LM 模型分析下述情况对总需求的影响：

（1）由于大量公司破产而引起悲观情绪；

（2）货币供给量增加；

（3）物价上升。（北京邮电大学 2014）

21. 已知某小国在封闭条件下的消费函数为 $C=305+0.8Y$，投资函数为 $I=395-200r$，货币的需求函数为 $L=0.4Y-100r$，货币供给 $m=150$。

（1）求 IS、LM 曲线方程；

（2）求均衡的国民收入和利率；

（3）若政府购买增加 100，新的国民收入和利率的变动与乘数原理下的变动是否一致？请说明原因。（中南财经政法大学 2014）

22. 利用 IS 曲线和 LM 曲线作图分析货币政策对实际国民收入不发生作用的两种情况。（南京大学 2015）

23. 假定一国总消费、总投资、总货币需求函数分别为 $C=C_y\times Y$，$I=I_y\times Y+I_r\times r$，$M/P=L_y\times Y+L_r\times r$，根据以下宏观经济数据回答问题：

总消费	总投资	M/P	总产出	利率	价格指数
80	9.75	79.75	100	5	1
84	10.3	83.8	105	4	1
88	10.8	87.8	110	4	1

（1）估计方程组的参数 C_y、I_y、I_r、L_y、L_r；

（2）写出这个国家的 IS、LM 曲线方程 $r=IS(Y;G,NX)$ 和 $r=LM(Y;M,P)$ 以及总需求方程 $P=D(Y;G,NX,M)$ 和供给方程 $P=S(Y)$；

（3）增加一单位财政支出 G、一单位净出口 NX 和一单位货币量 M 将使总产出和物价水平变动多少？（复旦大学 2012）

24. 考虑以下 IS—LM 模型：$C=250+0.6Y_D$，$I=250+0.2Y-4\,000i$，$G=250$，$T=350$，$(M/P)^d=Y-5\,000i$，$M/P=1\,700$。

（1）推导 IS 关系式和 LM 关系式；

（2）求解该状态下的均衡产出与均衡利率；

（3）如果货币供给降低为 1 450，请计算此时的 Y、i、C 和 I；

（4）为了抵消第（3）问中的影响，中央银行可以实行哪些货币政策？（北京大学 2012）

25. 假设一经济体系的消费函数为 $c=600+0.8y_d$，投资函数为 $i=400-50r$。政府购买为 $g=200$，货币需求函数为 $L=250+0.5y-125r$，货币供给为 $M_s=1\,250$，价格水平为 $P=1$。假定政府只收取定额税，并且保持预算平衡。

（1）求 IS 和 LM 曲线方程。

（2）求均衡收入和利率。

（3）设充分就业时的收入水平为 $Y^*=5\,000$，若用增加政府购买实现充分就业，需要增加多少购买？（对外经济贸易大学 2011）

26. 假设货币需求为 $L=0.2Y-10r$，货币供给量为 $M_s=200$，消费 $C=60+0.8Y_D$，税收 $T=100$，投资 $I=150$，政府支出 $G=100$。

（1）求均衡收入、利率和投资。

（2）政府支出从 100 增加到 120 时，均衡收入、利率和投资有何变化？

（3）是否存在“挤出效应”？（武汉大学 2011）

参考答案

1.【难度】1　　【考点】投资的决定

【答案】经济学家詹姆斯·托宾提出，企业根据以下比率做出投资决策，这一比率现在被称为托宾 q 值：

$$q=\frac{\text{已安装资本的市场价值}}{\text{已安装资本的重置成本}}$$

托宾的推理是净投资应该取决于 $q>1$ 还是 $q<1$。如果 $q>1$，那么股票市场对已安装资本的估价就大于其重置资本，经理人可以通过购买更多的资本来提高其企业股票的市场价值；相反，如果 $q<1$，股票市场对企业的估价就小于其重置成本，在这种情况下，当资本损耗时，经理们不会更换资本。

托宾 q 理论既考虑了资本的现期获利性，也考虑了资本的未来预期获利性。无论是资本的现期获利性还是资本的未来预期获利性增加，都会反映在现在的股票价值上，股票价值的上升使得经理人认为投资的边际产量会大于边际成本，于是企业更愿意投资。

【补充】以上答案对托宾 q 理论的解释是与托宾本人的解释一致的。但国内部分教材［含高鸿业《西方经济学（第七版）》］的解释不太一样，所以考试时需要按照参考书选择答案。如果参考书是国外教材，或没有指定参考教材，都可用上面的答案，否则用另一个版本的答案：

经济学家詹姆斯·托宾提出，企业根据以下比率做出投资决策，这一比率现在被称为托宾 q 值：

q＝企业的股票市场价值/新建企业的成本

托宾的推理是净投资应该取决于 $q>1$ 还是 $q<1$。如果 $q>1$，说明新建企业比买旧企业要便宜，因此会有新投资；相反，如果 $q<1$，说明买旧企业比新建企业便宜，于是就不会有投资。

托宾 q 理论既考虑了资本的现期获利性，也考虑了资本的未来预期获利性。无论是资本的现期获利性还是资本的未来预期获利性增加，都会反映在现在的股票价值上，股票价值的上升使得经理人认为投资的边际产量会大于边际成本，于是企业更愿意投资。

关于这两种解读更多的分析对比，可关注微信公众号“王海滨老师”，点击菜单栏“精品文章/精品文章合集/托宾本人对于‘q’的解释与中国教材不一样”或扫描二维码查看。

2.【**难度**】1　　　【**考点**】*IS* 曲线

【**答案**】*IS* 曲线是描述满足产品市场均衡条件的利率与收入关系的曲线。*IS* 曲线上的任何一点都代表一定的利率和收入的组合，在这样的组合下，投资和储蓄都是相等的，即 $I=S$，从而产品市场是均衡的，因此这条曲线称为 *IS* 曲线，如图 14－4 所示。

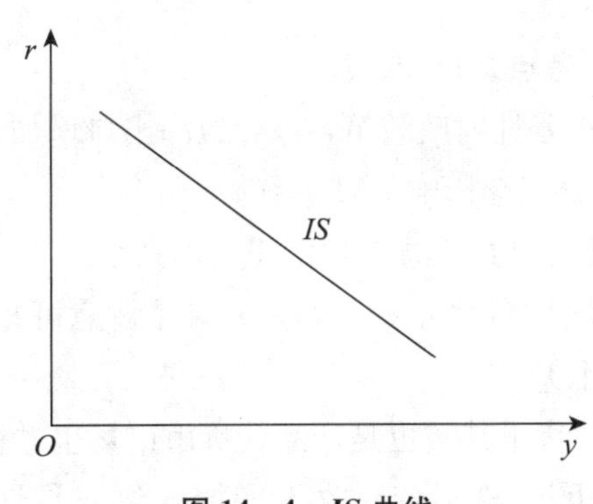

图 14－4　*IS* 曲线

在一个三部门经济中，如果消费为 $c=\alpha+\beta y_d$，税收为 $T=ty$，投资为 $i=e-dr$，政府购买为 g，则有 *IS* 曲线函数为 $r=\frac{\alpha+e+g}{d}-\frac{1-\beta(1-t)}{d}y$，可知，*IS* 曲线斜率为负，即向右下方倾斜。*IS* 曲线斜率的大小，即利率变动对国民收入的影响程度，取决于以下三个因素：利率对投资需求的影响系数 d、边际消费倾向 β 和税率 t。

3.【**难度**】1　　　【**考点**】凯恩斯货币需求理论

【**答案**】（1）谨慎动机也称预防动机，指为应付紧急情况而产生的持有货币的愿望。根据谨慎动机持有货币，对于个人来说，其目的在于应付失业、患病等意料不到的需要；对于企业来说，其目的在于预防不时之需，或者准备用于事前没有料到的进货机会。这种支出都是突发的、不确定的，但从全社会来看，这一货币需求量大体上也和收入成正比，是收入的函数。

（2）投机动机是指人们根据对市场利率变化的预测，需要持有货币以满足从中获利的愿望，即人们根据自己对利率变化的预期，为避免资产损失或增加资产收益而产生货币需求。例如，若利率过低，债券价格过高，投资者预期利率会上升，将增加对货币的需求，以待利率变化时进行投机；若利率过高，债券价格过低，投资者预期利率会下降，将增加对债券的购买而减少货币持有量，以待利率变化时卖出债券以获得资本利益。货币的投机需求取决于利率，与利率成反比。

4. **【难度】**1　　**【考点】**凯恩斯货币需求理论

【答案】凯恩斯陷阱又称流动性陷阱或灵活陷阱，是凯恩斯的流动性偏好理论中的一个概念，具体是指当利率水平极低时，人们对货币的需求趋于无限大，货币当局即使增加货币供给也不能降低利率，从而不能增加投资引诱的一种经济状态。

当利率极低时，有价证券的价格会达到很高，人们为了避免因有价证券价格跌落而遭受损失，几乎每个人都宁愿持有现金而不愿持有有价证券，这意味着货币需求会变得完全有弹性，人们对货币的需求趋于无限大，表现为流动性偏好曲线或货币需求曲线的右端会变成水平线。在此情况下，货币供给的增加不会使利率下降，从而也就不会增加投资引诱和有效需求，当经济出现上述状态时，就称之为凯恩斯陷阱。

5. **【难度】**1　　**【考点】***IS* 曲线

【答案】C。A 属于扩张性财政政策，D 导致净出口增加、国内投资增加，A 和 D 都导致 *IS* 曲线右移。B 只会影响 *LM* 曲线。

6. **【难度】**1　　**【考点】**凯恩斯货币需求理论

【答案】A。货币市场均衡时有 $ky-hr=m$，依题意可知 $M/P=m$ 不变，所以当 y 增加时，必然有 r 上升。

也可以换一个思路，货币其实也是产品，货币市场也遵循产品市场的规律，利率就是货币的价格，货币供给不变，收入增加导致交易性货币需求增加，其价格——利率——必然上升。

7. **【难度】**2　　**【考点】**凯恩斯货币需求理论

【答案】A。收入上升时货币需求增加，如果供给不变，则会导致利率上升。

8. **【难度】**1　　**【考点】***LM* 曲线

【答案】D。*LM* 曲线为：$r=\frac{ky}{h}-\frac{m}{h}=\frac{ky}{h}-\frac{M}{Ph}$。在名义货币供给量 M 不变时，价格水平 P 上升，实际货币供给量 m 就变小，*LM* 曲线向左上方平移，反之，*LM* 曲线向右下方平移。

9. **【难度】**1　　**【考点】***IS—LM* 分析

【答案】 C。政府提高支出导致 IS 曲线右移，产出上升；但同时也会使均衡利率上升，导致投资下降。

10. **【难度】** 1　　**【考点】** IS—LM 分析

【答案】 C。前者使 IS 曲线左移，利率下降，收入减少；后者使 LM 曲线右移，利率下降，收入增加。两条曲线都移动，一定会降低利率，但是收入的变动是不确定的。

11. **【难度】** 1　　**【考点】** IS—LM 分析

【答案】 A。在 IS 曲线右上方，r 对应着大于产品市场均衡收入 y 的实际收入 y'。$i=e-dr$，$s=-\alpha+(1-\beta)y$，产品市场均衡时有 $i=s$，即 $e-dr=-\alpha+(1-\beta)y$。r 对应大于均衡收入的 y'，意味着上式中，左侧的 r 不变（则 i 大小不变），但右侧的 y 增加到 y'（则 s 增加到 s'），所以有 $i<s'$。此时生产出来的产品超过实际的需求，所以有超额产品供给。

在 LM 曲线左上方，r 对应着小于货币市场均衡收入 y 的实际收入 y'。$L=ky-hr$，货币市场均衡时有 $L=M$，即 $ky-hr=M$。r 对应小于均衡收入的 y'，意味着上式中，右侧的 M 不变，左侧的 r 不变，但左侧的 y 减少到 y'，所以 L 会减少到 L'，此时有 $L'<M$，即有超额货币供给。

12. **【难度】** 2　　**【考点】** IS 曲线

【答案】（1）IS 曲线是描述满足产品市场均衡条件（即总需求等于总供给）的利率和收入关系的曲线，它是一条从左上方向右下方倾斜的有负斜率的曲线。假定在三部门经济中，没有转移支付，税收为 $T=T_0+ty$，那么 IS 曲线的表达式为：

$$r=\frac{a+e+g-\beta T_0}{d}-\frac{1-\beta(1-t)}{d}y$$

当税收增加（或减少）ΔT_0 时，IS 曲线向左（或向右）移动，移动的距离等于税收乘数乘以税收变化量，即 $-\frac{\beta}{1-\beta(1-t)}\Delta T_0$。相当于在保持利率不变的情况下，国民收入变化量 $\Delta y=-\frac{\beta}{1-\beta(1-t)}\Delta T_0$。这是因为，一笔税收增加（或减少），如果是针对企业的，意味着增加（或减少）了企业的负担，则会使投资相应减少（或增加），从而会使 IS 曲线向左（或向右）移动；同样，一笔税收的增加（或减少），如果是针对居民个人的，意味着增加（或减少）了居民个人的负担，则会使他们的可支配收入减少（或增加），从而使他们的消费支出相应减少（或增加），也会使 IS 曲线向左（或向右）移动。

当政府支出增加（或减少）Δg 时，IS 曲线将向右（或向左）平移，移动的距离等于政府支出乘数乘以变动量，即 $\frac{1}{1-\beta(1-t)}\Delta g$，相当于在保持利率不变的情况下，国民收入的增加或减少量为 $\Delta y=\frac{\Delta g}{1-\beta(1-t)}$。

（2）政府支出与税收的变动可以引起总需求变动，其隐含的政策意义为：政府可以通过变动税收和政府支出，人为地调整总需求，从而影响及干预经济的运转，而这也成为政府宏观调控的理论基础。事实上，增加政府支出和减税都属于增加总需求的扩张性财政政策，而减少政府支出和增税都属于降低总需求的紧缩性财政政策。

13.**【难度】**1　　**【考点】**凯恩斯货币需求理论

【答案】凯恩斯首先提出了流动性偏好的概念。流动性偏好是指由于货币具有使用上的灵活性，人们宁肯以牺牲利息收入而储存不生息的货币来保持财富的心理倾向。人们之所以具有这种流动性偏好在于货币需求的三个动机，即交易动机、预防动机和投机动机，对应三种货币需求：交易需求、预防需求和投机需求。

（1）交易需求。交易需求是人们为了进行日常的交易所需要持有的货币数量。根据剑桥学派的古典货币数量论，人们的货币支出行为随时都可能发生，但是，人们获得收入是间断的。于是，货币收付在时间上不一致。公众需要持有一定数量的货币来进行日常交易。对经济的观察表明：收入越高，人们日常交易所需要的货币越多；收入越低，人们日常交易所需要的货币越少。

（2）预防需求。预防需求是人们为了应付意外事件，如失业或长期生病，所需要持有的货币数量。这体现了人们对安全性的需要。一般而言，收入越高，需要的安全性也越高，进而货币需求越高；收入越低，需要的安全性也越低，进而货币需求也越低。故预防需求与收入成正比。

（3）投机需求。投机需求是凯恩斯首次提出来的。它是指人们持有的准备用于购买债券，进行投机活动的那部分货币。对经济的观察表明：债券价格和市场利率成反比。利率越高，债券价格越低，这时人们愿意持有债券，等待债券价格上升，获得债券的资本性收益，投机需求越小；利率越低，债券价格越高，人们预期债券价格会下降，于是人们更愿意持有货币，在债券价格下降后，再购买债券，投机需求越大，即投机需求与利率成反比。

凯恩斯认为存在这样一种情况：利率足够低，债券价格足够高，以至于所有人都认为债券价格会下降，于是所有人都不愿持有债券，而都以货币的形式持有所有财富。我们称这种情况为“凯恩斯陷阱”。

14.**【难度】**2　　**【考点】**凯恩斯货币需求理论

【答案】凯恩斯流动性偏好理论认为，对实际货币余额的供给和需求决定了经济中现行的利率。该理论假定货币供给是国家用货币政策来调节的，是一个外生变量，其大小与利率高低无关，因此货币供给曲线是一条垂直于横轴（表示货币需求量）的直线，如图14-5中的m_1和m_2所示。货币需求取决于实际收入水平和利率，尤其是利率变化对货币需求的短期变化影响较为明显。货币需求与利率反方向变化，因此是向右下方倾斜的曲线，如图14-5中的L所示。

在图14-5中，货币供给曲线m_1与货币需求曲线L相交于E_1，对应的利率为r_1。此时中央银行减少货币供给，m_1曲线左移到m_2，货币市场出现供不应求的状

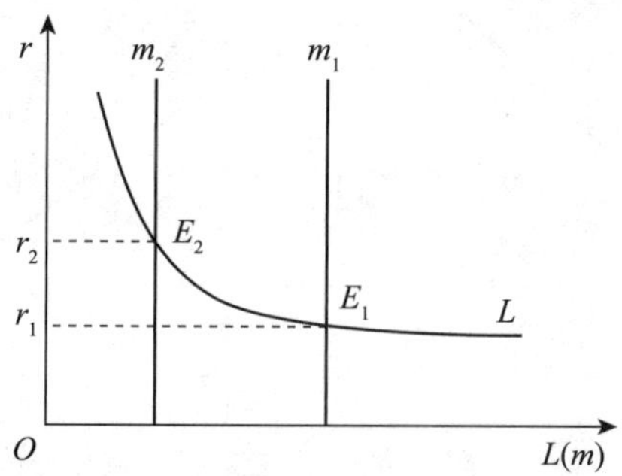

图 14-5　货币供给减少导致利率上升

况，即货币需求超过货币供给，此时人们感觉手中持有的货币太少，就会卖出有价证券，证券价格就会下降，亦即利率就要上升。这种现象一直持续到利率上升到 r_2 为止，此时货币供给与货币需求稳定在利率为 r_2 的水平。

> **【提示】** 其实我们可以仿照微观经济学供求理论做这样的简单理解：货币相当于一种商品，利率是其价格。当货币供不应求时价格上升，反之则下降。

15. **【难度】** 1　　　**【考点】** LM 曲线

【答案】 如图 14-6 所示，当利率 $r=r_1$ 时，货币的投机需求 $m_2=L_2(r_1)$，此时在第（1）象限内，经济处于 A_1 点。由于 $m_1+m_2=m$，即 $m_1=m-m_2=m-L_2(r_1)$，因此在第（2）象限内，经济处于 A_2 点。对于给定的 m_1 点，只有一个收入 y_1 与之对应，即只有当 $y=y_1$ 时，交易需求 m_1 才等于 $m-L_2(r_1)$。将 y_1 与 r_1 描绘在第（4）象限内，就是 A_4点。

同理也可以得到 B_4点，并且还能得到更多的均衡点。

连接 A_4、B_4以及更多的均衡点，即得到 LM 曲线。

由 LM 曲线的表达式 $r=\frac{ky}{h}-\frac{m}{h}=\frac{ky}{h}-\frac{M}{Ph}$ 可知，造成 LM 曲线移动的因素只能是：

（1）名义货币供给量 M 的变动。在价格水平不变时，M 增加，LM 曲线向右下方平移，反之，LM 曲线向左上方平移。

（2）价格水平 P 的变动。价格水平 P 上升，实际货币供给量 m 就变小，LM 曲线向左上方平移，反之，LM 曲线向右下方平移。

16. **【难度】** 2　　　**【考点】** LM 曲线

【答案】 解法一（用乘数理论求解）：

在利率保持不变的情况下，收入的变化量就是 IS 曲线的移动量。当政府支出增加时，IS 曲线将右移，移动量等于支出乘数乘以支出增加量，即：

$$\Delta Y=k_G\times\Delta G=\frac{1}{1-\beta}\times\Delta G=\frac{1}{1-0.8}\times10=50(\text{亿元})$$

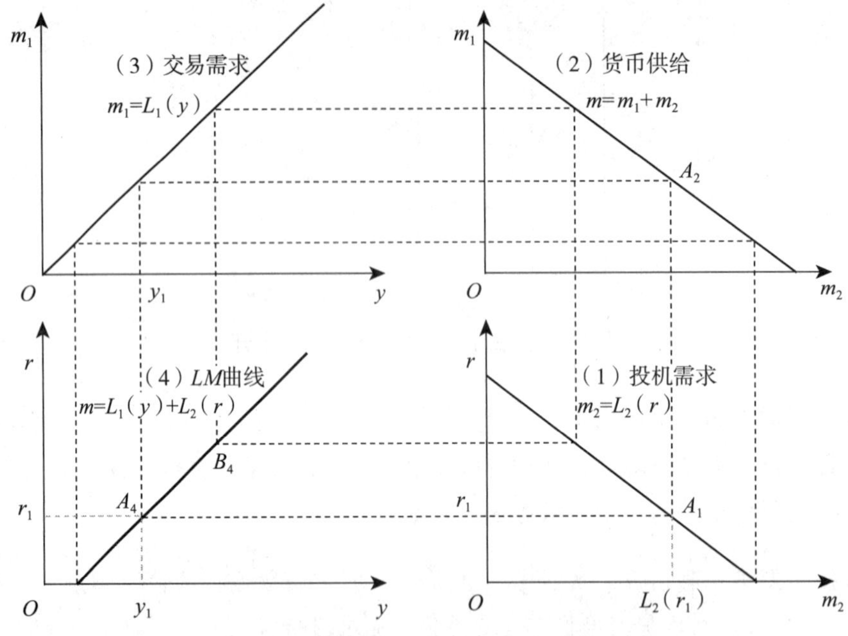

图 14-6　*LM* 曲线的推导

通常 IS 曲线右移必然引起均衡利率上升，这时应该增加货币供给量使 LM 曲线右移来保持原来的利率水平不变。LM 曲线的移动距离就是 $\Delta Y=50$，如图 14-7 所示。

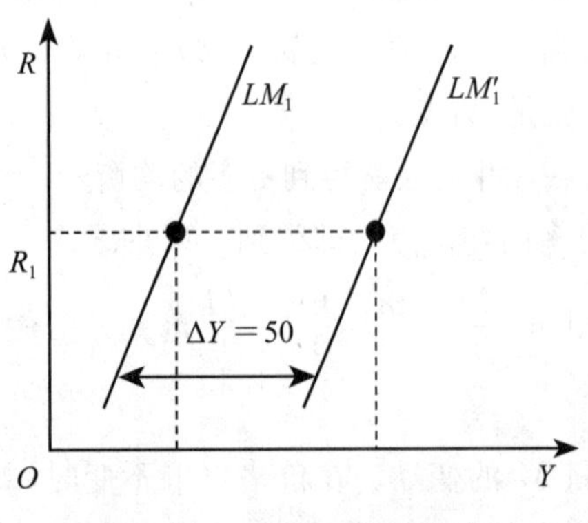

图 14-7　*LM* 曲线的移动

由 $L=0.5Y-0.2R=M$，解得 LM 曲线方程：$Y=2M+0.4R$，所以货币供给量变化影响收入变化的乘数 $k_M=\dfrac{dY}{dM}=2$，LM 曲线右移 $\Delta Y=50$，可知：

$$\Delta M=\Delta Y/k_M=50/2=25(\text{亿元})$$

【提示】乘数可以一般化，不仅财政政策对均衡收入有乘数效应，货币供给量对均衡收入同样有乘数效应，虽然教材没有讲，但一样可以这样使用。

解法二（用 LM 曲线移动求解）：

（前面的步骤和解法一相同）

由 $L=0.5Y-0.2R=M$，解得 LM_1 曲线方程：$R=-5M+2.5Y$。

设 M 增加到 M' 时，LM 曲线右移 $\Delta M=50$，则有：

$$R=-5M'+2.5\times(Y+50)$$

整理得 LM_1' 曲线方程：

$$R=-5M'+2.5Y+125=-5\times(M'-25)+2.5Y$$

用 LM_1' 曲线方程减去 LM_1 曲线方程，可得：

$$M'-25=M$$

所以，$\Delta M=M'-M=25$（亿元）。

17.【难度】1　　【考点】投资的决定；IS—LM 分析

【答案】会导致较大的挤出效应。

政府实施扩张性财政政策即增加政府购买或者减税，从而增加了市场需求，导致 IS 曲线向右移动。在货币供给量不变的情况下，市场需求的增加会导致交易性货币需求增加，货币需求大于货币供给，从而引起利率上升。而民间投资是利率的减函数，如果民间投资对利率的变化越来越敏感，则意味着利率上升一点，民间投资的减少量会很大。所以，政府实施扩张性财政政策导致利率上升后，民间投资的减少量会很大，也就是导致了较大的“挤出效应”。

18.【难度】2　　【考点】IS—LM 分析

【答案】IS 曲线代表一定的利率和收入的组合，在这些组合下投资和储蓄都是相等的，从而产品市场是均衡的；LM 曲线代表这样的利率和收入组合，曲线上每一点货币供给和需求都相等，即达到货币市场均衡。宏观经济的均衡指的是产品市场和货币市场同时达到均衡状态，这个均衡可能是充分就业的，也可能是非充分就业的。

如图 14-8 所示，IS 曲线和 LM 曲线将坐标平面分成了四个区域：Ⅰ、Ⅱ、Ⅲ和Ⅳ，这四个区域的点既不在 IS 曲线上，也不在 LM 曲线上，是一些非均衡的点。

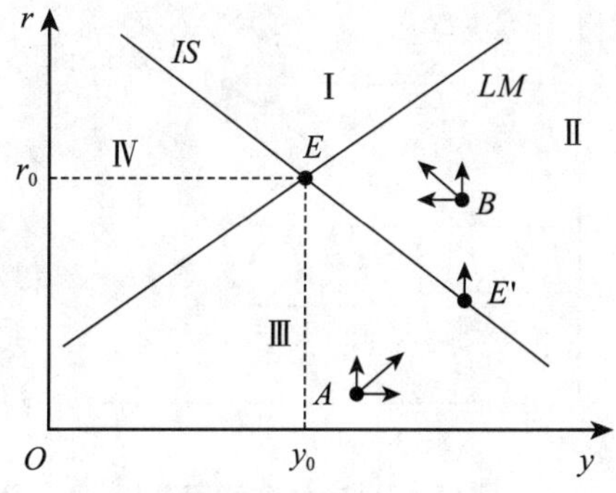

图 14-8　市场均衡过程

综合以上情况，可得出产品市场与货币市场失衡的各种不同的组合，如下表所示。

产品市场和货币市场的非均衡

区域	产品市场	货币市场
Ⅰ	$i<s$，有超额产品供给	$L<M$，有超额货币供给
Ⅱ	$i<s$，有超额产品供给	$L>M$，有超额货币需求
Ⅲ	$i>s$，有超额产品需求	$L>M$，有超额货币需求
Ⅳ	$i>s$，有超额产品需求	$L<M$，有超额货币供给

例如，假定经济处于图 14－8 中 A 点所表示的收入和利率组合的不均衡状态。A 点在Ⅲ区域中，一方面有超额产品需求，从而收入会上升，收入从 A 点沿平行于横轴的箭头向右移动；另一方面有超额货币需求，从而利率会上升，利率从 A 点沿平行于纵轴的箭头向上移动。这两方面的调整的共同结果是引起收入和利率的组合向右上方移到 E' 点。在 E' 点，产品市场均衡了，货币市场仍不均衡，依然存在超额货币需求，利率依然会上升，于是收入与利率的组合会继续上移，进入Ⅱ区域。

同理可知，在Ⅱ区域，以 B 点为例，由于存在超额产品供给，收入会下降，由于存在超额货币需求，利率会上升，于是收入与利率组合向左上方移动到 LM 曲线上。

后面的调整过程依此类推，这种调整直到 E 点才会停止，从而实现产品市场和货币市场的同时均衡。

【补充】在四个区域内，是存在超额产品供给还是产品需求，是存在超额货币供给还是货币需求，可以用以下方法分析：

以图 14－9 中 A 点为例。对于 A 点而言，收入为 y_0，如果要实现产品市场均衡，利率应该是 r_1，对应图中的 B 点，但当前实际利率是 $r_0<r_1$，利率过低导致投资需求过多，也就是有超额产品需求，于是收入会增加（按照常理也很容易理解，利率下降刺激投资，进而刺激经济，引起国民收入上升）。如果要实现货

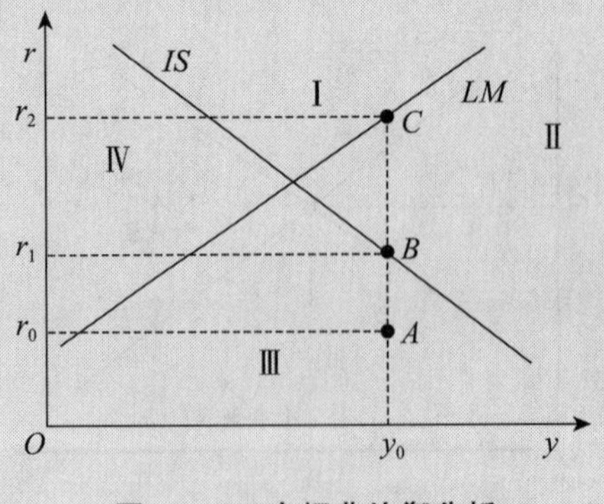

图 14－9　市场非均衡分析

币市场均衡，利率应该是 r_2，对应图中的 C 点，但当前利率 $r_0<r_2$，利率过低导致货币投机需求过多，A 点与 C 点相比，货币交易需求一致但货币投机需求过多，即当前存在超额货币需求，于是利率会上升。

其他的非均衡点都可以用同样的方法来分析。

19.**【难度】**2　　**【考点】**IS—LM 分析

【答案】（1）由 $Y=C+I+G=\alpha+\beta(Y-tY)+e-dr+G$，整理得 IS 曲线方程：

$$Y=\frac{\alpha+e+G}{1-\beta(1-t)}-\frac{d}{1-\beta(1-t)}r$$
$$=\frac{40+140+50}{1-0.8\times(1-0.2)}-\frac{10}{1-0.8\times(1-0.2)}r$$
$$=\frac{230}{0.36}-\frac{10}{0.36}r$$

由 $L=0.2Y-5r=M/P=200/2$，整理得 LM 曲线方程：

$$r=0.04Y-20$$

联立 IS、LM 曲线方程，解得均衡收入 $Y=565.79$，均衡利率 $r=2.63$。

所以，$S=I=140-10\times2.63=113.7$。

【提示】注意不要把私人储蓄当成储蓄，本题的储蓄里应该还包括政府储蓄（本题没有进出口，因此没有国外储蓄）。S 也可以换个方法求解，$S_P=Y_D-C=Y_D-\alpha-\beta Y_D=-\alpha+(1-\beta)Y_D=-\alpha+(1-\beta)\times(1-t)Y$，$S_G=T-G=tY-G$，所以 $S=S_P+S_G=-\alpha+(1-\beta)\times(1-t)Y+tY-G=-40+[(1-0.8)\times(1-0.2)+0.2]\times565.79-50=113.7$。

（2）政府购买乘数 $k_G=\frac{1}{1-\beta(1-t)}=\frac{1}{1-0.8\times(1-0.2)}=\frac{25}{9}$。

【提示】（1）"G 增加 50"是多余的条件；（2）因为本题需要求解 k_G，所以 IS 曲线方程这一步就不要直接写出最后的结果，而是写出中间步骤 $Y=\frac{\alpha+e+G}{1-\beta(1-t)}-\frac{d}{1-\beta(1-t)}r$，而且不可以写成 $r=r(Y)$ 的格式，因为那样还是不好求 k_G。

20.**【难度】**1　　**【考点】**IS—LM 分析

【答案】（1）如图 14－10（a）所示，大量公司破产而引起悲观情绪会导致投资减少，进而引起 IS 曲线左移，使得总需求减少。

（2）如图 14-10（b）所示，货币供给量增加引起 LM 曲线右移，使得总需求增加。

（3）如图 14-10（c）所示，物价上升导致实际货币供给量减少，进而引起 LM 曲线左移，使得总需求减少。

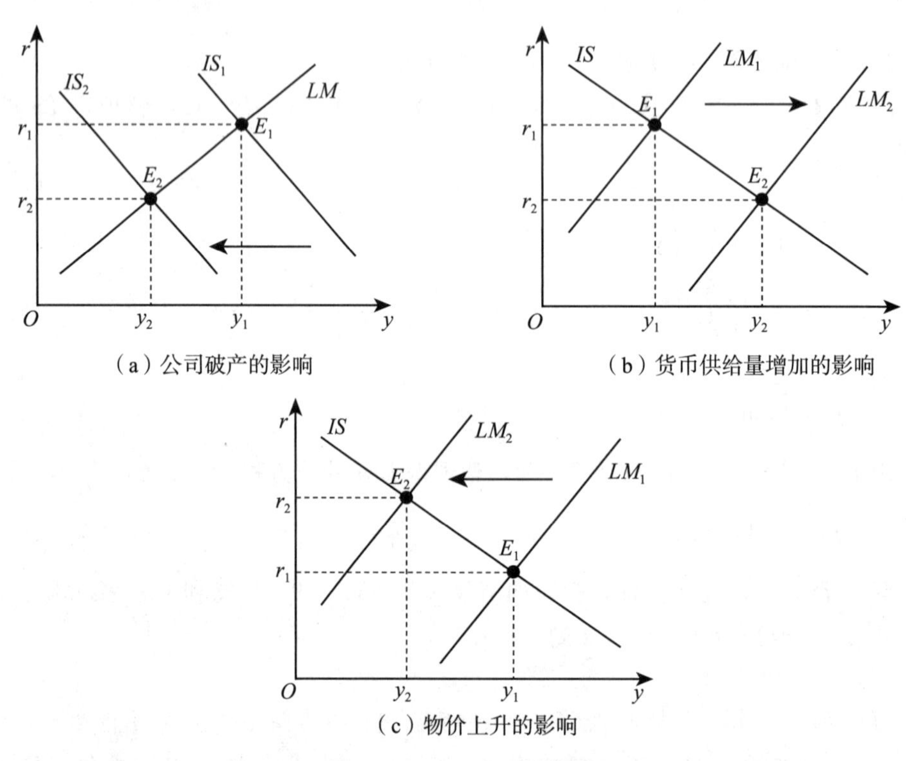

（a）公司破产的影响

（b）货币供给量增加的影响

（c）物价上升的影响

图 14-10 *IS—LM* 模型

21. **【难度】**2　　**【考点】**IS 曲线；LM 曲线；IS—LM 分析

【答案】（1）由 $Y=C+I$ 可得：$Y=305+0.8Y+395-200r$。

解得 IS 曲线方程：$Y=3\,500-1\,000r$。

由 $L=m$ 得：$0.4Y-100r=150$。

解得 LM 曲线方程：$Y=375+250r$。

（2）联立 IS 和 LM 曲线方程得，均衡的利率和国民收入分别为：$r=2.5$，$Y=1\,000$。

（3）由 $Y=C+I+G$，得 $Y=305+0.8Y+395-200r+100$，整理得 IS' 曲线方程为 $Y=4\,000-1\,000r$。

联立 IS' 和 LM 曲线方程，解得 $Y'=1\,100$，$r'=2.9$。

所以当政府购买增加 100 时，均衡国民收入会增加 100。

如果按照乘数原理，则有 $k_G=\dfrac{1}{1-\beta}=\dfrac{1}{1-0.8}=5$，因此 $\Delta Y=\Delta G\times k_G=100\times 5=500$，所以 $Y'=Y+\Delta Y=1\,000+500=1\,500$。

按照乘数原理，政府购买增加不会影响市场利率，所以 $r'=r=2.5$。

显然，新的国民收入和利率变动与乘数原理下的变动不一致。因为乘数原理里没有考虑到货币市场均衡，也就是没有考虑到利率的影响，但这里考虑到了利率的影响。政府购买增加后，货币的交易需求增加了，货币需求的增加使得利率上升，利率的上升使得民间投资减少，从而产生“挤出效应”。所以两者得出的结果不一样。

22.【难度】1　　【考点】*IS—LM* 分析

【答案】如图 14－11（a）所示，当 *IS* 曲线垂直时，政府增加货币供给，致使 LM_1 右移到 LM_2，货币供给增加导致利率从 r_1 下降到 r_2。但由于 *IS* 垂直，说明投资需求的利率系数为零，即不管利率如何变动，投资都不会变，因此，即使货币政策能改变利率，也无法对国民收入产生影响，实际国民收入始终为 Y_1。

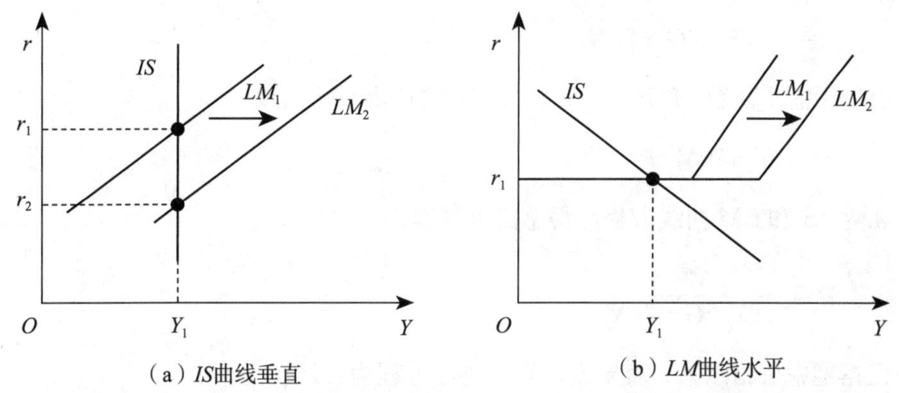

（a）*IS*曲线垂直　　（b）*LM*曲线水平

图 14－11　货币政策对实际国民收入不发生作用的两种情况

如图 14－11（b）所示，当 *LM* 曲线水平时，政府增加货币供给，致使 LM_1 右移到 LM_2，但由于 *LM* 处于水平阶段，说明货币需求的利率弹性为零，想用增加货币供给的方法来降低利率刺激投资就完全失去效果了，所以货币供给增加不会导致利率有任何变化，始终为 r_1 不变，因此增加货币供给无法刺激投资的增加，也就无法刺激国民收入的增加，国民收入始终为 Y_1。

【提示】本题很容易有一个错误的思路，就是去分析货币供给增加最后只导致物价 *P* 上升。名义国民收入增加后，物价也同比例上升了，所以实际国民收入不变。有这种思路是很自然的，因为题干说的是“实际”国民收入。但这种思路是错误的，因为在 *IS—LM* 模型里，根本就没有引入价格 *P*，或者说，*IS—LM* 模型是短期分析模型，假设 *P* 是固定不变的。*IS—LM* 模型引入价格 *P* 之后，就变身为 *AD—AS* 模型了。

23.【难度】3　　【考点】*IS* 曲线；*LM* 曲线；*IS—LM* 分析

【答案】通过表中数据易知 $C_y=80\div100=84\div105=88\div110=0.8$。

联立方程：

$$\begin{cases}10.8=I_y\times110+I_r\times4\\10.3=I_y\times105+I_r\times4\end{cases}$$

解得：$I_y=0.1$，$I_r=-0.05$。

联立方程：

$$\begin{cases}87.8=L_y\times110+L_r\times4\\83.8=L_y\times105+L_r\times4\end{cases}$$

解得：$L_y=0.8$，$L_r=-0.05$。

（2）联立 $Y=C+I+G+NX$，$C=0.8Y$，$I=0.1Y-0.05r$，解得 IS 曲线方程：

$$r=-2Y+20G+20NX$$

由货币需求函数 $M/P=0.8Y-0.05r$ 整理得 LM 曲线方程：

$$r=16Y-20M/P$$

联立 IS 和 LM 曲线方程可得总需求方程：

$$P=\frac{M}{0.9Y-G-NX}$$

根据题中价格水平一直未变可知，供给方程为：$P=1$。

（3）将 $P=1$ 代入总需求方程中可得：

$$Y=\frac{M+G+NX}{0.9}$$

所以增加一单位财政支出 G，总产出增加 $1/0.9$，价格水平不变；
增加一单位净出口 NX，总产出增加 $1/0.9$，价格水平不变；
增加一单位货币量 M，总产出增加 $1/0.9$，价格水平不变。

24.【难度】3　　【考点】IS 曲线；LM 曲线；IS—LM 分析

【答案】（1）

$$\begin{aligned}Y&=C+I+G\\&=250+0.6\times(Y-350)+250+0.2Y-4\ 000i+250\\&=540+0.8Y-4\ 000i。\end{aligned}$$

整理得 IS 曲线方程：$Y=2\ 700-20\ 000i$。

$(M/P)^d=Y-5\ 000i=M/P=1\ 700$。

整理得 LM 曲线方程：$Y=1\ 700+5\ 000i$。

（2）联立 IS 与 LM 曲线方程解得均衡产量 $Y=1\ 900$，均衡利率 $i=0.04=4\%$。

（3）如果货币供给降低为 1 450，IS 曲线方程不受影响，但 LM 曲线向左移动，根据 $(M/P)^d=Y-5\ 000i=M/P=1\ 450$ 可整理得新的 LM 曲线方程为 $Y=$

1 450+5 000i。

联立 IS 曲线方程和新的 LM 曲线方程可解得：$Y=1\ 700$，$i=5\%$。

此时，$C=250+0.6\times(1\ 700-350)=1\ 060$。

$I=250+0.2\times1\ 700-4\ 000\times5\%=390$。

(4) 为了抵消第 (3) 问中的影响，需要增加货币供给量，因为第 (3) 问中货币供给量减少了。为了增加货币供给量，央行可以在公开市场购买政府债券以增加货币供给，或者降低法定存款准备金以增加货币创造乘数，也可以降低再贴现率，以增加商业银行向中央银行的借款，进而增加商业银行准备金，从而增加货币供给量。

25. **【难度】**3　　　**【考点】**IS 曲线；LM 曲线；IS—LM 分析

【答案】(1) 由于政府保持预算平衡，因此 $t=g=200$。$y=c+i+g=600+0.8y_d+400-50r+200=600+0.8\times(y-200)+400-50r+200$，解得 IS 曲线方程：$y=5\ 200-250r$。

$M_s/P=1\ 250/1=L=250+0.5y-125r$，解得 LM 曲线方程为 $y=2\ 000+250r$。

(2) 联立 IS 与 LM 曲线方程并求解，得均衡利率为 $r=6.4$ (%)，均衡收入为 $y=3\ 600$。

(3) 如果充分就业的国民收入为 5 000，因为 LM 曲线没有变，所以将 $LM=5\ 000$ 代入 LM 曲线方程得到充分就业时的利率为 $r=12$ (%)。我们设新的政府支出为 g'，则有 $y=600+0.8(y-g')+400-50r+g'$，把 $y=5\ 000$，$r=12$ 代入可解得 $g'=3\ 000$，即需要增加购买 3 000−200=2 800。

【提示】(1) 在 IS—LM 模型的计算中，利率常常有两种表示方法：前一题中算出的利率是 0.04 和 0.05，表示 4%和 5%；本题中算出的利率是 6.4，表示的是 6.4%而不是 640%，在后续计算时，仍要按 $r=6.4$ 而不是按 $r=0.064$ 代入。

(2) 本题容易犯的一个错误是利用乘数公式求解，因定量税制下平衡预算乘数 $k_b=1$，因此会误以为应该增加政府购买（同时也增加税收）5 000−3 600=1 400。本题不能用乘数公式求解的原因是乘数效应只能导致 IS 曲线右移对应幅度，它没有考虑到“挤出效应”。

26. **【难度】**2　　　**【考点】**IS 曲线；LM 曲线；IS—LM 分析

【答案】(1) $Y=C+I+G=60+0.8Y_D+150+100$

$=310+0.8\times(Y-100)$。

整理得 IS 曲线方程：$Y=1\ 150$。

在这里它是一条垂直于横轴的直线。

由 $L=M_s$ 得 $0.2Y-10r=200$。

整理得 LM 曲线方程：$Y=1\ 000+50r$。

联立 IS 和 LM 曲线方程得均衡收入 $Y=1\ 150$，均衡利率 $r=3$ (%)，投资为

常量 $I=150$。

（2）若政府支出从 100 增加到 120，可得：

$$
\begin{aligned}
Y &= C+I+G=60+0.8Y_D+150+120 \\
&= 330+0.8\times(Y-100)
\end{aligned}
$$

整理得 IS 曲线方程：$Y=1\ 250$。

LM 曲线方程依然为：$Y=1\ 000+50r$。

联立 IS 和 LM 曲线方程得均衡收入 $Y=1\ 250$，均衡利率 $r=5$（%），投资依然为常量 $I=150$。

（3）当政府支出增加时，由于投资无变化，可以看出不存在“挤出效应”。这是因为投资是一个固定的常量，不受利率变化的影响。

第十五章

国民收入的决定：*AD*—*AS* 模型

学习精要

一、 学习重点

1. 总需求曲线的推导
2. 总供给曲线的三种类型
3. *AD*—*AS* 模型

二、 知识脉络图

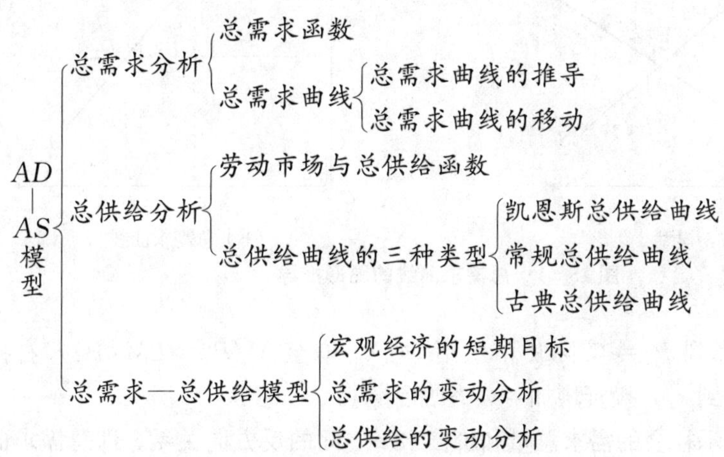

三、理论精要

知识点一　总需求函数

总需求：经济社会对产品和劳务的需求总量，通常用产出水平表示。

总需求由消费需求、投资需求、政府需求和国外需求构成。前三项需求即国内需求，简称内需。

总需求函数：以产量（国民收入）所表示的需求总量和价格水平之间的关系。

价格水平变动对总需求的影响：

（1）利率效应：价格水平变动引起利率同方向变动，进而使投资和产出水平反方向变动。

作用机制：

$P\uparrow\rightarrow M/P$（实际货币供给）$\downarrow\rightarrow$货币需求相对过量$\rightarrow r\uparrow\rightarrow I\downarrow\rightarrow Y\downarrow$

（2）实际余额效应：价格水平上升使人们持有的货币及其他以货币衡量的具有固定价值的资产的实际价值降低，人们会变得相对贫穷，于是人们的消费水平就相应地下降。

知识点二　总需求曲线

1. 代数方法推导：联立 IS 曲线方程和 LM 曲线方程，消去 r 来求解。

$$\left.\begin{array}{l} s(y)=i(r) \\ \dfrac{M}{P}=L_1(y)+L_2(r) \end{array}\right\}\Rightarrow y=f(P)$$

2. 图形推导见图 15－1：

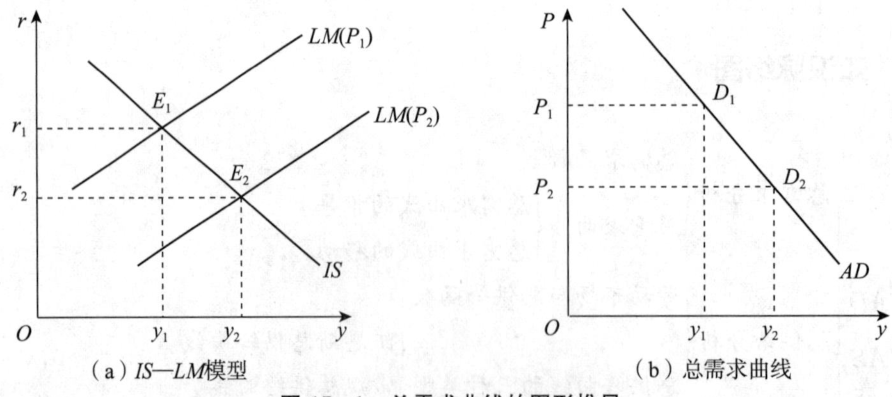

（a）IS—LM模型　　（b）总需求曲线

图 15－1　总需求曲线的图形推导

链条：P_1 下降到 $P_2\Rightarrow$实际货币供给 M/P_1 增至 $M/P_2\Rightarrow LM(P_1)$ 右移至 $LM(P_2)\Rightarrow r_1$ 下降到 r_2，投资增加$\Rightarrow y_1$ 增加到 y_2。

总需求曲线表示社会的需求总量和价格水平之间的反方向关系，即总需求曲线向右下方倾斜。

无论是扩张性财政政策还是扩张性货币政策都会使总需求曲线向右移动；反之，则向左移动。

知识点三　劳动市场与总供给函数

总供给：经济社会投入的基本资源所生产的总产量（或国民收入）。

宏观生产函数：表示总投入和总产出之间的关系。

在技术水平既定时，宏观生产函数可表示为产出与劳动和资本之间的关系，即 $y=f(N, K)$。式中，y 为总产出；N 为整个社会的就业水平或就业量；K 为整个社会的资本存量。

(1) 短期：资本存量和技术不变。$y=f(N, \bar{K})$。

在短期，经济社会的产出 y 取决于就业量 N。当 N 达到充分就业时，社会的产量为潜在产量水平 y^*。

(2) 长期：技术水平、资本存量、充分就业劳动量都会变化。

在长期，总供给水平由经济的总就业水平决定，而总就业水平则由劳动市场的均衡决定，即：

$$N_d\left(\frac{W}{P}\right)=N_s\left(\frac{W}{P}\right)$$

在工资和价格具有完全弹性的情况下，经济中的产量始终等于充分就业时的产量或潜在产量。

知识点四　总供给曲线

1. 凯恩斯总供给曲线

形状：凯恩斯总供给曲线是一条水平线。

理由：(1) 货币工资（W）和价格水平（P）均具有刚性。

(2) 在短期，由于时间很短，W 和 P 没有足够的时间进行调整。

政策含义：只要国民收入或产量处在小于充分就业的水平，国家就可以使用增加需求的政策来使经济达到充分就业状态。

2. 古典总供给曲线

形状：古典总供给曲线是一条位于经济的潜在产量或充分就业产量水平的垂直线。

理由：(1) 货币工资（W）和价格水平（P）可以迅速或自动调节，使得实际工资$\left(\frac{W}{P}\right)$总处于充分就业所应有的水平，从而使产量也总处于充分就业水平，不受价格的影响。

(2) 古典学派一般研究经济事物的长期状态，而在长期中，即使 W 和 P 不能迅速调整，也具有充分的时间来进行调整，实际工资$\left(\frac{W}{P}\right)$最终将达到充分就业水平。

政策含义：增加需求的政策并不能改变产量，只能造成物价上涨，甚至产生通货膨胀。

3. 常规总供给曲线

形状：向右上方延伸的曲线，可表示为 $y=y_f+\lambda(P-P^e)$。

理由：当社会经济处于严重萧条时，存在大量的失业和闲置的生产能力，因而产量或国民收入增加时，P 会略有上升，上升速度随着经济的好转而逐渐加快。达到充分就业后，由于充分就业并不意味着整个社会的全部资源和有劳动能力的人口均已就业，所以仍然存在难以利用的资源和能力较差的劳动者，因此，产量会有所增加，但是 P 会上升得特别快。

4. 导致总供给曲线右移的因素

(1) 可得到的劳动量增加（劳动市场相对宽松）；

(2) 物质资本或人力资本增加；

(3) 自然资源可获得性增加；

(4) 技术进步；

(5) 预期价格水平下降；

(6) 投入品价格下降；

(7) 名义工资下降。

以上因素如果反向变化，则导致总供给曲线左移。

知识点五　总需求—总供给分析

宏观经济的短期目标：充分就业和物价稳定，即总需求（*AD*）曲线和总供给（*AS*）曲线相交。

AD 曲线左移意味着经济萧条，存在过剩生产能力，而且越偏离充分就业，产量下降程度越大，但是价格下降的空间越小。此时应该采取扩张性政策来刺激总需求。

AD 曲线右移意味着经济过热，生产能力比较紧缺，产量增加的可能性越来越小，价格上升的压力越来越大。此时应该采取紧缩性政策来稳定物价。

AS 曲线左移：原材料价格上涨、能源危机、粮食大面积歉收等冲击导致。结果形成“滞胀”。

AS 曲线右移：突然的技术进步、新能源的发现等冲击导致。结果产量增加，价格水平下降。

习题解析

1. 总需求曲线的理论来源是什么？为什么在 *IS—LM* 模型中，由 *P*（价格）自由变动，即可得到总需求曲线？

【难度】 2　　**【考点】** 总需求函数；总需求曲线

【答案】(1) 总需求是经济社会对产品和劳务的需求总量，这一需求总量通常以产出水平来表示。一个经济社会的总需求包括消费需求、投资需求、政府需求和国外需求。总需求量受多种因素的影响，其中价格水平是一个重要的因素。在宏观经济学中，为了说明价格对总需求量的影响，引入了总需求曲线的概念，即总需求量与价格水平之间关系的几何表示。在凯恩斯主义的总需求理论中，总需求曲线的理论来源主要由产品市场均衡理论和货币市场均衡理论来反映。

(2) 在 *IS—LM* 模型中，一般价格水平被假定为一个常数（参数）。在价格水平固定不变且货币供给为已知的情况下，*IS* 曲线和 *LM* 曲线的交点决定均衡的收入水平。现用图 15-2 来说明怎样根据 *IS—LM* 图形推导总需求曲线。

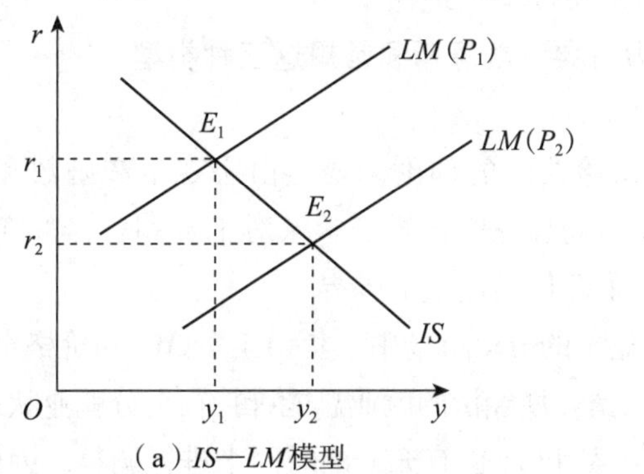

(a) *IS—LM*模型

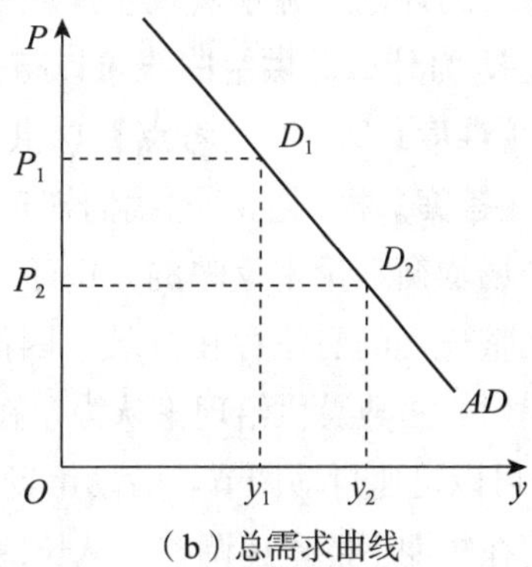

(b) 总需求曲线

图 15-2　总需求曲线的推导

图 15-2 分 (a)、(b) 两部分。图(a)为 *IS—LM* 模型图。图(b)表示价格水平和需求总量之间的关系，即总需求曲线。当价格水平为 P_1 时，$LM(P_1)$ 曲线与 *IS* 曲线相交于 E_1 点，此时均衡收入和利率分别为 y_1 和 r_1。将 P_1 和 y_1 标在图(b)中便得到总需求曲线上的一点 D_1。

现在变动价格水平 P。假设价格水平由 P_1 下降到 P_2，那么实际货币供给由 M/P_1增至 M/P_2，因而 *LM* 曲线右移至 $LM(P_2)$，与 *IS* 曲线交于新的均衡点 E_2，此时均衡收入和利率分别变为 y_2 和 r_2。相对应地又可在图(b)中找到总需求曲线上的另一点 D_2。按同样的推导原理，变动 P，随着 P 的变化，*LM* 曲线和 *IS* 曲线可以有许多交点，每一个交点都代表着一对特定的 y 和 P。这一系列 y 与 P 的组合构成了图(b)中一系列的点，把这些点连在一起所得到的曲线便是总需求曲线。

从以上关于总需求曲线的推导中可以看到，总需求曲线表示社会中的需求总量和价格水平之间的相反方向的关系，即总需求曲线是向右下方倾斜的。向右下方倾斜的总需求曲线表示，价格水平越高，需求总量越小；价格水平越低，需求总量越大。

2. 为什么进行宏观调控的财政政策和货币政策一般被称为需求管理政策？

【难度】 1　　**【考点】** 总需求曲线

【答案】 财政政策是政府变动税收和支出，以便影响总需求，进而影响就业和国民收入的政策。货币政策是指政府货币当局即中央银行通过银行体系变动货币供给量来调节总需求的政策。无论是财政政策还是货币政策，都是通过影响利率、消费和投资进而影响总需求，使就业和国民收入得到调节的。财政政策和货币政策通过对总需求的调节来调控宏观经济，所以被称为需求管理政策。

3. 总供给曲线的理论来源是什么?

【难度】 1　　**【考点】** 劳动市场与总供给函数

【答案】 总供给函数是指总产量与一般价格水平之间的关系。总供给函数的几何表示就是总供给曲线。总供给函数是根据宏观生产函数和劳动市场的均衡推导而得到的。在短期，资本存量一定时，总供给水平由经济的总就业水平决定，国民收入水平随就业量的增加而增加，而总就业水平则由劳动市场的均衡决定，所以总供给曲线的理论来源于宏观生产函数和劳动市场均衡理论。

4. 为什么总供给曲线可以被区分为古典、凯恩斯和常规这三种类型?

【难度】 2　　**【考点】** 总供给曲线

【答案】 根据上一题我们知道，总供给曲线的理论主要是由宏观生产函数和劳动市场均衡理论来反映的。由于在劳动市场理论中，经济学家对工资和价格的变化及调整速度的看法存在分歧，因而导致了总供给曲线的差异。

（1）古典总供给理论认为，在完全竞争的劳动市场中，货币工资(W)和价格水平(P)可以迅速自动调节，劳动市场得以出清，使经济的就业总能维持在充分就业状态。即使在短期不能迅速调整，从长期来看，W 和 P 也有充分的时间来进行调整。因此，在工资和价格可以灵活变动而其他因素不变的情况下，经济的产量总能保持在充分就业的产量或潜在产量水平上，不受价格的影响。因此，在以价格为纵坐标、以总产量为横坐标的坐标系中，古典总供给曲线是一条位于充分就业产量水平的垂直线。

（2）凯恩斯的总供给理论认为，在短期，由于时间很短，W 和 P 没有足够的时间进行调整，因而具有刚性。由于工资和价格刚性，短期总供给曲线并不是垂直的。在以价格为纵坐标、以收入为横坐标的坐标系中，凯恩斯总供给曲线是一条水平线，表明经济中的厂商在现有价格水平上，愿意供给所需要的任何数量的商品。凯恩斯总供给曲线的基础思想是，作为工资和价格刚性的结果，劳动市场不能总维持在充分就业的状态，由于存在失业，厂商可以在现行工资下获得所需劳动，因而它们的平均生产成本被认为是不随产出水平变化而变化的。

（3）一些经济学家认为，古典的和凯恩斯的总供给曲线分别代表着劳动市场的两种极端的说法。在现实中，工资和价格的调整经常介于两者之间。当社会经济处于严重萧条时，存在大量的失业和闲置的生产能力，因而产量或国民收入增加时，P 会略有上升，上升速度随着经济的好转而逐渐加快。达到充分就业后，由于充分就业并不意味着整个社会的全部资源和有劳动能力的人口均已就业，所以仍然存在难以利用的资源和能力较差的劳动者，因此，产量会有所增加，但是 P 上升得特别快。在这种情况下，在以价格为纵坐标、以产量为横坐标的坐标系中，总供给曲线是向右上方延伸的，这就是常规的总需求曲线。

总之，针对总量劳动市场关于工资和价格的不同假设，宏观经济学中存在着三种类型的总供给曲线。

5. 用总需求曲线和总供给曲线的互动，说明宏观经济中的衰退、高涨（或过热）和滞胀的状态。

【难度】2　　**【考点】**总需求—总供给分析

【答案】宏观经济中的衰退、高涨和滞胀反映的是不同的收入水平及价格水平状态，可以用总需求曲线与总供给曲线的变动来解释。如图 15-3 和图 15-4 所示，AD 表示总需求曲线，AS 表示总供给曲线，那么：

（1）总需求曲线 AD 和总供给曲线 AS 交于 E 点，这时产量和价格水平分别为 y_1 和 P_1，低于充分就业时的产量 y_f 和充分就业时的价格水平，因而表示经济处于衰退状态。

（2）总需求增加，使得总需求曲线从 AD 向右移动到 AD'，这时总供给曲线 AS 和新的总需求曲线 AD'交于 E'点，该点的产量或收入为 y'，价格水平为 P'，高于充分就业时的产量 y_f 和充分就业时的价格水平，因而表示经济处于高涨状态。

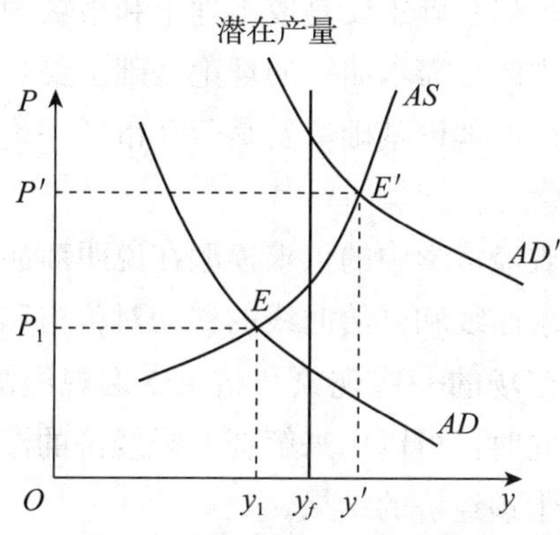

图 15-3　衰退状态与高涨状态

（3）现在假定总需求曲线 AD 不变，总供给曲线受到供给冲击（如石油价格和工资等提高）而向左移动。如图 15-4 所示，总供给曲线由 AS 向左移至 AS'，总需求曲线 AD 和新的总供给曲线 AS'的交点 E'决定的产量或收入为 y'，价格水平为 P'，这个产量低于原来的产量 y_1，而价格水平却高于原来的价格水平 P_1，这种情况表示经济处于滞胀状态，即经济停滞和通货膨胀并存的状态。

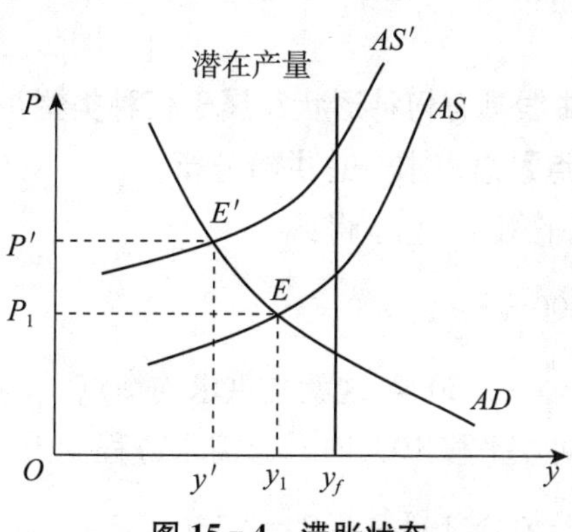

图 15-4　滞胀状态

6. 对微观经济学中的供求模型和宏观经济学中的 *AD—AS* 模型加以比较，并说明二者的异同。

【难度】3　　**【考点】**总需求—总供给分析

【答案】二者在形式上有一定的相似之处。微观经济学的供求模型主要说明单个商品的价格和数量的决定。宏观经济学中的 *AD—AS* 模型主要说明总体经济的价格水平和国民收入的决定。二者在图形上都用两条曲线来表示，在以价格为纵坐标、以数量为横坐标的坐标系中，向右下方倾斜的为需求曲线，向右上方延伸的为供给曲线。

但二者在内容上有很大的不同：

其一，研究对象不同。微观经济学的供求模型分析的是微观领域的事物，而宏观经济中的 *AD—AS* 模型分析的是宏观领域的事物。

其二，理论基础不同。微观经济学的供求模型中需求曲线的理论基础是消费者行为理论，而供给曲线的理论基础主要是成本理论和市场理论，它们均属于微观经济学的内容。宏观经济学中的总需求曲线的理论基础主要是产品市场均衡和货币市场均衡理论，而总供给曲线的理论基础主要是劳动市场理论和总量生产函数，它们均属于宏观经济学的内容。

其三，功能不同。微观经济学中的供求模型在说明商品的价格和数量的决定的同时，还可以用来说明需求曲线和供给曲线的移动对价格和商品数量的影响，但充其量这一模型只解释微观市场的一些现象和结果。宏观经济学中的 *AD—AS* 模型在说明价格和产出决定的同时，可以用来解释宏观经济的波动现象，还可以用来说明政府运用宏观经济政策干预经济的结果。

7. 设总供给函数为 $y_s=2\ 000+P$，总需求函数为 $y_d=2\ 400-P$。

(1) 求供求均衡点。

(2) 如果总需求曲线向左（平行）移动 10%，求新的均衡点并把该点与 (1) 的结果相比较。

(3) 如果总需求曲线向右（平行）移动 10%，求新的均衡点并把该点与 (1) 的结果相比较。

(4) 如果总供给曲线向左（平行）移动 10%，求新的均衡点并把该点与 (1) 的结果相比较。

(5) 本题的总供给曲线具有何种形状？属于何种类型？

【难度】2　　**【考点】**总需求—总供给分析

【答案】(1) 由供求平衡 $y_s=y_d$ 得：

$$2\ 000+P=2\ 400-P$$

求解得：$P=200$，$y_s=y_d=2\ 200$，这就是供求均衡点。

(2) 当总需求曲线向左平移 10%时，总需求方程变为：

$$y'_d=(2\ 400-2\ 400\times 10\%)-P=2\ 160-P$$

于是新的供求均衡为：

$$y_s = y'_d \Rightarrow 2\,000 + P = 2\,160 - P$$

求解得新的均衡点为：$P=80$，$y_s=y_d=2\,080$。

与第（1）问相比，新的均衡产量和价格水平都下降了，表示经济处于衰退状态。

（3）当总需求曲线向右平移10%时，总需求方程变为：

$$y''_d = (2\,400 + 2\,400 \times 10\%) - P = 2\,640 - P$$

于是新的供求均衡为：

$$y_s = y''_d \Rightarrow 2\,000 + P = 2\,640 - P$$

求解得新的均衡点为：$P=320$，$y_s=y_d=2\,320$。

与第（1）问相比，新的均衡产量和价格水平都提高了，表示经济处于高涨状态。

（4）当总供给曲线向左平移10%时，总供给方程变为：

$$y'_s = (2\,000 - 2\,000 \times 10\%) + P = 1\,800 + P$$

于是新的供求均衡为：

$$y'_s = y_d \Rightarrow 1\,800 + P = 2\,400 - P$$

求解得新的均衡点为：$P=300$，$y_s=y_d=2\,100$。

与第（1）问相比，新的均衡产量下降了，但是价格水平上升了，表示经济处于滞胀状态。

（5）本题中的总供给曲线是向右上方倾斜的直线，属于线性的常规型总供给曲线。

8. 导致总需求曲线和总供给曲线变动的因素主要有哪些？

【难度】2　　　**【考点】**总需求—总供给分析

【答案】（1）总需求是经济社会对产品和劳务的需求总量，通常用产出水平表示。总需求由消费需求、投资需求、政府需求和国外需求构成。总需求曲线是用来表示以国民收入所表示的需求总量和价格水平之间关系的几何图形。根据定义我们可以知道，导致总需求曲线变动的因素应该包括对总需求有冲击和对价格水平有影响的因素，所以主要有：

①预期。对未来的预期将影响总需求。当人们预期未来收入提高时，消费需求会增加。预期利润的提高会扩大企业的投资需求。预期通货膨胀上升会使当前商品的价格变得相对便宜而未来商品的价格变得相对昂贵，从而人们会扩大对当前商品的需求；预期通货膨胀下降则相反。

②财政政策和货币政策的变化。政府通过税收、购买支出、转移支付支出等财政政策手段能直接影响总需求。政府实施货币政策来改变货币供给量，通过影响利率间接调节总需求。无论是扩张性财政政策还是扩张性货币政策，都会使总需求曲

线向右移动；反之，则向左移动。

③世界经济的扰动。它主要从汇率和外国收入两方面影响总需求。汇率上升意味着本国商品的相对价格上升，外国商品的相对价格下降，因而人们会减少对本国商品的购买，增加对外国商品的购买，即净出口减少了，从而总需求减少了；汇率下降则净出口会增加。外国收入的增加会使得对本国商品的购买需求增加，即净出口增加了，从而增加了本国的总需求。

（2）总供给表示经济社会投入的基本资源所提供的总产量（或国民收入）。总供给函数是指总产量与一般价格水平之间的关系，其几何表达就是总供给曲线，因而能影响到投入量和价格水平的因素都会导致总供给曲线变动，主要包括：

①劳动力数量的变化。影响总供给水平的主要因素是就业水平，劳动力数量的增加意味着潜在就业水平的提高，会导致总供给曲线右移。

②资本存量的变化。资本存量的增加也会提高潜在产量水平，导致总供给曲线右移。

③技术条件的变化。劳动生产率的提高和技术进步将直接导致产出能力的提高，导致总供给曲线向右移动。

④气候条件的变化。气候条件恶劣导致的农产品的大面积歉收将冲击总供给，导致总供给曲线左移。

⑤新材料、新能源的发现和使用。新材料、新能源的发现和使用降低了生产成本，会促使总供给增加，使总供给曲线右移。正在使用的原材料、能源减少会导致总供给曲线左移。

9. 在一个三部门经济中，消费函数为 $C=200+0.75Y$，投资函数为 $I=200-25r$，货币需求函数为 $L=Y-100r$，名义货币供给量为 1 000，政府购买为 $G=50$，求该经济的总需求函数。

【难度】 2　　**【考点】** 总需求函数

【答案】 产品市场均衡：$Y=C+I+G=200+0.75Y+200-25r+50$。

化简求解得 IS 方程为：$Y=1\,800-100r$。

货币市场均衡：$\frac{M}{P}=L$。

求解得 LM 曲线方程为：$\frac{1\,000}{P}=Y-100r$。

联立 IS、LM 曲线方程：$\begin{cases} Y=1\,800-100r \\ \frac{1\,000}{P}=Y-100r \end{cases}$。

消去利率 r 解得：$Y=900+\frac{500}{P}$。

即该经济的总需求函数为：$Y=900+\frac{500}{P}$。

10. 决定总需求曲线斜率的主要因素有哪些？

【难度】1 **【考点】**总需求曲线

【答案】决定总需求曲线斜率的主要因素有 LM 曲线的斜率和 IS 曲线的斜率。

在 IS 曲线斜率不变的情况下，LM 曲线越陡峭，则 LM 曲线移动时收入变动越大，从而 AD 曲线越平缓；LM 曲线斜率不变时，IS 曲线越平缓，则 LM 曲线移动时收入变动越大，从而 AD 曲线也越平缓。

11. 根据收入—支出模型推导总需求曲线。

【难度】1 **【考点】**总需求曲线

【答案】总需求曲线表示在满足产品市场的均衡条件和资本市场的均衡条件时，价格和国民收入之间的关系。

根据收入—支出模型推导总需求曲线，如图 15－5 所示，当价格水平为 P_0时，均衡的总支出或收入为 y_0，A 点即为总需求曲线上的一点。

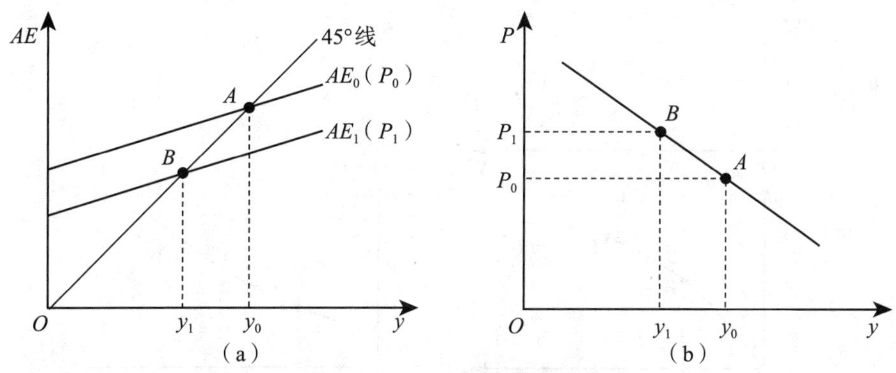

图 15－5 总需求曲线的推导

当价格水平上升到 P_1 时，在构成总支出的其他因素不变的情况下，价格上升导致消费支出和投资支出下降，从而使总支出下降，表现在图 15－5（a）中，就是从 AE_0下降到 AE_1，从而使均衡收入从 y_0 下降到 y_1，于是又得到了图 15－5（b）中的 B 点，B 点就是总需求曲线上的另一点。

连接 A 点和 B 点，以及用同样方法得到的其他各点，可得到总需求曲线。

12. 导致短期总供给曲线（常规）移动的因素有哪些？

【难度】1 **【考点】**总供给曲线

【答案】促使总供给曲线移动的主要因素大致有：

（1）天灾人祸。严重的自然灾害或战争会减少经济中的资本数量，从而使任一数量的劳动能够生产的产量减少了，于是总供给曲线会左移。

（2）技术变化。例如，技术进步会使既定的资源生产出更多的产量，从而使总供给曲线右移。

（3）风险承担意愿的变化。如果经济生活中风险增加，厂商愿意提供的供给数量会减少，从而总供给曲线会左移。

（4）进口商品价格变化。如果进口品价格上升，厂商生产成本会上升，从而使厂商在原有产品价格水平上生产减少，进而使总供给曲线左移。

（5）劳动意愿的变化。如果人们更偏好闲暇，在既定工资水平上劳动供给会减少，从而使总供给曲线左移。

（6）生产要素成本的变化。例如石油等生产要素的成本上升会导致总供给曲线左移，反之则右移。

13. 简要说明在总供给曲线中价格影响经济总产出的机制。

【难度】2　　**【考点】**劳动市场与总供给函数

【答案】按照新凯恩斯主义的观点，工资通常取决于典型企业想要雇用多少劳动量，即取决于劳动需求曲线。其理由是，在大多数劳资关系中，雇用多少工人和工人的工作时间是多少都是由企业决定的。按照这一说明，由于就业取决于市场实际工资条件下的劳动需求，因而就业和总产出就取决于价格水平（见图 15－6）。

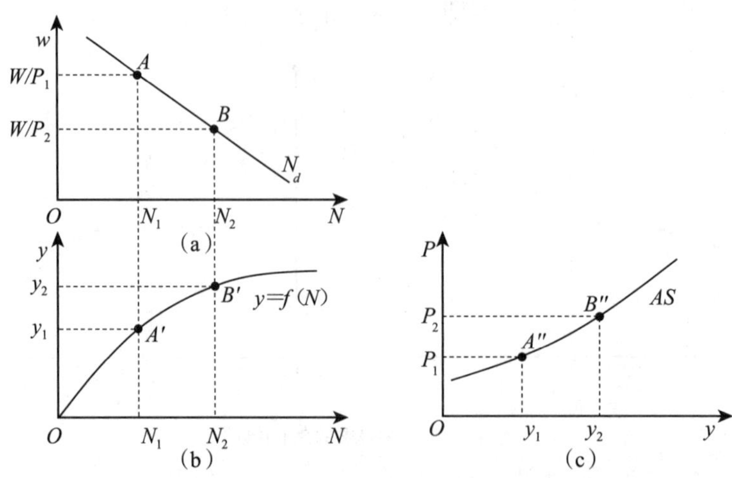

图 15－6　由劳动需求曲线到短期总供给曲线

由于名义工资在短期是固定的，所以，当价格水平变化时，实际工资 $w=W/P$ 也会变化。如果价格水平为 P_1，则就业量就由劳动需求曲线 N_d 决定，此时就业量为 $N=N_1$，对应的总产出为 $y_1=f(N_1)$。如果价格水平提高，即 $P_2>P_1$，这意味着，在名义工资固定的情况下，实际工资降低，即 $W/P_2<W/P_1$。由于实际工资下降，经济中的企业就会提高劳动需求，就会有就业量 $N_2>N_1$。由于生产函数的边际产量大于 0，也就是生产函数是随着劳动量的增加而增加的，所以有 $y_2=f(N_2)>y_1=f(N_1)$。

14. 假定经济的总需求函数为 $P=80-\frac{2}{3}y$，总供给函数为 $y=y_f=60$。

（1）求经济均衡时的价格水平。

（2）如果总需求函数变为 $P=100-\frac{2}{3}y$，价格水平可变，那么经济的价格水平和变动幅度将为多少？

【难度】2　　【考点】总需求—总供给分析

【答案】(1) 由于总供给曲线是垂直线，所以，经济均衡时有 $y=60$。

此时 $P=80-\frac{2}{3}\times60=40$。

(2) 此时，依然有 $y=60$，则价格水平 $P=100-\frac{2}{3}\times60=60$。

价格变动幅度$=(60-40)/40\times100\%=50\%$。

15. 假设一经济的货币数量减少了，用 AD—AS 模型说明：(1) 短期中价格水平与总产出水平的变动情况；(2) 长期中价格水平与总产出水平的变动情况。

【难度】2　　【考点】总需求—总供给分析

【答案】如图 15-7 所示，设初始均衡点为 E_0，此时经济均衡在充分就业水平上，$y=y_f$，E_0 点同时也在长期总供给曲线 $LRAS$ 上。

在短期中，经济的货币供给量减少了，这会导致总需求曲线向左平移，从 AD_0 左移到 AD_1，使得均衡国民收入从 y_f 下降到 y_1，价格水平从 P_0 下降到 P_1，经济均衡在 E_1 点。可见，在短期中，货币数量减少的影响是价格水平下降、总产出下降。

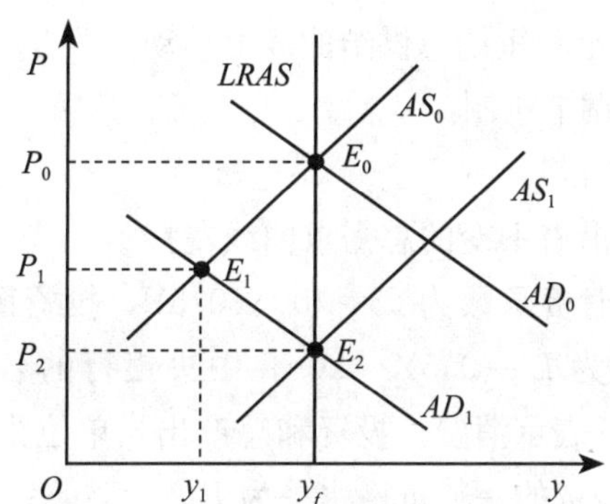

图 15-7　短期和长期价格与产出的变动

在长期中，价格下降导致工资等生产成本下降，这又会使得短期总供给曲线右移，从 AS_0 右移到 AS_1，均衡国民收入又回升到 y_f，均衡价格水平继续下降到 P_2，经济均衡在 E_2 点。可见，在长期中，货币数量减少的影响只有价格水平下降，不会影响总产出的量。

补充训练

1. (名词解释) 实际余额效应 (华中科技大学 2016)

2. (名词解释) 总需求曲线 (上海交通大学 2007)

3. (判断题) 根据 AD—AS 模型，改变总需求的财政政策和货币政策只会在短期影响产出水平，在长期只会影响价格水平。(暨南大学 2017)

4. 假设从第 1 期到第 2 期，名义工资率从每小时 10 元上升到每小时 15 元，预期的价格水平从 1 上升到 3，而真实的价格水平则从 4 上升到 5。据此我们可以判断，在此期间（　　）。（上海财经大学 2016）

A. 名义工资下降　　B. 预期的实际工资率上升

C. 真实的实际工资率上升　　D. 以上均是

5. 技术进步会引起（　　）。（华东师范大学 2015）

A. 短期总供给曲线和长期总供给曲线都向左移动

B. 短期总供给曲线和长期总供给曲线都向右移动

C. 短期总供给曲线向下移动，长期总供给曲线不变

D. 短期总供给曲线向上移动，长期总供给曲线不变

6. 假设某针对企业碳排放的法规出台，在短期之内出现的情况是（　　）。（暨南大学 2013）

A. 总需求曲线向左移动　　B. 总供给曲线向右移动

C. 总供给曲线向上移动　　D. 总需求曲线向下移动

7. 上升的价格水平和下降的实际国民收入是由以下（　　）项引起的。（金融联考 2008）

A. 总需求曲线在给定的短期总供给曲线上移动

B. 通货紧缩的自动调节机制

C. 长期总供给曲线右移

D. 短期总供给曲线沿着不变的总需求曲线左移

8. 假设一个经济的消费函数为 $C=400+0.5Y$，投资函数为 $I=1\ 200-20r$，经济中货币的需求函数为 $L=0.5Y-20r$，中央银行的名义货币供给量为 $M=10\ 000$。其中，C、I、Y 表示消费、投资和总产出，单位为 10 亿元，r 表示利率，按照百分数计量。假设经济的一般价格水平为 P。

（1）推导这个经济的 IS 曲线。

（2）推导这个经济的 LM 曲线。

（3）推导这个经济的总需求函数。（浙江财经大学 2019）

9. 总需求曲线的移动受哪些主要因素的影响？（扬州大学 2018）

10. 总需求曲线是一条向右下方倾斜的曲线。请至少用两种观点说明总需求曲线为什么向右下方倾斜。（南开大学 2014）

11. 引起总需求曲线向左移动的可能因素是什么？（中国海洋大学 2012）

12. 从理论上论述总需求（AD）曲线、短期总供给（SAS）曲线及长期总供给（LAS）曲线的形状和成因。（华东师范大学 2006）

13. 假定经济中的短期生产函数为 $Y=14N-0.04N^2$，劳动需求函数为 $N_d=175-12.5\times(W/P)$。

如果 $N_s=70+5\times(W/P)$，试求当 $P=1$ 和 $P=1.25$ 时的就业量（N）、名义工资（W）和产量（Y）。（苏州大学 2014）

14. 某国经济总量生产函数为 $Y=10\sqrt{L}$，求：

（1）劳动力的需求函数；

（2）用实际工资表示产出；

（3）如果名义工资为 2，价格水平为 1.5，计算产出水平；

（4）按照工资黏性模型，假设名义工资固定在 $W=2$，求总供给方程。（南京大学 2011）

15. 假设一个国家的宏观经济可以表述为下面三个方程：

产品市场均衡（IS 曲线）：$Y=C(Y)+I(Y, r)+G$，其中 $C_Y=\frac{\mathrm{d}C}{\mathrm{d}Y}\in(0, 1)$，$I_Y>0$，$I_r<0$。

货币市场均衡（LM 曲线）：$\frac{M}{P}=L(Y, r)$，其中 $L_Y>0$，$L_r<1$。

短期总供给（AS 曲线）：$P=AY$（$A>0$）。

请回答以下问题：

（1）利用全微分公式［即对于可微函数 $y=f(x_1, x_2)$，有 $\mathrm{d}y=f_1\cdot \mathrm{d}x_1+f_2\cdot \mathrm{d}x_2$，其中 $f_i=\frac{\partial f}{\partial x_i}$］，将三个方程写为 $H\cdot\begin{bmatrix}\mathrm{d}Y\\ \mathrm{d}r\\ \mathrm{d}P\end{bmatrix}=\begin{bmatrix}\mathrm{d}G\\ \mathrm{d}M\\ \mathrm{d}A\end{bmatrix}$ 的形式，其中 H 为 3×3 阶矩阵。

（2）证明当 $\frac{1-C_Y-I_Y}{I_r}<-\frac{L_Y}{L_r}$ 时，行列式 $|H|<0$，参照 IS—LM 曲线的斜率，说明这一条件的经济学含义。利用克莱姆法则，分析 $\frac{\mathrm{d}Y}{\mathrm{d}G}$、$\frac{\mathrm{d}Y}{\mathrm{d}M}$ 和 $\frac{\mathrm{d}Y}{\mathrm{d}A}$ 的正负号，并说明其经济学含义。（复旦大学 2007）

16. 解释在古典 AD—AS 模型中，存在“货币中性”的性质。（浙江财经大学 2008）

17. 试分析总供给曲线在短期、中期、长期内形状有何不同。（南京大学 2016）

18. 总供给曲线有哪些类型？请分别说明。（中南财经政法大学 2011）

19. 结合 AD—AS 模型简要回答货币中性重要性的典型环境。（中山大学 2015）

20. 试推导总供给曲线。（华东师范大学 2018）

21. 说明凯恩斯简单模型、IS—LM 模型、AD—AS 模型之间的内在联系。（中南财经政法大学 2013）

22. 在不同的供给曲线下，总需求变动是如何影响国民收入和价格的？（广西大学 2013）

23. 2012 年中秋、国庆节期间高速公路免费通行。请基于 IS—LM 模型或 AD—AS 模型分析该政策对中国宏观经济的短期影响和长期影响。（中山大学 2013）

24. 总需求 $Y=700+0.5\times(M/P)$，总供给 $Y=600\times(P-P^e)+1\ 000$，$P^e$ 是预期价格水平。假设初始均衡 $P=P^e$。货币供给 M 由 600 增加到 720，已经被预期到，均衡价格和产量会如何变化？（南京大学 2016）

25. 结合 AD—AS 模型分析：

（1）供给冲击对均衡产出和价格水平的影响；

（2）供给冲击下适应性总需求管理和自动调整机制的效果；

（3）当工资指数化时，上述政策和机制的效果；

（4）供给学派经济学的政策主张和实施效果。（中山大学 2015）

26. 在凯恩斯的总需求—总供给模型中（AS 是具有正斜率特征的曲线），假设经济初始时处于充分就业的均衡状态，请画图说明以下问题：

（1）在其他条件不变的情况下，原材料的单位实际成本增加，均衡产出和价格水平将发生怎样的变化？

（2）其他条件不变，如果名义工资具有刚性特征，（1）中的非均衡会怎样调整？若当前价格高于原来的均衡价格，工人能够要求更高的名义工资吗？

（3）什么样的政策可以用来修正（1）中的不均衡？（暨南大学 2013）

27. 总需求曲线右移的原因有哪些？运用 AD—AS 模型说明总需求曲线右移的情况。（武汉大学 2011）

28. 假定央行把货币供给减少 10%。

（1）利用 AD—AS 模型和货币数量方程，画图分析并解释总需求曲线会怎样移动。短期和长期中失业会发生什么变动？

（2）短期和长期中实际利率会发生什么变动？（西南财经大学 2015）

参考答案

1. **【难度】**1　　**【考点】**总需求函数

【答案】实际余额效应是指由于价格水平上升，人们所持有的货币及其他以货币衡量的具有固定价值的资产的实际价值降低，人们变得相对贫穷，于是人们的消费水平就相应地下降的现象。由实际余额效应可以看到社会的需求总量和价格水平之间具有反方向的关系。实际余额效应首先是由英国经济学家 A. C. 庇古于 1943 年提出的，最初被称作庇古效应。在 20 世纪五六十年代由帕廷金加以发展，而后，实际余额效应成为由弗里德曼发展起来的现代货币数量论的组成部分。

2. **【难度】**1　　**【考点】**总需求曲线

【答案】总需求是指整个经济社会在每一个价格水平下对产品和劳务的需求总量，它由消费需求、投资需求、政府需求和国外需求构成。总需求函数表示产品市场和货币市场同时达到均衡时的价格水平与国民收入之间的依存关系，描述这一函数的曲线被称为总需求曲线。如图 15－8 所示，在以价格为纵轴、以产出为横轴的坐标中，总需求曲线向右下方倾斜。

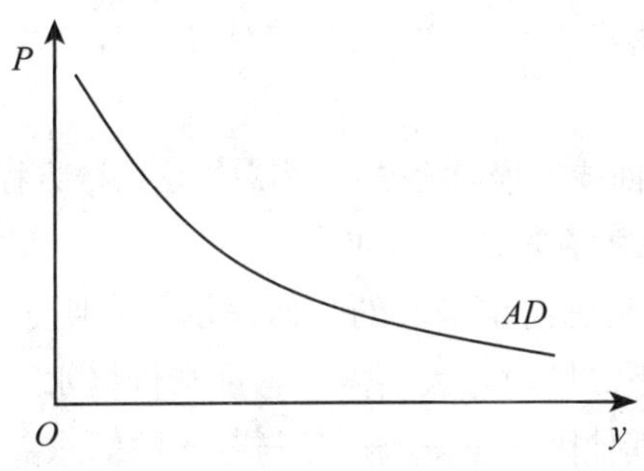

图 15-8 总需求曲线

总需求曲线向右下方倾斜有以下这些原因：(1) 利率效应。价格水平变动引起利率同方向变动，进而使投资和产出水平反方向变动的情况。(2) 实际余额效应。价格水平上升使人们持有的货币及其他以货币衡量的具有固定价值的资产的实际价值降低，人们会变得相对贫穷，于是人们的消费水平就相应地降低。(3) 蒙代尔-弗莱明的汇率效应。价格变动导致本币升值或贬值，引起汇率变化，从而影响净出口。

3.【难度】1　　【考点】总需求—总供给分析

【答案】正确。在长期内货币是中性的，不会影响实际产出。

4.【难度】2　　【考点】劳动市场与总供给函数

【答案】C。名义工资率 w 从 10 变为 15，预期的价格水平 P^e 从 1 变为 3，那么预期的实际工资率 $\frac{w}{P^e}$ 就从 $\frac{10}{1}=10$ 变为 $\frac{15}{3}=5$，同时真实的实际工资率从 $\frac{10}{4}=2.5$ 变为 $\frac{15}{5}=3$，即真实的实际工资率是上升的。

5.【难度】1　　【考点】总供给曲线

【答案】B。技术、资本、劳动都属于影响供给曲线移动的外生变量，这些变量的变化均会导致供给曲线相应的移动，无论是在长期还是在短期。

6.【难度】1　　【考点】总供给曲线

【答案】C。针对企业碳排放的法规出台会增加企业的生产成本，在其他条件不变的情况下，总供给将减少，总供给曲线向上移动。该法规的出台对总需求曲线没有影响。

7.【难度】2　　【考点】总需求—总供给分析

【答案】D。画 $AD—AS$ 模型的草图即可获得正确答案。上升的价格水平和下降的实际国民收入也就是通常所说的滞胀，滞胀往往是由供给冲击引起的，即短期供给曲线向左上方移动导致的。

8.【难度】1　　【考点】总需求函数

【答案】(1) 产品市场均衡时有 $Y=C+I=400+0.5Y+1\,200-20r$，整理得

IS 曲线方程为 $Y=3\ 200-40r$。

（2）货币市场均衡时有 $L=0.5Y-20r=M/P=10\ 000/P$，整理得 LM 曲线方程为 $Y=20\ 000/P+40r$。

（3）联立 IS 和 LM 曲线方程，消去 r，得总需求函数方程：$Y=1\ 600+10\ 000/P$。

9.**【难度】**1　　**【考点】**总需求曲线

【答案】总需求曲线是总需求函数的几何表示，表明了价格水平与需求总量的关系。总需求曲线向右下方倾斜，表明需求总量与价格水平反方向变化。但是，在价格水平既定时，许多其他因素也影响产品与劳务的需求总量。当这些因素的一种发生变动时，在每一种价格下的产品与劳务的需求量都变动了，就会引起总需求曲线的移动。

（1）在价格水平既定时，任何使消费者支出增加的事件（如减税、股市高涨）都使总需求曲线向右移动。在价格水平既定时，任何使消费者支出减少的事件（如增税、股市低迷）都使总需求曲线向左移动。

（2）在价格水平既定时，任何使企业投资增加的事件（如对未来的乐观，或由于货币当局增加货币供给引起的利率下降）都使总需求曲线向右移动。在价格水平既定时，任何使企业投资减少的事件（如对未来的悲观，或由于货币当局减少货币供给引起的利率上升）都使总需求曲线向左移动。

（3）政府购买增加（如增加国防或高速公路建设支出）使总需求曲线向右移动。政府购买减少（如削减国防或高速公路建设支出）使总需求曲线向左移动。

（4）在价格水平既定时，任何增加净出口的事件（如国外经济繁荣、引起汇率下降的投机）都使总需求曲线向右移动。在价格水平既定时，任何减少净出口的事件（如国外经济衰退、引起汇率上升的投机）都使总需求曲线向左移动。

总结下来，无论是扩张性财政政策还是扩张性货币政策，都会使总需求曲线向右移动，无论是紧缩性财政政策还是紧缩性货币政策，都会使总需求曲线向左移动。

10.**【难度】**2　　**【考点】**总需求函数；总需求曲线

【答案】总需求曲线是描述价格水平与国民收入之间关系的曲线。总需求曲线向右下方倾斜的原因可以从以下分析得出：

（1）从总需求曲线的推导过程说明。

已知给定一个货币供给，价格水平上升会使 LM 曲线向左移动。因为在任何一个既定的货币供给 M 下，价格水平 P 上升都会导致实际货币余额供给 M/P 下降，从而使 LM 曲线向左移动。在 IS—LM 模型中当价格水平从 P_1 增加到 P_2 时，LM 曲线向左移动，这就使均衡利率上升和均衡收入下降（从 y_1 下降到 y_2），如图 15-9 所示。总需求曲线总结了国民收入和价格水平之间的这种负相关关系，因此总需求曲线向右下方倾斜。

随着 P 的变化，IS 曲线和 LM 曲线可以有许多交点，每一个交点都标志着一组特定的 y 和 r，于是就有许多对 P 和 y 的组合，从而构成图 15-9（b）中的一系列点。把这些点连在一起，便得到总需求曲线。从以上关于总需求曲线的推导中可

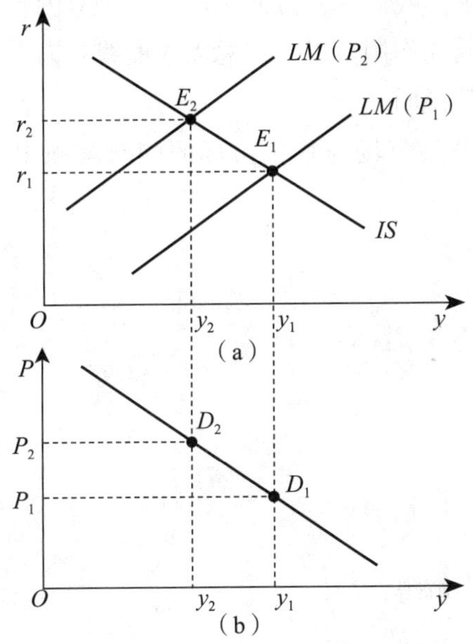

图 15－9　总需求曲线的推导

看到，总需求曲线表示社会需求总量和价格水平之间相反方向的关系，即总需求曲线是向右下方倾斜的。

（2）从价格对消费、投资及进出口的影响说明。

①财富效应。价格水平的下降提高了经济中货币的真实价值，并使消费者感觉更富有，这又鼓励他们更多地支出，消费者支出增加意味着产品与劳务的需求量更大。相反，价格水平的上升降低了货币的真实价值，并使消费者感觉变穷了，这又减少了消费者支出以及产品与劳务的需求量。价格水平对消费影响的效应被称为财富效应。根据财富效应，价格与消费反方向变动，而消费又是总需求的重要组成部分，故总需求与价格是反方向变动的。

②利率效应。价格水平越低，人们为了购买他们想要的产品与劳务需要持有的货币量就越少，根据货币市场的理论，货币需求量下降会使利率下降，进一步地，利率的下降会鼓励企业增加投资，进而使总需求增加。反之，价格水平高则增加了货币需求，使利率上升，进而抑制了投资支出，降低了经济的总需求。价格水平对投资影响的效应被称为利率效应。根据利率效应，价格与投资反方向变动，而投资又是总需求的一个组成部分，故总需求与价格是反方向变动的。

③国际替代效应。当一国价格水平上升时，在其他国家生产的产品就会变得相对便宜，本国居民就会用外国产品来替代本国产品，增加对进口品的需求；而外国居民则会用本国产品替代外国产品，减少对出口品的需求，因此，净出口需求量减少，从而商品需求总量会减少。因此，总价格水平上升，人们会用进口替代出口，从而减少对国内商品的需求量；而总价格水平下降，人们则会用出口替代进口，从而增加对国内商品的需求量。这就是国际替代效应。当一个经济对外开放时，国际

替代效应就构成了总需求曲线向右下方倾斜的另一个原因。

由以上这些因素的共同作用可以得出总需求曲线是向右下方倾斜的。

（3）通过总需求函数说明。

总需求函数可以从产品市场与货币市场的同时均衡中得到（以两部门经济为例）：

IS 曲线方程为：

$$y=\frac{\alpha+e-dr}{1-\beta}\quad(\alpha,\ \beta,\ d,\ e>0) \qquad ①$$

LM 曲线方程为：

$$\frac{M}{P}=L_1(y)+L_2(r)=ky-hr \qquad ②$$

把式①和式②联立求解得：

$$\frac{M}{P}=\frac{kd+h-h\beta}{d}y-\frac{h(\alpha+e)}{d}$$

整理得：

$$y=\frac{Md}{kd+h-h\beta}\cdot\frac{1}{P}+\frac{h(\alpha+e)}{kd+h-h\beta}$$

对 y 关于 P 求偏导数并整理得：

$$\frac{\mathrm{d}y}{\mathrm{d}P}=-\frac{Md}{kd+h(1-\beta)}\cdot\frac{1}{P^2}$$

因为 M、d、k、$h>0$，$\beta<1$，所以$\frac{\mathrm{d}y}{\mathrm{d}P}<0$。

可见，总需求函数的斜率为负数，即总需求曲线是向右下方倾斜的。

【提示】这是考博试题，但不涉及高级宏观的知识，考研学生一样可以解答。

11. **【难度】**1　　**【考点】**总需求曲线

【答案】总需求曲线是一条向右下方倾斜的曲线，它反映产品市场和货币市场同时达到均衡时，价格水平 P 和国民收入（产量）水平 Y 之间的一一对应关系。总需求曲线向右下方倾斜表示均衡国民收入与一般价格水平呈反方向变动关系。引起总需求曲线左移的可能因素有：

（1）消费支出减少。在价格水平既定时，使消费者支出减少的事件（如增税、股市下跌）都使总需求曲线向左移动。

（2）投资支出减少。在价格水平既定时，使企业投资减少的事件（如对未来的悲观、由于货币供给减少引起利率上升）都使总需求曲线向左移动。

（3）政府购买减少。政府对产品和劳务购买的减少使总需求曲线向左移动。

（4）净出口减少。在价格水平既定时减少净出口的事件（如国外经济出现衰退、本币升值）都使总需求曲线向左移动。

（5）货币供给减少。中央银行通过公开市场业务减少货币供给，在货币需求不变的情况下，利率上升，使消费支出和投资支出减少，总需求减少。

12. **【难度】** 2　　**【考点】** 总需求曲线；劳动市场与总供给函数

【答案】（1）AD 曲线的形状和成因。

总需求函数是用来表示以国民收入所表示的需求总量和价格水平之间关系的函数，它的几何表示就是总需求曲线。从总需求函数可知，价格水平和总需求之间呈反向关系，因而总需求曲线的斜率应为负，曲线向右下方倾斜。原因在于：

①利率效应：价格水平变动引起利率同方向变动，进而使投资和产出水平反方向变动的情况。

作用机制：$P\uparrow \rightarrow M/P$（实际货币供给）$\downarrow \rightarrow$ 货币需求相对过量 $\rightarrow r\uparrow \rightarrow I\downarrow \rightarrow Y\downarrow$。

②实际余额效应：价格水平上升，使人们持有的货币及其他以货币衡量的具有固定价值的资产的实际价值降低，人们会变得相对贫穷，于是人们的消费水平就相应地下降。

③税收效应：价格水平上升，人们的名义收入增加，使人们进入更高的纳税档次，从而使人们的税负增加，可支配收入下降，进而使人们的消费水平下降。

④蒙代尔-弗莱明的汇率效应：价格变动导致本币升值或贬值，引起汇率变化，从而影响净出口。

因而，价格水平越高，需求总量越小；价格水平越低，需求总量越大。总需求曲线向右下方倾斜。

（2）短期总供给曲线的形状和成因。

总供给函数是指总产量与一般价格水平之间的关系。总供给函数的几何表示就是总供给曲线。当资本存量一定时，总供给水平由经济的总就业水平决定，国民收入水平随就业量的增加而增加。而总就业水平则由劳动市场的均衡决定。因而，总供给函数是根据宏观生产函数和劳动市场的均衡推导而得到的。

短期总供给曲线的成因如下：

①资本设备闲置假说。

这是凯恩斯提出的，他认为在经济社会处在大量资本设备闲置的情况下，投资品的价格不会因生产的扩大而上涨，劳动投入量和就业的增加也不会带来边际产量的递减，因而这时与劳动投入量相配合的资本设备可以同比例增加。就是说随着产出的增加，产品的生产成本保持不变，从而价格保持不变。此时供给曲线是一条从一个不变价格出发的水平线。

②工资刚性假说。

由于行业工会的力量很强大，降低工资会遭到工人的反对而难以实施，因而货币工资呈现出只能提高不能下降的特征，这就是所谓的工资刚性。在工资刚性的条件下，价格上升，货币工资可以相应上升。但在价格下降时，货币工资却不下降，这意味着实际工资的提高，企业减少对劳动的需求，从而就业总量下降，总供给降低。此时总供给曲线是一条向右上方倾斜的曲线。

③工资黏性假说。

工资黏性假说是指工资水平较稳定，其变化很缓慢。这产生的原因是长期劳动工资合同的存在。在这种情况下价格水平的上升降低了实际工资，就业量随之增加，产出上升。

④货币幻觉假说。

货币幻觉源于劳动市场上的信息不对称。当物价上涨时，劳动市场上的货币工资也会上涨。但由于工人掌握的信息不充分，会以为自己的实际工资提高了，因而会增加劳动的供给。而企业了解到货币工资的上升低于物价水平的上涨，即实际工资下降了，企业会增加劳动的需求，因而就业量就会增加，产出就会增加，即供给曲线会向右上方倾斜。

（3）长期总供给曲线的形状和成因。

在完全竞争的劳动市场中，货币工资（W）和价格水平（P）可以迅速或自动调节，劳动市场得以出清，使经济的就业总能维持在充分就业状态；即使在短期不能迅速调整，但从长期来看，W 和 P 也具有充分的时间来进行调整。因此，在 W 和 P 可以灵活变动而其他因素不变的情况下，经济的产量总能保持在充分就业的产量或潜在产量水平上，不受价格的影响。因此，在以价格为纵坐标、以总产量为横坐标的坐标系中，长期总供给曲线是一条位于充分就业产量水平的垂直线。

13.【难度】1　　【考点】劳动市场与总供给函数

【答案】当 $P=1$ 时，

$$N_s=70+5\times(W/1)=N_d=175-12.5\times(W/1)$$

解得：$W=6$，$N_s=N_d=70+5\times 6/1=100$，$Y=14\times 100-0.04\times 100^2=1\,000$。

当 $P=1.25$ 时，

$$N_s=70+5\times(W/1.25)=N_d=175-12.5\times(W/1.25)$$

解得：$W=7.5$，$N_s=N_d=70+5\times 7.5/1.25=100$，$Y=14\times 100-0.04\times 100^2=1\,000$。

14.【难度】2　　【考点】劳动市场与总供给函数

【答案】（1）生产函数 $Y=10\sqrt{L}$ 对 L 求一阶导数得到劳动的边际产量：$MP_L=\mathrm{d}Y/\mathrm{d}L=5/\sqrt{L}$，由 $MPL=W/P$ 得 $W/P=5/\sqrt{L}$，解得劳动力的需求函数为 $L=\dfrac{25}{(W/P)^2}$。

（2）产出 $Y=10\sqrt{L}=10\times\left[\frac{25}{(W/P)^2}\right]^{1/2}=\frac{50}{W/P}$。

（3）把 $W=2$、$P=1.5$ 代入 $Y=\frac{50}{W/P}$ 得产出水平 $Y=\frac{50}{2/1.5}=37.5$。

（4）将 $W=2$ 代入 $Y=\frac{50}{W/P}$ 得总供给方程 $Y=\frac{50}{2/P}=25P$。

15. **【难度】**3　　**【考点】**劳动市场与总供给函数

【答案】（1）*IS* 曲线方程的微分形式为：

$$dY=C_Y\times dY+I_Y dY+I_r dr+dG$$

LM 曲线方程的微分形式为：

$$\frac{dM\times P-M\times dP}{P^2}=L_Y\times dY+L_r\times dr$$

短期总供给曲线的微分形式为：

$$dP=dA\times Y+A\times dY$$

上述三个线性方程的矩阵形式为：

$$\begin{bmatrix}1-C_Y-I_Y & -I_r & 0\\ PL_Y & PL_r & L\\ -\frac{A}{Y} & 0 & \frac{1}{Y}\end{bmatrix}\begin{bmatrix}dY\\ dr\\ dP\end{bmatrix}=\begin{bmatrix}dG\\ dM\\ dA\end{bmatrix}$$

（2）行列式展开可以得到：

$$|H|=-\frac{A}{Y}(-LI_r)+\frac{1}{Y}[(1-C_Y-I_Y)PL_r+PL_YI_r]$$

做一个变形，可以得到：

$$Y|H|=LAI_r+P[(1-C_Y-I_Y)L_r+L_YI_r]$$

因为 $I_r<0$，所以前一项小于零；当 $\frac{1-C_Y-I_Y}{I_r}<-\frac{L_Y}{L_r}$ 时，后一项也小于零。所以 $|H|<0$。

IS 曲线的斜率为：$K_{IS}=\frac{I_r}{1-C_Y-I_Y}$；*LM* 曲线的斜率为：$K_{LM}=-\frac{L_Y}{L_r}$。因此，上述条件可以表示为：

$$K_{LM}\times K_{IS}<1$$

根据克莱姆法则有：

$$dY=\frac{PL_r dG+I_r dM-LYI_r dA}{Y|H|}$$

所以有：

$$\frac{\mathrm{d}Y}{\mathrm{d}G}=\frac{PL_r}{Y|H|};\ \frac{\mathrm{d}Y}{\mathrm{d}M}=\frac{I_r}{Y|H|};\ \frac{\mathrm{d}Y}{\mathrm{d}A}=\frac{-LYI_r}{Y|H|}$$

因为$|H|<0$，$I_r<0$，所以$\frac{\mathrm{d}Y}{\mathrm{d}G}>0$，即政府购买支出增加，国民收入增加。

因为$|H|<0$，$I_r<0$，所以$\frac{\mathrm{d}Y}{\mathrm{d}M}>0$，$\frac{\mathrm{d}Y}{\mathrm{d}A}<0$，即政府增加货币供给，国民收入增加；短期供给曲线斜率越大，国民收入越小。

16.【**难度**】2　　【**考点**】总供给曲线

【**答案**】“货币中性”即货币量的变化只会导致价格、工资等名义变量的变化，而实际变量（产量、就业）不会发生变化。古典总供求模型中之所以存在“货币中性”的性质，是因为按照古典理论，货币工资和价格水平具有完全的灵活性。或者说，当价格水平变动时，实际工资会做出相应的调整。因此，劳动市场的均衡供求量会始终保持在充分就业水平不变，国民收入水平不会随着价格水平的上升而提高，实际产出水平主要由充分就业产出水平决定，总供给曲线是一条位于经济的潜在产量或充分就业水平上的垂直线。

17.【**难度**】1　　【**考点**】总供给曲线

【**答案**】总供给曲线（*AS* 曲线）描述了整体企业对产品与服务的供给量与一般价格水平之间的关系。由于在不同时间范围内价格的灵活程度不同，因此不同时间框架所对应的总供给曲线的特征也有所区别，如图 15－10 所示。

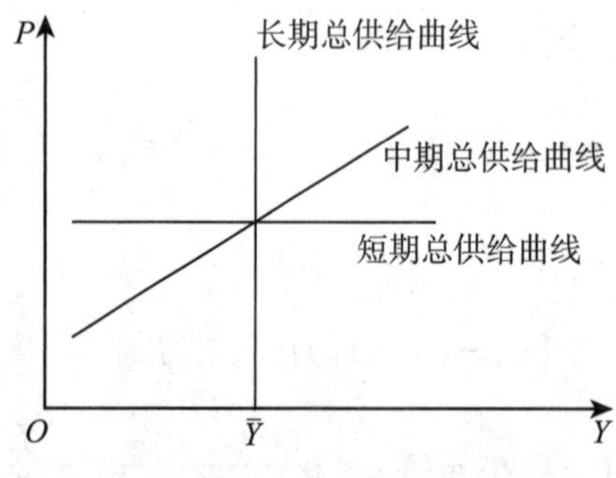

图 15－10　总供给曲线

（1）短期总供给曲线。

在短期内，工资和物价是刚性的，表现在总供给曲线上，就是厂商在现有价格水平上愿意供给所需要的任何数量商品。其含义或基本思想是，由于存在失业，厂商可以在现有价格水平上获得它们所需数量的劳动，因此，它们的平均生产成本被假定为不随产出水平而变化。于是，它们愿意按现行价格水平提供为满足需求所要求的数量。所以，短期总供给曲线是水平的。

（2）中期总供给曲线。

在中期内，工资和物价不像短期那样是刚性的，但由于菜单成本以及合同的长期性等原因，它们也不是完全弹性的，而是黏性的，因此，当物价上升时，企业的工资不会立即同比例上升，而是由于黏性而上升得比较慢，这就导致企业有更多利润，从而促进企业增加产出。所以，在中期，总供给曲线是向右上方倾斜的，随着价格水平的上涨，对产品与服务的总供给会增加。

（3）长期总供给曲线。

在长期内，工资和物价是弹性的，社会总供给由经济中的资本、劳动以及技术等实际因素决定，一般价格水平（P）并不会对总供给产生影响。对应的长期总供给曲线（LAS）是一条位于充分就业产出水平的垂直线。

【提示】（1）一般认为，完全水平的 AS 曲线只在极短期内存在，但本题把 AS 曲线分为短期、中期、长期三类，命题人的意图显然是要求画出如图 15－10 所示的三条线。

（2）有些分析可能把短期内的 AS 曲线画成完全水平的，这是因为假设 AS 曲线水平或者向右上方倾斜完全不影响分析结果。

18.**【难度】**1　　　**【考点】**总供给曲线

【答案】不同的宏观经济学家对货币工资（W）和价格水平（P）调整速度的看法存在分歧，并且不同的理解推导出了不同的总供给曲线。总供给曲线主要有三类：

（1）古典总供给曲线。古典总供给理论认为，在长期内，价格和货币工资都具有伸缩性，可以灵活调整。在不同的价格水平下，当劳动市场存在超额需求或超额供给时，货币工资就会进行调整，从而实际工资发生调整，使得劳动市场达到均衡的水平。换句话说，在长期中，经济的就业水平或产量并不随着价格水平的变动而变动，而始终处在充分就业的状态，经济的产量水平也将位于潜在产量或充分就业的水平，不受价格变动的影响。因此，古典学派认为，总供给曲线是一条位于经济的潜在产量或充分就业产量水平上的垂直线，如图 15－11（a）所示。

（2）凯恩斯总供给曲线。凯恩斯的总供给理论认为，在短期内，一些价格是黏性的，从而不能根据需求的变动而调整。由于工资和价格黏性，短期总供给曲线不是垂直的，而是一条水平线。如图 15－11（b）所示，这一总供给曲线的意思是，在达到充分就业水平之前，经济社会能按现有价格水平提供所需的任何数量的产量或国民收入（如 y_0）。不过，该图也表明，在达到充分就业水平之后，社会已经没有多余的生产能力，从而增加的需求不会增加产量，只会引起价格的上升。

（3）常规总供给曲线。一些经济学家认为，古典的和凯恩斯的总供给曲线分别代表着劳动市场的两种极端的说法。但在现实中，工资和价格的调整经常介于两者之间，在这种情况下，总供给曲线是向右上方倾斜的曲线，如图 15－11（c）所示。

19.**【难度】**1　　　**【考点】**总供给曲线

【答案】货币中性即货币的名义变量不影响经济的实际变量。在长期内，总供

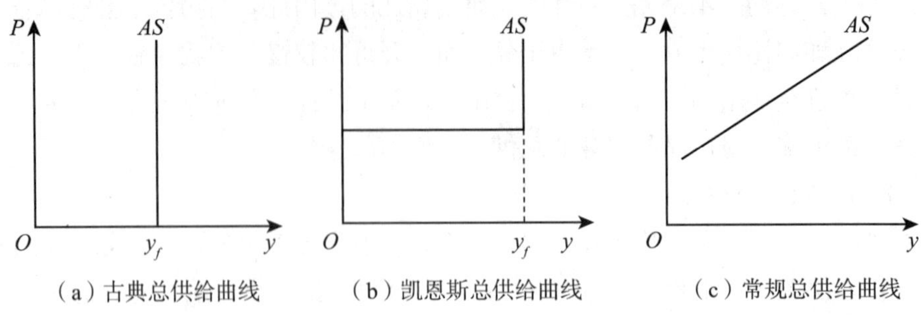

（a）古典总供给曲线　　（b）凯恩斯总供给曲线　　（c）常规总供给曲线

图 15－11　三类总供给曲线

给由资本、劳动和技术等因素决定，与货币发行量无关，所以在长期内货币表现为中性。但在短期内，货币发行往往可以增加需求，导致价格上升，总供给量增加。可见，货币中性的典型环境是对于经济发展的长期而言的。

如图 15－12 所示，初始经济可用 AD_1 和 AS_1 描述，此时经济处于均衡之中，价格水平为 P_1，产出为 y_1，同时，E_1 也处于长期供给曲线 LAS 上，意味着 y_1 等于充分就业产出 y_f。

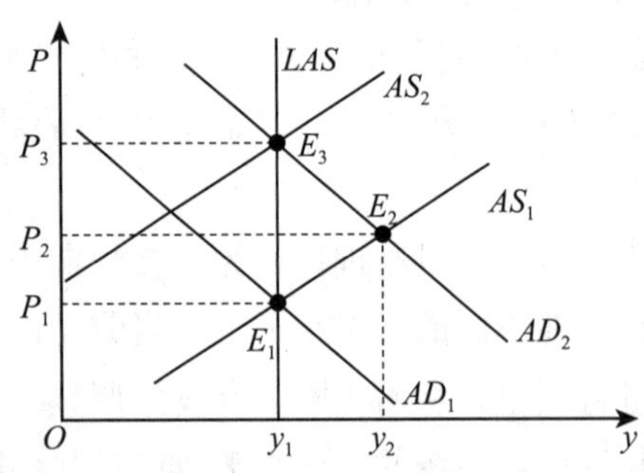

图 15－12　长期内货币中性

假设货币供给增加，短期总需求曲线向右移动，由 AD_1 移动到 AD_2，在短期内，供给曲线保持为 AS_1 不变，总需求增加使得物价水平从 P_1 上升到 P_2，产出也从 y_1 增加到 y_2。新的均衡点为 E_2。

随着时间的推移，工人逐渐感觉到物价水平上升，他们就开始要求更高的名义工资，劳动成本上升使得企业减少雇用工人，并在任何既定的物价水平下减少生产。这使得短期总供给曲线左移，从图中的 AS_1 向左移动到 AS_2。这种移动使得经济均衡点从 E_2 移动到 E_3，价格水平继续上升到 P_3，产出又减少了，恢复到最初的 y_1。经济又恢复到长期总供给曲线上。

除了价格变动之外，经济的实际产出没有发生变化，由此可知，在长期内，货币是中性的。

【提示】 如图 15－13 所示，如果认为货币供给增加后，均衡点从 E_1 移动到 E'，再从 E' 移动到 E_3，这是不合适的，因为我们一般认为短期 AS 曲线也不是完全水平的（只有在极短期才会如此，但在极短期内 AD 曲线也不会移动太多）。按照黏性价格模型，短期 AS 曲线是向右上方倾斜的。或者换个角度解释，总供给曲线和菲利普斯曲线是描述同一现象的不同方式。如果短期总供给曲线是水平的，那么短期菲利普斯曲线也是水平的，但事实上，我们没有见到哪个学者把短期菲利普斯曲线描绘成水平线。

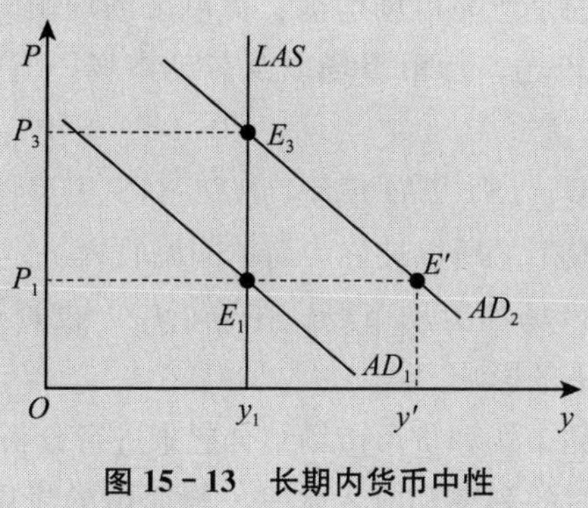

图 15-13　长期内货币中性

20.【**难度**】2　　　【**考点**】总供给曲线

【**答案**】假设经济中有两类企业：一类企业的价格是黏性的，此类企业占比为 b（$0<b<1$）；另一类企业的价格是弹性的，此类企业占比为 $1-b$。

弹性价格企业的合意定价 $p=P+a(y-y_f)$，其中，P 表示总价格水平，y 表示实际收入，y_f 表示充分就业收入，a 为系数。

黏性价格企业的定价 $p=P^e+a(y^e-y_f)$，其中，上标 e 代表对应变量的预期值，为简便起见，假设这类企业预期产出处于自然水平，因此 $p=P^e$。

此时，经济总体价格水平 $P=bP^e+(1-b)[P+a(y-y_f)]$

整理得：

$$y=y_f+\frac{b}{a(1-b)}(P-P^e)=y_f+\lambda(P-P^e)$$

其中，$\lambda=\frac{b}{a(1-b)}$，这就是常规总供给曲线方程，如图 15-14 所示。

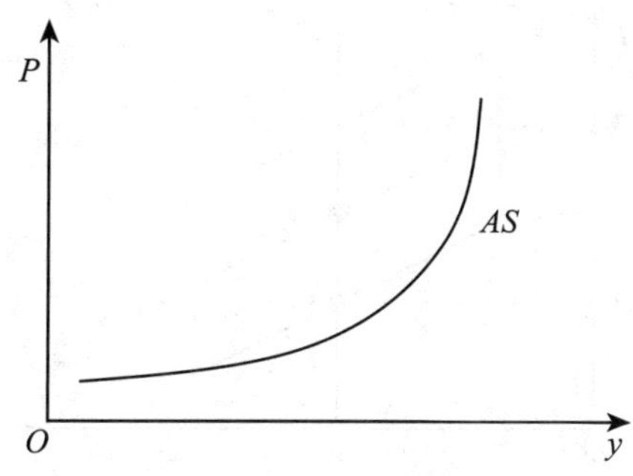

图 15-14　总供给曲线

常规总供给曲线方程表达了实际价格水平与实际产出的正相关关系，当实际价格超出自然水平时，实际产出会超出充分就业产出，反之，当实际价格低于自然水平时，实际产出会低于充分就业产出。

21. **【难度】** 1　　**【考点】** 总需求—总供给分析

【答案】 凯恩斯简单模型仅包括产品市场，研究市场达到均衡时国民收入的决定。*IS*—*LM* 模型考察的是产品市场均衡、货币市场均衡时的收入与利率的决定。*AD*—*AS* 模型包括产品市场、货币市场以及劳动市场，研究价格、收入和利率的同时决定。

（1）凯恩斯简单模型、*IS*—*LM* 模型、*AD*—*AS* 模型各自的基本特征。

简单的凯恩斯支出模型之所以被称为简单国民收入决定理论，是因为仅考虑到产品市场，不涉及货币市场和劳动市场。在分析中，投资被作为外生变量进行分析，不受利率和收入水平的影响。

IS—*LM* 模型将产品市场和货币市场结合起来进行分析，用来确定产品市场和货币市场同时达到均衡时的利率和收入水平。与简单的凯恩斯支出模型不同的是，在 *IS*—*LM* 模型中投资是一个内生变量，受利率和收入水平的影响。

IS—*LM* 模型和简单的凯恩斯支出模型都属于短期分析，在分析过程中都假定价格不变，即认为价格是刚性的。而 *AD*—*AS* 模型属于中期分析，该模型取消了价格水平固定不变的假定，着重说明产量和价格水平的关系。另外，*AD*—*AS* 模型将产品市场、货币市场和劳动市场结合起来，分析的是三个市场同时达到均衡时产量和价格水平的关系。

（2）三个模型之间的内在联系。

利用简单的凯恩斯支出模型可以推导出 *IS* 曲线，如果再把货币市场均衡纳入考察范围，就拓展为 *IS*—*LM* 模型。利用不同价格水平下的 *IS*—*LM* 模型可以推导出 *AD* 曲线，如果再把劳动市场纳入考察范围，就拓展为 *AD*—*AS* 模型。

22. **【难度】** 1　　**【考点】** 总需求—总供给分析

【答案】 总需求变动对国民收入和价格水平的影响取决于总供给曲线的形状。

（1）总供给曲线为古典总供给曲线。

当总供给曲线为古典总供给曲线时，总供给曲线为一条垂直线。如图 15－15

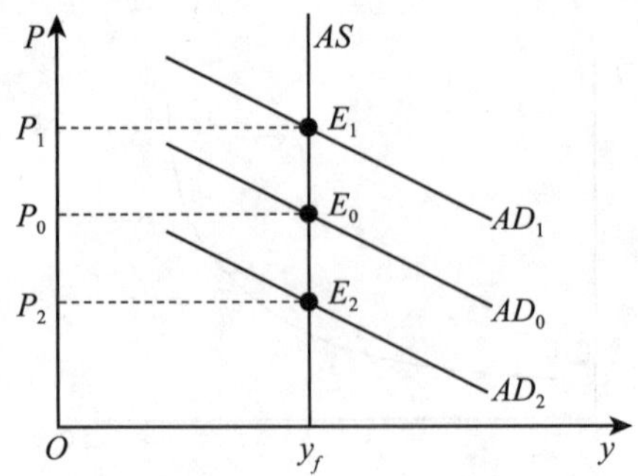

图 15－15　总需求变动的影响（1）

所示，当总需求增加、总需求曲线向右移动时，价格上升，收入水平不变；当总需求减少、总需求曲线向左移动时，价格下降，收入水平不变。

（2）总供给曲线为凯恩斯总供给曲线。

当总供给曲线为凯恩斯总供给曲线时，总供给曲线是一条水平线。如图 15－16 所示，当总需求增加、总需求曲线向右移动时，价格不变，收入水平提高；当总需求减少、总需求曲线向左移动时，价格不变，收入水平下降。

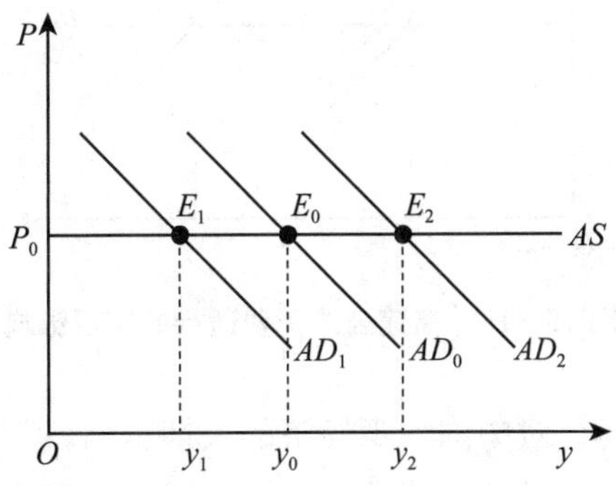

图 15－16　总需求变动的影响（2）

（3）总供给曲线为常规总供给曲线。

当总供给曲线为常规总供给曲线时，总供给曲线为一条向右上方延伸的曲线。如图 15－17 所示，当总需求增加、总需求曲线向右移动时，价格上升，收入水平提高；当总需求减少、总需求曲线向左移动时，价格下降，收入水平下降。

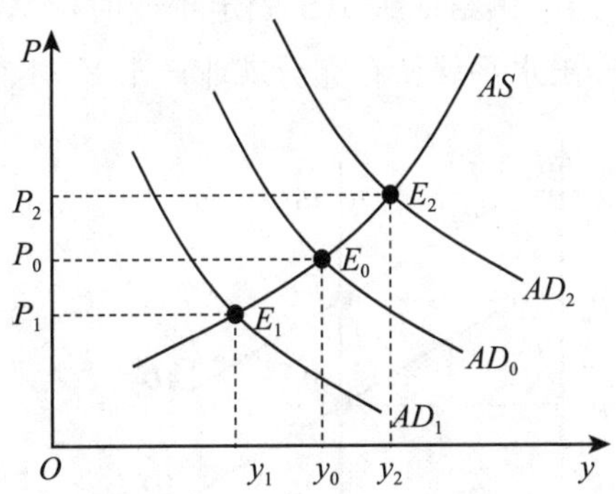

图 15－17　总需求变动的影响（3）

23.**【难度】**2　　　**【考点】**总需求—总供给分析

【答案】2012 年我国经济增速放缓，为刺激经济，中秋、国庆节期间高速公路免费通行，这会减少居民出行旅游的通行成本，从而使我国的旅游需求增加，该政策对中国宏观经济的影响在长期和短期不尽相同。

（1）高速公路免费通行对中国宏观经济的短期影响。

在短期内，高速公路免费通行会使我国居民驾车出行的费用减少，增加出行车辆，促进节假日的旅游需求和社会总需求增加，使国民产出增加。如图 15－18 所示，假定经济初始位于均衡点 E_1，均衡产出为 Y_1。国务院出台小客车高速公路免费通行政策会使居民消费支出增加，从而使 AD_1 曲线右移到 AD_2，由于在短期内 AS 曲线为水平的，所以 AD 曲线右移导致均衡产出由 Y_1 增加到 Y_2。

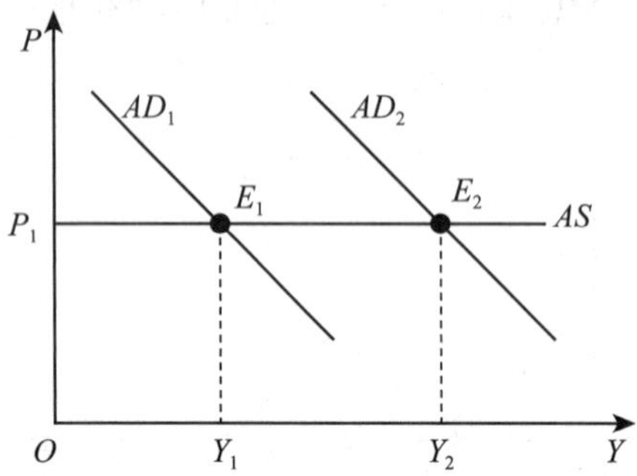

图 15-18 高速公路免费通行的短期影响

（2）高速公路免费通行对中国宏观经济的长期影响。

在长期内，均衡产出取决于总供给，受限于资本积累、技术水平与劳动力数量。由于高速公路免费通行仅限于 7 座及以下的客车，货车或其他车型都未列入免费范围，所以高速公路免费通行只是刺激了消费数量，对于企业生产而言并没有降低生产成本，因此也增加不了企业的供给。在长期内，由于高速公路免费通行不能增加供给，所以 AS 曲线固定不变，并且是垂直线。如图 15-19 所示，经济的初始均衡点位于点 E_1，高速公路免费通行带来的消费支出增加使得总需求增加，从而 AD_1 曲线右移到 AD_2。当总供给曲线 AS 固定不变时，总需求的增加最终使物价水平从 P_1 上升到 P_2，产出水平保持在充分就业产出 Y^* 不变。

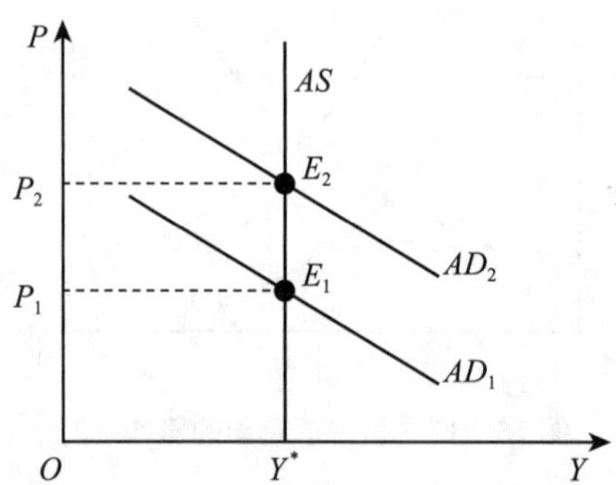

图 15-19 高速公路免费通行的长期影响

【提示】中秋、国庆节期间属于极短期，在这一时间段内，AS 曲线完全水平的假设是合适的。

24. **【难度】**1 **【考点】**总需求—总供给分析

【答案】在货币供给增加之前，总需求 $Y_D=700+0.5\times(600/P)$。

由于 $P=P^e$，总供给 $Y_S=600\times(P-P^e)+1\,000=1\,000$。

联立总供给和总需求函数得：$700+0.5\times(600/P)=1\,000$。

解得：$P=1$，$Y=1\,000$。

货币供给增加之后，总需求 $Y_D=700+0.5\times(720/P)$。

由于货币供给增加量已经被预期到，所以依然有 $P=P^e$，总供给 $Y_S=600\times(P-P^e)+1\,000=1\,000$。

联立总供给和总需求函数得：$700+0.5\times(720/P)=1\,000$。

解得：$P=1.2$，$Y=1\,000$。

可知，均衡价格从 $P=1$ 上涨到 $P=1.2$，均衡产量维持在 $Y=1\,000$ 不变。

25. **【难度】**1　　**【考点】**总需求—总供给分析

【答案】(1) 长期总供给主要受人口、资本存量和技术等因素的影响，短期总供给主要受工资、原材料价格的影响。短期内工资水平和原材料价格的上涨会带动企业成本的增加，从而导致短期总供给减少，短期总供给曲线向左移动。

如图 15－20 所示，假定在成本变化前经济处于长期均衡状态，即 E_1 点。供给冲击使得短期总供给曲线 AS_1 向左移到 AS_2，新的短期总供给曲线与总需求曲线 AD_1 相交于新的均衡水平，即 E_2 点。此时，产出降低并伴随着物价水平的上升。通货膨胀（高通胀）与经济衰退（高失业）并存的现象被称为“滞胀”。因此，供给冲击导致经济出现了“滞胀”。

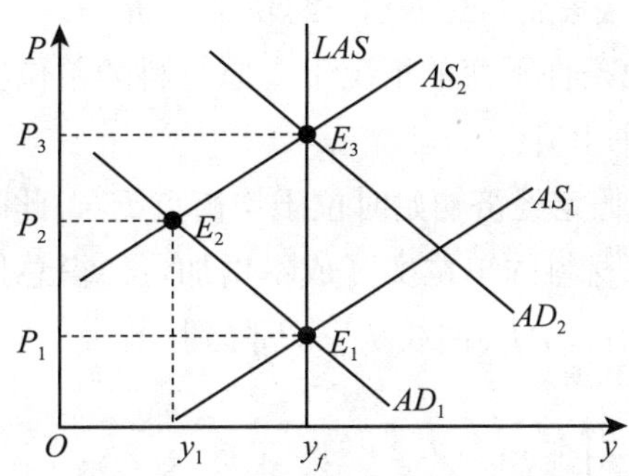

图 15－20　供给冲击对经济的影响

(2) 面对总供给波动引起的滞胀，一般有两种选择：

①适应性总需求管理。

如图 15－20 所示，政府可以采取扩张性宏观经济政策，将总需求曲线从 AD_1 移动到 AD_2，均衡点将从 E_2 点移动到 E_3 点。在 E_3 点，均衡产量又回到潜在产出水平，但价格水平进一步上升。这样政府的扩张性宏观经济政策可以避免长时期经济衰退的痛苦，但必须付出通货膨胀的代价。

②自动调整机制。

要素价格上升会促使人们采取措施（如技术进步）和寻找替代资源，以减少对某些生产要素的依赖。失业也会迫使工资逐渐下降。这些因素都会导致生产成本逐渐回落，AS_2 曲线向右移动，这一移动直到 AS_1 结束，新的均衡又是 E_1 点。但是，这个过程相当漫长，整个经济会面临一段较长时期的衰退，因为技术进步和工资回落都需要时间。

（3）当工资指数化后，价格黏性将不复存在，即使在短期，价格调整也不再存在黏性，从而短期总供给曲线为垂直线，不再是一条向右上方倾斜的曲线。短期内也不再存在通货膨胀与失业之间的权衡取舍。如果出现供给冲击，自动调整机制将迅速使得经济返回到充分就业的稳定状态。

但如果使用总需求管理政策，如扩张性财政政策，只会导致更高的通货膨胀，不会增加产出。

（4）供给学派是以“如何增加供给、如何提高生产率、如何提高投资”为核心的理论流派，其理论和政策的核心在于说明财政政策，尤其是边际税率的变化，对刺激劳动积极性、储蓄与投资等的影响，进而对总供给和经济增长有着极为重要的影响。

如果出现供给冲击，供给学派的政策主张是减税，刺激劳动者和企业的积极性，同时为了保证财政收支平衡，主张政府减少财政支出，削减开支。

从 20 世纪 80 年代美国的供给学派政策实施结果来看，供给学派的政策主张确实产生了一些积极的效果：劳动生产率有所提高，储蓄和投资率有明显变化，对国民收入产生了积极的影响，不过并没有达到增加政府税收的效果。

26. **【难度】** 3　　**【考点】** 总需求—总供给分析

【答案】（1）在其他条件不变的情况下，原材料的单位实际成本增加会使均衡产出减少，均衡价格水平上升。

如图 15-21 所示，假定经济初始时位于均衡点 E_0，此时产出为充分就业产出 y_f，价格水平为 P_0。原材料的单位实际成本增加，使得总供给曲线左移，由 AS_0 移动到 AS_1，产出水平沿着 AD_0 曲线从 y_f 下降到 y_1。

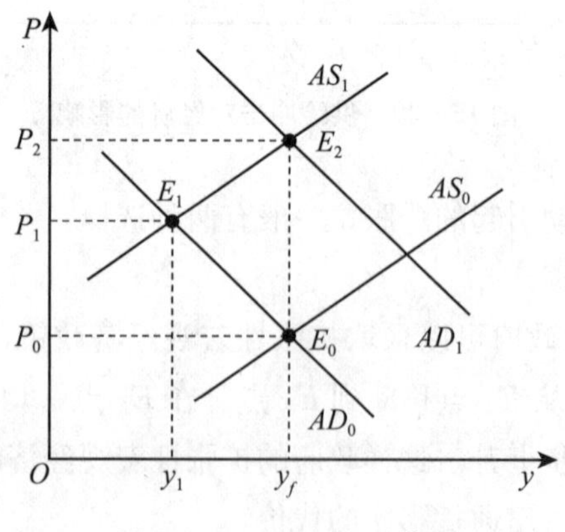

图 15-21　AD—AS 模型

（2）在其他条件不变的情况下，若名义工资具有刚性特征，又没有稳定需求的政策，经济的产出将维持在 y_1 水平，它低于充分就业水平。这时，一方面，价格水平从 P_0 上升到 P_1，实际工资下降；另一方面，由于就业和产出都低于充分就业水平，名义工资不会下降，工人也不能要求更高的名义工资。

（3）如果政府实行扩张性财政政策或货币政策，通过增加支出、减税或扩大货币供给，就可以增加社会总需求，使 AD_0 移动到 AD_1 位置，从而使经济回到均衡产出水平。但是，扩张性需求政策会导致价格水平进一步上升，即从 P_1 上升到 P_2。

27.【难度】2　　【考点】总需求—总供给分析

【答案】（1）总需求曲线（AD 曲线）是一条向右下方倾斜的曲线，它反映在产品市场和货币市场同时达到均衡时，价格水平 P 和国民收入（产量）水平 y 之间的一一对应关系。总需求曲线向右下方倾斜表示均衡国民收入与一般价格水平为反方向变动关系。

（2）在任一既定的物价水平上对产品和服务的需求增加，则总需求增加，AD 曲线向右移动；反之，总需求减少，AD 曲线向左移动。无论是扩张性财政政策还是扩张性货币政策都会使总需求增加，因而都会使总需求曲线向右移动。具体来说，影响总需求曲线变动的因素有如下 4 个：①家庭消费需求的变化；②企业投资需求的变化；③政府购买支出和税收的变化；④净出口的变化。

（3）图 15-22 是 AD—AS 模型。假如经济处于萧条阶段，政府实施扩张性财政政策导致总需求曲线向右移动，比如由 AD_1 移动到 AD_2，此时国民收入增加而物价不上升；在经济复苏阶段，政府实施扩张性财政政策和货币政策导致总需求曲线向右移动，比如由 AD_2 移动到 AD_3，此时国民收入增加而物价轻微上升；在经济繁荣（充分就业）阶段，政府实施扩张性财政政策导致总需求曲线向右移动，比如由 AD_3 移动到 AD_4，此时国民收入不再增加而物价大幅上升。

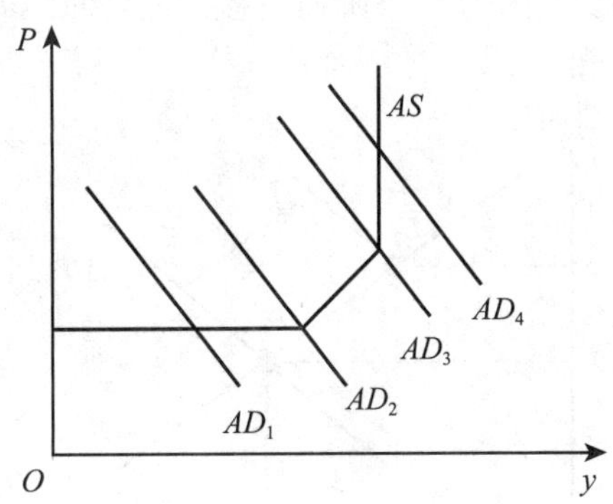

图 15-22　AD 曲线右移的情况

28.【难度】2　　【考点】总需求—总供给分析

【答案】（1）在短期内价格水平不会发生变化，或者变化幅度远小于名义货币供给量 M 的变化幅度。如果货币供给量减少 10%，由于实际货币余额 $m=M/P$，在M减少和P不变的情况下，实际货币余额m就会减少，从而导致利率r上升，投资i减少，于是总需求减少，表现为AD曲线左移。如图15－23（a）所示，总需求曲线由AD_1左移到AD_2，在短期内，产出从y_1下降到y_2，失业会因此增加。

在长期内，货币是中性的，总供给由资本、劳动力数量和技术决定，不受货币供给量的影响，因此长期总供给曲线LAS是垂直线。按照货币数量方程$MV=Py$可知，$P=MV/y$，由于V和y都不变，所以货币供给量的减少只会导致价格水平的下降。如图15－23（b）所示，总需求曲线由AD_1左移到AD_2，但产出固定为y_1不变，价格水平由P_1下降到P_2，失业率不会变化，保持在自然失业率水平。

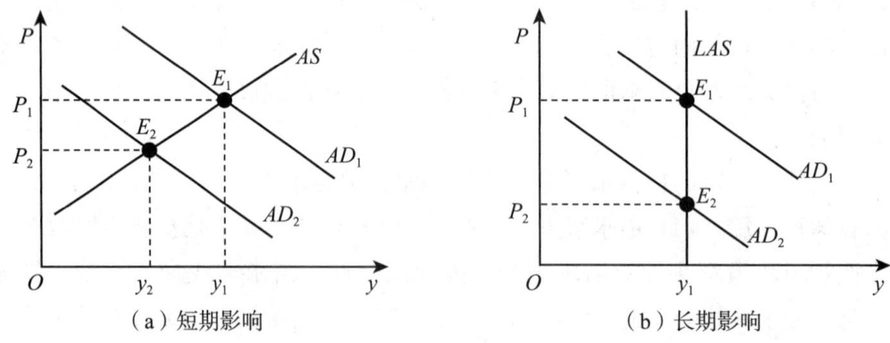

图15－23　货币减少对价格和产出的影响

（2）在短期内，由于实际货币余额m下降，LM曲线向左移动，如图15－24所示，LM曲线由LM_1左移到LM_2，产出由y_1下降到y_2，利率则由r_1上升到r_2。

在长期内，由货币数量方程$MV=Py$可知，$M/P=y/V$，由于V、y不变，所以P与M同比例增减，即$M/P=m$不变。如图15－24所示，LM曲线由LM_1左移到LM_2后，LM曲线又因为P下降而右移，最终回到LM_1的位置，产出和利率分别恢复到初始的y_1和r_1。

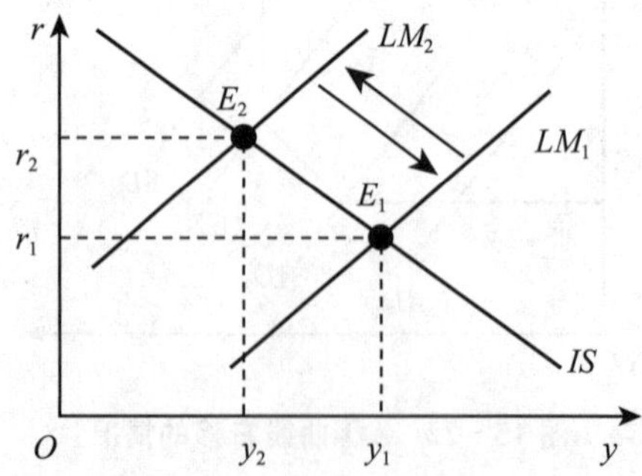

图15－24　货币减少对利率的影响

第十六章

失业与通货膨胀

学习精要

一、学习重点

1. 失业的含义
2. 失业的原因
3. 奥肯定律
4. 通货膨胀的原因
5. 通货膨胀的成本
6. 菲利普斯曲线

二、知识脉络图

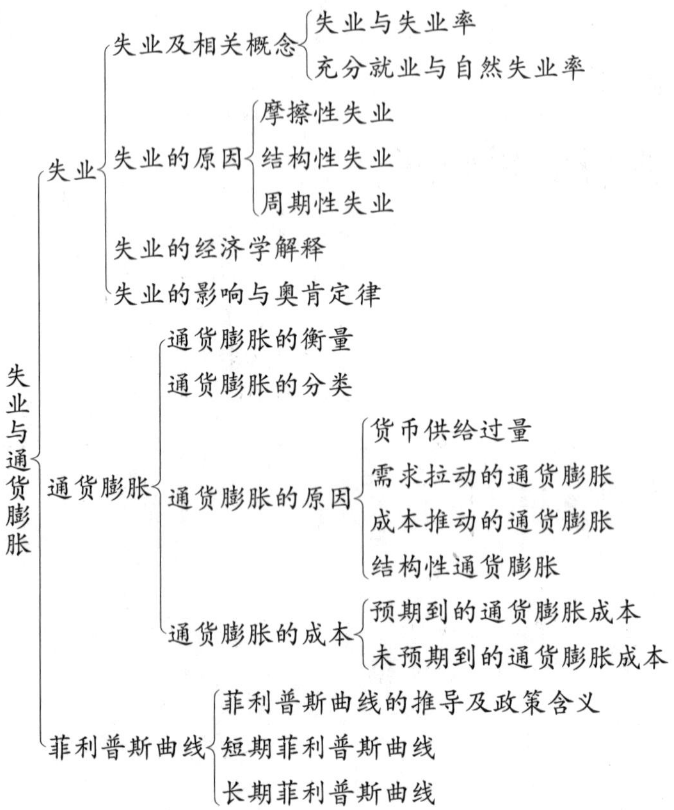

三、理论精要

知识点一　失业及相关概念

失业：达到就业年龄，具备工作能力，谋求工作但未得到就业机会的状态。

失业率：指劳动力中没有工作而又在寻找工作的人所占的比例，即失业人数和劳动力数量的比率。

劳动力：一定年龄范围内有劳动能力并且愿意工作的人。

劳动力参与率：劳动力人数与成年人口总数的比率。

自然失业率：在没有货币因素干扰的情况下，劳动市场处于供求稳定状态时的失业率。这种稳定状态被认为既不会造成通货膨胀，也不会造成通货紧缩。

经济处于自然失业率状态意味着找到工作的人数必定等于失去工作的人数，即 $fU=lE$。自然失业率的估算公式为：$U/N=\frac{l}{l+f}$，其中，N 代表劳动力总数，E 代表就业者人数，U 代表失业者人数，l 为离职率，f 为就职率。

公式含义：自然失业率取决于离职率 l 和就职率 f。离职率越高，自然失业率越高；就职率越高，自然失业率越低。

知识点二　失业的原因

摩擦性失业：在生产过程中由于难以避免的摩擦而造成的短期、局部性失业。

结构性失业：劳动力的供给和需求不匹配所造成的失业，其特点是既有失业，又有职位空缺，失业者或者没有合适的技能，或者居住地点不当，因此无法填补现有的职位空缺。

失业原因的经济学解释：

（1）在竞争性、市场出清的均衡状态下，只存在自愿失业。

（2）工资具有刚性，劳动市场非出清，因而存在非自愿失业。

知识点三　失业的影响与奥肯定律

奥肯定律：实际失业率每高于自然失业率 1 个百分点，实际 GDP 将低于潜在 GDP 2 个百分点。

奥肯定律公式：$\frac{y-y_f}{y_f}=-\alpha(u-u^*)$。式中，$y$ 为实际产出；y_f 为潜在产出；u 为实际失业率；u^* 为自然失业率；α 为大于零的参数。

重要结论：实际 GDP 必须保持与潜在 GDP 同样快的增长，以防止失业率的上升。如果政府想让失业率下降，那么，该经济社会实际 GDP 的增长必须快于潜在 GDP 的增长。

知识点四　通货膨胀的描述

通货膨胀：一个经济中的大多数产品和劳务的价格连续在一段时间内普遍上涨的经济现象。

衡量通货膨胀的工具是价格指数，主要包括：

（1）消费价格指数（CPI）：表示在普通家庭的支出中，购买具有代表性的一组商品，现在要比过去多花费多少。

$$\text{CPI}=\frac{\text{一组固定商品按当期价格计算的价值}}{\text{一组固定商品按基期价格计算的价值}}\times 100\%$$

（2）生产者价格指数（PPI）：衡量生产原材料和中间投入品等平均价格水平的价格指数，是对给定的一组商品的成本的度量，是经济周期的指示性指标之一。

（3）GDP 折算指数。

通货膨胀率：从一个时期到另一个时期价格水平变动的百分比，即为：

$$\pi_t=\frac{P_t-P_{t-1}}{P_{t-1}}\times 100\%$$

通货膨胀的分类：

1．按照价格上升的速度分类

（1）温和的通货膨胀：指每年物价上升的比例在10%以内。

（2）奔腾的通货膨胀：指年通货膨胀率在10%～100%之间。

（3）超级通货膨胀：指通货膨胀率在100%以上。经济处于失控状态，多见于战乱或大的政治动荡之后。

2．按照对价格影响的差别分类

平衡的通货膨胀：每种商品的价格都按相同比例上升。

非平衡的通货膨胀：各种商品价格上升的比例并不完全相同。

3．按照人们的预期分类

未预期到的通货膨胀：价格上升的速度超出人们的预料，或者人们根本没有想到价格会上涨。

预期到的通货膨胀：物价有规律地变动，又叫惯性的通货膨胀。

知识点五　通货膨胀的原因

1．货币供给过量

基本观点：每次通货膨胀背后都有货币供给的迅速增长。货币供给的增加是通货膨胀的基本原因。

交易方程：$MV=Py$。

根据这一方程可导出通货膨胀率的公式：

$$\pi=\frac{\mathrm{d}P}{P}=\frac{\mathrm{d}M}{M}-\frac{\mathrm{d}y}{y}+\frac{\mathrm{d}V}{V}=\hat{m}-\hat{y}+\hat{v}$$

即通货膨胀率＝货币增长率－产出增长率＋流通速度变化率。

2．需求拉动的通货膨胀

需求拉动的通货膨胀：又称超额需求通货膨胀，是指总需求超过总供给所引起的一般价格水平的持续、显著的上涨。

具体表现：供给曲线既定，总需求曲线受冲击不断右移。在凯恩斯区域，总需求增加导致产量增加，物价不变；在常规区域，由于存在供给瓶颈，总需求增加在导致产量增加的同时，也导致价格水平上涨；在古典区域，达到充分就业，产量不增加，总需求扩张只会引起物价上涨，形成通货膨胀。

瓶颈现象：由于劳动、原料、生产设备等的不足而使成本提高，从而引起物价上涨的现象。这时的物价上涨被称为瓶颈式的通货膨胀。

3．成本推动的通货膨胀

成本推动的通货膨胀：指在没有超额需求的情况下由于供给方面成本的提高所引起的一般价格水平持续和显著的上涨。

（1）工资推动的通货膨胀：不完全竞争的劳动市场（工会组织）造成的过高工资所导致的一般价格水平的上涨。

工资—价格螺旋：工资提高引起价格上涨，价格上涨又引起工资提高，这样，工资提高和价格上涨形成了螺旋式的上升运动。

（2）利润推动的通货膨胀：垄断企业和寡头企业利用市场势力谋取过高利润所导致的一般价格水平的上涨。

4. 结构性通货膨胀

结构性通货膨胀：由于经济结构因素的变动而出现的一般价格水平的持续上涨。

具体表现：经济中存在两大部门（需求扩大部门和需求衰减部门；生产率提高较快部门和生产率提高较慢部门；新兴部门和衰退部门；开放部门和非开放部门），前一个部门预示着较好的经济前景，因而工资、物价会较快上升，但劳动市场的特殊性要求两个部门的工资应以同一比例上升，因而后一个部门会向前一个部门看齐，结果引起通货膨胀。

5. 通货膨胀的持续

如果经济中大多数人都预期到同样的通货膨胀率，他们就会对自己的未来名义收益（工资、利息、租金等）有更高的要求，这就会使得这种通货膨胀预期变成经济现实。

知识点六　通货膨胀的成本

1. 预期到的通货膨胀成本

（1）菜单成本：调整价格的成本。

（2）鞋底成本：为了使手头保留的现金少于没有通货膨胀时的数量，人们必须牺牲的时间与便利。

（3）税收扭曲：由于税率未变，通货膨胀扩大了资本收益的规模，增加了纳税人的税收负担。

（4）相对价格变动导致的资源配置不当：通货膨胀扭曲了产品与服务在不同时点的实际价格，导致资源配置的无效率。

（5）混乱与不方便：通货膨胀使得货币作为计价单位的标准发生了变化。

2. 未预期到的通货膨胀成本

（1）不确定性的增加：未预期到的通货膨胀导致了许多有代价的决策，包括储蓄、投资、就业等，这会导致经济效率降低。

（2）不合意的财富的再分配：未预期到的通货膨胀以既与才能无关又与需求无关的方式在经济中重新分配财富。

（3）相对价格变动性的增加：未预期到的通货膨胀可能在更大程度上导致资源的不当配置。

知识点七　菲利普斯曲线

（1）最初的菲利普斯曲线：表示失业率和货币工资增长率之间替换关系的

曲线。

曲线含义：当失业率较低时，货币工资增长率较高；反之，当失业率较高时，货币工资增长率较低，甚至为负数。

（2）新古典综合派菲利普斯曲线（PC）：表示失业率和通货膨胀率之间替换关系的曲线。公式表示为：$\pi=-a(u-u^{*})$，其中，π 代表通货膨胀率，u 代表失业率，u^{*} 代表自然失业率，参数 a 衡量价格对于失业率的反应程度。

曲线含义：失业率高，则通货膨胀率低；失业率低，则通货膨胀率高。

政策含义：政策制定者可以选择不同的失业率和通货膨胀率的组合，可以用一定的通货膨胀率的增加来换取一定的失业率的减少，或者用后者的增加来减少前者。

$$\text{牺牲率}=\frac{\text{GDP 损失的百分点}}{\text{通货膨胀率降低的百分点}}$$

$$\text{痛苦指数}=\text{失业率}+\text{通货膨胀率}$$

（3）短期菲利普斯曲线：又称附加预期的菲利普斯曲线，指预期通货膨胀率保持不变时，表示通货膨胀率与失业率之间关系的曲线。公式表示为：$\pi=\pi^{e}-a(u-u^{*})$，π^{e} 表示预期通货膨胀率。

曲线的性质：

①当实际的通货膨胀率等于预期的通货膨胀率时，失业率处于自然失业率水平，因此可以定义自然失业率为非加速通货膨胀的失业率。

②在预期通货膨胀率低于实际通货膨胀率的短期中，失业率与通货膨胀率之间仍存在着替换关系。

政策含义：在短期中引起通货膨胀率上升的扩张性财政政策和货币政策是可以起到减少失业的作用的，即调节总需求的宏观经济政策在短期是有效的。

（4）长期菲利普斯曲线（LPC）：从长期来看预期通货膨胀率与实际通货膨胀率迟早会一致，经济社会的失业率将处在自然失业率水平，失业率与通货膨胀率之间不存在替换关系。长期菲利普斯曲线垂直于自然失业率水平。

政策含义：从长期来看，政府运用扩张性政策不但不能降低失业率，还会使通货膨胀率不断上升。

习题解析

1. 摩擦性失业与结构性失业相比，哪一种失业问题更严重？

【难度】 2　　**【考点】** 失业的原因

【答案】 摩擦性失业是指在生产过程中由于难以避免的摩擦而造成的短期、局部性失业，例如，劳动力流动性不足、工种转换的困难等所引致的失业。摩擦性失业通常是由劳动市场运行机制不完善或者经济变动过程中的工作转换造成的。经济社会中总有人换工作或找新的工作，但匹配过程并不总是顺利发生。经过较短的时间，摩擦性失业者总是能找到胜任的工作。由于它具有过渡性质，因而摩擦性失业不被认为是严重的经济问题。增强失业服务机构的作用，增加就业信息，协助劳动者搬家等都有助于减少摩擦性失业。

结构性失业是指劳动力的供给和需求不匹配所造成的失业，其特点是既有失业，又有职位空缺，失业者或者没有合适的技能，或者居住地点不合适，因此无法填补现有的职位空缺。结构性失业是长期性的，通常是由经济的变化引起特定市场和区域中的特定类型劳动力的需求相对低于供给造成的。一些部门需要劳动力，存在职位空缺，但失业者缺乏到这些部门和岗位就业的能力，而这种能力的培训需要一段较长的时间才能完成，所以结构性失业的问题更严重一些。

2. 能否说有劳动能力的人都有工作才是充分就业？

【难度】1　　　**【考点】**失业及相关概念

【答案】不能。充分就业并不意味着100%的就业，即使经济能够提供足够的职位空缺，失业率也不会等于零，经济中仍然会存在摩擦性失业和结构性失业。经济社会总存在一定比例的失业人口，而自然失业率就是指在没有货币因素干扰的情况下，劳动市场和商品市场自发的供求力量发挥作用时应有的处于均衡状态的失业率，也就是充分就业情况下的失业率。经济处于自然失业率状态意味着找到工作的人数必定等于失去工作的人数。凯恩斯认为，如果消除了“非自愿失业”，失业仅限于摩擦性失业和自愿失业的话，经济就实现了充分就业。所以充分就业不是指有劳动能力的人都有工作。

3. 什么是自然失业率？哪些因素影响自然失业率的高低？

【难度】2　　　**【考点】**失业及相关概念

【答案】自然失业率是指在没有货币因素干扰的情况下，劳动市场处于供求稳定状态时的失业率。这种稳定状态被认为既不会造成通货膨胀，也不会造成通货紧缩，此时是充分就业情况下的失业率，通常包括摩擦性失业和结构性失业。

生产力的发展、技术进步以及制度因素是决定自然失业率及引起自然失业率提高的重要因素。具体包括：(1) 劳动者结构的变化。一般来说，青年与妇女的失业率高，而这些人在劳动总数中所占比重的上升会导致自然失业率上升。(2) 政府政策的影响，如失业救济制度等。一些人宁可失业也不从事工资低、条件差的职业，这就增加了自然失业中的“寻业的失业”；最低工资法使企业尽量少雇用人，尤其是技术水平差的人，同时也加强了用机器取代工人的趋势。(3) 技术进步因素。随着新技术、新设备的使用，劳动生产率不断提高，资本的技术构成不断提高，必然要减少对劳动力的需求，出现较多失业；同时，技术进步使一些文化技术水平低的工人不能适应新的工作而被淘汰。(4) 劳动市场的组织状况，如劳动信息的完整与迅速性，职业介绍与指导的完善与否，都会影响自然失业率的变化。(5) 劳动市场或行业差别性的增大会提高自然失业率。厂商、行业和地区会兴起和衰落，而劳动者和厂商需要时间来与之适应和配合。这些无疑会引起劳动者的大量流动，增加结构性失业。

4. 说明短期菲利普斯曲线与长期菲利普斯曲线的关系。

【难度】2　　**【考点】**菲利普斯曲线

【答案】货币主义者认为，在工资谈判中，企业和工人关心的是实际工资而不是名义工资，因而他们会对新协议期的通货膨胀进行预期，并根据预期的通货膨胀相应地调整名义工资水平。由此他们提出了短期菲利普斯曲线这一概念，指预期通货膨胀率保持不变时，表示通货膨胀率与失业率之间关系的曲线。“短期”是指从预期到需要根据通货膨胀做出调整的时间间隔。在预期的通货膨胀率低于实际的通货膨胀率的短期中，失业率与通货膨胀率之间仍存在着替换关系，但是这种不一致不会一直持续下去，随着时间的推移，工人们发现他们的实际工资随着物价的上涨而下降，就会相应地调整其预期并要求雇主增加货币工资，以补偿通货膨胀给自己造成的损失。由于工人不断地形成新的通货膨胀预期，使换取一定失业率的通货膨胀率越来越高，一条条菲利普斯曲线不断向右上方移动。从长期来看，工人预期的通货膨胀率与实际的通货膨胀率迟早会一致，最终演变成为一条垂直的菲利普斯曲线，这就是长期的菲利普斯曲线，表明失业率与通货膨胀率之间不存在替换关系。

因此，长期菲利普斯曲线是由短期菲利普斯曲线不断运动形成的。

5. 通货膨胀的成本有哪些?

【难度】1　　**【考点】**通货膨胀的成本

【答案】考察通货膨胀的成本时，需要区分预期到的通货膨胀和未预期到的通货膨胀。

（1）预期到的通货膨胀的成本。

①菜单成本。菜单成本包括决定新价格的成本、印刷新价目的成本、把这些新价目送给中间商和顾客的成本、为新价格做广告的成本，甚至包括处理顾客对价格变动的恼怒的成本。

②鞋底成本。当通货膨胀率高时，通常名义利率会上升以补偿价格水平的上升，这会导致把现金放在口袋里的机会成本更高了，所以储户会频繁往返银行存钱，因此牺牲了时间、便利以及相应的费用，这一成本似乎是微不足道的，但如果出现超级通货膨胀，这种成本就很可观了。

③税收扭曲。在现实中，一个经济的税率不会对预期到的通货膨胀做出充分调整，这会对经济中的当事人产生一种成本。

④相对价格变动导致的资源配置不当。由于在同一市场竞争的企业并不总是同时改变价格，更高的通货膨胀率会引起更高的相对价格的变动性，当通货膨胀扭曲了相对价格时，消费者的决策也被扭曲了，市场也就不能把资源配置到最好的用途中。

⑤混乱与不方便。货币是用以衡量经济交易的尺度，这种尺度的一致性使经济当事人能够轻易地比较产品和服务的价格。因为通货膨胀使不同时期的货币有不同的真实价值，所以，在存在通货膨胀的经济中计算企业的利润要更复杂，使投资者很难区分成功与不成功的企业，这又抑制了金融市场把经济中的储蓄配置到不同类型投资中

的作用。

（2）未预期到的通货膨胀的成本。

①不确定性的增加。对经济当事人来说，与其预期相异的通货膨胀可能导致不正确的投资和储蓄决策，这些不正确的决策对经济当事人来说都是成本高昂的。未预期到的通货膨胀也会扭曲关于工作多长时间和企业应该雇用多少劳动的决策。因此，未预期到的通货膨胀会导致许多有代价的决策，包括储蓄、投资以及就业的劳动量等决策，这会导致经济效率降低。而且，大多数人不喜欢不确定性，因此，未预期到的通货膨胀波动往往会降低经济福利。

②不合意的财富的再分配。未预期到的通货膨胀以一种既与才能无关又与需要无关的方式在经济中重新分配财富。

首先，未预期到的通货膨胀损害了固定货币收入者的经济利益，而那些货币收入走在通货膨胀之前的人则从中受益。

其次，未预期到的通货膨胀还会损害债权人的利益，并将利益转移给债务人。因为约定的利率里没有考虑到这一通货膨胀，因此实际利率会低于按未预期到的通货膨胀调整的合理利率。

③相对价格变动性的增加。如果通货膨胀没有被预期到，则企业很难明白自己市场的反应是出于什么原因，如果企业的提价低于实际通货膨胀，并且这个通货膨胀没有被预期到，则市场对该企业产品的需求量会比预期的高，而企业很难明白这一需求量增加的背后原因，并可能会因此而做出错误的判断和生产决策，以致带来经济的低效率和资源的不当配置。

6. 说明需求拉动的通货膨胀。

【难度】2　　**【考点】**通货膨胀的原因

【答案】需求拉动的通货膨胀又称超额需求通货膨胀，是指总需求超过总供给所引起的一般价格水平的持续显著的上涨。这种通货膨胀被认为是“过多的货币追求过少的商品”。现在用图 16－1 来说明需求拉动的通货膨胀。图中，横轴 y 表示总产量（国民收入），纵轴 P 表示一般价格水平。AD 为总需求曲线，AS 为总供给曲线。

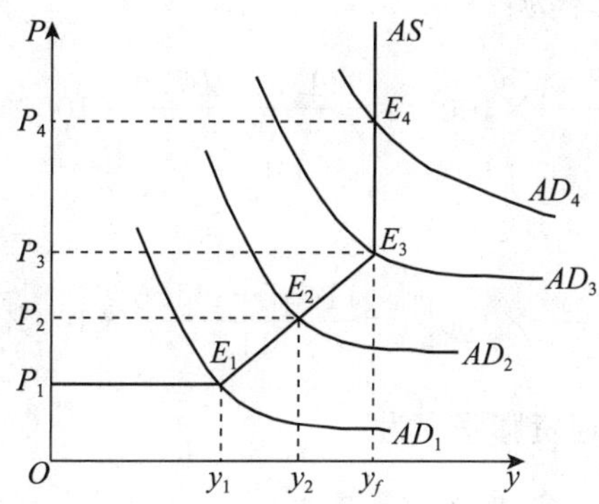

图 16－1　需求拉动的通货膨胀

（1）总供给曲线 AS 起初呈水平状。这表示，当总产量较低时，总需求的增加不会引起价格的上涨。在图 16－1 中，产量从零增加到 y_1，价格水平始终稳定。总需求曲线 AD_1 与总供给曲线 AS 的交点 E_1 决定的价格水平为 P_1，总产量水平为 y_1。

（2）当总产量达到 y_1 以后，继续增加总需求，就会遇到生产中所谓的瓶颈现象，即由于劳动、原材料、生产设备等的不足而使成本提高，从而引起价格水平的上涨。图 16－1 中总需求曲线 AD 继续提高时，总供给曲线 AS 便开始逐渐向右上方倾斜，价格水平逐渐上涨。总需求曲线 AD_2 与总供给曲线 AS 的交点 E_2 决定的价格水平为 P_2，总产量为 y_2。当产量达到最大，即为充分就业的产量 y_f 时，整个社会的经济资源全部得到利用。图中总需求曲线 AD_3 与总供给曲线 AS 的交点 E_3 决定的价格水平为 P_3，总产量为 y_f。价格水平从 P_1 上涨到 P_2 和 P_3 的现象被称为瓶颈式的通货膨胀。

（3）在达到充分就业的产量 y_f 以后，如果总需求继续增加，总供给就不再增加，因而总供给曲线 AS 呈垂直状，这时总需求的增加只会引起价格水平的上涨。例如，图 16－1 中总需求曲线从 AD_3 提高到 AD_4 时，它同总供给曲线的交点所决定的总产量并没有增加，仍然为 y_f，但是价格水平已经从 P_3 上涨到 P_4。这就是需求拉动的通货膨胀。

西方经济学家认为，不论总需求的过度增长是来自消费需求、投资需求，还是来自政府需求、国外需求，都会导致需求拉动的通货膨胀。引起需求变动的原因主要包括财政政策、货币政策、消费习惯的突然改变、国际市场的需求变动等。

7. 若某一经济的价格水平 1984 年为 107.9，1985 年为 111.5，1986 年为 114.5，问 1985 年和 1986 年的通货膨胀率各是多少？若人们对 1987 年的通货膨胀率预期是按前两年通货膨胀率的算术平均形成的，设 1987 年的利率为 6%，问该年的实际利率为多少？

【难度】2　　　**【考点】**通货膨胀的描述

【答案】（1）通货膨胀率的计算公式为：

$$\pi_t=\frac{P_t-P_{t-1}}{P_{t-1}}$$

因此 1985 年的通货膨胀率为：

$$\pi_{1985}=\frac{P_{1985}-P_{1984}}{P_{1984}}\times 100\%=\frac{111.5-107.9}{107.9}\times 100\%=3.34\%$$

同理可得：

$$\pi_{1986}=\frac{P_{1986}-P_{1985}}{P_{1985}}\times 100\%=\frac{114.5-111.5}{111.5}\times 100\%=2.69\%$$

（2）1987 年的预期通货膨胀率为：

$$\pi^e_{1987}=\frac{\pi_{1985}+\pi_{1986}}{2}=\frac{3.34\%+2.69\%}{2}=3.015\%$$

（3）由以上结果可知：

1987 年的实际利率＝名义利率－预期通货膨胀率

＝6％－3.015％＝2.985％

8. 设某经济某一时期有 1.75 亿成年人，其中 1.2 亿人有工作，0.1 亿人在寻找工作，0.45 亿人没工作但也没在找工作。试求：(1) 劳动力人数；(2) 劳动力参与率；(3) 失业率。

【难度】 2　　　**【考点】** 失业及相关概念

【答案】（1）劳动力人数＝就业人数＋失业人数＝1.2＋0.1＝1.3（亿）。

（2）劳动力参与率$=\frac{\text{劳动力人数}}{\text{成年人口总数}}\times 100\%=\frac{1.3}{1.75}\times 100\%=74.3\%$。

（3）失业率$=\frac{\text{失业人数}}{\text{劳动力人数}}\times 100\%=\frac{0.1}{1.3}\times 100\%=7.69\%$。

【提示】 相关知识点的详细介绍参见高鸿业《西方经济学（宏观部分·第八版）》第十二章第六节。

9. 设一经济有以下菲利普斯曲线：

$$\pi=\pi_{-1}-0.5(u-0.06)$$

(1) 该经济的自然失业率为多少？

(2) 为使通货膨胀率减少 5 个百分点，必须有多少周期性失业？

【难度】 2　　　**【考点】** 菲利普斯曲线

【答案】（1）短期菲利普斯曲线又称附加预期的菲利普斯曲线，用公式表示为：$\pi=\pi^e-a(u-u^*)$。根据题干知：$\pi^e=\pi_{-1}$，自然失业率 $u^*=0.06=6\%$。

（2）为使通货膨胀率减少 5 个百分点，则 $0.5\times(u-0.06)$ 就要增加 5 个百分点，$(u-0.06)$ 要增加 10 个百分点，所以有 10％的周期性失业。

10. 试说明菲利普斯曲线和总供给曲线的关系。

【难度】 3　　　**【考点】** 菲利普斯曲线

【答案】 总供给曲线揭示的是总产出与价格水平之间的关系。菲利普斯曲线揭示的是通货膨胀率与失业率之间的替换关系。菲利普斯曲线和总供给曲线虽然表面上所揭示的关系不同，但在本质上都表示同样的宏观经济思想，仅仅是同一枚硬币的两面。通货膨胀率表示的是从一个时期到另一个时期价格水平变动的百分比，因而是价格水平的函数。而失业率的反面就是就业量，总产出由就业量决定。因此，通货膨胀率和失业率的关系可以表示成价格水平和总产出的关系。也就是说，在一定条件下，可以从总供给曲线推导出菲利普斯曲线，也可以从菲利普斯曲线推导出总供给曲线。

一般认为，当研究产出与价格水平时，使用总供给曲线比较方便；当研究失业与通货膨胀时，使用菲利普斯曲线比较方便。

11. 设某一经济的菲利普斯曲线为：$\pi=\pi_{-1}-0.4(u-0.06)$。

(1) 该经济的自然失业率是多少?

(2) 画出该经济的短期和长期菲利普斯曲线。

【难度】2　　**【考点】**菲利普斯曲线

【答案】(1) 短期菲利普斯曲线又称附加预期的菲利普斯曲线，用公式表示为：$\pi=\pi^e-a(u-u^*)$。根据题干知：$\pi^e=\pi_{-1}$，所以自然失业率 $u^*=0.06$。

(2) 短期菲利普斯曲线是预期通货膨胀率保持不变时，表示通货膨胀率与失业率之间关系的曲线。如图16-2所示，PC_1、PC_2、PC_3 分别代表预期通货膨胀率 π^e 等于 π_1、π_2、π_3 时的三条短期菲利普斯曲线。短期菲利普斯曲线具有一个重要的性质，就是当实际通货膨胀率等于预期通货膨胀率时，失业率处于自然失业率水平。在图中为 A、B、C 三点，这时的失业率 $u=u^*=0.06$，这构成长期菲利普斯曲线 LPC，垂直于自然失业率水平，表明在长期不存在失业与通货膨胀的替换关系。

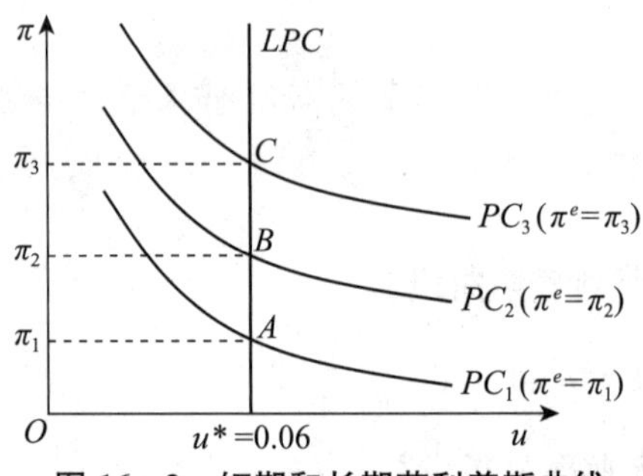

图16-2　短期和长期菲利普斯曲线

12. 试根据常规的短期总供给曲线推导出菲利普斯曲线。

【难度】3　　**【考点】**菲利普斯曲线

【答案】常规的短期总供给曲线方程为 $y=y_f+\lambda(P-P^e)$，式中，y，y_f，P，P^e 分别是实际总产出、充分就业总产出、实际价格水平、预期价格水平，λ 取正数。

常规的短期总供给曲线方程可以写成：

$$\frac{y-y_f}{y_f}=\frac{\lambda(P-P^e)}{y_f} \quad ①$$

根据奥肯定律 $\frac{y-y_f}{y_f}=-\alpha(u-u^*)$，式中，$y$，$y_f$，$u$，$u^*$ 分别是实际总产出、充分就业总产出、实际失业率、自然失业率，α 取有限正数，①式可写成 $-\alpha(u-u^*)=\frac{\lambda(P-P^e)}{y_f}$，即：

$$u-u^*=-\frac{\lambda(P-P^e)}{\alpha y_f} \quad ②$$

记 $\varepsilon=\frac{\lambda}{\alpha y_f}$，则②式可写成：

$$u-u^*=-\varepsilon(P-P^e) \quad ③$$

又因为$\pi=P-P_{-1}$，$\pi^e=P^e-P_{-1}$，所以$P-P^e=\pi-\pi^e$，式中，P，P_{-1}，P^e，π，π^e分别表示实际价格水平、上期价格水平、预期价格水平、实际通货膨胀率、预期通货膨胀率。因此，③式可写成$u-u^*=-\varepsilon(\pi-\pi^e)$，这就是附加预期的菲利普斯曲线。

以上推导过程表明菲利普斯曲线和总供给曲线实际上是同一枚硬币的两面。一般认为，当研究产出与价格水平时，使用总供给曲线比较方便；当研究失业与通货膨胀时，使用菲利普斯曲线比较方便。

13. 说明菲利普斯曲线的政策含义。

【难度】1　　　**【考点】**菲利普斯曲线

【答案】如图16－3所示，横轴表示失业率u，纵轴表示通货膨胀率π，菲利普斯曲线是一条向右下方倾斜的曲线。这条曲线表明：在失业率较低的时候，价格总水平上涨较慢，即通货膨胀率较高；在失业率较高的时候，通货膨胀率较低。也就是说，通货膨胀率与失业率之间存在着相互交替的关系。

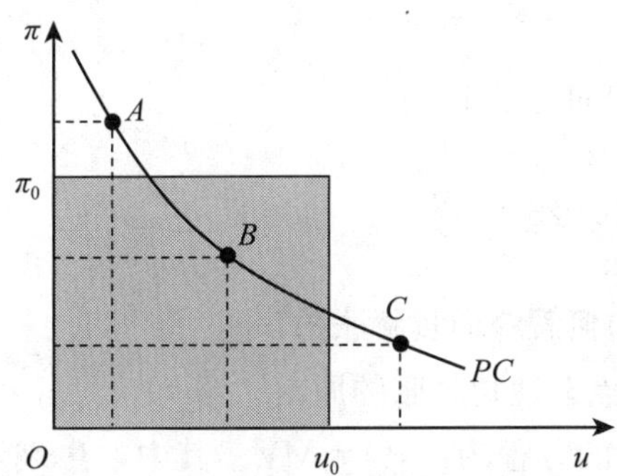

图16－3　菲利普斯曲线与政策运用

这意味着，政策制定者可以选择不同的失业率与通货膨胀率的组合。例如，如果公众能够忍受高通货膨胀，则可以选择较低的失业率和较高的通货膨胀率组合；反之，如果公众不能忍受高通货膨胀，但可以忍受较高的失业率，则可以选择较低的通货膨胀率和较高的失业率组合。

具体而言，政策制定者可以先确定一个社会临界点，由此确定一个失业率与通货膨胀率的组合区域，如图16－3中的阴影部分。当社会的失业率与通货膨胀率在阴影部分以外，例如在A点或者C点时，则意味着通货膨胀率太高或者失业率太高，超出公众的忍受程度，此时可以通过提高失业率或者通货膨胀率，使得A点或者C点朝阴影部分移动。当社会的失业率与通货膨胀率在阴影部分以内时，例如在B点时，则意味着经济处于公众能够承受的安全区域，无须进行政策调节。

14. 已知某国货币工资上升率$\Delta W/W$与失业率u之间的菲利普斯曲线为：

$$\frac{\Delta W}{W}=\frac{a}{u}+b$$

今有W与u的关系资料如下表所示：

W	**100**	**110**	**115.5**
u	**4%**	**4%**	**6.67%**

求该国的菲利普斯曲线方程。

【难度】1　　　**【考点】**菲利普斯曲线

【答案】依题意得：

$$\begin{cases}\dfrac{110-100}{100}=\dfrac{a}{4\%}+b\\[2ex]\dfrac{115.5-110}{110}=\dfrac{a}{6.67\%}+b\end{cases}$$

联立解得：

$$\begin{cases}a=0.005\\b=-0.025\end{cases}$$

所以该国的菲利普斯曲线方程为：

$$\frac{\Delta W}{W}=\frac{0.005}{u}-0.025$$

15. 货币数量论是如何解释通货膨胀的？

【难度】1　　　**【考点】**通货膨胀的原因

【答案】货币数量论的方程为：$Py=MV$。其中，P 表示价格总水平或价格指数；y 为一国的实际国民收入；M 为流通中的货币数量；V 为货币的流通速度，其定义为名义国民生产总值除以货币总量。

按照西方学者的解释，V 是由一些“如公众的支付习惯，使用信用范围的大小，交通和通信的方便与否等制度上的因素”决定的，而这些因素在短期内不会有大的变化，因而在短期内 V 不会迅速变化。y 取决于资源、技术条件，而在充分就业的状态下，不可能发生大的变化，因此，V 和 y 被视为常量。这样，价格 P 就随着货币数量 M 正比例地发生变化，或者说，影响价格 P 的只有货币数量 M，因此，货币主义者认为，通货膨胀归根到底是一种货币现象。

补充训练

1.（名词解释）奥肯定律（武汉大学 2019）

2.（名词解释）附加预期的菲利普斯曲线（中央财经大学 2011）

3.（判断题）弗里德曼认为通货膨胀归根到底是一种货币现象。（华东师范大学 2015）

4.（判断题）理性预期学派认为，无论是在短期还是在长期，菲利普斯曲线所表示的失业率与通货膨胀率的替换关系都不存在。（对外经济贸易大学 2011）

5. 工人所要求的实际工资超过了其边际生产率所造成的失业属于（　　）。(南京航空航天大学 2016)

A. 摩擦性失业　　B. 结构性失业

C. 自愿失业　　D. 周期性失业

6. 工人和工作岗位在匹配过程中形成的短期性失业被称为（　　）。(重庆大学 2014)

A. 摩擦性失业　　B. 结构性失业

C. 周期性失业　　D. 季节性失业

7. 关于奥肯定律，下列说法中错误的是（　　）。(同济大学 2017)

A. 失业率每高于自然失业率 1 个百分点，实际 GDP 将低于潜在 GDP 2～3 个百分点

B. 相对于潜在 GDP，实际 GDP 每下降 2～3 个百分点，实际失业率就会比自然失业率上升 1 个百分点

C. 奥肯定律揭示了产品市场和劳动市场之间极为重要的联系，描述了实际 GDP 的短期变动与失业率变动之间的联系

D. 如果政府想要让失业率下降，那么，该经济社会的实际 GDP 的增长就必须滞后于潜在 GDP 的增长

8. 某个国家在充分就业情况下的产出是 5 000 亿美元，而自然失业率是 5%。假定现在的失业率为 8%，那么奥肯系数为 2 时，根据奥肯定律，该国目前的产出为（　　）。(金融联考 2009)

A. 4 500 亿美元　　B. 4 900 亿美元

C. 4 800 亿美元　　D. 4 700 亿美元

9. 当名义利率为 5%，通货膨胀率为 3%时，持有货币的名义收益率是（　　）。(上海财经大学 2016)

A. 2%　　B. 3%　　C. 5%　　D. 0%

10. 关于通货膨胀的正确说法是（　　）。(同济大学 2017)

A. 只有名义 GDP 有所增加

B. 根据通货膨胀的原因，GDP 上升或下降

C. 只有实际 GDP 有所下降

D. 经济运行超出潜在 GDP 时，只有名义 GDP 上升

11. 在成本推动的通货膨胀下，其他情况相同，（　　）。(上海财经大学 2020)

A. 通货膨胀率和失业率同时上升

B. 失业率上升，但通货膨胀率下降

C. 通货膨胀率上升但失业率下降

D. 通货膨胀率和失业率均下降

12. 根据菲利普斯曲线，以下哪个选项不是影响通货膨胀的因素？（　　）(暨南大学 2017)

A. 预期通货膨胀　　B. 储蓄率

C. 产出波动　　　　　　　　　　　　D. 供给冲击

13.（多选题）关于菲利普斯曲线，下列说法正确的是（　　）。（同济大学 2017）

A. 菲利普斯曲线是一条描述通货膨胀与失业之间相关关系的曲线

B. 简单的菲利普斯曲线表示通货膨胀率与失业率之间是负相关关系

C. 弗里德曼认为通货膨胀和失业之间的替换关系只在短期内存在

D. 弗里德曼认为通货膨胀和失业之间的替换关系只在长期内存在

E. 弗里德曼认为长期的菲利普斯曲线是一条和横轴垂直的直线

14. 根据下述信息来计算失业率。假定有两个主要群体，成年人和儿童，成年人又分为男人和女人两部分。儿童占劳动力的 10%，成年人占 90%。成年人劳动力的 35%由妇女组成。再假定这些群体的失业率分别如下：儿童 19%；男人 7%；女人 6%。

（1）计算总失业率。

（2）如果儿童占劳动力的比例由 10%上升到 15%，情况会怎样？这将如何影响总失业率？（金融联考 2009）

15. 解释摩擦性失业和周期性失业的区别，以及这一区别在理解失业原因时为何非常重要。（东北财经大学 2015）

16. 什么是结构性通货膨胀？并解释其成因。（苏州大学 2014）

17. 分析自然失业和周期性失业。如何理解中国现阶段“人口红利消失”和就业形势不乐观这种看似矛盾的现象？（上海大学 2017）

18. 一个社会生产五种产品，它们在 2002 年和 2004 年的产量和价格如下表所示：

产品	2002 年产量	2002 年价格（元）	2004 年产量	2004 年价格（元）
A	2 500	1.50	3 000	1.60
B	5 000	7.50	6 000	8.00
C	4 000	6.00	5 000	7.00
D	3 000	5.00	3 500	5.50
E	6 000	2.00	7 000	2.50

试求：（1）2002 年和 2004 年的名义 GDP；（2）以 2002 年为基年，2004 年的实际 GDP 以及该期间的年均经济增长率；（3）2004 年的 GDP 平减指数以及该期间的通货膨胀率。（上海大学 2007）

19. 通货膨胀形成的原因有哪些？（扬州大学 2018）

20. 假定一国经济中货币供给量增长 16%，货币流通速度增长 2%，国民收入增长 11%，名义利率为 3%，求实际利率。（西安交通大学 2011）

21. 媒体常说食品（或任何个别商品）的价格上涨是由于通货膨胀。试用货币供给与需求决定物价水平的理论来评论前述结论。（北京大学 2011）

22. 根据通货膨胀理论，阐述消除通货膨胀的主要措施。（中国人民银行 2011）

23. 名义利率、实际利率与预期实际利率有何区别？对借款人和贷款人来说哪个更重要？（同济大学 2017）

24. 铸币税的定义是什么？政府通常用什么手段来征收？征收对象是谁？政府

能否总是通过增加货币供给速度或是提高通货膨胀率来实现征税？它对经济有什么影响？（同济大学 2017）

25. 2010 年 10 月我国 CPI 同比增长 4.4%，11 月同比增长 5.1%，创 28 个月以来的新高。山东、江苏、浙江等省市民政部门相继宣布发放临时物价补贴，以缓解近期粮食等主要食品价格上涨对低收入群体带来的生活压力，同时，中央银行也在两个月内连续采取了提高存贷款利率和三次提高法定准备金率①的政策。根据宏观经济理论分析：

（1）通货膨胀会对我国经济产生什么影响？

（2）政府采取的经济政策会对我国的消费、投资、国民收入等经济变量产生怎样的影响？（对外经济贸易大学 2011）

26. 简述菲利普斯曲线及其政策含义。（华东师范大学 2018）

27. 论述菲利普斯曲线与预期之间的关系。（南京大学 2015）

28. 为什么理性预期理论意味着央行降低通货膨胀面临的牺牲率可能较低？（暨南大学 2017）

29. 总供给曲线和菲利普斯曲线是看待同一宏观经济现象的两种不同方式，请简要说明其原因。（南开大学 2015）

30. 假设经济由如下三个式子来描述：总需求状况为 $g_{yt}=g_{mt}-\pi_t$；菲利普斯曲线为 $\pi_t-\pi_{t-1}=-0.8(u_t-4\%)$；奥肯定律为 $u_t-u_{t-1}=-0.4(g_{yt}-3\%)$。其中 g_{yt} 为产出增长率，g_{mt} 为货币供给增长率，π_t 为通货膨胀率，u_t 为失业率。

（1）经济的自然失业率是多少？

（2）假设失业率等于自然失业率，通货膨胀率为 8%。产出增长率是多少？货币供给增长率是多少？

（3）假设政府要把通货膨胀率从第一年的 8%降到第二年的 4%，求第二年的实际失业率并计算牺牲率。（南开大学 2011）

参考答案

1. **【难度】** 1 **【考点】** 失业的影响与奥肯定律

【答案】 奥肯定律是 20 世纪 60 年代阿瑟·奥肯根据美国的数据提出的经济周期中失业变动与产出变动的经验关系。根据奥肯定律，实际失业率每高于自然失业率 1 个百分点，实际 GDP 将低于潜在 GDP 2 个百分点。也就是说，相对于潜在 GDP，实际 GDP 每下降 2 个百分点，实际失业率就会比自然失业率上升 1 个百分点。奥肯定律用公式可表示为：

$$\frac{y-y_f}{y_f}=\alpha(u-u^*)$$

① 高鸿业《西方经济学（宏观部分·第八版）》中的“法定准备率”一词又称“法定准备金率”。

式中，y 为实际产出，y_f 为潜在产出，u 为实际失业率，u^* 为自然失业率，α 为大于零的参数。

奥肯定律的一个重要结论是，实际 GDP 必须保持与潜在 GDP 同样快的增长，以防止失业率的上升。如果政府想让失业率下降，那么，该经济社会的实际 GDP 的增长必须快于潜在 GDP 的增长。

2. **【难度】**1　　**【考点】**菲利普斯曲线

【答案】附加预期的菲利普斯曲线即短期菲利普斯曲线，就是在给定人们对通货膨胀率的预期时，表示通货膨胀率与失业率之间替换关系的曲线。附加预期的菲利普斯曲线方程为：$\pi=\pi^e-a(u-u^*)$，其中 π^e 为预期通货膨胀率，整理得 $\pi-\pi^e=-a(u-u^*)$。如图 16－4 所示，当实际通货膨胀率等于预期通膨胀率时，失业率处于自然失业率状态。

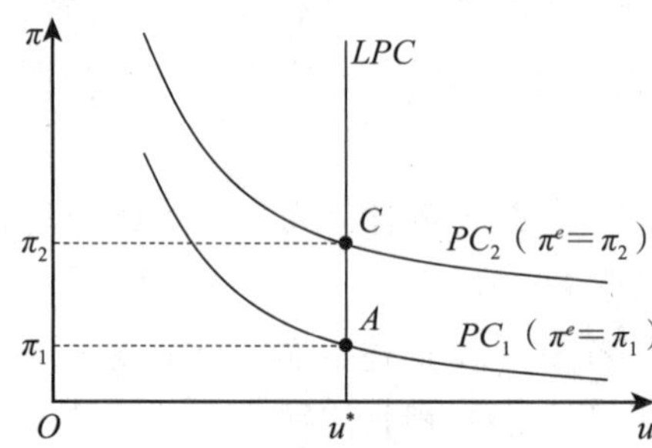

图 16－4　附加预期的菲利普斯曲线

3. **【难度】**1　　**【考点】**通货膨胀的原因

【答案】正确。弗里德曼发现，每一次通货膨胀的背后都有增发货币现象，他认为，“通货膨胀时时处处都是一种货币现象”。

4. **【难度】**1　　**【考点】**菲利普斯曲线

【答案】正确。这是理性预期学派的基本观点，从该观点得到的结论就是政策无效。

5. **【难度】**1　　**【考点】**失业的原因

【答案】C。摩擦性失业、结构性失业和周期性失业都是因没有合适的工作；自愿失业是因不愿意接受当前的工资。

6. **【难度】**1　　**【考点】**失业的原因

【答案】A。这是由就业过程中无法避免的因素造成的失业，所以被称为摩擦性失业。

7. **【难度】**1　　**【考点】**失业的影响与奥肯定律

【答案】D。奥肯定律和菲利普斯曲线是同一个经济规律的不同视角，它们都反映产品市场（均衡收入或者物价）和劳动市场之间的负相关关系，收入高（意味着通货膨胀率也高）则失业率低，反之亦然。所以，要想让失业率下降，应该让实际 GDP 高于潜在 GDP，使实际 GDP 的增长提前达到潜在 GDP 的增长，而不是滞后于潜在 GDP 的增长。

8.【难度】2　　　【考点】失业的影响与奥肯定律

【答案】D。奥肯定律的公式为：$\frac{y-y_f}{y_f}=\alpha(u-u^*)$。在本题中，由于奥肯系数为$\alpha=2$，意味着实际失业率每高于自然失业率 1 个百分点，实际 GDP 将低于潜在 GDP 2 个百分点。现在失业率比自然失业率高了 3%，因此 GDP 相比于充分就业的 GDP 减少了 6%，即 GDP 少 300 亿美元，实际 GDP 为 4 700 亿美元。

9.【难度】1　　　【考点】通货膨胀的描述

【答案】C。持有货币的名义收益率就是指名义利率。

10.【难度】1　　　【考点】通货膨胀的原因

【答案】B。在短期内，通货膨胀会让企业产生幻觉，认为市场需求增加了，从而增加生产，所以，短期内通货膨胀会使得实际 GDP 有所增加，选项 A 在短期内是不对的，这个说法只在长期内正确。根据 *AD—AS* 模型，如果是需求拉动的通货膨胀，则会导致 GDP 和价格同时上升，如果是成本推动的通货膨胀（*AS* 曲线左移），则会导致 GDP 下降和价格上升。

11.【难度】1　　　【考点】通货膨胀的原因

【答案】A。成本推动的通货膨胀导致 *AS* 曲线左移，价格上升，产量下降，产量下降导致失业率上升。

12.【难度】1　　　【考点】菲利普斯曲线

【答案】B。附加预期的菲利普斯曲线理论认为，预期会使菲利普斯曲线向右上方移动，同等失业率下的通货膨胀率会更高。产出波动和供给冲击都会影响失业率，因此也就间接影响通货膨胀率。

13.【难度】2　　　【考点】菲利普斯曲线

【答案】ABCE。弗里德曼认为，由于预期的存在和变动，通货膨胀和失业之间的替换关系只在短期内才是有可能的，而在长期内则不存在，所以选项 D 的说法有误。

14.【难度】2　　　【考点】失业及相关概念

【答案】(1) 失业率指劳动力中没有工作而又在寻找工作的人所占的比例，即失业者人数对劳动力总数的比率。而经济学中的劳动力指一定年龄范围内有劳动能力并且愿意工作的人，因而把儿童排除在外。

$$总失业率=[(1-0.35)\times0.07+0.35\times0.06]\times100\%=0.066\,5\times100\%=6.65\%$$

(2) 根据劳动力的定义，由于儿童未达到法定劳动年龄，不计入劳动力总数中。而失业率统计的是劳动力总数中的失业者所占的比例，因此儿童人口增加并不改变失业率。

15.【难度】2　　　【考点】失业的原因

【答案】(1) 摩擦性失业是指因季节性或技术性原因而引起的自然失业，即由于经济在调整过程中，或者由于资源配置比例失调等原因，一些人需要在不同的工作中转移，一些人需要等待转业，因此而产生的失业现象。

总需求不足的失业就是周期性失业。根据凯恩斯的分析，就业水平取决于国民收入水平，而国民收入水平又取决于总需求。通过财政政策和货币政策的作用，可以调整社会总需求水平，从而调整周期性失业，比如扩张性的财政政策和货币政策会提高总需求，从而减少周期性失业。

（2）摩擦性失业是难以避免的，由于社会对产品的需求随时间的推移而不同，当对产品的需求发生变化时，工人继续找工作，在改变部门时需要花时间。除此之外，在劳动市场上，企业和工人搜寻理想的工作目标的时候，找到匹配的工作所要花费的时间也是导致摩擦性失业的一个原因。

周期性失业是由总需求不足而引起的失业。由需求不足而导致产出下降，一般出现在经济萧条阶段，工人就业率下降，失业率升高。

由此可见，周期性失业所带来的危害高于摩擦性失业，所带来的影响也往往较大，将两者区分开来，可以更清楚地了解经济的发展形势，政策制定者在制定政策的过程中，更应该倾向于降低周期性失业。

16. **【难度】**1　　**【考点】**失业的原因

【答案】在没有需求拉动或成本推动的情况下，只是由于经济结构因素的变动，也会出现一般价格水平的持续上涨，这种通货膨胀就叫作结构性通货膨胀。

结构性通货膨胀的原因在于经济结构本身的特点。从生产率提高的速度看，社会经济结构的特点是：一些部门生产率提高的速度快，另一些部门生产率提高的速度慢。从经济发展的过程来看，社会经济结构的特点是：一些部门正在迅速发展，另一些部门渐趋衰落。从同世界市场的关系来看，一些部门同世界市场的联系十分密切，另一些与世界市场没有密切联系。

通常用生产率提高快慢不同的两个部门说明结构性通货膨胀。由于生产率提高的快慢不同，两个部门工资增长的快慢也应有所区别，但是生产率提高慢的部门要求工资增长向生产率提高快的部门看齐，结果使全社会工资增长速度超过生产率增长速度，因而引起通货膨胀。

假设 A、B 分别为生产率提高快慢不同的两个部门，二者的产量相等。部门 A 的生产增长率 $\left(\frac{\Delta y}{y}\right)_A=3.5\%$，工资增长率 $\left(\frac{\Delta W}{W}\right)_A=3.5\%$。这时全社会的一般价格水平不会因为部门 A 工资的提高而上涨。但是，当生产增长率较低 $\left[\left(\frac{\Delta y}{y}\right)_A=0.5\%\right]$ 的 B 部门要求向 A 部门看齐工资时，即 $\left(\frac{\Delta W}{W}\right)_A=\left(\frac{\Delta W}{W}\right)_B=3.5\%$，这会使全社会的工资增长率超过经济增长率。全社会的工资增长率为：$\frac{\Delta W}{W}=\left[\left(\frac{\Delta W}{W}\right)_A+\left(\frac{\Delta W}{W}\right)_B\right]\div 2=3.5\%$。生产增长率为：$\frac{\Delta y}{y}=\left[\left(\frac{\Delta y}{y}\right)_A+\left(\frac{\Delta y}{y}\right)_B\right]\div 2=2\%$。这就是结构性引起的通货膨胀。

17.【难度】3 【考点】失业的原因

【答案】自然失业是指由经济中某些难以避免的原因所引起的失业，其大致分为摩擦性失业和结构性失业。摩擦性失业是指由于劳动市场供求信息不完善、交易成本等摩擦性因素所导致的失业。结构性失业是指劳动的需求与供给不匹配造成的失业。如果社会对一种劳动的需求上升，对另一种劳动的需求下降，而市场又未能及时做出调整，则这种不匹配的情况就有可能发生。结构性失业的特点是既有失业，又有职位空缺，失业者或者没有合适的技能，或者居住地点不当，因此无法填补现有的职位空缺。

周期性失业又被称为总需求不足的失业，一般出现在经济周期的衰退与萧条阶段，这种失业与经济中的周期性波动是一致的。在复苏和繁荣阶段，各厂商争先扩充生产，就业人数普遍增加；在衰退和谷底阶段，由于社会需求不足，各厂商又纷纷压缩生产，大量裁员，导致失业人数大增。

人口红利是指一个国家的劳动力占总人口的比重较大，抚养率比较低，为经济发展创造了有利的人口条件，整个国家的经济呈高储蓄、高投资和高增长的局面。

一般来说，随着经济的发展，每一个经济体都会经历一个人口红利的阶段。接着，由于医疗、卫生水平的上升，婴幼儿死亡率开始下降。然后，随着经济的继续发展，抚养孩子的成本越来越高，育龄夫妇的工作压力越来越大，生育率也开始下降。在死亡率已经下降、生育率还未下降的时间段内出生的人，有很大一部分既不需要赡养太多父辈，也不需要抚养太多孩子——他们进入生育年龄时，生育率已经下降了。当这批人进入劳动市场时，劳动力占总人口的比重开始逐渐升高，人口红利便开始了。在1960—1980年之间，我国生育率很高，但死亡率越来越低，这批人进入劳动和生育年龄大约是在1980年之后，又恰逢中国当时严格执行计划生育政策，生育率剧降，因此，中国从1980年开始出现人口红利。人口红利是我国从20世纪80年代开始经济快速增长的原因之一。从2000年开始，我国的“80后”陆续走向劳动年龄，他们很多都是独生子女，因此赡养老人的负担很重，人口红利开始逐渐减少。到2010年之后，由于很多在20世纪60年代出生的农村打工人员陆续退出城市工作，加上平均寿命增加又导致赡养老人的成本更高，我国的人口红利减少的速度更快。现在中国又从政策上放开“二孩”“三孩”，导致“80后”“90后”的劳动者不仅要对上赡养更多老人，对下还要抚养更多孩子，又加剧了人口红利的消失。

“人口红利消失”和就业形势不乐观并不矛盾。人口红利消失是指劳动力占总人口的比重下降，就业形势不乐观是因为劳动市场需求不旺盛或者供需错位严重（即结构性失业）。当一个经济体的人口红利消失时，社会储蓄率下降，经济增长率也就跟着下降，一段时间之后，经济增长缓慢的弊端逐渐显露，表现为市场需求疲软，劳动市场也跟着疲软，失业增加，就业形势就不乐观了。因此，“人口红利消失”和就业形势不乐观不仅不是一对矛盾，相反，它们之间具有一定的因果关系。

我国现阶段的就业形势不乐观，有以下两个原因：一是经济正在从粗放式增长向集约式增长转型，对高技术劳动力的需求量很大，但劳动力的技术进步跟不上节奏，导致企业招聘难和工人求职难这种双方都难的局面，这里面有结构性失业的因素；二是由于近几年经济增长缓慢，导致市场需求疲软，就业市场的需求也跟着疲软，这种就业形势不乐观又包括了周期性失业的因素。

在以上两种失业里，周期性失业会随着经济增幅上升而自动消失，但结构性失业需要消除供需错位的就业矛盾后才能下降，它是自然失业的一种，很难自动消失，一般需要政府部门的参与，对劳动者进行定向培训，提升劳动者的技术水平。

【提示】(1) 人口红利是指劳动力占总人口的比重较高，而不是劳动力参与率较高，劳动力参与率＝劳动力人数/成年人口总数，而不是劳动力人数/总人口；(2) 题干提到“自然失业”“周期性失业”“人口红利”“就业形势”四个概念，答题时不能把四个概念割裂开来分别解析。命题人这样出题，必然是认为这些概念之间有内在的联系，答题时必须把这个内在联系解释清楚。

18. **【难度】**2 **【考点】**通货膨胀的描述

【答案】（1）根据 GDP 的定义有名义 GDP$=\sum_{i=1}^{n}P_iQ_i$，可得 2002 年名义 GDP 为：

$$2\,500\times1.5+5\,000\times7.5+4\,000\times6+3\,000\times5+6\,000\times2=92\,250(\text{元})$$

2004 年名义 GDP 为：

$$3\,000\times1.6+6\,000\times8+5\,000\times7+3\,500\times5.5+7\,000\times2.5=124\,550(\text{元})$$

（2）以 2002 年为基年，计算 2004 年的实际 GDP 应以 2002 年的价格为基准。

实际 GDP 为：

$$3\,000\times1.5+6\,000\times7.5+5\,000\times6+3\,500\times5+7\,000\times2=111\,000(\text{元})$$

年均增长率为：

$$g=\left[\left(\frac{111\,000}{92\,250}\right)^{\frac{1}{2}}-1\right]\times100\%=9.69\%$$

（3）2004 年的平减指数$=\frac{\text{名义 GDP}}{\text{实际 GDP}}\times100=\frac{124\,550}{111\,000}\times100=112.2$。

通货膨胀率 $\pi_t=\frac{P_t-P_{t-1}}{P_{t-1}}=\frac{112.2-100}{100}\times100\%=12.2\%$。

19. **【难度】**2 **【考点】**通货膨胀的原因

【答案】通货膨胀指经济社会在一定时期价格水平持续和显著地上涨。通货膨胀的程度通常用通货膨胀率来衡量。通货膨胀率被定义为从一个时期到另一个时期价格水平变动的百分比，用公式表示就是：$\pi_t=(P_t-P_{t-1})/P_{t-1}$。式中，$\pi_t$ 为 t 时期的通货膨胀率；P_t 和 P_{t-1} 分别为 t 时期和（$t-1$）时期的价格水平。

关于通货膨胀的原因，经济学家主要从三个角度做了解释，第一个是从货币数量论的角度解释，第二个是从需求和供给的角度解释，第三个是从经济结构变动的角度来解释。

（1）作为货币现象的通货膨胀。

按照货币数量论 $MV=Py$，可以得出通货膨胀率 $\pi=\hat{m}-\hat{y}+\hat{v}$，其中 $\hat{m}$ 为货币增长率，$\hat{y}$ 为产量增长率，$\hat{v}$ 为货币流通速度增长率。通常情况下，货币流通速度是基本不变的，而长期内实际产量的增长率也是固定不变的，因此，在长期内，通货膨胀率唯一的决定因素就是货币增长率，或者说，货币增长率的变化一对一地导致了通货膨胀率的变化。

（2）需求拉动的通货膨胀。

总需求超过总供给会引起一般价格水平上涨。

如图 16-5 所示，如果当前总需求曲线为 AD_1，社会均衡价格水平为 P_1，产量为 y_1，如果总需求增加，AD_1 右移到 AD_2，则均衡产量和价格水平分别上升到 y_2 和 P_2。如果当前总需求曲线为 AD_3，此时整个社会的经济资源全部得到利用，总需求再增加引起 AD_3 右移到 AD_4，则总需求的增加只会引起物价水平的上升。

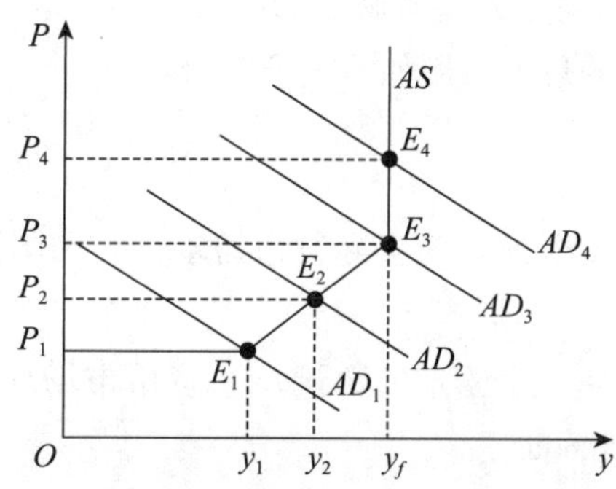

图 16-5　需求拉动的通货膨胀

（3）成本推动的通货膨胀。

在没有超额需求的情况下，供给方面成本的提高也会引起一般价格水平的上涨。

如图 16-6 所示，假设当前总供给曲线为 AS_1，总需求曲线为 AD，此时价格水平为 P_1，产量为 y_1。如果生产成本上升，导致总供给曲线左移，由 AS_1 移动到

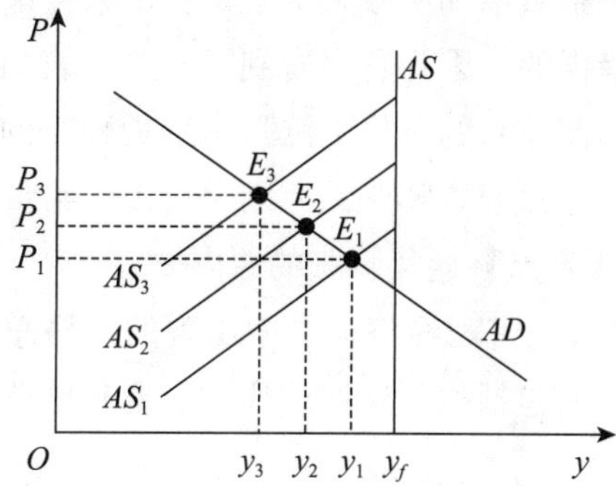

图 16-6　成本推动的通货膨胀

AS_2，则价格水平上升到 P_2，产量下降到 y_2。如果总供给曲线继续左移，则价格水平会继续上升到 P_3，产量继续下降到 y_3。

这种通货膨胀同时伴随着经济下滑，被称为“滞胀”。

（4）结构性通货膨胀。

由于经济结构因素的变动，出现一般价格水平的持续上涨，称为结构性通货膨胀。

生产率提高速度不同的两个部门的工资增长快慢也应当有区别。但是，生产率提高慢的部门要求工资增长向生产率提高快的部门看齐，结果使全社会工资增长速度超过生产率增长速度，因而引起通货膨胀。

20. **【难度】**1　　**【考点】**通货膨胀的原因

【答案】根据费雪的交易方程 $MV=Py$ 可得如下关系式：$\pi=\hat{m}-\hat{y}+\hat{v}$，其中 π 为通货膨胀率，$\hat{m}$ 为货币增长率，$\hat{y}$ 为产量增长率，$\hat{v}$ 为货币流通速度变化率。根据题设有 $\hat{m}=0.16$，$\hat{v}=0.02$，$\hat{y}=0.11$，代入上式得 $\pi=0.16-0.11+0.02=0.07=7\%$。

设名义利率为 i，实际利率为 r，根据费雪方程，$r=i-\pi=3\%-7\%=-4\%$。

21. **【难度】**2　　**【考点】**通货膨胀的原因

【答案】对名义货币的总需求用如下式子表示：

$$M_d=P\times L(Y,r)$$

其中，P 为物价水平，$L(Y,r)$ 为实际货币需求，它和国民收入 Y 同向变动，和利率水平 r 反向变动。

名义货币供给量 M_s 是一个给定的数量 M，货币市场均衡的条件为名义货币供给量等于名义货币需求量，即：

$$M_s=M_d=P\times L(Y,r)$$

上式说明了两点：①当给定了名义货币供给量和实际货币需求量时，物价水平需要调整到一个水平，使得名义货币供给量等于名义货币需求量；②当名义货币供给量增加而实际货币需求量不变时，物价水平必然上升。

因此，根据货币供给与需求决定物价水平的理论不难得出这样一个结论：通货膨胀归根结底是由货币供给量增加所致。这就是货币数量论的观点。

显然媒体的说法是错误的，因为它只看到了问题的表面现象而没有触及问题的实质。食品（或任何个别商品）的价格上涨只是通货膨胀的一个表现形式而不是导致通货膨胀的原因，真正导致通货膨胀的原因是货币供给量的增加。

22. **【难度】**2　　**【考点】**通货膨胀的原因

【答案】（1）通货膨胀是宏观经济运行中出现的价格总水平持续上涨的一种经济现象。通货膨胀理论主要包括通货膨胀的原因、通货膨胀的影响及治理通货膨胀的对策等。

（2）对造成通货膨胀的原因有多种解释，主要有货币数量论、总供给和总需求以及经济结构方面的解释。

货币数量论的解释：通货膨胀的原因在于货币供给的迅速增长。

总供给、总需求方面的解释：①需求拉动的通货膨胀，指总需求增加所引起的一般价格水平的持续、显著的上涨，消费需求、投资需求、政府需求和国外需求的增加都会对社会总需求的增加产生影响，在总供给曲线既定的条件下，总需求增加即总需求曲线向右上方移动，导致价格总水平上涨。②成本推动的通货膨胀，指由于供给成本的提高而引起的一般价格水平持续和显著的上涨。成本推动主要包括工资和利润推动。无论是工资还是利润，如果超过价格总水平的上涨速度，则会对商品和劳务价格的进一步上涨形成压力。

经济结构方面的解释：在没有需求拉动和成本推动的情况下，只是由于经济结构因素的变动，也会出现一般价格水平的持续上升。

(3) 既然明确了引起通货膨胀的原因，就可以采取相应的措施来消除通货膨胀。主要措施有：

一是需求管理政策。消除通货膨胀首先是控制总需求，实行紧缩性政策。紧缩性政策是迄今为止运用得最多且最有效的政策措施，其主要内容包括紧缩性财政政策和紧缩性货币政策。

①紧缩性财政政策。紧缩性财政政策主要是通过削减财政支出和增加税收的办法来消除通货膨胀。削减财政支出的目的是通过限制支出而减少政府的需求，从而缩减总需求。增加税收主要是增加企业和个人的税负。

②紧缩性货币政策。具体措施包括：通过公开市场业务出售政府债券，回笼货币，减少经济体系中的货币存量；提高利率，比如提高再贴现率、贴现率、法定准备金率、银行存贷款利率等，利率的上升促使人们更多地去储蓄从而使消费需求减少，利率上升也增加了投资成本，从而抑制了投资需求。

二是供给管理政策。通过需求管理政策控制通货膨胀容易导致就业和产出的下降，因此，供给管理政策显得比较重要。造成通货膨胀的原因是社会的总需求大于总供给，治理通货膨胀一方面要通过紧缩性政策减少总需求，另一方面要增加总供给。主要措施有减税以提高劳动者的工作意愿和劳动生产率，增加企业的投资愿望，从而带动总供给的增加；减少政府对企业的限制，让企业更好地扩大商品供给；鼓励企业采用新技术、更新设备和调整产业结构。

三是调整经济结构。由于引起通货膨胀的一个原因是经济结构的失调，所以治理通货膨胀的一个方案是调整经济结构，各产业部门之间保持一定比例，避免因某些产品如粮食、原材料等的供求结构失调而推动物价上涨。

四是其他反通货膨胀措施，例如收入管理政策，包括工资—物价指导线、政府权威性劝说、工资—物价硬性管制和税收奖惩等。

23. **【难度】**2　　**【考点】**通货膨胀的描述；通货膨胀的成本

【答案】经济学家把用货币支付的利率称为名义利率，它是未剔除通货膨胀因素的利率，而把剔除了通货膨胀因素的利率称为实际利率。它们之间的关系是：

实际利率＝名义利率－通货膨胀率

但实际利率又分事前实际利率和事后实际利率。在大多数情况下，人们用预期通货膨胀率确定一笔借款的名义利率，假设计划的实际利率为 r，预期的通货膨胀率为 π^e，则借款的名义利率 $i=r+\pi^e$，即实际利率 $r=i-\pi^e$，这是用事前预期的通货膨胀率计算的实际利率，也叫预期实际利率或事前实际利率。

等通货膨胀实际发生后，实际发生的通货膨胀和人们预期的通货膨胀会不一样。假设实际发生的通货膨胀率为 π，那么 $r=i-\pi$ 表示的是事后实际利率。事后实际利率才是真正的实际利率。

对于借款人和贷款人而言，事后实际利率更重要，因为事后实际利率是贷款人的真实收入，是借款人的真实成本。

24. **【难度】**2　　**【考点】**通货膨胀的成本

【答案】由于政府拥有印刷货币的垄断权力，政府可以通过印刷货币获得收入，这种通过发行货币筹集到的收入被称为铸币税。

铸币税是向所有持有该国货币的个人或企业征收的。由于国家垄断着货币发行权，一般由中央银行发行货币，所以国家单单通过发行货币就可以获得公民所生产的商品和提供的服务，但政府发行货币所筹集到的收入是通过通货膨胀而实现的。假设一国起初发行的货币为 M，它们散落在个人和企业手中，然后政府通过印刷纸币，增发 25%的货币，使得市场流通的货币总量增加到 1.25M，按照货币中性理论，此时人们手中的货币会贬值 20%。例如，现在的 100 元只拥有当初 80 元的购买力，那“失去的”20 元被政府攫取，成为铸币税。

政府增加货币供给会导致市场上的通货膨胀预期，而通货膨胀预期一旦产生，就会自动拥有其持续性。因为工人会按照预期要求增加工资，供货商在签订合同时会按照预期要求涨价，贷款人会按照预期对其所借出的款项要求名义利率。总之，所有未来才能获得的货币流，都会因为通货膨胀预期而被要求上升一定的比例。而这种上升一旦确定下来，就形成了新一轮的通货膨胀，于是通货膨胀就会这样持续下去。

当通货膨胀率高到一定程度时，就会严重影响市场经济的正常运行，甚至会形成心理恐慌，这时，人们会争相抛弃到手的货币，改为持有价值稳定的实物（如黄金），或者将其兑换成其他国家的货币（如美元），而这一行为更会加剧通货膨胀和货币的贬值，最后会演化为恶性通货膨胀。所以，政府不能总是通过增加货币供给速度或提高通货膨胀率来实现铸币税。

25. **【难度】**2　　**【考点】**通货膨胀的成本

【答案】(1) 通货膨胀是宏观经济运行中出现的价格总水平持续上涨的一种经济现象，通常用 CPI 的增长幅度来衡量。2010 年 10 月和 11 月我国月度 CPI 增长率连续超过了 4.4%和 5.1%，创 28 个月以来的新高，这说明已出现了通货膨胀的苗头。

通货膨胀会增加经济社会的成本。其中，预期到的通货膨胀所产生的成本包括：菜单成本、鞋底成本、税收扭曲、相对价格变动导致的资源配置不当、混乱与不方便。未预期到的通货膨胀所产生的成本包括：不确定性的增加、不合意的财富的再分配、相对价格变动性的增加。

（2）政府向居民发放补贴会增加居民的可支配收入，其中，低收入群体由于收入基数小，可支配收入增加幅度较大。这一方面可以缓解通货膨胀给低收入群体造成的生活压力，另一方面又会导致消费的增加，进而导致国民收入的增加，国民收入增加会导致货币需求增加，在货币供给不变的情况下，货币需求曲线向右移动，导致利率增加，而利率的增加又最终导致私人投资的减少。因此，补贴政策会增加消费、增加国民收入、减少投资。

央行三次提高法定准备金率属于紧缩性货币政策，这会导致货币供给减少，利率上升，利率的上升导致投资减少，而投资减少会通过投资乘数效应而导致国民收入的更大程度减少，国民收入的减少会导致消费的减少。因此，紧缩性货币政策会导致投资减少、国民收入减少、消费减少。

26.【**难度**】1　　【**考点**】菲利普斯曲线

【**答案**】（1）菲利普斯曲线是说明失业率和货币工资变动率之间替换关系的一条曲线。当失业率较低时，货币工资增长率较高；反之，当失业率较高时，货币工资增长率较低，甚至为负数。它是由英国经济学家菲利普斯提出的，故被称为菲利普斯曲线。西方经济学家认为，货币工资率的提高是引起通货膨胀的原因，即货币工资率的增加超过劳动生产率的增加，引起物价上涨，从而导致通货膨胀。所以，菲利普斯曲线又成为当代经济学家用以表示失业率和通货膨胀率之间此消彼长、相互替换关系的曲线。

（2）菲利普斯曲线主要有三种类型，各自具有不同的政策含义。

① 新古典综合派菲利普斯曲线（PC）是由新古典综合派提出的表示失业率和通货膨胀率之间替换关系的曲线。用公式表示为：$\pi=-a(u-u^*)$，其中 u^* 代表自然失业率，参数 a 衡量价格对于失业率的反应程度。如图 16－7 中的 PC_1 所示，这一菲利普斯曲线表明失业率高，则通货膨胀率低；失业率低，则通货膨胀率高。

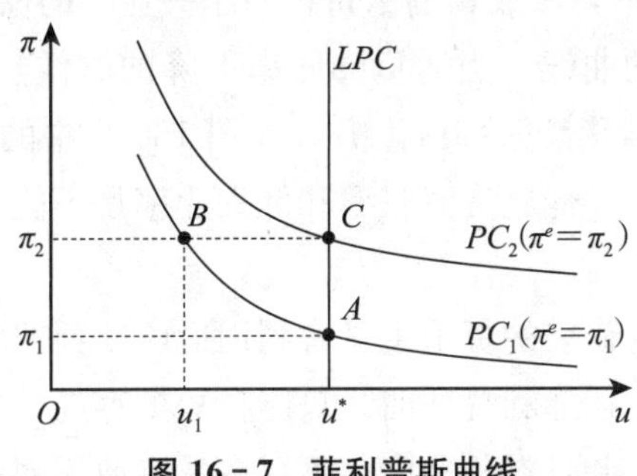

图 16－7　菲利普斯曲线

这一菲利普斯曲线所包含的政策含义是，政策制定者可以选择不同的失业率和通货膨胀率的组合，可以用一定的通货膨胀率的增加来换取一定的失业率的减少，或者用后者的增加来减少前者。

② 短期菲利普斯曲线又称附加预期的菲利普斯曲线，指预期通货膨胀率保持不变时，表示通货膨胀率与失业率之间关系的曲线。公式表示为：$\pi=\pi^e-a(u-u^*)$，π^e表示预期通货膨胀率，如图 16-7 中的 PC_2 所示。弗里德曼指出，企业和工人关注的不是名义工资，而是实际工资。当劳资双方谈判新工资协议时，人们都会对新协议期的通货膨胀进行预期，并根据预期通货膨胀率相应地调整名义工资水平。根据这种说法，人们的预期通货膨胀率越高，名义工资增加得越快。由此，弗里德曼等人提出了短期菲利普斯曲线的概念。这里所说的“短期”，是指从预期到需要根据通货膨胀做出调整的时间间隔。

短期的菲利普斯曲线表明，在预期的通货膨胀率低于实际的通货膨胀率的短期中，失业率与通货膨胀率之间仍存在着替换关系。由此，向右下方倾斜的短期菲利普斯曲线的政策含义就是，在短期中引起通货膨胀率上升的扩张性财政政策与货币政策是可以起到减少失业的作用的。换句话说，调节总需求的宏观经济政策在短期是有效的。

③ 长期菲利普斯曲线(LPC)。理性预期学派认为，在长期中，工人将根据实际发生的情况不断调整自己的预期，从长期来看预期的通货膨胀率与实际通货膨胀率迟早会一致，经济社会的失业率将处在自然失业率水平，失业率与通货膨胀率之间不存在替换关系。长期菲利普斯曲线是一条处于自然失业率水平的垂直线，如图 16-7 中的 LPC 所示。

长期菲利普斯曲线的政策含义是，从长期来看，政府运用扩张性政策不但不能降低失业率，还会使通货膨胀率不断上升。

27. **【难度】**1　　　**【考点】**菲利普斯曲线

【答案】菲利普斯曲线是反映通货膨胀率与失业率之间此消彼长关系的曲线。最初的菲利普斯曲线里不含预期因素，用公式表示为：

$$\pi=-a(u-u^*)$$

其中，u^* 代表自然失业率，参数 a 衡量价格对于失业率的反应程度。

它是向右下方倾斜的曲线，当通货膨胀率下降的时候，失业率就上升，反之，当失业率下降的时候，通货膨胀率就上升，如图 16-7 中的 PC_1 或 PC_2 所示。菲利普斯曲线告诉政府部门，低通货膨胀率和低失业率是不能两全的，政府只能在两者之间权衡取舍。

但是，以弗里德曼为代表的货币主义者利用适应性预期驳斥了以上菲利普斯曲线的理论。他们认为，上述菲利普斯曲线只能在短期存在，由于预期的影响，菲利普斯曲线会不断地上移，并且在长期内，不存在具有通货膨胀率与失业率此消彼长关系的菲利普斯曲线，而是有一条垂直于自然失业率水平的菲利普斯曲线。它表示在长期内，不存在通货膨胀率与失业率的替换关系。

如图 16-7 所示，假设经济起初在 A 点处运行，此时预期的通货膨胀率为 π_1，实际通货膨胀率也是 π_1，失业率处于自然失业率 u^*。这时政府实施扩张性财政政策，使得通货膨胀率上升为 π_2，由于实际通货膨胀率高于人们预期的通货膨胀率，使得实际工资下降，从而会增加生产，增加就业，失业率下降为 u_1，经济在 B 点运行。但是，这种情况是暂时的，经过一段时间，工人们会发现价格水平的上升和实际工资的下降这一现实，预期的通货膨胀率也会上升到 π_2，他们会要求提高名义工资，等实际工资回到初始水平，相应地，企业的生产和就业也都回到初始水平，此时失业率依然是 u^*，但通货膨胀率上升到 π_2，经济在 C 点运行。

以上过程重复下去，可知在长期内，由于人们预期的通货膨胀率与实际的通货膨胀率是一致的，因此，菲利普斯曲线是一条垂直于自然失业率水平的垂直线。因此，在长期内，总需求调节的宏观经济政策是无效的。

以卢卡斯为代表的理性预期学派在此基础上再次提出质疑。理性预期假说认为，人们会有效地利用一切有用的信息，并且会对经济变量做出在长期中平均来说最为准确的、又与所使用的经济理论和模型相一致的预期。理性预期学派认为，由于人们的预期是理性的，即使在短期内，人们预期到的通货膨胀率也与以后实际发生的通货膨胀率是一致的，因此在短期内也不存在向右下方倾斜的菲利普斯曲线。在短期内，菲利普斯曲线也是一条垂直于自然失业率水平的垂直线，如图 16－7 中的 LPC 所示。因此，总需求调节的宏观经济政策不仅在长期内是无效的，在短期内也是无效的。

28. **【难度】**2　　**【考点】**菲利普斯曲线

【答案】根据传统的短期菲利普斯曲线（SPC），通货膨胀率与失业率存在此消彼长的关系，因此，如果央行降低通货膨胀率则会导致失业率上升。如图 16－8 所示，假设初始经济处于自然失业率 u_n，产出处于充分就业产出水平 y_f，通货膨胀率为自然失业率状态的水平 π_n，此时政府通过财政政策或者货币政策等政策手段，使得通货膨胀率下降到 π_1，则失业率必然会上升，假设升到 u_1，此时产出必将下降，假设降低到 y_1。产出的下降就是政府降低通货膨胀率的成本，核算这一成本的方式就是牺牲率。

牺牲率＝GDP 损失的百分点÷通货膨胀率降低的百分点

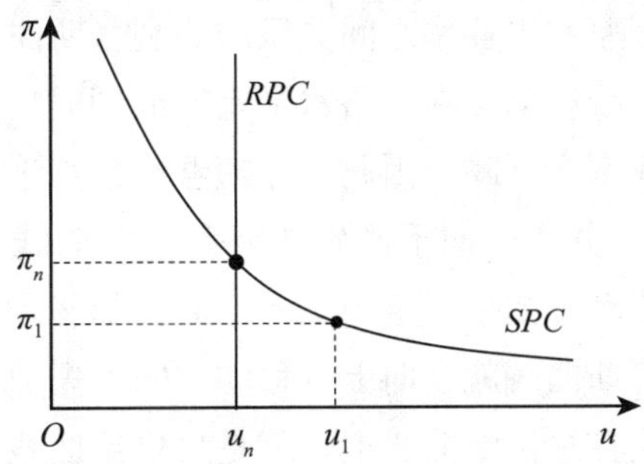

图 16－8　传统短期菲利普斯曲线与理性预期学派的菲利普斯曲线

但理性预期学派认为，公众对于政府的决策及其经济后果能做出系统上没有偏差的预期，因此，如果政府计划通过紧缩性政策降低总需求，从而降低通货膨胀率，则公众能对此做出准确的预期。由于预期的存在，工人对工资的要求、企业对商品价格的要求都会因此而下调，下调到与新的通货膨胀率完全相匹配的水平。因此，政府降低通货膨胀率不会导致失业率增加，即使在短期，菲利普斯曲线也是垂直的（如图 16－8 中的 RPC 所示），因此，政府降低通货膨胀率不会导致产出下降，因此牺牲率为零。

所以，理性预期理论意味着央行降低通货膨胀率面临的牺牲率可能较低。

29. **【难度】** 2　　**【考点】** 菲利普斯曲线

【答案】 菲利普斯曲线表示的是在一定的通货膨胀预期下，通货膨胀率与失业率之间的关系，总供给曲线表示的是价格与产出水平之间的关系，而价格与通货膨胀率是正相关的一一对应关系，失业率与产出水平是负相关的一一对应关系，所以这两条曲线是看待同一宏观经济现象的两种不同方式。

菲利普斯曲线说明通货膨胀率取决于两种力量，即预期通货膨胀率，以及失业率与自然失业率的背离（周期性失业），可以写成 $\pi=\pi^e-a(u-u^*)$，其中 π 和 π^e 分别表示实际通货膨胀率和预期通货膨胀率，u 和 u^* 分别表示实际失业率和自然失业率，a 是参数。

总供给曲线可以写成 $y=y_f+\lambda(P-P^e)$，其中 y 和 y_f 分别表示实际国民收入和充分就业收入，P 和 P^e 分别表示实际价格和预期价格，λ 是参数。总供给曲线也可以改写为 $P=P^e+\frac{1}{\lambda}(y-y_f)$，两边减去上一年的物价水平 P_{-1}，得到 $P-P_{-1}=(P^e-P_{-1})+\frac{1}{\lambda}(y-y_f)$，即 $\pi=\pi^e+\frac{1}{\lambda}(y-y_f)$，再结合奥肯定律，就可以将总供给曲线与菲利普斯曲线对应起来。

菲利普斯曲线和总供给曲线实际上是同一件事情的两面，都反映了经济中的价格调整机制。可以从菲利普斯曲线推导出总供给曲线，也可以从总供给曲线推导出菲利普斯曲线。总供给曲线提供了产出和价格之间的关系。可以通过变换得出产出和通货膨胀率之间的关系。结合奥肯定律，又可以得出产出和失业率的关系，然后就可以得到描述通货膨胀率和失业率之间关系的菲利普斯曲线。

例如，沿着总供给曲线移动，在价格水平上升的同时，产出水平增加，根据奥肯定律，产出增加，失业率会下降，因此，伴随着价格水平的上升（更高的通货膨胀率），失业率就会下降，并产生向下倾斜的菲利普斯曲线。当通货膨胀预期变化时，菲利普斯曲线就会移动，如果假定当工人的通货膨胀预期上升时，他们会改变工资需求，这样，菲利普斯曲线就会向上方移动，同一失业率对应着更高的通货膨胀率。这一经济现象对应在总供给曲线上，就是总供给曲线向上方移动，同一社会产出对应着更高的物价水平。

综上所述，菲利普斯曲线与总供给曲线是看待同一宏观经济现象（价格与产出水平）的两种不同方式。

30.**【难度】**2 **【考点】**失业及相关概念；菲利普斯曲线

【答案】(1) 自然失业率就是通货膨胀率不变的失业率，因此，根据菲利普斯曲线$\pi_t-\pi_{t-1}=-0.8\times(u_t-4\%)$易知经济的自然失业率是4%。

(2) 当失业率等于自然失业率的时候，根据奥肯定律$u_t-u_{t-1}=-0.4(g_{yt}-3\%)$易知产出增长率为3%。将$\pi_t=8\%$，$g_{yt}=3\%$代入$g_{yt}=g_{mt}-\pi_t$中可得货币供给增长率$g_{mt}=11\%$。

(3) 将$\pi_{t-1}=8\%$，$\pi_t=4\%$代入菲利普斯曲线$\pi_t-\pi_{t-1}=-0.8(u_t-4\%)$可得第二年的实际失业率为9%。将$u_t=9\%$，$u_{t-1}=4\%$代入$u_t-u_{t-1}=-0.4(g_{yt}-3\%)$解得$g_{yt}=-9.5\%$（即经济衰退），则GDP损失的百分点为$3-(-9.5)=12.5$，而通货膨胀率降低的百分点为$8-4=4$，因此牺牲率$=12.5/4=3.125$。

【提示】以如此严重的经济衰退为代价来降低通货膨胀率，似乎不合常理。本题不具备实际指导意义。

第十七章 宏观经济政策

学习精要

一、 学习重点

1. 财政政策效果的 $IS—LM$ 分析
2. 挤出效应
3. 货币政策工具
4. 货币创造机制
5. 货币政策效果的 $IS—LM$ 分析
6. 博弈论在宏观经济政策中的应用
7. 关于总需求管理政策的争论

二、 知识脉络图

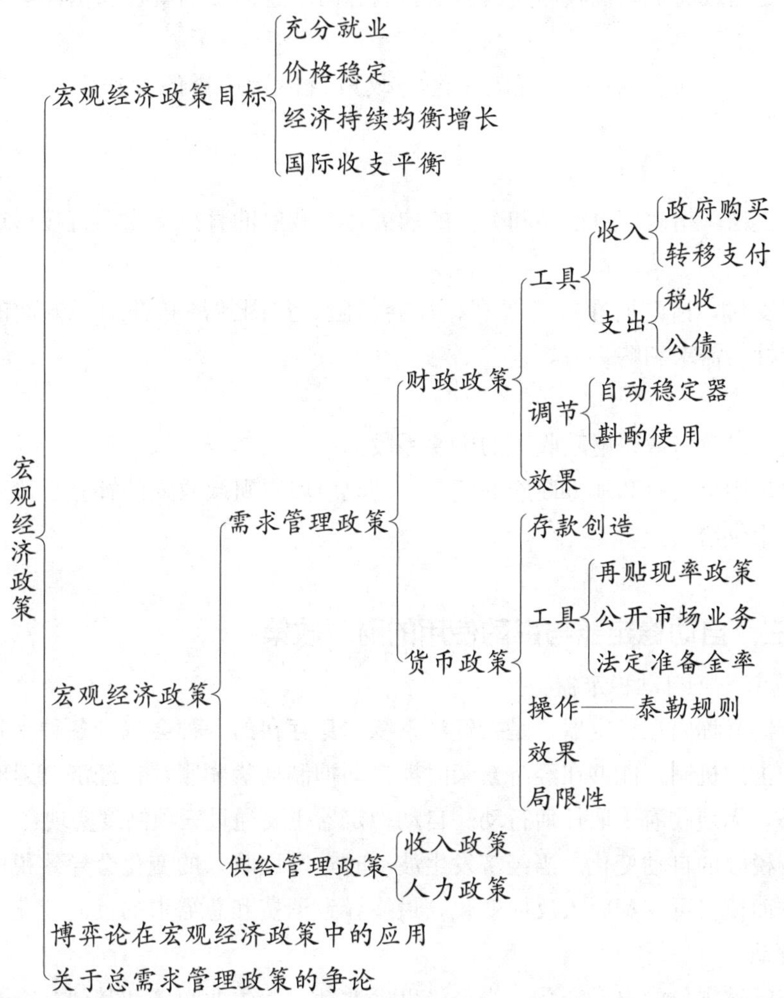

三、 理论精要

知识点一　宏观经济政策目标

宏观经济政策的四大目标：

（1）充分就业，指一切生产要素都有机会以自己合意的报酬参加生产的状态。

（2）价格稳定，指价格总水平的稳定，即不出现通货膨胀。

（3）经济持续均衡增长，指在一个特定时期内经济社会所生产的人均产量和人均收入的持续增长，通常用一定时期内实际国内生产总值年均增长率来衡量。

（4）国际收支平衡。

知识点二　财政政策及工具

财政政策是指政府变动税收和支出以便影响总需求进而影响就业和国民收入的政策。

财政政策工具是指政府为实现既定经济政策目标所选择的操作手段，主要包括：

（1）政府支出。

政府购买支出，指政府对产品和劳务的购买，为政府的直接支出，直接形成社会需求和购买力。

政府转移支付，指政府在社会福利、社会保险、贫困救济和补助等方面的支出，间接形成社会需求和购买力。

（2）政府收入。

政府税收，是政府取得财政收入的主要手段。

公债，包括中央政府和地方政府的债务，是政府取得财政收入的补充手段，同时也能影响货币供给。

知识点三　自动稳定器与斟酌使用的财政政策

1. 自动调节——自动稳定器

自动稳定器又称内在稳定器，是指经济系统本身存在的一种会减少各种干扰对国民收入的冲击的机制，能够在经济繁荣时期自动抑制通货膨胀，在经济衰退时期自动减轻萧条，无须政府采取任何行动。自动稳定器主要通过三项制度实现：

（1）政府税收的自动变化。当经济发生波动时，国民收入的变化会导致税收的同向变化，进而使得可支配收入反向变化，最终导致消费和总需求的反向变化，从而减轻经济波动。

（2）政府转移支付的自动变化。当经济发生波动时，失业救济和其他社会福利支出会反向变化，从而减轻经济波动。

（3）农产品价格维持制度。在经济萧条时，国民收入下降，农产品价格下降，但政府按支持价格收购农产品，减少了农民收入的下降；反之，在经济繁荣时，国民收入上升，农产品价格上升，政府则减少对农产品的收购甚至抛售农产品，遏制价格上升和农民收入的增长，减轻经济波动。

【提示】自动稳定器没有时滞，但效果很有限。

2. 主动调节——斟酌使用的财政政策

斟酌使用的或权衡性的财政政策：为确保经济稳定，政府审时度势，主动采取一些财政措施，变动支出水平或税收以稳定总需求水平，使之接近物价稳定的充分就业水平。

通常认为经济衰退时，应该采取扩张性财政政策；反之，当经济过热、出现通货膨胀时，应该采取紧缩性财政政策。简言之，要“逆经济风向行事”。

知识点四　功能财政和预算盈余

（1）年度平衡预算：要求每个财政年度收支平衡。

（2）周期平衡预算：政府收支在一个经济周期中保持平衡，以繁荣时的盈余弥补衰退时的赤字。

（3）功能财政思想：根据权衡性财政政策，为实现无通货膨胀的充分就业水平这一目标，预算既可以是盈余，也可以是赤字，无须刻意保持财政收支平衡。

知识点五　财政政策效果的 *IS*—*LM* 分析

（1）当 LM 曲线斜率不变时，IS 曲线斜率的绝对值越大，即 IS 曲线越陡峭，则挤出效应越小，移动 IS 曲线时收入变化就越大，即财政政策效果越大。反之亦然。如图 17－1 所示。

（2）当 IS 曲线斜率不变时，LM 曲线斜率越大，即 LM 曲线越陡峭，则货币投机需求的利率系数 h 越小，移动 IS 曲线时导致的利率变化越大，挤出效应越大，收入变化就越小，即财政政策效果越小。反之亦然。如图 17－2 所示。

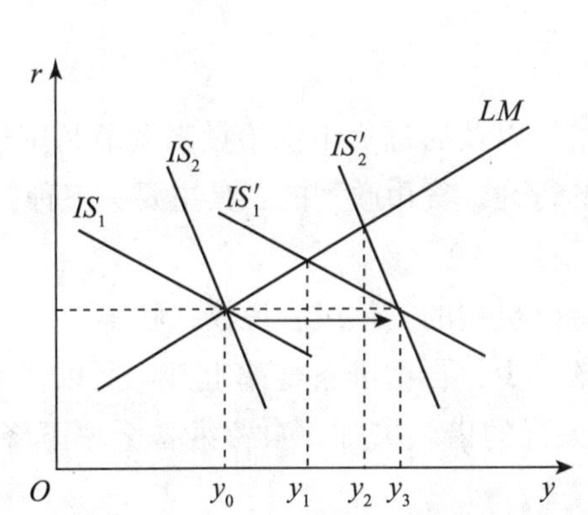

图 17－1　财政政策效果因 *IS* 曲线斜率而异

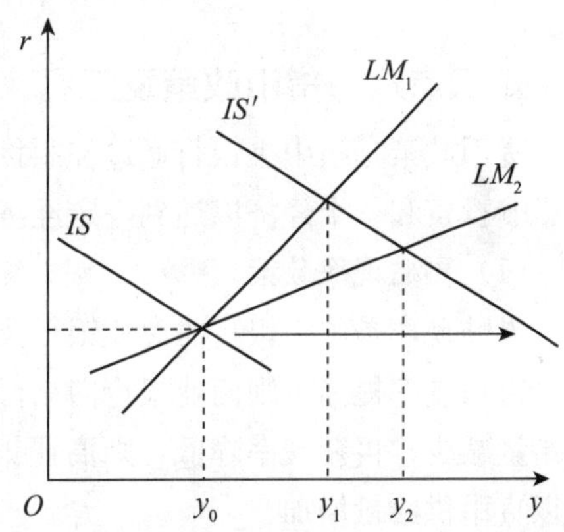

图 17－2　财政政策效果因 *LM* 曲线斜率而异

【提示】 假设边际消费倾向 β 变得更大，则 IS 曲线更平坦，但财政政策效果反而更大。这一现象似乎与前面的结论矛盾，实则不然。具体分析请关注微信公众号“王海滨老师”，点击菜单栏中的“精品文章/精品文章合集/IS 曲线越平坦财政政策效果越大的怪现象”或微信扫描二维码查看。

知识点六　挤出效应

挤出效应是指政府支出增加导致货币市场利率上升，进而挤出了私人投资，最终减弱了财政政策效果。挤出效应的大小取决于以下几个因素：

（1）支出乘数的大小。乘数越大，挤出效应越大。

（2）货币需求对产出变动的敏感程度 k。k 越大，挤出效应越大。

（3）货币需求对利率变动的敏感程度 h。h 越大，挤出效应越小。

（4）投资需求对利率变动的敏感程度 d。d 越大，挤出效应越大。

知识点七　货币创造机制

基础货币是指商业银行的准备金总额（包括法定的和超额的）加上非银行部门持有的通货总额。这是商业银行派生存款或创造货币的基础，也叫高能货币或强力货币。设非银行部门持有的通货为 C_u，R_d 为法定准备金，R_e 为超额准备金，H 为基础货币，则有 $H=C_u+R_d+R_e$。

设整个社会狭义货币供给量为 M，活期存款之和为 D，则有 $M=C_u+D$。

$$\text{货币创造乘数}\frac{M}{H}=\frac{C_u+D}{C_u+R_d+R_e}=\frac{r_c+1}{r_c+r_d+r_e}$$

知识点八　货币政策及工具

货币政策是指中央银行通过控制货币供给量以及通过货币供给量来调节利率进而影响投资和整个经济以达到一定经济目标的行为。货币政策的工具主要有三种：

（1）再贴现率政策。

再贴现率是中央银行对商业银行及其他金融机构的贷款或者说放款利率。

再贴现率提高，则商业银行向央行的借款减少，自留准备金率上升，所以货币供给量减少；再贴现率降低，则商业银行向央行的借款增加，自留准备金率下降，所以货币供给量增加。

特点：这是一项被动的政策，取决于商业银行是否到央行借款。

【提示】再贴现率与商业银行准备金的关系涉及两种准备金的概念，但在市面上的教材中基本都没区分开，导致读者在理解上存在障碍。详细解读可关注微信公众号“王海滨老师”，点击菜单栏中的“精品文章/精品文章合集/央行再贴现率提高，商业银行准备金是增加还是减少？”或微信扫描二维码查看。

（2）法定准备金率。

降低法定准备金率，货币创造乘数上升，从而货币供给增加；反之则货币供给减少。

特点：其作用效果非常猛烈；存在时滞。

(3) 公开市场业务。

公开市场业务是指中央银行在金融市场上公开买卖政府债券以控制货币供给和利率的政策行为。它是三大工具中最常被使用的工具。

特点：它主动灵活；结果容易预测且可控。

知识点九　货币政策的局限性

(1) 货币政策在通货膨胀时对于遏制经济过热效果比较显著，但在衰退时用来刺激经济增长则效果不明显。而且，即使是反通货膨胀也主要表现为反对需求拉动的通货膨胀。

(2) 货币政策对利率的影响必须以货币流通速度不变为前提，在实际执行中的效果往往因货币流通速度的变动而受到影响。

(3) 货币政策的外部时滞较长，在发生效果的时候有可能经济已经出现了与预料相反的变化。

(4) 在开放的经济中，货币政策的效果还会因资金的国际流动而受到影响。

知识点十　货币政策效果的 *IS—LM* 分析

(1) *LM* 曲线斜率不变时，*IS* 曲线斜率的绝对值越小，即 *IS* 曲线越平坦，投资的利率弹性越大，移动 *LM* 曲线时投资变动越大，收入变化就越大，即货币政策效果越大。反之亦然。如图 17－3 所示。

(2) *IS* 曲线斜率不变时，*LM* 曲线斜率越大，即 *LM* 曲线越陡，货币需求受利率影响越小，移动 *LM* 曲线时利率变化就越大，收入变化也就越大，即货币政策效果越大。反之亦然。如图 17－4 所示。

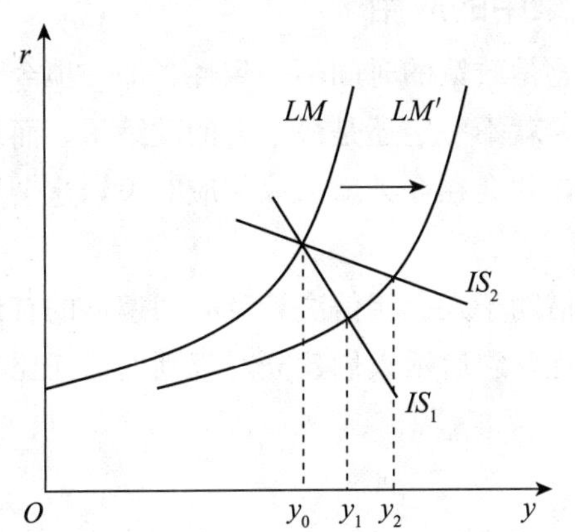

图 17－3　货币政策效果因 *IS* 曲线斜率而异

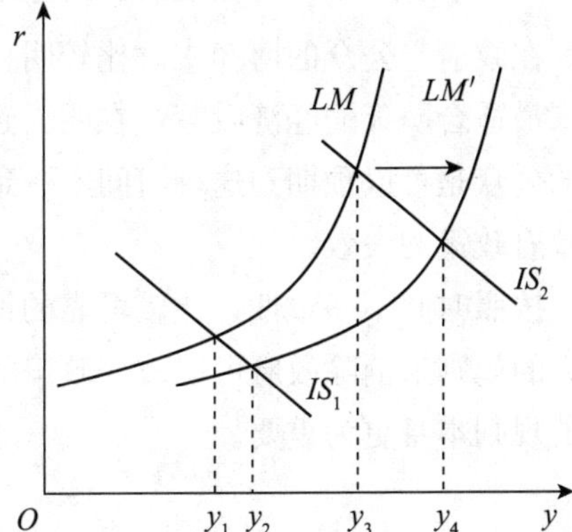

图 17－4　货币政策效果因 *LM* 曲线斜率而异

【提示】假设货币的交易与预防需求系数 k 越大，则 LM 曲线越陡峭，但货币政策效果越小。这一现象似乎与前面的结论矛盾，实则不然。具体分析请关注微信公众号“王海滨老师”，点击菜单栏中的“精品文章/精品文章合集/LM 曲线越陡峭货币政策效果越小的怪现象”或微信扫描二维码查看。

知识点十一　财政政策和货币政策的混合运用

财政政策和货币政策的混合运用效果见下表。

财政政策和货币政策的混合运用效果

	政策混合	产出	利率
1	扩张性财政政策、紧缩性货币政策	不确定	上升
2	紧缩性财政政策、紧缩性货币政策	减少	不确定
3	紧缩性财政政策、扩张性货币政策	不确定	下降
4	扩张性财政政策、扩张性货币政策	增加	不确定

当经济萧条但又不太严重时，可采用第一种组合，用扩张性财政政策刺激总需求，又用紧缩性货币政策控制通货膨胀；当经济发生严重通货膨胀时，可采用第二种组合，紧缩货币来提高利率，降低总需求水平，又紧缩财政，以防止利率过分提高；当经济中出现通货膨胀又不太严重时，可用第三种组合，用紧缩性财政政策压缩总需求，又用扩张性货币政策降低利率，以免财政过度紧缩而引起衰退；当经济严重萧条时，可用第四种组合，用扩张性财政政策增加总需求，用扩张性货币政策降低利率以克服挤出效应。

知识点十二　博弈论在宏观经济政策中的应用

在政府与公众的博弈中，比较明显的问题是政策的时间不一致性，即一项今天看来最适合明天的经济政策，在明天到来后，就不一定还是最适合的政策了。而理性的公众是可以预期到这种时间不一致性的，并会在今天就采取相应对策，这会导致政府政策的失效。

按照时间不一致性，比较可靠的策略是借助于人人相信决策者必须遵从的有约束力的规则来消除政府可以改变政策的可能性，它启示人们建立对规则的信任比具体的规则本身更为重要。

知识点十三　关于总需求管理政策的争论

1. 要不要干预

反对者的理由：(1) 政府预测能力有限；(2) 政策存在时滞；(3) 公众对政策

的预期会导致政策失效。

支持者的理由：经济在受到冲击后恢复到充分就业是一个缓慢过程，在这期间会给社会带来长期痛苦。

2. 关于政策有效性的争论

巴罗-李嘉图等价定理：政府用公债筹资和用增加税收筹资对经济的影响是一样的。

3. 按什么规则对经济进行干预

规则一：稳定比率货币供给量增长的规则。

规则二：以名义 GDP 为目标变量的政策规则。

规则三：以一定的名义通货膨胀率为目标变量的政策规则。

规则四：以一定的真实利率作为操作变量的政策规则，这就是泰勒规则。泰勒认为，在各种影响物价水平和产出增长率的因素中，真实利率是唯一能与物价和产出增长率保持长期稳定关系的变量，因此要使货币政策能真正调节物价（从而通货膨胀率）和产出增长率（从而失业率），货币当局必须把调节真实的名义利率作为主要操作方式。央行的货币政策应遵循以下规则：$i=i^*+a(p-p^*)-b(u-u^*)$。

知识点十四 供给管理政策

1. 收入政策和人力政策

收入政策和人力政策是从供给方面分别被用来对付通货膨胀和失业的政策措施。

收入政策是用来限制垄断企业和工会对物价和工资的操纵的一种重要政策，即实行以管制工资—物价为主要内容的政策。

人力政策被用以改进劳动市场状况，消除劳动市场不完全性，以便克服失业和通货膨胀进退两难的困境。

2. 供给学派的政策主张

供给学派政策主张的核心是强调激励的作用，认为激励意味着对工作、储蓄、投资和企业家才能足够的报酬，而凯恩斯主义的需求管理政策使政府支出日益增加，为了弥补财政赤字，只能靠增加税收和发行货币，结果严重挫伤了人们工作、储蓄和投资的积极性，造成供给不足，从而使失业和通胀同时出现。

为了增强激励，供给学派提出了一套供给管理的政策思想，其核心是减税，特别是要降低高边际税率。降低了税收就会提高资产报酬率，鼓励储蓄和投资，提高劳动生产率，降低产品成本，缓和通货膨胀，并导致消费、产出和就业增加。

除了减税，供给学派还提出了以下一些主张：（1）减少政府开支，削减福利支出。（2）货币供给的稳定、适度和可测，使货币供给量增长与长期经济增长相适应。（3）减少国家对经济的干预和控制，充分发挥企业家的积极性，更多依靠市场力量调节经济。

习题解析

1. 什么是自动稳定器？是否税率越高，税收作为自动稳定器的作用越大？

【难度】 2　　**【考点】** 自动稳定器与斟酌使用的财政政策

【答案】（1）自动稳定器是指经济系统本身存在的一种会减轻各种干扰对国民收入的冲击的内在机制，能够在经济繁荣时期自动抑制通胀，在衰退时期自动减轻萧条，无须政府采取任何行动。自动稳定器的内容包括政府税收制度、政府转移支付制度、农产品价格维持制度等。

在比例税制的三部门经济中，投资变动所引起的国民收入变动比定量税制或两部门经济变动要小，原因是当总需求由于意愿投资而增加时，会导致国民收入和可支配收入增加，但可支配收入的增加小于国民收入的增加，因为在国民收入增加时，税收也在增加，增加的数量等于边际税率乘以国民收入，结果前者中的消费支出的增加额要比后者中的小，从而通过乘数作用使累积增加也小一点。同样，总需求下降时，收入的下降也比后者要小一些。这说明比例税制是一种国民收入波动的稳定器。

（2）比例税制的三部门经济中的支出乘数值与定量税制或两部门经济中的支出乘数值的差额决定了税收制度的自动稳定程度，其差额愈大，自动稳定作用愈大，这是因为，在边际消费倾向一定的条件下，边际税率越高，则支出乘数越小，从而自动稳定量越大。这一点可以从支出乘数公式$\frac{1}{1-\beta(1-t)}$中得出。边际税率愈大，该乘数愈小，从而稳定经济的作用愈大。举例来说，假设边际消费倾向为0.8，当税率为0.1时，则增加1美元投资会使总需求增加3.57$\left[=1\times\frac{1}{1-0.8\times(1-0.1)}\right]$美元，若税率增至0.25，则增加1美元投资会使总需求增加2.5$\left[=1\times\frac{1}{1-0.8\times(1-0.25)}\right]$美元。可见，税率越高，自发投资冲击带来的总需求波动越小，说明自动稳定作用越大。

2. 平衡预算的财政思想和功能财政思想有何区别？

【难度】 1　　**【考点】** 功能财政和预算盈余

【答案】（1）平衡预算的财政思想主要分年度平衡预算、周期平衡预算和充分就业平衡预算三种。年度平衡预算要求每个财政年度的收支平衡。这是在20世纪30年代大危机以前采用的政策原则。周期平衡预算是指政府收支在一个经济周期中保持平衡。在经济衰退时实行扩张性政策，有意安排预算赤字，在繁荣时期实行紧缩性政策，有意安排预算盈余，以繁荣时的盈余弥补衰退时的赤字，使整个周期的盈余和赤字相抵而实现预算平衡。这种思想在理论上似乎非常完整，但实行起来非常困难。这是因为在一个预算周期内，很难准确估计繁荣与衰退的时间与程度，两者不会相等，因此连预算也难以事先确定，从而周期预算也难以实现。充分就业平衡预算是指政府应当使支出保持在充分就业条件下所能达到的净税收水平。

（2）功能财政思想强调，政府在财政方面的积极政策主要是为了实现无通货膨胀的充分就业水平。当实现这一目标时，预算可以是盈余的，也可以是赤字的。功能财政思想是凯恩斯主义者的财政思想。他们认为不能机械地用财政预算收支平衡的观点来对待预算赤字和预算盈余，而应从反经济周期的需求来利用预算赤字和预算盈余。当国民收入低于充分就业的收入水平时，政府有义务实行扩张性财政政策，增加支出或减少税收，以实现充分就业。如果起初存在财政盈余，政府有责任减少盈余甚至不惜出现赤字，坚定地实行扩张性政策。反之亦然。总之，功能财政思想认为，政府为了实现充分就业和消除通货膨胀，需要赤字就赤字，需要盈余就盈余，而不应为了实现财政收支平衡妨碍政府财政政策的正确制定和实行。

（3）显然，平衡预算的财政思想强调的是财政收支平衡，以此作为预算目标或者财政的目的；而功能财政思想强调，财政预算的平衡、盈余或赤字都只是手段，目标是追求无通货膨胀的充分就业和经济的稳定增长。

3. 政府发行的公债卖给中央银行和卖给商业银行或者其他私人机构对货币供给量变动会产生什么不同的影响？

【难度】2　　**【考点】**财政政策及工具

【答案】政府公债是政府向公众借债以获得收入的一种方式。当政府向中央银行借债时，实际上就是让中央银行增发货币或者说增加基础货币，这种方式叫货币筹资。由于基础货币增加，通过货币创造将引起市场的货币供给成倍地增加，最终引起通货膨胀，因而这种方式被认为是用征收通货膨胀税的方式筹集资金，弥补财政赤字。

当政府向商业银行或其他私人机构举债时，这是一种债务筹资。这种筹资方式把公众的购买力转移到了政府部门的手中。在公债发行初期这将引起货币供给量的减少，但随着政府将这笔收入重新转化为购买力，货币供给量又会增加。因而，这种行为一般不会引起货币供给量的变化。但是，由于公债的发行往往会引起利率的上升，而利率的上升会挤出私人投资，因而中央银行为稳定利率常常通过公开市场业务买进债券，增加货币供给，最终引起通胀。

4. 什么是货币创造乘数？其大小主要和哪些变量有关？

【难度】1　**【考点】**货币创造机制

【答案】一单位高能货币能带来若干倍货币供给，这若干倍即货币创造乘数，也就是货币供给的扩张倍数。如果用 H、C_u、R_d、R_e 分别代表高能货币、非银行部门持有的通货、法定准备金和超额准备金，将货币供给量 M 和活期存款 D 代入，则基础货币为：

$$H=C_u+R_d+R_e$$

货币供给为：

$$M=C_u+D$$

则有：

$$\frac{M}{H}=\frac{C_u+D}{C_u+R_d+R_e}$$

将上式分子、分母都除以 D，则有：

$$\frac{M}{H}=\frac{C_u/D+1}{C_u/D+R_d/D+R_e/D}=\frac{r_c+1}{r_c+r_d+r_e}$$

这就是货币乘数，在上式中，r_c 是现金存款比率，r_d 是法定准备金率，r_e 是超额准备金率。

从上式可见，现金存款比率、法定准备金率和超额准备金率越大，货币乘数越小。

5. 在要不要干预经济的问题上，西方经济学家有哪两种不同意见?

【难度】 1　　**【考点】** 关于总需求管理政策的争论

【答案】 在要不要政府干预经济的问题上，西方经济学家持不同的意见，凯恩斯主义经济学家主张政府干预经济，另一些经济学家则反对这种干预，主张自由经济。

反对干预的经济学家主要基于以下理由：

（1）政府的预测能力是有限的。政府用来预测经济而建立的宏观计量经济模型，其本身的变量和参数不会像模型中假设的那样准确，它们是多变的、难以捉摸的，因此，经济变动有很大的不确定性，政府无法准确预测经济的变动趋势。

（2）政策的时滞使得干预效果很不确定，甚至会起相反的作用。从政府对经济状况有所认识，到决策，再到实施，再到产生效果，要经历一个很长的时间过程。在此过程中，经济可能发生了与预期目标不同的变化，甚至从衰退转为繁荣或者从繁荣转为衰退，这就使得政府政策的干预效果很不确定，甚至会起相反的作用。

（3）公众会预期到政府政策的影响并且会采取对应的措施，这会削弱政策效果甚至使政策完全无效。例如，政府制定增加货币供给的政策时，理性预期的公众会预期到通货膨胀并且会事先就要求提高工资和利率，这使得货币政策效果减弱甚至无效。

反对干预的经济学家相信市场本身会对经济的变动自动做出调整。

然而凯恩斯主义者则坚持认为稳定经济的政策是必要的、有效的。他们认为，经济在遭受冲击后会衰退，工资和物价不能循序调整到市场出清状态。如果衰退引起大规模失业，由于种种原因（如工资合同未到期）企业并不能立即降低工资，因而工人并不能很快重新就业。工资和物价即使会自动调整，这种调整也是一个缓慢而漫长的过程，甚至需要几年时间，在此期间，经济处于非均衡状态，会出现经济萧条和失业增加的局面，给社会带来长期痛苦。若政府采取稳定经济的政策，则可较快恢复经济增长，因此政府干预经济是有效的。

6. 在按什么规则调节经济的问题上，西方经济学家有哪些不同意见?

【难度】 1　　**【考点】** 关于总需求管理政策的争论

【答案】经济学家对按什么规则调节经济的问题，主要有以下四类意见：

（1）稳定比率货币供给量增长的规则，即“单一规则”。这一观点认为，在没有通货膨胀的情况下，按平均国民收入增长率加上人口增长率来规定并宣布一个长期不变的货币增长率，是货币政策最好的选择，这样的货币政策能给经济提供一个稳定的环境，可防止货币本身成为经济波动的根源。

（2）以名义 GDP 为目标变量的政策规则。央行宣布一个名义 GDP 的年增长率目标，若名义 GDP 上升到此目标以上，则降低货币增长率以抑制总需求；反之则提高货币增长率以刺激总需求。据称这一规则比“单一规则”更能使产出稳定。

（3）以一定的名义通货膨胀率为目标变量的政策规则。央行公开宣布一个较低的通货膨胀率，然后按实际通胀率与此目标通胀率的偏离程度调整货币供给。若实际通胀率高于目标通胀率，则降低货币增长率以抑制总需求；反之则提高货币增长率以刺激总需求。据称这一规则容易操作且容易公布于众。

（4）以一定的真实利率作为操作变量的政策规则，即泰勒规则。泰勒认为，在各种影响物价水平和产出增长率的因素中，真实利率是唯一能与物价和产出增长率保持长期稳定关系的变量，因此要使货币政策能真正调节物价（从而通货膨胀率）和产出增长率（从而失业率），货币当局应把调节真实的名义利率作为主要操作方式。当实际通胀率和失业率偏离目标值时，就应当调整名义利率，以抑制通胀或降低失业率。

7. 凯恩斯主流经济学家的收入政策和人力政策主张，同供给学派的供给政策主张的出发点和侧重点有何区别？

【难度】2　　**【考点】**供给管理政策

【答案】凯恩斯主流经济学家的收入政策和人力政策主张，同供给学派的供给政策主张的出发点和侧重点不同。前者认为收入政策和人力政策只是宏观经济政策中的配角，而主角应是总需求管理政策，即财政政策和货币政策；而后者认为供给管理政策应该是宏观经济政策的主角，通过供给管理就可以实现政府所期望的宏观经济目标。

凯恩斯主流经济学家的收入政策和人力政策主要用来对付单独发生的失业或通货膨胀。收入政策用来限制垄断企业和工会对物价和工资的操纵，人力政策主要用来改进劳动市场状况，消除劳动市场的不完全性。

供给学派关于供给政策的核心主张是强调激励的作用，其核心是减税，尤其是高边际税率。通过减税提高资产报酬率，鼓励储蓄和投资，提高劳动生产率，降低产品成本，缓和通货膨胀，并使消费、产出和就业增加。

8. 假定现金存款比率 $r_c = C_u / D = 0.38$，准备金率（包括法定的和超额的）$r = 0.18$，试问货币创造乘数为多少？若增加基础货币 100 亿美元，则货币供给变动多少？

【难度】2　　**【考点】**货币创造机制

【答案】（1）货币创造乘数为：$\frac{M}{H}=\frac{r_c+1}{r_c+r_d+r_e}=\frac{0.38+1}{0.38+0.18}=2.46$。

（2）如果增加基础货币 100 亿美元，则货币供给增加：

$$\Delta M=\Delta H\times\frac{M}{H}=100\times 2.46=246(\text{亿美元})$$

9. 假定法定准备金率是 0.12，没有超额准备金，对现金的需求是 1 000 亿美元。

（1）假定总准备金是 400 亿美元，货币供给是多少？

（2）若中央银行把准备金率提高到 0.2，则货币供给变动多少？（假定总准备金仍是 400 亿美元。）

（3）中央银行买进 10 亿美元政府债券（存款准备金率仍是 0.12），货币供给变动多少？

【难度】2　　**【考点】**货币创造机制

【答案】（1）在本题中，没有考虑现金存款比率问题，因此，货币供给 $M=C_u+D=1\ 000+400/0.12=4\ 333$(亿美元）。

（2）当准备金率提高到 0.2 时，存款变为 $D'=400/0.2=2\ 000$（亿美元），现金仍为1 000亿美元，因此货币供给为 $M=C_u+D'=1\ 000+2\ 000=3\ 000$（亿美元），即货币供给减少了 1 333 亿美元。

（3）中央银行买进 10 亿美元债券，即基础货币增加 10 亿美元，则货币供给增加：

$$\Delta M=10\times\frac{1}{0.12}=83.33(\text{亿美元})$$

10. 什么是充分就业预算盈余？它与实际的预算盈余有何区别？

【难度】1　　**【考点】**功能财政和预算盈余

【答案】所谓充分就业预算盈余，是指既定的政府预算在充分就业的国民收入水平，即潜在的国民收入水平上所产生的政府预算盈余。如果这种盈余是负值，就是充分就业预算赤字。它不同于实际的预算盈余。实际的预算盈余是以实际的国民收入水平来衡量预算状况的，因此二者的差别就在于充分就业的国民收入与实际的国民收入水平的差额。如果用 t、g、t_r 分别表示税率、既定的政府购买支出和政府转移支付支出，用 y 和 y^* 分别表示实际国民收入和潜在国民收入，则充分就业预算盈余(用 BS^* 表示）和实际预算盈余(用 BS 表示)分别为 $BS^*=ty^*-g-t_r$ 和 $BS=ty-g-t_r$，二者差额为 $BS^*-BS=t(y^*-y)$。一般来说，当实际国民收入水平高于充分就业国民收入水平时，充分就业预算盈余小于实际预算盈余，反之，则充分就业预算盈余大于实际预算盈余。

11. 充分就业预算盈余概念提出的背景和意义是什么？

【难度】2　　**【考点】**功能财政和预算盈余

【答案】 按功能财政思想，实施扩张性财政政策，即增加政府支出或降低税率，会减少政府预算盈余或增加赤字；实施紧缩性财政政策，会增加预算盈余或减少赤字。这样，一般容易把预算盈余减少或赤字增加当作扩张性财政政策的结果，把预算盈余增加或赤字减少当成紧缩性财政政策的结果。但事实并非如此。预算盈余或赤字变动有时并不是由财政政策的主动变动引起的，而是由经济状况本身的变动引起的。经济衰退会使收入下降，税收自动减少，政府转移支付自动增加（例如，这时有更多人要领失业救济金），这就会引起预算盈余减少或赤字增加，经济高涨时情况则相反。这种预算盈余或赤字的变动就与财政政策本身无关。可见，不能简单地把预算盈余或赤字的变动当作财政政策是扩张不是紧缩的标准。事实上，预算盈余或赤字的变动，可能有两方面的原因：一是经济状况本身的变动，即经济趋向繁荣会使盈余增加或赤字减少，经济趋向衰退会使盈余减少或赤字增加；二是财政政策的变动，即扩张性财政政策趋向增加赤字、减少盈余，紧缩性财政政策则情况相反。因此，单凭预算盈余或赤字变动还难以看出财政政策的扩张或紧缩的性质。要使预算盈余或赤字成为衡量财政政策扩张还是紧缩的标准，就必须消除经济周期波动本身的影响。正是在这样的背景下，1956 年美国经济学家 C. 布朗提出了充分就业预算盈余的概念，把既定的（或者说一定的）政府预算在充分就业的国民收入水平上所产生的预算盈余或赤字当作衡量或判断财政政策是扩张还是紧缩的标准。

充分就业预算盈余概念的提出，具有以下两大意义或作用。第一，把收入固定在充分就业水平上，可消除经济中收入水平周期性波动对预算状况的影响，从而能更准确地反映出财政政策对预算状况的影响。若充分就业预算盈余增加了或赤字减少了，财政政策就是紧缩性的，反之，就是扩张性的。第二，可使政策制定者充分重视就业问题，以充分就业为目标来确定预算规模，从而确定财政政策。例如，若充分就业预算盈余大于实际预算盈余，说明实际国民收入水平低于充分就业的国民收入水平，则政府就会实行扩张性财政政策，以提高全社会的就业水平。

12. 什么是债务—收入比率？这一比率的波动受哪些因素制约？

【难度】 1　　**【考点】** 货币政策及工具

【答案】 一国政府发行的公债债务与 GDP 之比称为债务—收入比率。这一比率的变动主要受以下几个因素制约：一是公债的实际利率，利率越高，政府的公债债务就越重，因为公债利息本身也形成债务；二是实际 GDP 的增长率，GDP 增长得越快，公债在 GDP 中的比重就会越低，否则就会越高；三是非公债利息的盈余状况，由于公债利息本身是预算支出的重要部分，如果非公债利息部分的预算盈余能不断增加，公债规模能逐步缩小，则债务—收入比率会逐步下降。

13. 设某国的法定准备金率是 10%，超额准备金率是 2.5%，试求：(1) 实际准备金率；(2) 只与法定准备金率相关的理论货币乘数；(3) 既与法定准备金率相关又与超额准备金率相关的实际货币乘数。

【难度】 1　　**【考点】** 货币创造机制

【答案】 （1）实际准备金率＝法定准备金率＋超额准备金率＝10%＋

2.5%=12.5%。

（2）只与法定准备金率相关的理论货币乘数 $k_d=\frac{1}{r_d}=\frac{1}{10\%}=10$。

（3）实际货币乘数 $k=\frac{1}{r_d+r_e}=\frac{1}{10\%+2.5\%}=8$。

14. 为什么货币乘数会随市场利率水平上升而变大，随贴现率提高而变小？

【难度】 1　　　**【考点】** 货币创造机制

【答案】 当市场利率上升时，银行持有准备金的机会成本上升，因而会降低准备金率，从而提高货币乘数。当贴现率提高时，银行会从储户存款中留存更多的准备金，使准备金率提高，从而使货币乘数变小。

15. 为什么在严重的衰退中，货币供给变化不能带来投资水平的提高？

【难度】 2　　　**【考点】** 货币政策及工具

【答案】 在严重衰退中货币供给变化不能带来投资水平的提高，按凯恩斯的看法原因可能有以下两点：

第一，在经济衰退时，利率水平较低，人们的货币需求很大，这种情况接近流动性陷阱的状态，因而货币供给增加不会带来利率的明显下降。

第二，在衰退中，投资对利率反应不敏感，人们对经济不看好，即使利率很低，厂商也不愿增加投资。这样，货币政策在衰退时作用就较小。

16. 假设某经济的货币市场上有货币供给 $M_s=11\ 000$，货币交易需求函数为：

$$M_t=0.25y$$

货币投机需求函数为：

$$M_{sp}=\frac{1\ 000}{r-2}-1\ 000,\ 2<r\leqslant 12$$

（1）试求 $y=40\ 000$ 时的货币需求函数。

（2）$r=6$ 和 $r=12$ 是否为均衡利率？

（3）如果不是，利率将如何调整？

（4）当收入为多少时，$r=6$ 和 $r=12$ 成为均衡利率？

【难度】 2　　　**【考点】** 货币政策及工具

【答案】（1）货币需求等于货币交易需求加投机需求，即

$$M_d=M_t+M_{sp}=0.25y+\frac{10\ 000}{r-2}-1\ 000,\ 2<r\leqslant 12$$

当 $y=40\ 000$ 时，货币需求 $M_d=0.25\times 40\ 000+\frac{10\ 000}{r-2}-1\ 000=\frac{10\ 000}{r-2}+9\ 000,\ 2<r\leqslant 12$。

（2）当 $r=6$ 时，$M_d=\frac{10\ 000}{6-2}+9\ 000=11\ 500>11\ 000$（货币供给）；当 $r=12$

时，$M_d=\frac{10\ 000}{12-2}+9\ 000=10\ 000<11\ 000$。可见，$r=6$ 和 $r=12$ 都是非均衡利率。

（3）当 $r=6$ 时，货币供不应求，利率将上升；当 $r=12$ 时，货币供过于求，利率将下降。

（4）当 $r=6$ 时，设 $0.25y+\frac{10\ 000}{6-2}-1\ 000=11\ 000$，解得 $y=38\ 000$。

当 $r=12$ 时，设 $0.25y+\frac{10\ 000}{12-2}-1\ 000=11\ 000$，解得 $y=44\ 000$。

可见，只有当收入分别为 38 000 和 44 000 时，$r=6$ 和 $r=12$ 才分别是均衡利率。

17. 货币政策存在哪些局限性？

【难度】1　　**【考点】**货币政策及工具

【答案】货币政策在实践中存在一些局限性，主要有：

第一，在通货膨胀时期实行紧缩性货币政策效果较显著，在衰退时期实行扩张性货币政策效果不明显，因为衰退时厂商对经济前景普遍悲观，即使中央银行松动银根，降低利率，投资者也不愿意增加贷款从事投资活动。如果存在流动性陷阱，那么即使松动银根，利率也不会下降，就无法刺激投资。再有，即使是反通货膨胀，货币政策也只能用来对付需求拉动的通货膨胀，对成本推动的通货膨胀无济于事。

第二，变动货币供给要影响利率，必须以货币流通速度不变为前提。如果经济繁荣，在通货膨胀严重时，货币流通速度加快，中央银行即使紧缩货币，也无法使通货膨胀率降下来；反之，在经济衰退时，货币流通速度放慢，中央银行即使增加货币供给，也可能被货币流通速度下降所抵消，难以达到刺激经济的目的。

第三，货币政策的外部时滞也会影响政策效果。中央银行变动货币供给使利率变动以后，厂商要变动投资规模需要一段时间。在此过程中，经济状况可能发生与人们原先预料要采取一定政策的情况相反的变化。

第四，在开放经济中，货币政策效果还会受到资金在国际上流动的影响。例如，一国紧缩货币时利率上升，国外资金会流入。若汇率浮动，则本币会升值，从而出口受抑制，进口受刺激，使本国总需求下降；若汇率固定，则中央银行势必会投放本币收购外币，于是紧缩性货币政策的效果大打折扣。

18. 为什么政府在考虑对财政政策和货币政策的混合使用时不仅要看当时的经济形势，还要考虑政治上的需要？

【难度】1　　**【考点】**货币政策及工具

【答案】因为不同政策的后果会对不同人群的利益产生不同的影响。例如，扩张性货币政策和扩张性财政政策混合使用时，实行扩张性货币政策会使利率下降，对投资部门尤其是房地产部门很有利；而采用扩张性财政政策时，如果实行减税的政策则非常有利于消费品部门，如果增加政府支出，如增加国防支出、教育经费支出或者防止污染经费支出等，则不同人群的受益情况会不同。因此，政府在进行各种政策的混合使用时，必须考虑各方面的反应，考虑如何协调各行各业、各个阶层人群的利益，即考虑政治上的需要。

19. 什么是泰勒规则?

【难度】1　　　**【考点】**货币政策及工具

【答案】泰勒规则是美国斯坦福大学经济学教授约翰・泰勒提出的针对通货膨胀率和产出增长率来调节利率的货币政策规则。具体来说就是，泰勒通过对美国、英国和加拿大等国家货币政策的实践研究发现，在各种影响物价水平和产出增长率的因素中，真实利率是唯一能与物价和产出增长率保持长期稳定关系的变量，因此要使货币政策能真正调节物价（从而通货膨胀率）和产出增长率（从而失业率），货币当局就应当把调节真实的名义利率作为主要操作方式。

泰勒规则就是这样一种描述短期利率如何针对通货膨胀率和失业率变化调整的准则。泰勒规则大体上可以用以下公式表示：$i=i^{*}+a(p-p^{*})-b(u-u^{*})$。式中，$i$ 和 i^{*} 分别是名义利率（以联邦基金利率衡量）和名义目标利率；p 和 p^{*} 分别是实际通胀率和目标通胀率；u 和 u^{*} 分别是实际失业率和自然失业率；a 和 b 是正的系数，分别表示中央银行对通货膨胀和失业的关心程度。若通胀率高于目标值（$p>p^{*}$），中央银行就应将名义利率 i 设定为高于 i^{*}，以抑制通货膨胀；若实际失业率高于自然失业率，中央银行就应降低名义利率，以降低失业率。

20. 在公众与政府对货币政策的博弈中，为什么建立对规则的信任比具体规则本身更为重要?

【难度】2　　　**【考点】**博弈论在宏观经济政策中的应用

【答案】在公众与政府对货币政策的博弈中，往往会出现政府是否搞通货膨胀或者代表公众的工会是否要求增加工资。假定在工资谈判前，政府公布紧缩性货币政策，希望以此抑制工资上涨，如果工会不要求增加工资，政府确实实行紧缩性货币政策，那么就会取得较低的通胀率和较低的失业率的理想效果。如果政府实行了紧缩性货币政策而工会要求增加工资，失业率就会上升；如果工会不要求增加工资，政府放弃实行紧缩性货币政策，工人就会吃实际工资降低的苦头。于是，政府常常会和工会达成“我不搞通胀、你别涨工资”的协议。然而，一旦工会同意不增加工资，政府出于包括降低失业率等目的，又往往会不遵守协议而搞通胀。这时如果工会要求增加工资，政府就会加快货币扩张，以降低失业率，这在于政府的可信度。从这个意义上讲，在公众与政府对货币政策的博弈中，建立对规则的信任比具体规则本身更为重要。

补充训练

1. （名词解释）货币政策的动态不一致性（厦门大学 2013）
2. （名词解释）泰勒规则（北京师范大学 2013）

3.（名词解释）财政政策乘数（对外经济贸易大学 2013）

4.（名词解释）Functional Finance（武汉大学 2017）

5.（名词解释）挤出效应（中国财政科学研究院 2018）

6.（名词解释）法定准备金率（中南财经政法大学 2019）

7.（名词解释）政策效应的时滞（对外经济贸易大学 2016）

8. 在减税政策下，最可能出现的长期结果是（　　）。（同济大学 2017）

A. 失业率降低，但会伴随着价格和利率的提高

B. 利率上升，但价格和失业率不变

C. 消费、投资和就业都上升

D. 消费上升，投资下降，产出保持不变

9. 当经济处于过热状态时，权衡性经济政策可以是（　　）。（重庆大学 2013）

A. 减少政府支出　　B. 降低利率

C. 使本国货币贬值　　D. 降低边际税率

10. 如果实施紧缩性货币政策，中央银行可采取的措施是（　　）。（上海社会科学院 2016）

A. 买入国债　　B. 降低准备金率

C. 降低转移支付　　D. 提高再贴现率

11. 根据 $IS—LM$ 模型，一个国家要达到在利率水平保持不变的情况下提高产出水平的目标，可以选择的政策组合是（　　）。（暨南大学 2017）

A. 扩张性财政政策和扩张性货币政策

B. 扩张性财政政策和紧缩性货币政策

C. 紧缩性财政政策和扩张性货币政策

D. 紧缩性财政政策和紧缩性货币政策

12. 货币的出现是人类的伟大发明。在下列文献中，体现货币思想的记载是（　　）。（南京航空航天大学 2015）

A. 范蠡："平粜齐物，关市不乏，治国之道也"

B. 管子："仓廪实而知礼节，衣食足而知荣辱"

C.《洪范·八政》："一曰食，二曰货"

D.《卖柑者言》："置于市，贾十倍，人争鬻之"

13. 简述宏观经济政策的目标。（东华大学 2017）

14. 简述财政政策工具。（广东财经大学 2017）

15. 考虑政府弥补赤字的途径及其可能的经济后果，论述：

（1）什么是财政赤字？政府为了弥补赤字，有几种举债途径？

（2）为什么发行公债往往带来通货膨胀？

（3）同样是为了政府开支融资，让国民上缴税款或者购买国债，在国民看来是否相同？

（4）为什么有的经济学家认为增加税收和发行国债的经济效果相同？

（5）为什么有的经济学家认为考虑到后代时，二者的经济效果可能不同？（东北财经大学 2013）

16. 2010 年 12 月 6 日美国总统奥巴马宣布将布什政府实施的全部减税政策再延长两年。根据这项政策，年收入 4 万美元以下的人将减税 800 美元，年收入 10 万美元的人将减税 2 000 美元。请说明奥巴马政府为什么要继续实施减税政策。（中国人民大学 2011）

17. 假设某一经济社会的消费函数 $C=100+0.8Y_d$，投资 $I=50$，税收 $T=0.25Y$，政府支出 $G=200$，政府转移支付 $R=62.5$（单位：10 亿美元）。

（1）试求均衡收入；

（2）试求政府预算盈余 BS；

（3）若充分就业的国民收入 $Y^*=1\,200$，充分就业预算盈余 BS^* 为多少？

（4）若 Y^* 依然为 1 200，政府支出 $G=250$，充分就业预算盈余 BS^* 又为多少？

（5）用本题说明为什么应用 BS 而不是 BS^* 去决定财政政策的运用。（北京邮电大学 2015）

18. 假设一个经济由以下方程刻画：$C=220+0.8(Y-T+Tr)$；$I=100+0.08Y$；$T=0.1Y$；$G=100$；$Tr=100$。其中，C 为消费，Y 为产出，T 为税收，t 为税率，Tr 为转移支付，I 为投资，G 为政府购买。

（1）求均衡条件下的产出和预算盈余（BS）；

（2）如果消费者信心下降，自主消费从 220 下降为 120，新均衡条件下的产出是多少？预算盈余是多少？

（3）如果通过调整政府购买抵消消费者信心下降对产出的影响，你认为应该将政府购买调整为多少？对应的预算盈余变为多少？

（4）如果要通过调整税率抵消消费者信心下降对产出的影响，你认为应该将税率调整为多少？对应的预算盈余变为多少？

（5）如果要通过调整转移支付抵消消费者信心下降对产出的影响，你认为应该将转移支付调整为多少？对应的预算盈余为多少？（暨南大学 2016）

19. 基于 IS—LM 模型，分别画图说明财政政策完全无效和货币政策完全无效的两种情形，并简单说明其经济学直觉。（中央财经大学 2011）

20. 什么是财政政策的挤出效应？为什么会产生挤出效应？（深圳大学 2014）

21. 什么是货币乘数？其大小主要和哪些变量有关？（浙江理工大学 2015）

22. 假定法定准备金率是 0.2，没有超额准备金，对现金的需求是 1 000 亿元。

（1）假定总准备金是 400 亿元，货币供给是多少？

（2）若中央银行把准备金率提高到 0.5，货币供给变动为多少？（假定总准备金仍是 400 亿元。）

（3）中央银行买进 10 亿元政府债券（法定准备金率仍是 0.2），货币供给变动是多少？（北京邮电大学 2014）

23. 请说明量化宽松货币政策（quantitative easing monetary policy）的基本内容及其理论基础。(兰州大学 2013)

24. 为什么政府增加支出会引起国民收入上升和利率上升，而银行增加货币供给会使利率下降和国民收入增加？(南京理工大学 2015)

25. 假设 IS_1 和 LM_1 曲线实现均衡的收入为 Y_0，小于充分就业的收入 Y_1。

(1) 说明运用何种货币政策或财政政策可实现充分就业的水平。

(2) 解释运用货币政策或财政政策可能对支出结构或产出结构的不同部分产生什么影响。(北京邮电大学 2016)

26. 试用 IS—LM 模型说明货币需求对利率变动的敏感程度的变化对货币政策效果的影响。(北京大学 2011)

27. 材料 1：2012 年 9 月 13 日，美国联邦公开市场委员会会议发布公告称，为支持经济强劲复苏和确保通胀符合目标，美联储将推行进一步的量化宽松政策（简称 QE3)，并将目前的低利率保持至 2015 年年中。

材料 2：目前，美国经济正逐步接近所谓“财政悬崖”的威胁。如果美国共和与民主两党组成的跨党派超级委员会未能就削减赤字达成协议，2013 年年初便会启动自动削减赤字机制，缩减政府开支，目标是未来十年减少赤字 1.2 万亿美元，同时税务优惠政策将于 2012 年年底结束，可能不再获得延期，削减财政赤字与加税将造成私人与企业庞大的财政缺口，形成所谓“财政悬崖”。

根据 IS—LM 模型并结合以上材料分析：

(1) 如果美国国会不采取任何行动，“财政悬崖”如期发生，将对美国经济产生怎样的影响？

(2) 指出美国宏观经济政策将面临的是哪种政策组合。分析这种政策组合的适用范围及可能的结果。

(3) 如果美国希望加速经济复苏而保持利率不变，财政政策和货币政策应如何搭配使用？(对外经济贸易大学 2013)

28. 经济中的通货膨胀和产出的关系为：$y=\overline{y}+b(\pi-\pi^e)$，这里 $\overline{y}$ 为潜在产出水平，y 为真实产出水平，π^e 为经济主体对通货膨胀的预期，π 为真实通货膨胀率，b 为大于 0 的常数。已知中央银行的成本损失函数为 $L(y, \pi)=(y-y^*)^2+a(\pi-\pi^*)^2$，其中 $y^*>\overline{y}$，$a>0$，$\pi^*>0$，π^* 为最优通货膨胀率，那么，

(1) 如果中央银行宣布将实行某一确定的通货膨胀率，且中央银行必须遵守承诺，从中央银行最优化的角度出发，最优通货膨胀率和产出水平分别是多少？

(2) 如果中央银行宣布将实行某一确定的通货膨胀率，且经济主体都相信中央银行的政策，但中央银行可以不遵守其承诺，即中央银行可以相机抉择，从中央银行最优化的角度出发，其宣布的通货膨胀率和实现的通货膨胀率分别是多少？

(3) 如果中央银行首次宣布以最优通货膨胀率 π^* 为目标，但中央银行可以相机抉择，请问经济主体是否会相信这一政策？

(4) 如果经济主体了解中央银行的成本损失函数，且中央银行可以相机抉择，

求经济中均衡的通货膨胀率和产出水平。

(5) 比较第 (4) 和第 (1) 小题，中央银行相机抉择与按规则制定政策的成本孰大孰小？简单说明其经济学直觉。（中央财经大学 2013）

29. 试比较宏观经济政策中的单一规则与相机抉择规则。（南京大学 2014）

30. 简述巴罗-李嘉图等价定理的内容并说明其政策含义。（中南财经政法大学 2014）

31. 凯恩斯主义者的减税与供给学派的减税有什么本质区别？（清华大学 2011）

32. 试论述凯恩斯主义者和供给学派的政策主张主要有哪些分歧，说明你对这些分歧的看法。（财政部 2015）

参考答案

1. **【难度】**1　　**【考点】**博弈论在宏观经济政策中的应用

【答案】货币政策的动态不一致性也被称为时间不一致性，是指货币政策的决策者提前宣布政策以影响私人决策者的预期，然后在这些预期形成并发生作用后又采用不同政策的倾向。一般指在通货膨胀严重时，政府向公众承诺采取政策来对付通货膨胀，公众相信了政府的承诺从而降低通货膨胀预期。由于通货膨胀预期降低，缓解了通货膨胀压力，此时政府可能采取扩张性政策来对付失业，这就造成了货币政策的动态不一致性。

近年来，一些学者把新凯恩斯主义模型运用于货币政策中，并提出即使政府没有扩大产出的动机，清除通胀倾向、增进货币政策的可信性也会产生更好的政策效果，这无疑推进了对货币政策时间不一致性的研究。

2. **【难度】**1　　**【考点】**关于总需求管理政策的争论

【答案】泰勒规则是约翰·泰勒于 1993 年根据美国实际经济数据提出的针对通货膨胀率和产出增长率来调节利率的货币政策规则。泰勒通过实践研究发现，在各种影响物价水平和产出增长率的因素中，真实利率是唯一能与物价和产出增长率长期保持稳定关系的变量，因此要使货币政策能真正调节物价（从而通货膨胀率）和产出增长率（从而失业率），货币当局就应把调节真实的名义利率作为主要操作方式。泰勒提出，央行的货币政策应遵守以下规则：$i=i^*+a(p-p^*)-b(u-u^*)$，其中，p 和 p^* 分别是实际通胀率和目标通胀率，u 和 u^* 分别是实际失业率和目标失业率，i 和 i^* 分别是名义利率和名义目标利率，a 和 b 是正的系数并分别表示央行对通胀和失业的关心程度。

3. **【难度】**1　　**【考点】**财政政策效果的 IS—LM 分析

【答案】财政政策乘数表明在实际货币供给不变的情况下，增加政府支出使均衡收入水平产生多大的变动。用公式表示为：$\frac{\mathrm{d}y}{\mathrm{d}g}=\frac{1}{(1-\beta)+\frac{dk}{h}}$，式中，$\beta$ 为边际消费倾向；d 为投资对利率的敏感程度；k 和 h 分别为货币需求对收入和利率的敏感程度。

与宏观经济学里常用的政府购买乘数$\left(k_g=\frac{1}{1-\beta}\right)$相比，财政政策乘数不同的是考虑了货币市场的均衡，因此比常用的政府购买乘数要小一些。

当处于极度萧条的情况下，即凯恩斯极端情况时，$h=\infty$，$d=0$。公式可整理为 $\frac{\mathrm{d}y}{\mathrm{d}g}=\frac{1}{1-\beta}$，表明财政扩张政策的效果可能较大，此时财政政策乘数与常用的政府购买乘数相同；当处于古典主义极端情况时，$h=0$，$d=\infty$，$\frac{\mathrm{d}y}{\mathrm{d}g}=0$，表明财政政策无效。

4.【难度】1　　【考点】功能财政和预算盈余

【答案】Functional Finance，即功能财政，是凯恩斯主义者的财政思想。他们认为不能机械地用财政预算收支平衡的观点来对待预算赤字和预算盈余，而应从反经济周期的需要来利用预算赤字和预算盈余。当国民收入低于充分就业的收入水平（即存在通货紧缩缺口）时，政府有义务实行扩张性财政政策，增加支出或减少税收，以实现充分就业。反之，当国民收入高于充分就业的收入水平（即存在通货膨胀缺口）时，政府有责任减少支出，增加税收。

总之，功能财政思想认为，政府为了实现充分就业和消除通货膨胀，需要赤字就赤字，需要盈余就盈余，而不应为实现财政收支平衡妨碍政府财政政策的正确制定和实行。可见功能财政是斟酌使用的财政政策的指导思想，而斟酌使用的财政政策是功能财政思想的实现和贯彻。它的提出是对原有财政平衡预算思想的否定。

5.【难度】1　　【考点】挤出效应

【答案】挤出效应是指政府支出增加所引起的私人消费或投资降低的效果。在 *IS—LM* 模型中，若 *LM* 曲线不变，政府支出增加，*IS* 曲线向右移动，产品市场和货币市场重新均衡时引起利率的上升和国民收入的增加。但是，利率的上升会抑制一部分私人投资，降低原有的乘数效应，因此，财政支出增加引起国民收入增加的数量小于不考虑货币市场的均衡（即 *LM* 曲线）或利率不变条件下的国民收入的增加量。这两种情况下的国民收入增量之差，就是利率上升引起的挤出效应。

挤出效应的大小取决于以下四个因素：①支出乘数的大小。乘数越大，挤出效应越大。②货币需求对产出变动的敏感程度 k。k 越大，挤出效应越大。③货币需求对利率变动的敏感程度 h。h 越小，挤出效应越大。④投资需求对利率变动的敏感程度，即投资的利率系数的大小 d。d 越大，挤出效应越大。

【提示】挤出效应是因为利率上升导致的投资变动。有部分计算题里设定投资是利率和均衡产出的函数，即 $I=I(Y, r)$，这时如果政府购买增加，既会引起均衡产出 Y 上升，又会引起利率 r 上升，前者导致投资增加，后者导致投资减少。在这种情况下，只有后者，即利率 r 上升导致投资减少的部分，才算挤出效应。对外经济贸易大学 2017 年就这样考过一次。

6. 【难度】1　　【考点】货币政策及工具

【答案】法定准备金率是中央银行规定商业银行及有关金融机构必须保存的存款保证金比率，该存款准备金保存在中央银行。中央银行有权决定商业银行和其他存款机构的法定准备金率。如果中央银行认为需要增加货币供给，就可以降低法定准备金率，使所有的存款机构对每一笔客户存款只需留出更少的准备金。降低法定准备金率，银行就可以将更多的存款用于放贷，因此会增加市场的货币供给量；反之，提高法定准备金率，就会减少市场的货币供给量，因此调整法定准备金率是中央银行重要的货币政策工具之一。

7. 【难度】1　　【考点】关于总需求管理政策的争论

【答案】政策效应的时滞是指宏观经济发生扰动之后，从扰动开始到经济政策发生作用所花费的时间，分为内在时滞和外在时滞。内在时滞包括认识时滞、决策时滞和实施时滞。认识时滞是指经济中发生了变动，对这种变动情况的资料做收集、分析、加工、整理、评价所需的时间。决策时滞是指政策制定者做决策所需要的程序的时间。实施时滞是指从做出决策到付诸实施所需要的时间。外在时滞是指经济政策从实施到对经济发生作用并达到预期目标所需要的时间。财政政策具有较短的外在时滞，有较长的内在时滞；货币政策则相反，有较短的内在时滞和较长的外在时滞。

8. 【难度】1　　【考点】财政政策及工具

【答案】D。如图 17－5 所示，假设在初始状态下，经济刚好达到充分就业，$y_1=y_f$，y_f表示充分就业的国民收入。在短期内，减税使 IS_1 曲线右移到 IS_2，利率 r_1 上升到 r_2，收入 y_1 上升到 y_2。在长期内，由于 $y_2>y_f$，这种“人为拔高”的国民收入会使得物价 P 上升，从而使实际货币余额 M/P 减少，这又使得 LM_1 曲线左移到 LM_2，最后收入 y_2 又下降到 y_1，但利率 r_2 继续上升到 r_3。在这个新的均衡下，消费因为税收减少而增加，投资因为利率上升而下降，产出保持不变。

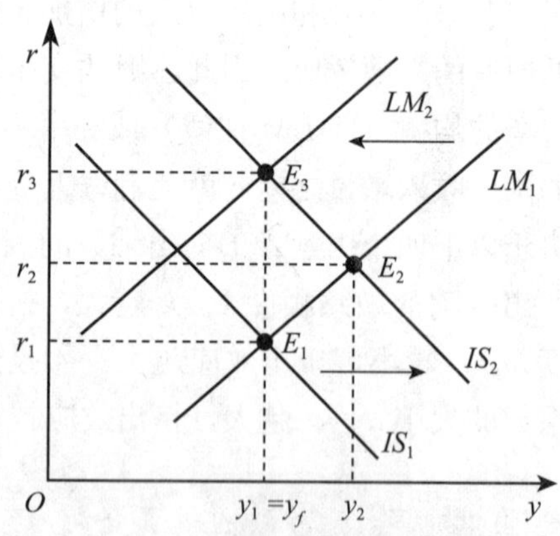

图 17－5　财政政策的挤出效应

9. 【难度】1　　【考点】自动稳定器与斟酌使用的财政政策

【答案】A。此时要采取紧缩性政策，A 属于紧缩性财政政策，B、C 都属于扩张性货币政策，D 属于扩张性财政政策。

10.【难度】1　　　【考点】货币政策及工具

【答案】D。买入国债会导致货币流出，降低准备金率导致货币乘数增大，都属于扩张性货币政策。提高再贴现率会导致商业银行增加准备金，降低了货币乘数，属于紧缩性货币政策。C属于财政政策。

【提示】提高再贴现率，商业银行准备金是增加还是减少？教材一般都讲得很笼统，也有的教辅书讲错了，这些都导致读者很糊涂。编者有一篇文章对此做了详细解读，可关注微信公众号“王海滨老师”，点击菜单栏中的“精品文章/精品文章合集/央行再贴现率提高，商业银行准备金是增加还是减少？”或微信扫描二维码查看。

11.【难度】1　　　【考点】财政政策和货币政策的混合运用

【答案】A。扩张性财政政策使产出增加，利率上升；扩张性货币政策使产出增加，利率下降。

12.【难度】1　　　【考点】关于总需求管理政策的争论

【答案】A。“平粜齐物，关市不乏”是指在农业歉收的年份把粮食用比较合理的价格卖出去，确保市场上的粮食供给比较平稳。这体现了范蠡对物价的认识，与货币思想有一定关联。

B完全与货币无关。C中“一曰食，二曰货”的意思是：第一是农业生产，第二是商品流通。这与货币思想没什么关系。D中“置于市，贾十倍，人争鬻之”的意思是，放到市场上，卖十倍的价钱，人们争相购买。这显然属于微观经济层面的现象，自然与宏观经济层面的货币思想沾不上边。

13.【难度】1　　　【考点】宏观经济政策目标

【答案】宏观经济政策是政府为了增进整体经济福利、改善整体经济运行状况，以达到一定的政策目标而对宏观经济领域进行的有意识的干预。宏观经济政策的目标主要有四种，即充分就业、价格稳定、经济持续均衡增长和国际收支平衡。

充分就业是宏观经济政策的第一个目标。失业给失业者本人及其家庭在物质生活和精神生活上带来了莫大痛苦，也使社会损失了本来应当可以得到的产出量。降低失业率，实现充分就业，常常成为西方宏观经济政策的首要的或重要的目标。当经济社会的失业率处于自然失业率水平时，可以被称为实现了充分就业。

价格稳定是宏观经济政策的第二个目标。但价格稳定不是指每种商品的价格固定不变，而是指价格指数相对稳定，即不出现过高的通货膨胀率。一般来说，轻微通货膨胀的存在，已被看作基本正常的经济现象。

宏观经济政策的第三个目标是经济持续均衡增长。经济增长是指在一个特定的时期内经济社会所生产的人均产量和人均收入的持续增长，通常用一定时期内实际国内生产总值年均增长率来衡量。第二次世界大战后西方国家的经济增长经历了一个从高速增长到低速增长的过程。经济增长和失业常常是相互关联的。如何维持较高的增长率以实现充分就业，是西方国家宏观经济政策追求的目标之一。

随着国际经济交往的密切，国际收支平衡也成为一国宏观经济政策的重要目标之一。一国的国际收支状况不仅反映了这个国家的对外经济交往情况，还反映出该国经济的稳定程度。当一国国际收支处于失衡状态时，就必然会对国内经济形成冲击，从而影响该国国内的就业水平、价格水平及经济增长。

14. **【难度】**1　　**【考点】**财政政策及工具

【答案】财政政策工具主要包括两类：一是政府支出，主要包括政府购买和政府转移支付两类；二是政府收入，主要包括税收和发行公债。

（1）政府购买是指政府对商品和劳务的购买，是最重要的财政政策工具之一。政府购买是一种实质性支出，有着商品和劳务的实际交易，因而直接形成社会需求和购买力，是国民收入的一个组成部分。因此，政府购买是决定国民收入大小的重要因素之一，其规模直接关系到社会总需求的增减。在社会总支出水平过低时，政府可以提高购买支出水平，增加社会整体需求水平；反之，当经济过热时，政府可以减少购买支出，降低社会总体需求。因此，变动政府购买水平是财政政策的有力手段。

（2）政府转移支付是指政府在社会福利、社会保险、贫困救济和补助等方面的支出。转移支付不能算作国民收入的组成部分，它只是收入在不同社会成员之间进行的重新分配，全社会的总收入并没有变动。政府转移支付也是一项重要的财政政策工具，它能够通过转移支付乘数作用于国民收入，但其乘数效应要小于政府购买乘数效应。作为财政政策工具，转移支付的操作方向与政府购买一致。

（3）税收是政府收入中最主要的部分，也是最重要的财政政策工具之一。与政府购买、转移支付一样，税收同样具有乘数效应，即税收的变动对国民收入的变动具有倍增作用。由于税收乘数有两种：一种是税率的变动对总收入的影响，另一种是税收绝对量的变动对总收入的影响。因此，税收作为政策工具，当被用来调节社会总需求时，既可以通过改变税率来实现，也可以通过变动税收总量来实现，如通过一次性减税来达到刺激社会总需求增加的目的。一般来说，降低税率、减少税收都会引致社会总需求增加和国民产出增长，反之则会引起社会总需求和国民产出的降低。

（4）公债是政府对公众的债务，或公众对政府的债权。它不同于税收，是政府运用信用形式筹集财政资金的特殊形式，包括中央政府的债务和地方政府的债务。政府公债的发行，一方面能增加财政收入，影响财政收支，属于财政政策；另一方面又能对包括货币市场和资本市场在内的金融市场的扩张和紧缩起重要作用，影响货币的供求，从而调节社会的总需求水平。因此，公债也是政府实施宏观调控的经济政策工具。

15. **【难度】**2　　**【考点】**财政政策及工具；关于总需求管理政策的争论

【答案】（1）财政赤字是指政府支出大于政府收入的差额。财政收入主要是税收和公债，政府支出主要可分为政府购买和政府转移支付两类。

弥补赤字的途径有：借债和出售政府资产。政府的举债途径包括以下两种：

①向中央银行借债，被称为货币筹资；

②向国内公众（商业银行和其他金融机构、企业和居民）和外国举债，被称为债务筹资。

(2) 公债往往带来通货膨胀的原因。

①如果通过发行公债来弥补财政赤字，而公债主要是由中央银行认购的，即采取货币筹资方法，则中央银行的证券投资增加，导致基础货币供给增加。由于货币乘数效应引起货币供给大量增加，若货币需求不变则会带来通货膨胀。

②如果向国内公众举债，不过是购买力向政府部门转移，并不会立即直接引起通货膨胀，因为基础货币并没有增加。然而，当政府发行公债时往往会引起利率上升，中央银行如果想稳定利率，则必然要通过公开市场业务买进债券，从而增加货币供给。这样，预算赤字增加也会引起通货膨胀。

(3) 同样是为了政府开支融资，让国民上缴税款或者购买国债，在国民看来并不相同。其原因在于：

①增加税收一般是提高税率或者增加征收新的税种，从而提高政府财政收入，这是一种强制性和无偿性的手段，直接导致国民可支配收入的减少，影响国民消费。

②发行债券是通过发行政府债券的形式，由中央银行或者公众进行认购，到期时还本付息。一般政府债券的利息高于存款利息，这对于国民来讲是一种理财的方式，是一种获息保值的手段。

(4) 认为增加税收和发行国债的经济效果相同是基于巴罗-李嘉图等价定理的。这一猜测认为人们会认识到政府还债还是要通过增加税收来解决，因此当前的减税意味着未来的增税，所以他们会把相当于未来增税的一部分财富储蓄起来。这种私人储蓄的增加正好抵消公共储蓄的减少，国民储蓄保持不变。因此，减税对经济没有影响。

(5) 凯恩斯主义者反对巴罗-李嘉图等价定理，他们认为人们通常没有动机为超出自己生命限度的未来征税而积蓄财富，他们关心的是自己当前的利益，并不关心子孙后代的事情，因此，当政府以从下一代纳税人征收更多税收为代价，为当前一代人减税时，当前一代人会因为一生资源增加而增加其消费。

16. **【难度】**2　　　**【考点】**自动稳定器与斟酌使用的财政政策

【答案】美国经济自 2008 年金融危机爆发以来一直处于低迷状态，失业率居高不下，人们的消费意愿下降，为此奥巴马政府采取了积极的财政政策，包括增加政府投资支出 7 000 亿美元，但是效果并不理想，为此 2010 年 12 月 6 日奥巴马宣布将布什政府实施的全部减税政策再延长两年。

减税政策是积极的财政政策的一部分，减税可以增加消费者的可支配收入，从而刺激消费者的消费需求，进而拉动生产需求，通过乘数效应提高人们的收入水平，在一系列假设条件下，减税的乘数为 $\Delta Y=-\frac{\beta}{1-\beta}\Delta T$，因此减税可以较大幅度地扩大生产，从而增加就业，增加收入。

这就是奥巴马政府继续实施减税政策的原因。

17. **【难度】** 2　　**【考点】** 功能财政和预算盈余

【答案】（1）$Y=C+I+G=100+0.8\times(Y-0.25Y+62.5)+50+200$，解得均衡收入 $Y=1\ 000$。

（2）$BS=T-G-R=0.25\times1\ 000-200-62.5=-12.5$。

（3）当 $Y^*=1\ 200$ 时，$BS^*=0.25\times1\ 200-200-62.5=37.5$。

（4）$BS^*=0.25\times1\ 200-250-62.5=-12.5$。

（5）之所以用 BS 来决定财政政策的运用，是因为用当前的均衡产出更能反映现实的经济发展状况，如果用充分就业的产出来分析，会发现存在财政盈余，就会采取更加积极的财政政策，而现实经济状况是已经存在财政赤字，所以应该采取稍微紧缩的财政政策。

18. **【难度】** 2　　**【考点】** 功能财政和预算盈余

【答案】（1）设 $C=\alpha+\beta Y_d$，$I=I_0+\gamma Y$，$T=tY$，则有：

$$Y=C+I+G=\alpha+\beta(Y-tY+Tr)+I_0+\gamma Y+G$$

整理得：

$$Y=\frac{\alpha+\beta Tr+I_0+G}{1-[\beta(1-t)+\gamma]}$$

$$=\frac{220+0.8\times100+100+100}{1-[0.8\times(1-0.1)+0.08]}=\frac{500}{0.2}=2\ 500$$

政府收入 $T=0.1\times2\ 500=250$，支出 $=G+Tr=100+100=200$。

预算盈余 $BS=250-200=50$。

（2）此时，$\alpha_1=120$

$$Y_1=\frac{\alpha_1+\beta Tr+I_0+G}{1-[\beta(1-t)+\gamma]}=\frac{120+0.8\times100+100+100}{1-[0.8\times(1-0.1)+0.08]}=2\ 000$$

$$BS_1=T_1-(G+Tr)=0.1\times2\ 000-(100+100)=0$$

（3）假设新的政府购买为 G_1，此时新的收入为 Y_2，则有：

$$Y_2=\frac{\alpha_1+\beta Tr+I_0+G_1}{1-[\beta(1-t)+\gamma]}=\frac{120+0.8\times100+100+G_1}{1-[0.8\times(1-0.1)+0.08]}=2\ 500$$

解得：$G_1=200$。

新的预算盈余 $BS_2=T_2-(G_1+Tr)=0.1\times2\ 500-(200+100)=-50$。

（4）假设新的税率为 t_1，此时新的收入为 Y_3，则有：

$$Y_3=\frac{\alpha_1+\beta Tr+I_0+G}{1-[\beta(1-t_1)+\gamma]}=\frac{120+0.8\times100+100+100}{1-[0.8\times(1-t_1)+0.08]}=2\ 500$$

解得：$t_1=0.05$。

新的预算盈余 $BS_3=T_3-(G+Tr)=0.05\times2\ 500-(100+100)=-75$。

(5) 假设新的转移支付为 TR_1，此时新的收入为 Y_4，则有：

$$Y_3=\frac{\alpha_1+\beta Tr_1+I_0+G}{1-[\beta(1-t)+\gamma]}=\frac{120+0.8\times Tr_1+100+100}{1-[0.8\times(1-0.1)+0.08]}=2\ 500$$

解得：$Tr_1=225$。

新的预算盈余 $BS_4=T_4-(G+Tr_1)=0.1\times2\ 500-(100+225)=-75$。

【提示】这种玩字母游戏的题目，预先得出$\frac{\alpha+\beta Tr+I_0+G}{1-[\beta(1-t)+\gamma]}=\cdots=\frac{500}{0.2}$的结论很重要，后面只需要把其中某个字母变一下即可，一开始就直接算数字得出 $Y=2\ 500$，否则后面每次都要从头算起，计算量太大。

19. **【难度】**2　　**【考点】**财政政策效果的 *IS—LM* 分析；货币政策效果的 *IS—LM* 分析

【答案】(1) 当 *IS* 曲线水平或 *LM* 曲线垂直的时候，财政政策完全失效，如图 17-6 和图 17-7 所示。

当 *IS* 曲线水平时，投资的利率系数无限大，此时，政策增加支出或减少税收时，扩张性财政政策所导致的利率微小上升，会导致私人投资的等额减少，因此无法导致产出增长。而当 *LM* 曲线垂直时，货币需求对利率完全不敏感，这意味着政府支出增加而导致的货币需求增加，会导致利率大幅上升，以致私人投资等额减少，从而使得产出没有变化。

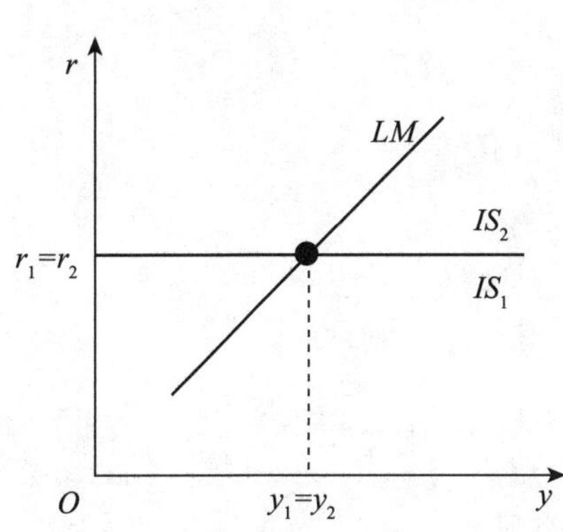

图 17-6　*IS* 曲线水平时财政政策无效

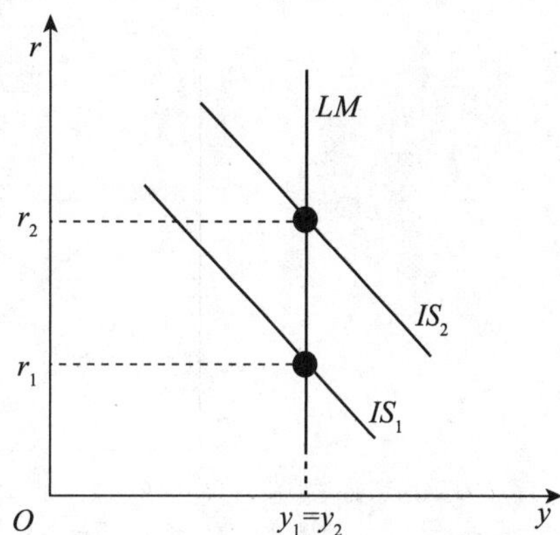

图 17-7　*LM* 曲线垂直时财政政策无效

(2) 当 *IS* 曲线垂直或者 *LM* 曲线水平的时候，货币政策完全失效，如图 17-8 和图 17-9 所示。

当 IS 曲线垂直时，投资的利率系数为 0，此时，中央银行增加货币供给使得利率下降，不会刺激私人投资的增加，因此不会导致产出的增长。而当 LM 曲线水平时，货币需求的利率系数无限大，此时货币供给的增加不会导致利率下降，因此无法刺激私人投资的增加，也就不会导致产出的增长。

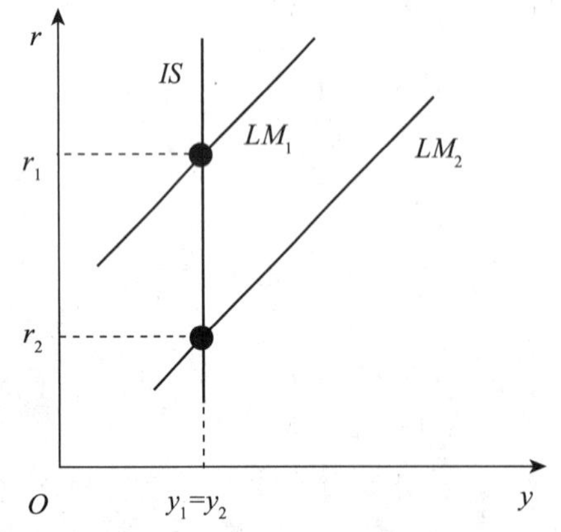

图 17-8 IS 曲线垂直时货币政策无效

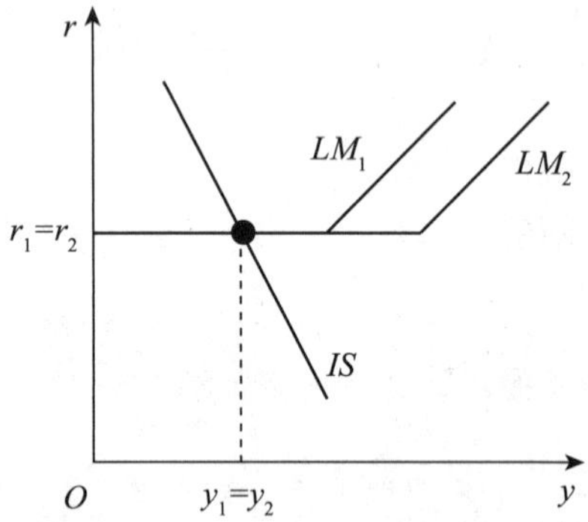

图 17-9 LM 曲线水平时货币政策无效

（3）可见，虽然财政政策和货币政策都是政府对经济进行宏观调控的手段，但是由于在不同的阶段使用财政政策和货币政策的效果不同，因此有时用财政政策，有时用货币政策，而有时两者同时使用。

20. **【难度】**2　　**【考点】**挤出效应

【答案】（1）挤出效应的含义。

挤出效应是指政府支出增加，引起利率上升，进而引起私人投资降低的经济效应。如图 17-10 所示，在 IS—LM 模型中，经济最初处于 E_1 点，若 LM 曲线不变，政府增加支出，引起 IS_1 右移到 IS_2，两种市场同时均衡时的交点为 E_2 点，此时利率上升至 r_2，国民收入增加至 y_2。

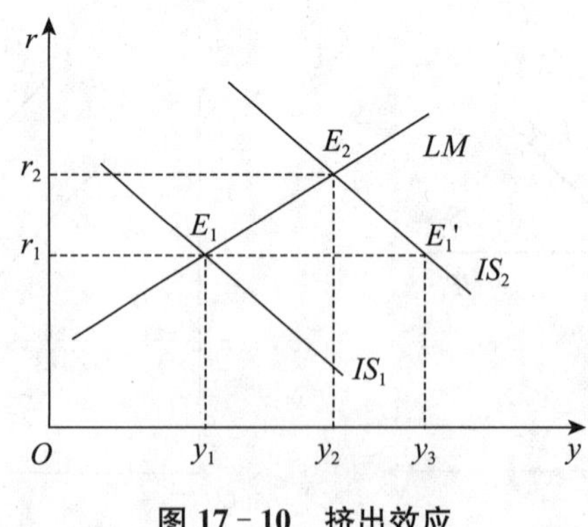

图 17-10 挤出效应

但是，如果不考虑货币市场均衡，即保持利率不变的条件下，收入会增加到 y_3。这两种情况下，收入增量之差为 y_2y_3，这就是利率上升而引起的挤出效应。

(2) 产生挤出效应的原因。

在一个充分就业的经济中，挤出效应的发生机制是：

①政府支出增加，商品市场上竞争加剧，价格上涨，实际货币供给量减少，因而用于投机目的的货币量减少。

②用于投机目的的货币量减少引起债券价格下降，利率上升，结果投资减少。这就是说，政府支出增加“挤占”了私人投资和消费。由于存在着货币幻觉，在短期内，将会有产量的增加。但在长期内，如果经济已经处于充分就业状态，那么增加政府支出只能挤占私人支出。货币主义者认为，当政府增加政府支出而没有增加货币供给时，那么实际上是用政府支出代替私人支出，总需求不变，生产也不会增长。所以，货币主义者认为财政政策不能刺激经济增长。

(3) 挤出效应的大小与以下四个因素有关：

①支出乘数。支出乘数的大小与挤出效应的大小成正比。

②货币需求对产出变动的敏感程度。货币需求对产出变动的敏感程度的大小与挤出效应的大小成正比。

③货币需求对利率变动的敏感程度。货币需求对利率变动的敏感程度的大小与挤出效应的大小成反比。

④投资需求对利率变动的敏感程度。投资需求对利率变动的敏感程度大小与挤出效应的大小成正比。

其中最主要的因素为货币需求对利率变动的敏感程度以及投资需求对利率变动的敏感程度。挤出效应与货币的利率敏感程度负相关；与投资的利率敏感性正相关。

21. **【难度】** 2　　**【考点】** 货币创造机制

【答案】 增加 1 单位基础货币能带来若干倍货币供给，这若干倍即货币乘数，也就是货币供给的扩张倍数。

货币乘数公式为 $\dfrac{M}{H}=\dfrac{r_c+1}{r_c+r_d+r_e}$，所以在其他变量不变的情况下，法定准备金率 r_d 提高，商业银行需要成倍数地收缩贷款，货币乘数相应下降。反之，商业银行就有富余的准备金，存款将成倍数地上升。现金存款比率 r_c 上升，即存款人持有的现金增加，而存款减少，也就是商业银行可以支撑存款扩张的基础货币减少，货币乘数相应下降；反之则货币乘数上升。商业银行增加超额准备金率 r_e，其支持存款创造的准备金量减少，商业银行将收缩贷款，存款水平及货币供给都将相应下降，从而使货币乘数下降；反之则货币乘数上升。

综上所述，现金存款比率、法定准备金率和超额准备金率越大，则货币乘数越小；反之则货币乘数越大。

货币乘数中的这三个参数的大小分别取决于三大部门。法定准备金率 r_d 取决于中央银行的货币政策意图，现金存款比率 r_c 取决于公众的资产选择行为，超额准备金率 r_e 取决于商业银行的经营决策。因此货币乘数最终是由中央银行、商业银行和公众三方面共同决定的。

影响现金存款比率 r_c 的因素有四个方面。①财富总额。当财富增加时，现金和存款的数额都会增加，但现金的增长速度慢于存款，因此，现金存款比率与财富和收入的变动成反比。②其他金融资产的预期收益率。利息构成持现的机会成本，其他金融资产的预期收益率与现金存款比率成反比。③银行信用。如果出现银行信用不稳定的迹象，公众就会大量提现，现金存款比率因而增大。④非法经济活动。因为要逃避法律监督，非法经济活动倾向于用现金交易，因此非法经济活动的规模与现金存款比率成正比。

影响银行超额准备金率的因素有四个方面。①市场利率。准备金存款一般没有利息，因此市场利率是持有超额准备金的机会成本，与超额准备金率成反比。②银行预期存款流出量及其不确定性的大小。超额准备金率与这两个指标成正比。③借入资金的难易程度和资金成本的大小。银行负债管理能力越强，即在必要时获得流动性补充的渠道越畅通，借入资金的成本越低，则超额准备金率也越低。④经济周期。在繁荣时期，投资旺盛，对信贷的需求增加，促使银行减少超额准备金，以增加贷款和投资，则超额准备金率下降。由此可见，不管是基础货币还是货币乘数，中央银行都不具有完全决定的能力。

22. **【难度】**2　　　**【考点】**货币创造机制

【答案】（1）存款总额＝总准备金/法定准备金率＝400/0.2＝2 000(亿元)，货币供给＝存款总额＋现金总额＝2 000＋1 000＝3 000(亿元)。

（2）存款总额＝400/0.5＝800(亿元)，货币供给＝存款总额＋现金总额＝800＋1 000＝1 800(亿元)。

（3）货币供给增加 10/0.2＝50(亿元)。

23. **【难度】**2　　　**【考点】**货币政策及工具

【答案】（1）量化宽松货币政策主要是指中央银行在实行零利率或近似零利率政策后，通过购买国债等中长期债券，增加基础货币供给，向市场注入大量流动性资金的干预方式，以鼓励开支和借贷，也被简化地形容为间接增印钞票。量化指的是扩大一定数量的货币发行，宽松即减少银行的资金压力。当银行和金融机构的有价证券被中央银行收购时，新发行的钱币便被成功地投入私有银行体系。量化宽松政策所涉及的政府债券，不仅金额庞大，而且周期也较长。一般来说，只有在利率等常规工具不再有效的情况下，货币当局才会采取这种极端做法。

（2）量化宽松货币政策的理论基础主要有以下几种：

①货币非中性理论。

货币非中性理论认为货币量变动能对相对价格体系从而产出与就业等实际经济变量产生影响。如果货币是非中性的，货币供给增加导致总需求增加，价格上升，导致厂商扩大就业和产出，最终可以达到充分就业。在后危机时代，普遍存在着未充分就业，所以通过量化宽松政策有可能刺激需求。

②克鲁格曼的“流动性陷阱理论”。

克鲁格曼进一步发展了"流动性陷阱理论"，认为当一个经济体出现了总需求连续下降、名义利率已经降到零而总需求仍然小于生产能力的状况时，就可认为该经济体陷入了"流动性陷阱"，即所谓的"广义的流动性陷阱"。克鲁格曼引入了预期因素，认为当消费者对经济前景不乐观，预期未来收入水平将下降时，就会压低消费、增加储蓄。同时，经济衰退的预期将严重影响投资者的信心，不会增加对公司债券、股票、房地产等资产的需求。"流动性陷阱"的本质实际上是"信心"或预期问题。即使短期名义利率为零，量化宽松也可以成为发挥货币政策作用的一个重要手段。如果中央银行能够采取相应措施使投资者改变预期，那么就可以降低市场长期利率，发挥货币政策的作用，这些措施包括利率或通货膨胀承诺、扩大中央银行资产负债表规模从而增加市场流动性、改变中央银行资产负债表结构等。

24. **【难度】**1　　**【考点】**财政政策效果的 *IS—LM* 分析；货币政策效果的 *IS—LM* 分析

【答案】政府支出的增加意味着总需求（或总支出）的增加，这将使产量和收入增加，从而增加对货币的交易需求量，在货币供给量不变（或 *LM* 曲线不变）的条件下，新增加的货币需求会使利率上升，最终引起投机动机的货币需求下降，保证货币市场均衡。这个过程在 *IS—LM* 曲线上，如图 17－11 所示，表现为 *LM* 曲线不变，IS_1 曲线向右移动到 IS_2 曲线处，总需求的增加引起收入和利率同时增加，收入由 y_1 增加到 y_2，利率由 r_1 增加到 r_2。

中央银行增加货币供给量时，在货币需求不变的情况下，均衡利率将会下降，在既定投资函数上，利率的下降会导致投资的增加，进而使得国民收入水平上升。这个过程在 *IS—LM* 曲线上，如图 17－12 所示，表现为 *IS* 曲线不变，LM_1 曲线向右移动到 LM_2，并导致利率下降和国民收入上升，利率由 r_1 下降到 r_2，收入由 y_1 增加到 y_2。

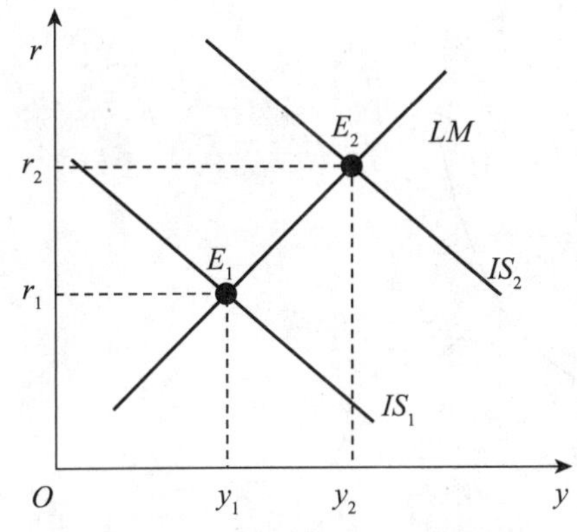

图 17－11　政府支出增加的市场效果

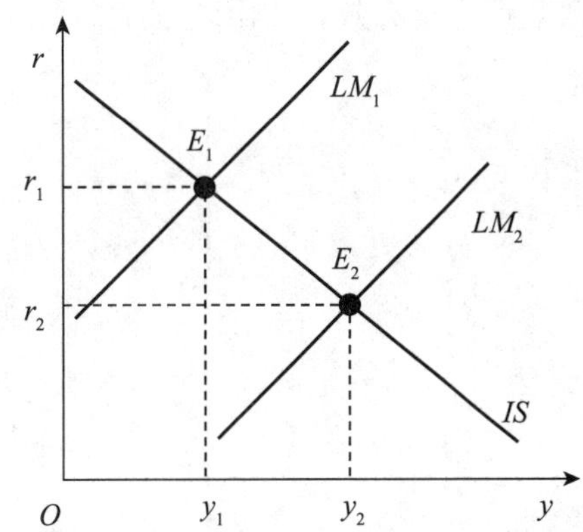

图 17－12　央行增加货币供给的市场效果

25. **【难度】**1　　**【考点】**财政政策效果的 *IS—LM* 分析；货币政策效果的 *IS—LM* 分析

【答案】（1）可以运用扩张性货币政策使 *LM* 曲线右移，进而达到充分就业的收入水平。也可以运用扩张性财政政策使 IS 曲线右移，进而达到充分就业的收入水平。或者同时运用扩张性货币政策和财政政策，达到充分就业的收入水平。

（2）运用货币政策达到充分就业的收入水平，会有利率下降，投资增加。运用财政政策达到充分就业的收入水平，如果是增加政府购买，则会导致政府购买增加，同时可能会因为挤出效应而导致投资下降；如果是减少税收，则会导致消费增加，同时也可能会因为挤出效应导致投资下降。

26.【难度】1　　【考点】货币政策效果的 IS—LM 分析

【答案】（1）在 IS—LM 模型中，货币需求对利率变动越敏感（即货币需求函数$L=ky-hr$ 中的 h 越大），则 LM 曲线越平缓，表示货币需求受利率的影响较大，即利率稍有变动就会使货币需求变动很多，因而货币供给量变动对利率变动的作用较小，从而增加货币供给量的政策就不会对投资和国民收入有较大影响，即货币政策效果就小。特别地，当利率下降到一定程度时，货币需求变得无限大，这样货币供给量变动对利率几乎没有作用。反之，若货币需求对利率变动越不敏感（即货币需求函数$L=ky-hr$ 中的 h 越小），则 LM 曲线越陡峭，表示货币需求受利率的影响较小，即货币供给量稍有增加就会使利率下降较多，从而对投资和国民收入有较多增加，即货币政策效果就大。因此，货币需求对利率变动的敏感程度的变化对货币政策效果有反向的影响。

（2）结合图形进行分析。如图 17-13 所示，当 IS 曲线斜率不变时，LM 曲线越平坦，货币政策效果就越小，反之，则货币政策效果就越大。在图中，IS 曲线斜率相同，货币供给增加使 LM 曲线右移，较平坦的地方收入增加甚少，即货币政策效果较小；较陡峭的地方收入增加较多，即货币政策效果较大。特别的情况是，当 IS 水平、LM 垂直时，即为古典主义的极端情况，此时财政政策完全无效，货币政策完全有效。而当 IS 垂直、LM 水平时，即为凯恩斯主义的极端情况，此时财政政策完全有效，货币政策完全无效。

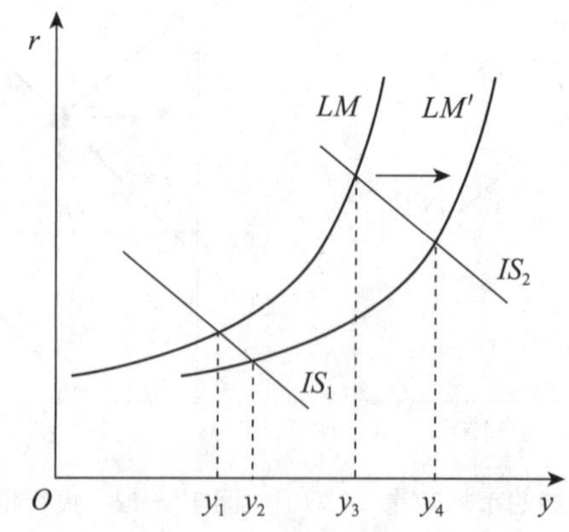

图 17-13　货币政策效果因 LM 曲线斜率而异

27.【难度】3　　【考点】财政政策和货币政策的混合运用

【答案】（1）布什政府时期和金融危机后推出的经济刺激计划实行的减税政策

将在2012年年底到期，减税和缩减政府支出的扩张性财政政策将走到尽头，这就是所谓的“财政悬崖”。如果美国国会不采取任何行动，“财政悬崖”如期发生，财政支出减少和税收增加，将会使美国产出下降，失业率上升，经济难以复苏。具体来看，“财政悬崖”对美国经济会产生如下影响：

①扩张性财政政策的停止会导致经济增长动力减弱，经济增长放慢，失业率上升；

②扩张性财政政策的停止会导致经济下行和失业率上升，这会迫使美联储实施扩张性货币政策以刺激经济增长，货币供给增长，会导致更高的通货膨胀预期；

③未来通货膨胀的预期会削弱人们对美元的信心，不利于美元保持其国际货币的地位。

(2) 美国可能面临紧缩性财政政策的实施，为了抵消紧缩性财政政策的影响，美国会采取扩张性货币政策，即美国宏观经济政策将面临的是紧缩性财政政策和扩张性货币政策的组合。

这种政策组合适用的情况是利率高涨、经济繁荣的时候，因为这种政策组合可以降低利率同时不导致产出减少或产出减少幅度很小。

如图17-14所示，假定初始时经济位于E_1点，此时利率为r_1，产出为y_1。此时实施紧缩性财政政策使得IS曲线由IS_1移动到IS_2，同时，扩张性货币政策使LM曲线由LM_1右移到LM_2，然后，经济在E_2点达到均衡。在新的均衡点E_2处，利率由r_1下降到r_2，大幅度下降；产出由y_1变动为y_2，变动幅度较小。

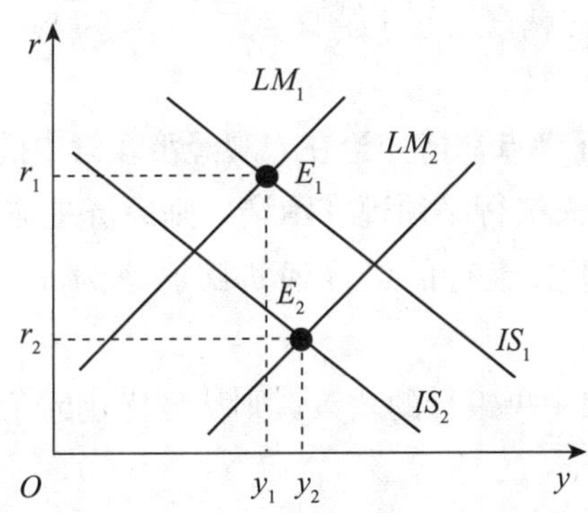

图17-14　紧缩性财政政策和扩张性货币政策

(3) 如果美国希望加速经济复苏而保持利率不变，则应该将扩张性财政政策与扩张性货币政策搭配使用。一方面可以通过减税等扩张性财政政策增加社会总需求，使产出增加，但使利率上升；另一方面利用扩张性货币政策增加货币供给，降低利率，从而促进投资和消费，使社会总需求增加，最终使产出进一步增加，但利率保持不变。

如图17-15所示，假定初始时经济位于E_1点，此时利率为r_1，产出为y_1。政府使用扩张性财政政策使得IS曲线由IS_1右移到IS_2，使用扩张性货币政策使

得 LM 曲线由 LM_1 右移到 LM_2，然后，经济在 E_2 点达到均衡。在新的均衡点 E_2 处，利率 $r_2=r_1$，保持不变，但产出由 y_1 增加到 y_2，出现了大幅度增长。

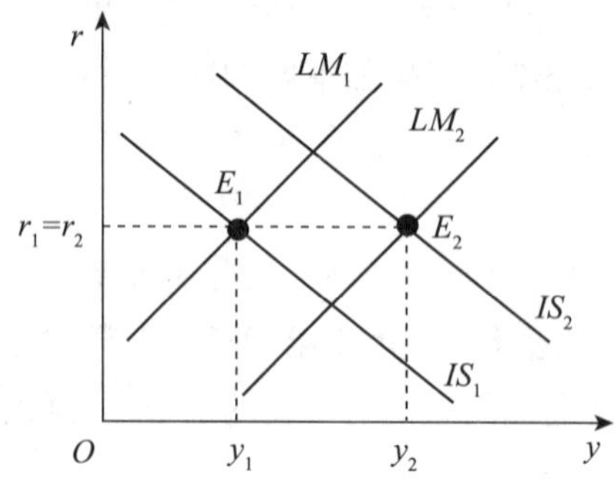

图 17-15 扩张性财政政策和扩张性货币政策

【补充】美国的"财政悬崖"是指美国财政状况走到尽头。因为 2013 年 1 月 1 日美国政府的一系列政策到期，这些政策包括税收增加和财政支出大幅削减。经济学家在评论美国"财政悬崖"时，一般包括四项内容：布什总统的减税计划到期，2%个人所得税"假期"结束，发放已延长的失业救济金时间截止，以及如果国会未达成超级委员会定下的赤字削减目标，根据预算控制法，美国将在 2013 年启动自动削减赤字机制，即在十年内削减国防等安全开支和国内其他项目开支共约 1.2 万亿美元。简言之，"财政悬崖"是一系列政策的到期导致美国的财政支出大大减少，硬性削减赤字的做法不利于经济增长。

28.【难度】3　　【考点】博弈论在宏观经济政策中的应用

【答案】(1) 如果中央银行必须遵守承诺，则经济主体对通货膨胀的预期应该等于真实通胀率，此时中央银行的最优通货膨胀率为 $\pi=\pi^e=\pi^*$，产出水平为 $y=\bar{y}$。

(2) 若经济主体相信中央银行的政策，则从最优化的角度出发，中央银行宣布的通货膨胀率为：$\pi=\pi^e=\pi^*$。

由于中央银行可以相机抉择，将 $y=\bar{y}+b(\pi-\pi^e)$ 代入中央银行的成本损失函数可得：$L(\pi)=[\bar{y}+b(\pi-\pi^e)-y^*]^2+a(\pi-\pi^*)^2$。

从中央银行最优化的角度考虑则有：$\frac{\mathrm{d}L}{\mathrm{d}\pi}=2b[\bar{y}+b(\pi-\pi^e)-y^*]+2a(\pi-\pi^*)=0$。

解得实现的通货膨胀率 $\pi=\frac{b^2\pi^e+b(y^*-\bar{y})+a\pi^*}{a+b^2}$，由于 $\pi^e=\pi^*$，因此 $\pi=\pi^*+\frac{b}{a+b^2}(y^*-\bar{y})$。

(3) 从第 (2) 小题的分析来看，经济主体不会相信这一政策，因为中央银行可以相机抉择，可以不遵守承诺，从而选择使自己的最优通货膨胀率。

（4）如果经济主体了解中央银行的成本损失函数，则他们预期中央银行将选择使自己最优的这一通货膨胀水平 $\pi=\dfrac{b^2\pi^e+b(y^*-\overline{y})+a\pi^*}{a+b^2}$，预期的通货膨胀率等于真实通货膨胀率，即有 $\pi=\pi^e=\dfrac{b^2\pi^e+b(y^*-\overline{y})+a\pi^*}{a+b^2}$，解得 $\pi=\pi^*+\dfrac{b}{a}(y^*-\overline{y})$。

由于 $\pi=\pi^e$，因此有 $y=\overline{y}$。

（5）因为 $y^*>\overline{y}$，所以 $\pi^*+\dfrac{b}{a}(y^*-\overline{y})>\pi^*$，即中央银行相机抉择制定政策的成本更大，按规则制定政策的成本更小。在这两种情况下，产出都是潜在产出，但相机抉择政策会比固定规则下的政策产生更高的通货膨胀率。

按规则制定政策时，中央银行的损失成本为：$L(y,\pi)=(\overline{y}-y^*)^2+a(\pi-\pi^*)^2=(\overline{y}-y^*)^2$。

相机抉择制定政策时，中央银行的损失成本为：$L(y,\pi)=(\overline{y}-y^*)^2+a\left[\pi^*+\dfrac{b}{a}(y^*-\overline{y})-\pi^*\right]^2=(\overline{y}-y^*)^2+\dfrac{b^2}{a}(y^*-\overline{y})^2$。

显然，相机抉择制定政策时，中央银行的成本损失也更大。

这一结论的经济学直觉是，如果人们能够预见到中央银行的成本损失，并且中央银行具有相机抉择的能力，则相机抉择的政策不仅是无效的，而且会损害经济的发展，此时最好的政策就是中央银行宣布将实行某一确定的通货膨胀率，且中央银行不得不遵守承诺。

29.【难度】2　　　【考点】博弈论在宏观经济政策中的应用；关于总需求管理政策的争论

【答案】相机抉择是指政府在进行需求管理时，根据市场情况和各项调节措施的特点，机动地决定和选择当前究竟应采取哪一种或哪几种政策措施。相机抉择政策分为相机抉择的财政政策和相机抉择的货币政策。相机抉择的财政政策是指政府根据一定时期的经济社会状况，机动地决定和选择不同类型的反经济周期的财政政策工具，干预经济运行，实现财政目标；相机抉择的货币政策又称权衡性货币政策，是指货币当局或中央银行依据对经济形势的判断，为达成既定的货币政策目标而采取的权衡性措施。

单一政策是指政府提前宣布一个稳定的政策，并且遵守承诺执行该政策。单一政策主要是指单一的货币政策，即政府规定一个稳定的货币发行量增长率，然后信守承诺执行这一增长率。

支持相机抉择规则的经济学家认为，宏观经济政策的制定是以宏观经济状态为依据的，由于经济状态是灵活变动的，经济政策也不能固定不变，就如公路行车，司机需要按照路况决定车辆行驶的速度和保持与其他车辆的距离。

支持单一规则的经济学家则认为，经济政策的决策者往往不是专业的经济学家，而且其决策过程容易受利益集团的左右，因此，若采用相机抉择的决策机制，宏观经济政策有可能会步入歧途。另外，政府也是由普通个人组成的，这些政府官员有自己的利益目标，当决策者的目标与公众目标相背离时，相机抉择使决策者追求自己的个人利益而不是公众利益。此外，由于相机抉择具有时间不一致性，容易使公众对政策制定者施行政策的可信性降低。基于这些考虑，他们反对相机抉择的决策机制。

30. **【难度】**1　　**【考点】**关于总需求管理政策的争论

【答案】李嘉图在《政治经济学及赋税原理》中表述了如下思想：政府为筹措战争或其他经费，采用征税或发行公债的办法的影响是等价的。这是“巴罗-李嘉图等价”思想的来源。

(1)“巴罗-李嘉图等价”的含义。

新古典主义经济学家 R. 巴罗根据当年（1817 年）大卫·李嘉图的一个猜测，认为政府通过发行公债筹资和通过增加税收筹资对经济的影响可能是一样的，因为人们会认识到政府还债还是要通过增加税收来解决，因此他们会把相当于未来增加税收的一部分财富储蓄起来。尽管李嘉图自己并不认为上述猜测在现实中行得通，但巴罗认为，按理性行事的人们确实是如此行事的，就是政府还债的更高赋税可能会部分落到后代人身上，但人们都是关心后代的，因此还是会增加储蓄给后代以应付还债。这就是“巴罗-李嘉图等价定理”。

(2)“巴罗-李嘉图等价”的政策含义。

“巴罗-李嘉图等价”有很强的政策含义。如果人人都认识到他们的纳税量只是被推迟了，那么因政府借款而增加的任何支出都将被私人储蓄的等额增加所抵消，结果既不存在消费扩张，也没有收入增加的乘数效应。因此，政府用减税的办法来刺激经济的财政政策是无效的。

31. **【难度】**2　　**【考点】**供给管理政策

【答案】虽然在政策建议上，凯恩斯主义者和供给学派都主张减税，但是二者有本质的区别。

凯恩斯主义者是站在总需求的角度主张减税的。凯恩斯主义者认为有效需求不足导致了经济萧条，而刺激总需求的最有力、最直接的手段就是财政政策，其中减税就是财政政策手段之一。凯恩斯主义者认为减税会导致人们收入增加，从而增加消费和民间投资，增加总需求，进而增加了产出和就业。

供给学派则是站在总供给的角度主张减税的。供给学派认为不是需求决定供给，而是供给能够创造需求，而刺激供给的主要手段就是减税。供给学派认为减税能提高资产报酬率，鼓励储蓄和投资，提高劳动生产率，降低产品成本，缓和通货膨胀，并导致消费、产出和就业增加。

32. **【难度】**2　　**【考点】**供给管理政策

【答案】供给学派是 20 世纪 70 年代在美国兴起的一个经济学流派。该学派强调经济的供给方面，认为需求会自动适应供给的变化，因而得名。凯恩斯主义者则基于凯恩斯的著作《就业、利息和货币通论》的思想，主张国家采用扩张性经济政策，通过增加需求促进经济增长。凯恩斯主义者认为，宏观的经济趋向会制约个人的特定行为。凯恩斯主义者和供给学派的政策主张主要在以下三个方面存在分歧：

（1）总需求管理政策与供给管理政策。

凯恩斯主义者是从需求着手，主张采用需求管理政策，包括货币政策和财政政策等。总体来说就是：在总需求不足的时候，使用扩张性政策；在总需求过多的时候，采取紧缩性政策。他们认为，经济在遭受来自需求或供给方面的冲击后会衰退，如果衰退引起了大规模失业，由于种种原因（例如工资合同未到期）企业并不能立刻降低工资，因而工人并不会很快重新就业。要让经济调整到实际产量等于正常产量状态需要一个很长的过程，在这个过程中，经济处于非均衡状态，会出现经济萧条和失业局面。政府采取稳定的政策，即刺激需求的财政政策或货币政策，就会较快恢复经济。

供给学派则从供给入手，以萨伊定律（供给能自动创造需求）为基本理论根基，政策思想是直接作为凯恩斯主义学派的总需求管理政策的对立面出现的供给管理政策主张。他们的供给管理政策主张的核心是强调激励的作用，认为激励意味着对工作、储蓄、投资和企业家才能足够的报酬，而凯恩斯主义的需求管理政策使政府支出日益增加，为了弥补财政赤字，只能靠增加税收和发行货币，结果严重挫伤了人们的工作、储蓄和投资积极性，造成供给不足，从而使失业和通胀同时出现。

（2）主张增加社会福利支出与削减福利支出。

凯恩斯主张建立完善的社会福利，供给学派则主张削减社会福利。凯恩斯主义者提倡用赤字财政政策代替财政稳健政策，认为财政稳健政策会减少社会总需求，损害公共福利。为了刺激需求，他们主张政府要有意无意地造成超支，或者举债筹款救济失业。他们认为举债支出虽然浪费，但结果可以使社会致富。

在供给政策方面，供给学派除了主张减税以外，还提出了减少政府开支、削减福利支出的措施。这不但可以平衡财政收支，还可提高私人投资能力，增加供给。供给学派认为，创造就业主要得靠私人投资，不能靠公共部门扩张和增加财政支出，财政扩张只会挤出私人部门增长带来的就业。因此，应减少国家对经济的干预和控制，充分发挥企业家的积极性，更多依靠市场力量调节经济。

（3）降低比例税率与降低边际税率。

在税收减免方面，凯恩斯主义者主要针对比例税率，供给学派则是针对边际税率。凯恩斯主义者在税制改革上主张降低比例税率并且用以直接税为主的税制代替以间接税为主的税制，以累进税代替比例税，从而调节收入，刺激消费需求的提高。

供给学派供给管理政策思想的核心是减税，特别是要降低高边际税率（增加的税收在增加的收入中的比例），因为高边际税率是妨碍工作、储蓄、投资和创新积极性及劳动生产率提高的罪魁祸首。降低了税收，就会提高资产报酬率，鼓励储蓄和投资，提高劳动生产率，降低产品成本，缓和通货膨胀，并导致消费、产出和就业增加。

凯恩斯主义者和供给学派在政策主张上之所以出现如此大的分歧，主要是由于所处的经济背景不同。第二次世界大战后，世界经济普遍萧条，需求和供给呈现衰退现象。此时，凯恩斯主义者主张降低税率，扩大需求，刺激经济的复苏与发展。西方国家普遍依据凯恩斯的理论制定政策，对经济进行需求管理，并取得了较大效果。但是，凯恩斯主义人为地扩大了需求，最后导致 20 世纪 70 年代西方经济出现生产停滞、失业严重，同时物价持续上涨并出现“滞胀”局面。于是经济学界纷纷向凯恩斯主义提出挑战，并研究替代的理论和政策。供给学派就是在这样的背景下兴起的。供给学派提出的供给管理政策和削减福利等主张有利于解决当时经济发展中的问题，顺应了当时经济发展的趋势。一个时期的经济政策或主张往往是根据当时的经济环境提出的，不同的经济发展阶段需要有不同的经济政策，因而也就不难理解凯恩斯主义者和供给学派在政策主张上出现的分歧问题了。

第十八章

蒙代尔-弗莱明模型

学习精要

一、 学习重点

1. 名义汇率与实际汇率
2. 浮动汇率制下的财政政策和货币政策
3. 固定汇率制下的财政政策和货币政策

二、 知识脉络图

- 开放经济下的短期经济模型
  - 汇率及汇率制度
    - 汇率及其标价
    - 汇率制度
    - 汇率的决定
      - 浮动汇率制下的汇率
      - 固定汇率制的运行
  - 净出口与资本净流出
  - 蒙代尔-弗莱明模型
  - 浮动汇率制下的财政政策和货币政策
    - 浮动汇率制下的财政政策
    - 浮动汇率制下的货币政策
  - 固定汇率制下的财政政策和货币政策
    - 固定汇率制下的财政政策
    - 固定汇率制下的货币政策

三、理论精要

知识点一　汇率及汇率制度

1. 汇率

汇率是指一个国家的货币折算成另一个国家货币的比率，表示的是两个国家货币之间的互换关系，这种关系被称为名义汇率。

汇率标价方法：

（1）直接标价法：用一单位的外国货币作为标准，折算为一定数额的本国货币来表示的汇率，即汇率＝本币数额/单位外币。

（2）间接标价法：以一单位本国货币为标准，折算为一定数额的外国货币来表示的汇率，即汇率＝外币数额/单位本币。

e 表示以间接标价法标示的名义汇率。在没有特别说明的情况下，一般用 e 表示的名义汇率即为以间接标价法标示的名义汇率。

【补充】关于直接标价法与间接标价法更为形象具体的解读，可关注微信公众号“王海滨老师”，点击菜单栏“精品文章/精品文章合集/这样解读名义/实际汇率，你看一眼就忘不了”或微信扫描二维码查看。

2. 汇率制度

（1）固定汇率制：指一国货币同他国货币的汇率基本固定，其波动限于一定的幅度之内。

（2）浮动汇率制：指一国不规定本国货币与他国货币的官方汇率，听任汇率由外汇市场的供求关系自发地决定。

①自由浮动（清洁浮动）：中央银行对外汇市场不采取任何干预措施，汇率完全由外汇市场的供求力量自发地决定。

②管理浮动（肮脏浮动）：实行浮动汇率制的国家，对外汇市场进行各种形式的干预活动，主要是根据外汇市场的供求情况售出或购入外汇，以通过对外汇供求的影响来影响汇率。

3. 实际汇率

实际汇率是两国产品的相对价格，表示按什么比率用一国的产品交换另一国的产品。

用公式表示为：$\varepsilon = e \times \frac{P}{P_f}$。式中，$\varepsilon$ 为实际汇率，e 为名义汇率，P_f 为国外价格总水平，P 为国内价格总水平。

【提示】在绝对购买力平价下，实际汇率 $\varepsilon=1$。

知识点二　净出口与资本净流出

影响净出口的两个最重要的因素是汇率和国内收入水平。一般一国的净出口与实际汇率和该国实际收入均呈反向变动。

净出口函数为：$nx=\alpha-\gamma y-ne\times\frac{P}{P_f}$。式中 α、γ 和 n 均为正参数，γ 为边际进口倾向。

资本净流出是指本国居民购买的外国资产与外国人购买的本国资产之间的差额，它主要受国内实际利率的影响，是国内利率的减函数。$CF=CF(r)$，其中 CF 表示资本净流出，r 为实际利率。

一国的资本净流出 CF 必然总是等于净出口 nx，即：$nx=CF$。

知识点三　蒙代尔-弗莱明模型

蒙代尔-弗莱明模型考察的经济是资本完全流动的小型开放经济。

假设条件：(1) 国际资本流动迅速使得国内利率等于世界利率，即 $r=r_w$。

(2) 国内物价水平和国外物价水平都是固定的，因此，实际汇率与名义汇率是同比例变化的。

蒙代尔-弗莱明模型由 IS^* 曲线与 LM^* 曲线综合而成：

$$y=c(y)+i(r_w)+g+nx(e) \qquad IS^*$$

$$\frac{M}{P}=L(r_w, y) \qquad LM^*$$

知识点四　浮动汇率制下的财政政策和货币政策

扩张性财政政策使 IS^* 曲线右移，均衡收入不变，汇率上升，净出口减少，如图 18-1 (a) 所示。

扩张性货币政策使 LM^* 曲线右移，均衡收入上升，汇率下降，净出口增加，如图 18-1 (b) 所示。

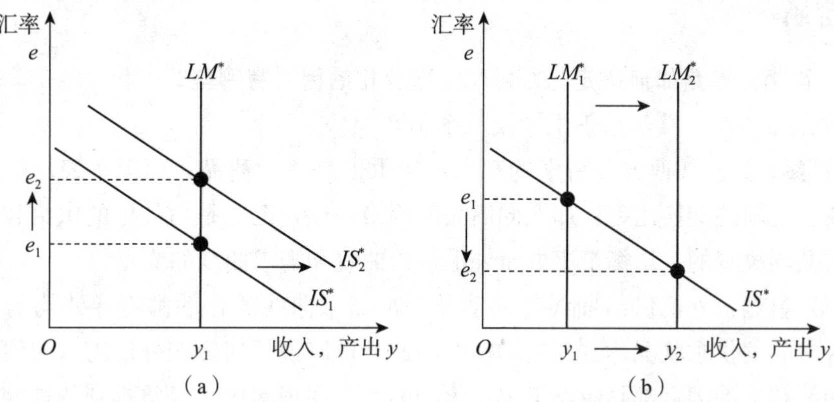

图 18-1　浮动汇率制下的财政政策与货币政策效应

知识点五　固定汇率制下的财政政策和货币政策

扩张性财政政策使 IS^* 曲线右移，均衡收入不变，汇率上升，净出口减少；接着央行为稳定汇率，必然引起货币扩张，使得均衡收入上升，汇率回调，净出口增加。最终，扩张性财政政策使得均衡收入增加，汇率不变，净出口不变，如图 18-2（a）所示。

扩张性货币政策使 LM^* 曲线右移，均衡收入上升，汇率下降，净出口增加；接着央行为稳定汇率，必然引起货币收缩，使得均衡收入下降，汇率回调，净出口减少。在固定汇率制下，货币政策是无效的，如图 18-2（b）所示。

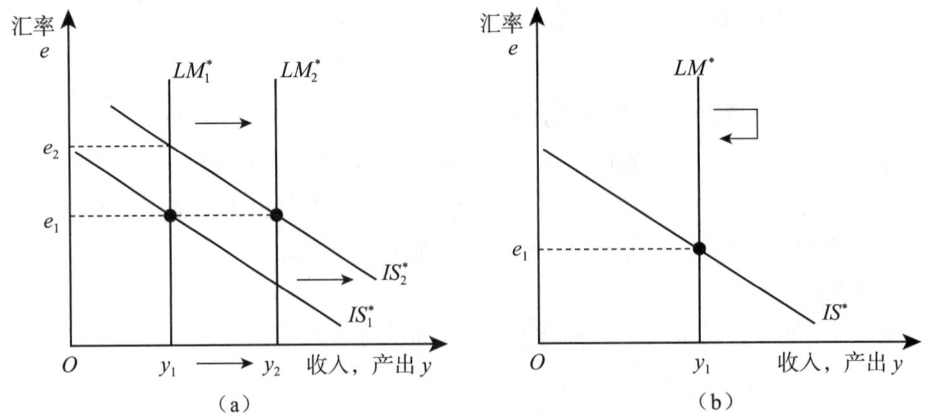

图 18-2　固定汇率制下的财政政策与货币政策效应

【**总结**】蒙代尔-弗莱明模型说明，在浮动汇率制下，只有货币政策能影响收入；扩张性财政政策的效果被货币升值和净出口的下降所抵消。在固定汇率制下，只有财政政策能影响收入；货币政策无效。

习题解析

1. 均衡汇率是如何决定的？影响汇率变化的因素有哪些？

【**难度**】1　　【**考点**】汇率及汇率制度

【**答案**】(1) 按西方经济学的观点，货币也是一种商品，而汇率表示的是两种货币商品之间的交换比率，那么同商品的价格一样，汇率是由外汇的供给和对外汇的需求共同决定的。均衡汇率处于外汇供给曲线和需求曲线的交点。

(2) 显然，外汇供给曲线的移动及外汇需求曲线的移动都将导致均衡利率变化，并按新的供求状况达到新的均衡。因此，可以说任何影响外汇需求曲线和外汇供给曲线移动的因素都是影响汇率变化的因素。在现实中，经常提到的影响汇率变化的因素主要有进出口变化、投资变化、投机、通货膨胀等。

①进出口变化。本国出口增加、进口减少，会导致外国对本国货币的需求增加和本国的外国货币供给增加，因而本国货币升值，汇率上升；相反，则本国货币贬值，汇率下降。

②投资变化。本国的对外投资增加会导致对外币需求增加，外币升值，汇率下降；反之亦然。

③投机。当投机引起外国资本流入本国时，会增加对本国货币的需求，从而本币升值，汇率上升。当投机引起资本流出本国时，会增加对外币的需求，从而外币升值，汇率下降。

④通货膨胀。通货膨胀导致本国相对外国物价水平上升，进而导致出口减少、进口增加，因而本国货币贬值，汇率下降。

2. 说明固定汇率制的运行。

【难度】1　　**【考点】**汇率及汇率制度

【答案】在固定汇率制下，一国中央银行随时准备按事先承诺的价格从事本币与外币的买卖。以中国为例，假定中国人民银行宣布将汇率固定为 1 元人民币兑换 100 日元。但是，由于各种原因，外汇市场的均衡汇率是 1 元人民币兑换 200 日元。这时市场上的套利者将发现存在获利机会。他们在外汇市场上以 2 元人民币购买 400 日元，然后再将这 400 日元按照中国人民银行规定的汇率卖给中国人民银行，这样可以获得 4 元人民币，从而投机者获得了 2 元人民币的净利。当中国人民银行购买日元时意味着增加了市场上人民币的供给，这将导致外汇市场的均衡汇率降低。显然，只要均衡汇率大于固定汇率，套利行为就会继续进行下去，而不断增加的货币供给将使均衡汇率不断下降，直至达到中国人民银行宣布的汇率水平。

3. 假设一国的出口方程为 $X=A-my$。当 m 变大时，经济的 IS 曲线将发生什么变化？当 A 增加时，IS 曲线又将发生什么变化？

【难度】2　　**【考点】**净出口与资本净流出

【答案】开放经济下产品市场均衡为：

$$\begin{aligned} y &= c+i+g+nx \\ &= \alpha+\beta(y-t)+e-dr+g+A-my-m_0-\gamma y \end{aligned}$$

化简并求解得 IS 方程：

$$r=\frac{\alpha-\beta t+e+g+A-m_0}{d}-\frac{1-(\beta-\gamma-m)}{d}y$$

m 影响的是 IS 曲线的斜率大小，m 变大，斜率的绝对值$\frac{1-(\beta-\gamma-m)}{d}$变大，因而 IS 曲线变得更陡峭。

A 影响的是 IS 曲线纵轴的截距，A 增加时 IS 曲线纵轴的截距增大，也就是 IS 曲线向右上方平移。

4. 结合（教材中）第十三章的有关内容推导开放经济条件下政府购买乘数的表达式。

【难度】2　　**【考点】**蒙代尔-弗莱明模型

【答案】在开放经济条件下，均衡收入为：

$$y=c+i+g+nx$$

其中，$c=\alpha+\beta y_d=\alpha+\beta(y-t)$；$i=e-dr$；$nx=a-\gamma y-ne\times\frac{P}{P_f}$。将各项代入均衡式解得：

$$y=\frac{\alpha+e+g+a-\beta t}{1-\beta+\gamma}-\frac{dr+ne\times\frac{P}{P_f}}{1-\beta+\gamma}$$

政府购买乘数是指收入变动对引起这种变动的政府购买变动的比率。所以$k_g=\frac{\Delta y}{\Delta g}=\frac{\partial y}{\partial g}=\frac{1}{1-\beta+\gamma}$，式中，$\beta$表示边际消费倾向，$\gamma$表示边际进口倾向。

5. 资本完全流动的含义是什么？在小国和大国模型中，资本完全流动带来的结果有什么不同？

【难度】2　　**【考点】**蒙代尔-弗莱明模型

【答案】资本完全流动是指该国政府不阻止国际借贷，该国居民可以不受限制地贷出资本及借入资本。资本完全流动意味着，如果国外利率r_w是既定的，则当国内利率高于国外利率时，资本将不受限制地不断流入本国，直至国内利率等于国外利率为止；反之，如果本国利率低于国外水平，则资本会大量流出。

对于"小国"来讲，其经济仅是世界经济极小的一部分，从而其对世界经济的影响极其微小，特别是对利率的影响微乎其微。因此，世界利率r_w是外生变量。在资本完全流动条件下，如果国内利率大于世界利率，较高的利率将吸引国外资本流入，最终使得国内利率达到r_w。同样，如果国内利率小于世界利率，较低的利率会导致国内资本流到国外以获取更高收益，最终会使得国内利率上升到r_w。因此，对于小国经济来讲，资本完全流动将使其国内利率由世界利率r_w决定。

但是，在"大国"经济下，资本的完全流动并不会导致本国利率由世界利率决定。这是因为，大国经济将足以影响世界金融市场，当该国给国外的贷款较多时，世界经济中的贷款供给就较多，从而导致实际利率较低。相反，该国从国外借贷越多，世界利率就越高。也就是说，在大国经济模型下，本国利率将影响世界利率。

6. 在资本完全流动的小国开放经济中，为什么国内利率水平与国际利率水平总能保持一致？

【难度】2　　**【考点】**蒙代尔-弗莱明模型

【答案】资本完全流动是指该国政府不阻止国际借贷，该国居民可以不受限制地贷出资本及借入资本。资本完全流动意味着，如果国外利率r_w是既定的，则当国内利率高于国外利率时，资本将不受限制地不断流入本国，直至国内利率等于国外利率为止；反之，如果本国的利率低于国外水平，则资本会大量流出。

对于“小国”来讲，其经济仅是世界经济极小的一部分，从而其对世界经济的影响极其微小，特别是对利率的影响微乎其微。因此，世界利率 r_w 是外生变量。在资本完全流动条件下，如果国内利率大于世界利率，较高的利率将吸引国外资本流入，最终使得国内利率达到 r_w。同样，如果国内利率小于世界利率，较低的利率会导致国内资本流到国外以获取更高的收益，最终会使得国内利率上升到 r_w。因此，对于小国经济来讲，资本完全流动将使其国内利率与世界利率 r_w 始终保持一致。

7. 用蒙代尔-弗莱明模型考察固定汇率制下紧缩性货币政策的影响。

【难度】 2　　**【考点】** 固定汇率制下的财政政策和货币政策

【答案】 在固定汇率制下，一国中央银行宣布一个汇率值，并随时准备买卖本币以使汇率保持在所宣布的水平上。

这时如果中央银行试图实行紧缩性货币政策，如在公开市场上卖出债券，这种政策在开始时将使 LM^* 曲线左移，汇率上升，收入减少，如图 18－3 所示。但是由于汇率固定，套汇投资者对市场汇率上升的反应是用本国货币在外汇市场上购买外国货币，然后向中央银行兑换本国货币，以获得汇率升值部分的利差。中央银行用来收购投资者手中的外币而释放出来的本国通货增加了本国货币的供给。这导致 LM^* 曲线右移，重新回到原来的位置。因此，在固定汇率制下，中央银行的紧缩性货币政策是无效的。

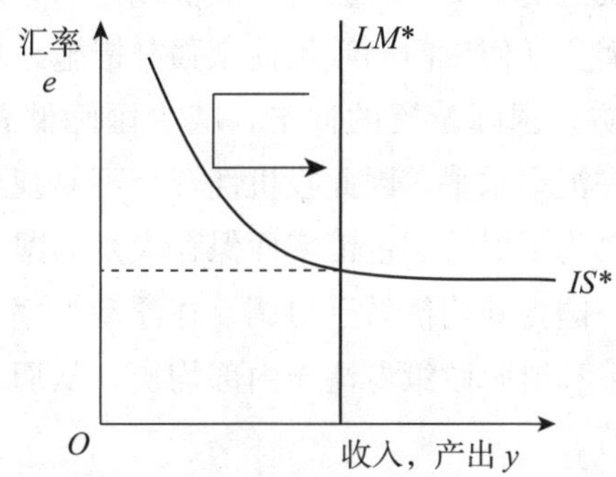

图 18－3　固定汇率制下的紧缩性货币政策

8. 用蒙代尔-弗莱明模型考察浮动汇率制下紧缩性财政政策的影响。

【难度】 2　　**【考点】** 浮动汇率制下的财政政策和货币政策

【答案】 在浮动汇率制下，汇率由市场供求力量决定，允许汇率对经济状况的变动做出反应，自由地变动。在这种情况下，假定政府采取减少政府购买支出或增加税收等紧缩性财政政策，这将导致总需求减少，使得 IS^* 曲线向左移动，如图 18－4 所示。结果，汇率下降了，而收入水平保持不变。这是因为紧缩性财政政策使得总需求减少，较低的收入减少了对货币的需求，结果本国利率下降。当本国利率低于世界利率时，资本将从国内流出，增加了外汇市场上本币的供给，进而本币贬值。本币的贬值使得国内产品相对国外产品更便宜，从而增加了净出口。净出口的增加抵消了紧缩性财政政策对收入的影响。因此，在浮动汇率制下，紧缩性财政政策只会引起汇率降低，而收入水平保持不变。

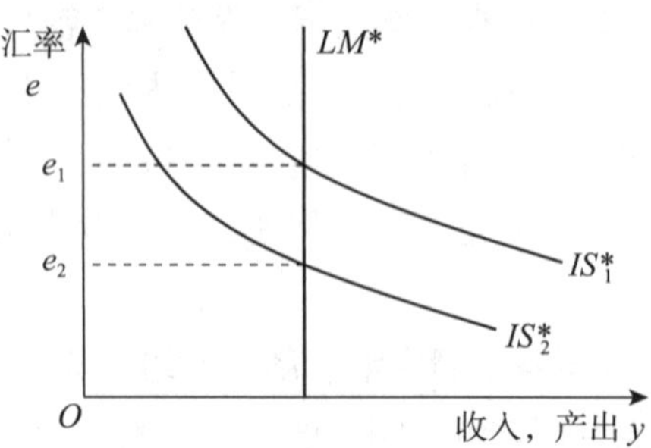

图 18－4　浮动汇率下的紧缩性财政政策

9. 浮动汇率制与固定汇率制的优点是什么？

【难度】 2　　**【考点】** 汇率及汇率制度

【答案】 浮动汇率制是指现实汇率不受平价的限制，随外汇市场供求状况变动而波动的一种汇率制度。固定汇率制是指现实汇率受平价制约，只能围绕平价在很小范围内上下波动的汇率制度。浮动汇率制和固定汇率制各有利弊。

（1）浮动汇率制的优点是：

①浮动汇率制有助于发挥汇率对国际收支的自动调节作用。在浮动汇率制下，只要一国的国际收支出现失衡，货币就会自动贬值或升值，从而对国际收支与整个经济进行自发调节，不需要任何专门的政策甚至强制措施。

②浮动汇率制可以防止国际游资的冲击，减少国际储备需求。在浮动汇率制下，政府不承诺维持某一汇率水平，因此投机性资金不易找到汇率明显被高估或低估的机会，政府也不需要为了保持固定汇率而保存大量的国际储备。

③浮动汇率制使得一国内外均衡易于协调。在浮动汇率制下，汇率自发调节以实现外部均衡，货币政策和财政政策专注于内部均衡，从而可以独立制定有利于本国经济稳定和发展的政策。

（2）固定汇率制的优点是：

①固定汇率制更有利于国际贸易和投资的发展。固定汇率制下不存在汇率波动的风险，从而有利于国际贸易和投资的发展。

②固定汇率制使各国不易进行汇率的竞相贬值。和浮动汇率制相反，由于国家间的汇率制度固定，不会造成竞争性贬值行为。

③政府为了维持固定汇率就不能以可能引发通货膨胀的速度增加货币供给量。固定汇率制总是对货币政策的使用存在着一定的制约。例如，扩张性货币政策会引起储备外流，最终对固定汇率的维持构成威胁，而恢复经济的均衡还要通过紧缩性货币政策。

10. 在不考虑资本流动和汇率变动的情况下，某经济社会的宏观经济模型为

$$y=C+I+X-M$$

$$C=40+0.8y$$

$$I=50$$

$$X=100$$

$$M=0.2y+30$$

充分就业的产出水平为 $y_f=500$，试求：

(1) 产品市场均衡时的产出水平和贸易收支。

(2) 使贸易收支均衡的产出水平。

(3) 实现充分就业时的贸易收支。

【难度】 2 **【考点】** 净出口与资本净流出

【答案】(1) $y=C+I+X-M=40+0.8y+50+100-0.2y-30$。

解得：$y=400$。

此时，出口 $X=100$，进口 $M=0.2\times400+30=110$。

净出口 $NX=100-110=-10$。

(2) 贸易收支均衡时有：$NX=X-M=100-0.2y-30=0$。

解得使贸易收支均衡的产出水平 $y=350$。

(3) 实现充分就业时，$y=y_f=500$。

此时，出口 $X=100$，进口 $M=0.2\times500+30=130$。

净出口 $NX=100-130=-30$。

补充训练

1. (名词解释) 实际汇率 (武汉大学 2014)

2. (名词解释) 浮动汇率制 (山东大学 2018)

3. (名词解释) 购买力平价 (武汉大学 2018)

4. (判断题) 对于小型完全开放经济，国内政府采购支出水平的变化与国内投资水平无关。(上海财经大学 2007)

5. (判断题) 蒙代尔-弗莱明模型表明，在资本完全流动条件下，财政政策在固定汇率制下基本上不起作用。(华东师范大学 2015)

6. 如果 5 元人民币交换 1 美元，美国的价格水平是 1 美元每单位产品，中国的价格水平是 2 元人民币每单位产品，那么中国产品和美国产品间的实际汇率是(　　) 中国产品每单位美国产品。(上海财经大学 2014)

A. 0.5　　B. 2.5　　C. 5　　D. 10

7. 如果某国的利率水平已经接近 0，当政府在二级市场大量购进债券时，将可能会出现(　　)。(重庆大学 2013)

A. 国内投资水平增加　　B. 该国货币贬值

C. 该国货币升值　　D. 交易性货币需求增加

8. 下述正确的表述是（　　）。（华东师范大学 2015）

A. 本币贬值使 IS 曲线和 BP 曲线右移

B. 本币贬值使 LM 曲线和 BP 曲线右移

C. 资本流动的利率弹性越大，BP 曲线越陡峭

D. 边际进口倾向越小，BP 曲线越陡峭

9. 一国贸易收支持续逆差，产生的后果是（　　）。（北京航空航天大学 2012）

A. 外债不断升高，本币面临升值压力

B. 外债不断升高，本币面临贬值压力

C. 外债不断降低，本币面临升值压力

D. 外债不断降低，本币面临贬值压力

10. 央行售出本国货币，购买外国资产将会导致（　　）。（暨南大学 2015）

A. 国际储备增加，本国货币供给增加

B. 国际储备减少，本国货币供给减少

C. 国际储备增加，本国货币供给减少

D. 国际储备减少，本国货币供给增加

11. 根据传统的观点（比如在蒙代尔-弗莱明模型中），如果减免税收后没有相应地减少财政支出，那么短期的影响是美元的（　　）和出口的（　　）。（上海财经大学 2014）

A. 升值；增加　　B. 升值；减少

C. 贬值；增加　　D. 贬值；减少

12. 根据蒙代尔-弗莱明模型，一个实行了浮动汇率制的小型开放经济，如果央行增加货币供给，将导致（　　）。（暨南大学 2017）

A. 汇率下降，产出上升　　B. 汇率上升，产出上升

C. 汇率下降，产出下降　　D. 汇率上升，产出下降

13. 在下面哪一种经济体中，货币政策将会对产出产生最大的影响？（　　）（复旦大学 2008）

A. 有固定汇率的小型开放经济

B. 有浮动汇率的小型开放经济

C. 有固定汇率的大型开放经济

D. 封闭经济

14. 如果一国外汇市场实行间接标价法，而且该经济可以用浮动汇率的蒙代尔-弗莱明模型准确描述，那么，在均衡状态下，给定其他条件不变，当增加国内税收时，会导致（　　）。（上海财经大学 2007）

A. 总收入下降，汇率上升，贸易余额上升

B. 总收入不变，汇率上升，贸易余额下降

C. 总收入上升，汇率下降，贸易余额上升

D. 总收入不变，汇率下降，贸易余额上升

15. 某实施浮动汇率制的开放经济小国符合蒙代尔-弗莱明模型。给定其他条件不变，当增加国内税收时，会导致（　　）。（南京航空航天大学 2015）

A. 总收入下降，本国货币升值，贸易余额上升

B. 总收入不变，本国货币升值，贸易余额下降

C. 总收入上升，本国货币贬值，贸易余额上升

D. 总收入不变，本国货币贬值，贸易余额上升

16. 根据蒙代尔-弗莱明模型，在固定汇率制下（　　）。（金融联考 2007）

A. 财政政策无效　　B. 货币政策无效

C. 财政政策中立　　D. 货币政策有效

17. 某人打算以不超过 7 500 美元的价格买辆小轿车，现在商店的报价是 3 500 英镑，问：

（1）若汇率是 1 英镑＝2.2 美元，双方能否成交？

（2）汇率为多少时，他才能买到汽车？（浙江财经大学 2014）

18. 某日路透社显示下列市场汇率：纽约市场上 1 美元＝1.575 0 瑞士法郎；苏黎世市场上 1 英镑＝2.298 0 瑞士法郎；伦敦市场上 1 英镑＝1.449 8 美元。某套汇者以 100 万英镑进行套汇，试计算其套汇利润（不考虑其他费用）。（金融联考 2007）

19. 在短期模型中，比较开放条件和封闭条件下扩张性货币政策对总需求及其组成部分影响传导机制的差异。（中国人民大学 2013）

20. 考虑某宏观经济模型（甲国）：

收入 $Y=C+I+G+NX$

消费 $C=80+0.63Y$

投资 $I=350-2\,000r+0.1Y$

实际货币需求 $(M/P)^d=0.162\,5Y-1\,000r$

净出口 $NX=500-0.1Y-100(EP/P_W)$

实际汇率 $\dfrac{EP}{P_W}=0.75+5r$

其中，政府支出 G 为 750，名义货币供给 M 为 600。假定其他国家的价格水平 P_W 始终为 1，甲国的价格水平设定为 1。

（1）推导 IS 曲线、LM 曲线和 AD 曲线的代数表达式；

（2）求由模型所决定的 Y、r、C、I、NX 的值。（同济大学 2017）

21. 在蒙代尔-弗莱明模型中，考虑一个由以下方程所描述的小型开放经济：

LM 曲线方程：$Y=2\times M/P+100i$

IS 曲线方程：$Y=1\,000+2G-T+NX-50i$

净出口方程：$NX=2\,500-100e$

其中，Y 为收入水平，i 为利率，e 为汇率（外币/本币）；设货币供给量 $M=1\,000$，价格水平 $P=1$，世界利率 $i^*=10$，政府支出 $G=500$，税收收入 $T=800$。

（1）求短期内该经济体的均衡国民收入和均衡汇率；

（2）假设让 T 减少到 500，该国采取浮动汇率制，则新的均衡国民收入和新的均衡汇率将会是多少?

（3）如果该国采取的是固定汇率制，且该国欲将固定汇率值维持在本题第（1）问中的汇率水平，那么保持 G 不变，而 T 减少到 500，新的均衡国民收入将会是多少？其中央银行将怎样设定货币供给的大小以维持这个固定汇率水平呢?

请同时将第（1）～（3）问画在一张图中进行分析。(厦门大学 2011)

22. 在一个开放经济体中，消费者对经济增长的信心下降。用浮动汇率制下的蒙代尔-弗莱明模型画图说明该变化对产出、汇率、利率及贸易余额的短期影响。(暨南大学 2016)

23. 试论述一个小国开放经济在不同的汇率制度下财政政策和货币政策的效果，并说明理由。(中央财经大学 2011)

24. 用蒙代尔-弗莱明模型说明一个小型开放经济无法同时实现资本自由流动、汇率固定和自主的货币政策。(山东大学 2011)

参考答案

1. **【难度】** 1　　**【考点】** 汇率及汇率制度

【答案】（1）汇率有名义汇率与实际汇率之分。名义汇率是一个国家的货币折算成另一个国家的货币的比率。它是指一单位外币能够交换的本币数量，或一单位本币能交换的外币数量。通常由市场的汇价表现出来。

（2）实际汇率是指两种产品的相对价格，表示按什么比率用一国的产品交换另一国的产品。用公式表示为：$\varepsilon=e\times\dfrac{P}{P_f}$，式中 ε 为实际汇率，e 为名义汇率，P_f 为国外价格总水平，P 为国内价格总水平。根据定义式可知，如果实际汇率高，外国产品就相对便宜，而国内产品相对昂贵。如果实际汇率低，外国产品就相对昂贵，而国内产品相对便宜。

2. **【难度】** 1　　**【考点】** 汇率及汇率制度

【答案】 浮动汇率制是指货币当局不规定本国货币与其他国家货币间的官方汇率以及汇率上下波动的范围，而是由外汇市场根据外汇供求关系自行决定汇率的汇率制度。实行浮动汇率制的国家并非完全放弃对外汇市场的干预，往往根据各自经济发展的需要，对汇率进行控制和调节。因此，浮动汇率制又可以根据干预的情况分为自由浮动汇率制和有管理的浮动汇率制。

自由浮动汇率制又称“清洁浮动汇率制度”，即一国政府不采取任何干预措施，汇率完全由外汇市场的供求关系决定的汇率制度。有管理的浮动汇率制又称“肮脏浮动汇率制度”，即一国政府为维持其汇率的相对稳定，在外汇市场进行有目的干预的浮动汇率制度。

3. **【难度】**1 **【考点】**汇率及汇率制度

【答案】购买力平价的出发点是每一种货币在本国都有购买产品和劳务的能力，根据一价定律，即同一种产品或劳务在两个国家的货币购买力应相同，因此，不同货币购买力的比率就构成了相互间汇率的基础。尽管货币的购买力难以衡量，但由于货币购买力与价格水平呈反向变动关系，因此价格水平的变化会导致汇率的变动。

根据购买力平价理论，一国的价格水平上升，该国的货币就会贬值，反之则升值，或者说，通货膨胀率高的国家的货币会贬值，通货膨胀率低的国家的货币会升值。购买力平价理论是建立在诸如经济中的变化必须来自货币方面、不存在交易费用和关税等一系列假定条件基础上的。由于这些条件在现实中难以完全满足，购买力平价理论不能很好地解释短期汇率的波动。但这一理论给出了货币间兑换的实质，即购买力的比较。因此，购买力平价理论被认为是解释汇率应有的稳定趋势的一种理论，也被认为是解释长期汇率的一种理论。

4. **【难度】**2 **【考点】**蒙代尔-弗莱明模型

【答案】正确。小型完全开放经济意味着世界利率是外生的，同时资本完全流动导致国内市场利率等于世界利率。也就是说，在小型开放经济下，国内利率固定于世界利率水平。而国内的投资水平由国内利率决定，因而国内投资水平固定在世界利率水平上。也就是说，政府财政政策不会影响到利率水平从而影响到国内投资水平。

5. **【难度】**1 **【考点】**固定汇率制下的财政政策和货币政策

【答案】错误。在资本完全流动条件及固定汇率制下，货币政策是无效的，但扩张性财政政策可以增加总收入。

6. **【难度】**1 **【考点】**汇率及汇率制度

【答案】B。方法一：设 e、ε 分别为名义间接汇率和实际间接汇率，则有 $\varepsilon = e \times \frac{P_{美国}}{P_{中国}} = 5 \times \frac{1}{2} = 2.5$。

方法二：1 单位美国产品 1 美元，折合 5 元人民币，能够买 5/2=2.5 单位中国产品。

7. **【难度】**1 **【考点】**汇率及汇率制度

【答案】B。政府购买债券就会增加货币供给，由于利率已经极低，因此利率已经无法再下降了，国内货币供给增加只会导致本币贬值。

8. **【难度】**1 **【考点】**净出口与资本净流出；蒙代尔-弗莱明模型

【答案】A。本币贬值导致净出口（NX）增加，从而增加国民收入，IS 曲线右移，同时也导致贸易顺差，外汇流入增加，因此同样的收入需要对应更多的资本净流出（K），也就需要对应更低的利率，即 BP 曲线右移。资本流动的利率弹性大，意味着利率下降一点点会导致很大的资本净流出，因此 BP 曲线会更平坦。边际进口倾向小，国民收入增加所引起的经常账户逆差就小，要求的利率提升幅度也小，因此 BP 曲线平坦。

9. **【难度】**2　　**【考点】**汇率及汇率制度

【答案】B。贸易收支逆差会导致本国外汇市场上外汇供给减少，使得外汇汇率上涨，本币汇率下跌。如果政府干预市场，利用本国的外汇储备抛售外币买进本币，则会进一步导致本币的贬值。政府干预使本国外汇储备的持有量减少，降低了本国的国际支付能力，导致外债不断升高。

10. **【难度】**2　　**【考点】**净出口与资本净流出

【答案】A。出售本国货币使得本国货币供给增加，与之对应的是外汇增加，即国际储备增加；购买外国资产使得外汇储备减少，但国际储备包括外汇和资产，所以国际储备不变。

11. **【难度】**2　　**【考点】**蒙代尔-弗莱明模型

【答案】B。减少税收但不减少财政支出，属于扩张性财政政策，使 IS 曲线右移，使得货币升值、出口升值从而导致出口减少。

> **【提示】**作为选择题，这类题型画草图可便捷求解。

12. **【难度】**　　**【考点】**浮动汇率制下的财政政策和货币政策

【答案】A。由图 18－5 可知汇率下降，产出上升。

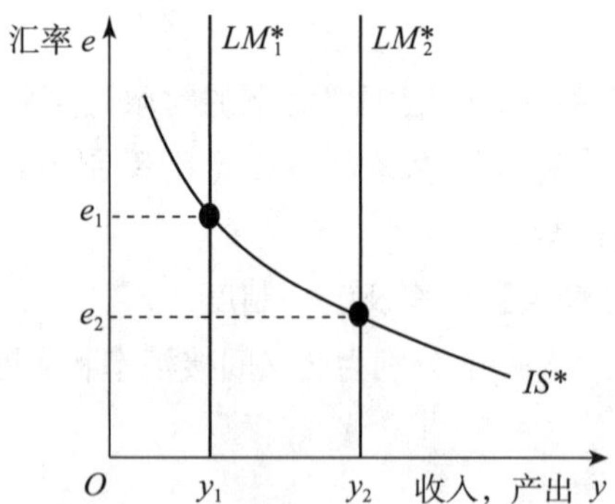

图 18－5　浮动汇率制下的货币扩张

13. **【难度】**2　　**【考点】**浮动汇率制下的财政政策和货币政策；固定汇率制下的财政政策和货币政策

【答案】B。根据蒙代尔-弗莱明模型知道，在资本完全流动下，货币政策在浮动汇率制下的效果大于固定汇率制。这是因为在固定汇率制下，货币政策必须维持汇率稳定，影响了货币政策的效果；而有浮动汇率的开放经济会通过净出口变化和资本流动加强货币政策的效果。从而，货币政策在有浮动汇率的开放经济中的效力大于在封闭经济中的效力。所以，选项 B 正确。

14. **【难度】** 2　　　**【考点】** 浮动汇率制下的财政政策和货币政策

【答案】 D。因为 LM^* 曲线垂直，增加国内税收相当于实行紧缩性财政政策，结果导致 IS^* 曲线左移，由 IS_1^* 移动到 IS_2^*，因而总收入不变，汇率下降，贸易余额上升，如图 18－6 所示。

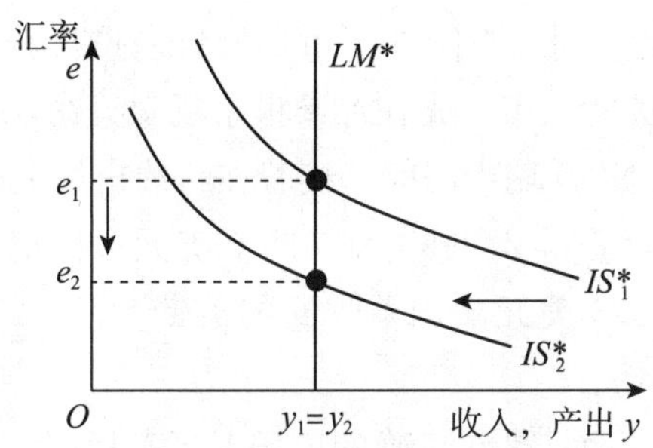

图 18－6　浮动汇率制下的紧缩性财政政策

15. **【难度】** 2　　　**【考点】** 浮动汇率制下的财政政策和货币政策

【答案】 D。如图 18－7 所示，浮动汇率制下，财政政策无效，国内增税使得 IS^* 曲线左移，于是汇率下降，本币贬值，出口增加，进口减少，净出口的增加抵消了税收效应，国民收入不变，但净出口上升即贸易余额上升。

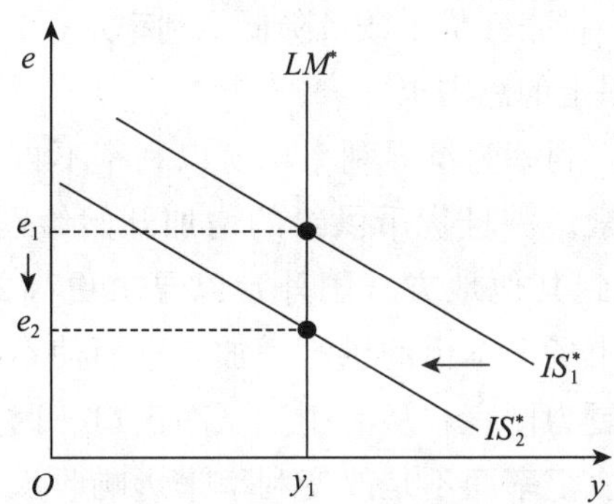

图 18－7　浮动汇率制下的财政政策

16. **【难度】** 1　　　**【考点】** 固定汇率制下的财政政策和货币政策

【答案】 B。当政府实行扩张性财政政策时，首先使 IS^* 曲线右移，均衡收入不变，汇率上升，净出口减少；接着央行为稳定汇率，必然引起货币扩张，使得均衡收入上升，汇率回调，净出口增加。因而，最终，扩张性财政政策使得均衡收入增加，汇率不变，净出口不变。

当政府实行扩张性货币政策时，首先使 LM^* 曲线右移，均衡收入上升，汇率下降，净出口增加；接着央行为稳定汇率，必然引起货币收缩，使得均衡收入下降，汇率回调，净出口减少。因而，在固定汇率制下，货币政策是无效的。

17. **【难度】** 1　　　**【考点】** 汇率及汇率制度

【答案】（1）3 500 英镑=3 500 英镑×2.2 美元/英镑=7 700 美元>7 500 美元，所以双方不能成交。

（2）假设汇率是 e 时，双方刚好成交，则有 3 500×e=7 500，解得：

$$e=7\ 500\div 3\ 500=2.14 \text{ 美元/英镑}$$

18. **【难度】** 2　　　**【考点】** 汇率及汇率制度

【答案】（1）套汇是指利用不同外汇市场的价差投机获利的行为。先判断是否有套汇机会。假设以 1 英镑入市，先在苏黎世市场卖英镑，汇价是 1 英镑=2.298 0 瑞士法郎，因而获得 2.298 0 瑞士法郎；接着在纽约市场上以汇价 1 美元=1.575 0 瑞士法郎卖出瑞士法郎，获得 2.298 0/1.575 0 美元；再把获得的美元在伦敦市场上以汇价 1 英镑=1.449 8 美元卖出，收回的英镑为：2.298 0/1.575 0/1.449 8=1.006 378 55 英镑>1 英镑。

这说明有套汇机会，而且是在正确的市场上买卖货币。

（2）那么 100 万英镑套汇的利润为：

$$1\ 000\ 000\times(1.006\ 378\ 55-1)=6\ 378.55 \text{ 英镑}$$

19. **【难度】** 2　　　**【考点】** 净出口与资本净流出

【答案】 在短期模型中，在开放条件下和封闭条件下，扩张性货币政策都会导致总需求增加，但是这两种情况的传导机制是不一样的。

在封闭经济条件下，扩张性货币政策降低了利率水平，使得投资增加，从而增加了任何给定的价格水平上的总需求。

在开放经济条件下，利率为世界利率，所以利率不再是关键因素，汇率变成了影响总需求的关键因素。一旦货币供给的增加开始给国内利率以向下的压力，由于投资者会把资金投到其他地方（国外）以寻求更高的收益，资本流出该经济。资本的流出使外汇市场上本币的供给增加，进而使本币贬值，这一贬值使国内产品相对于国外产品更为便宜，从而刺激了净出口。因此，在一个小型开放经济中，货币政策通过改变汇率而不是改变利率来影响收入，最后的结果也是增加了任何一个价格水平上的总需求。

20. **【难度】** 2　　　**【考点】** 净出口与资本净流出

【答案】（1）

$$\begin{aligned}Y&=C+I+G+NX\\&=80+0.63Y+350-2\ 000r+0.1Y+750+500-0.1Y\\&\quad-100\times(0.75+5r)\\&=1\ 605+0.63Y-2\ 500r\end{aligned}$$

整理得 IS 曲线函数：$Y=\frac{1\ 605}{0.37}-\frac{2\ 500}{0.37}r$。

$$(M/P)^d=0.162\ 5Y-1\ 000r=(M/P)^s=600/P$$

整理得 LM 曲线函数：$r=\frac{0.162\ 5}{1\ 000}Y-\frac{600}{1\ 000P}$。

将 LM 曲线函数代入 IS 曲线函数，得：

$$Y=\frac{1\ 605}{0.37}-\frac{2\ 500}{0.37}\times\left(\frac{0.162\ 5}{1\ 000}Y-\frac{600}{1\ 000P}\right)$$

整理得 AD 曲线函数：

$$Y=\frac{1\ 605}{0.37\times2.097\ 97}+\frac{1\ 500}{0.37\times2.097\ 97P}$$

(2) 若甲国的价格水平设定为1，则收入为：

$$Y=\frac{1\ 605+1\ 500}{0.37\times2.097\ 97}=4\ 000$$

$$r=\frac{0.162\ 5}{1\ 000}\times4\ 000-\frac{600}{1\ 000}=0.05$$

$$C=80+0.63\times4\ 000=2\ 600$$

$$I=350-2\ 000\times0.05+0.1\times4\ 000=650$$

$$NX=500-0.1\times4\ 000-100\times(0.75+5\times0.05)=0$$

21. **【难度】**3　　**【考点】**蒙代尔-弗莱明模型

【答案】(1) 由于世界利率 $i^*=10$，因此国内利率 $i=10$，又由于 $M=1\ 000$，$P=1$，因此 LM 曲线方程可表示为 $Y=2\times1\ 000/1+100\times10=3\ 000$，即 LM^* 曲线是一条垂直线。

将 $i=10$，$G=500$，$T=800$，$NX=2\ 500-100e$ 代入 IS^* 曲线方程，得 IS^* 曲线方程的表达式为 $Y=1\ 000+2\times500-800+2\ 500-100e-50\times10=3\ 200-100e$。

联立 IS^* 和 IM^* 曲线方程可解得均衡国民收入 $Y=3\ 000$，均衡汇率 $e=2$，均衡点为图 18-8 中的 E_1 点。

(2) 当 T 减少到 500 时，LM^* 曲线方程不受影响，IS^* 曲线方程变为 $Y=1\ 000+2\times500-500+2\ 500-100e-50\times10=3\ 500-100e$。

联立 IS^* 和 IM^* 曲线方程可解得均衡国民收入 $Y=3\ 000$，均衡汇率 $e=5$，均

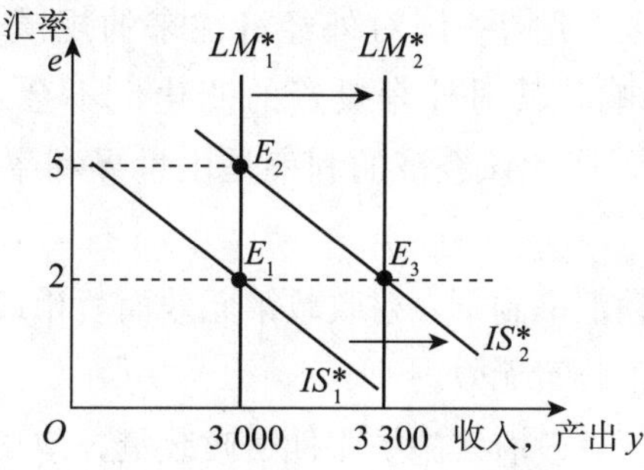

图 18-8　蒙代尔-弗莱明模型

衡点为图 18-8 中的 E_2 点。

(3) 将 $e=2$，$G=500$，$T=500$，$NX=2\ 500-100e$，$i=10$ 代入 IS^* 曲线方程，得 $Y=3\ 500-100e=3\ 300$，均衡点为图 18-8 中的 E_3 点。

设中央银行设定货币供给的大小为 M'，将 $Y=3\ 300$，$P=1$，$i=10$ 代入 LM^* 曲线方程 $Y=2\times M'/P+100i$，得 $M'=1\ 150$。

22.【难度】2　　【考点】蒙代尔-弗莱明模型

【答案】蒙代尔-弗莱明模型假设一个经济体是资本完全流动的小型开放经济，如图 18-9 所示，假设初始状态时，均衡在 E_1 点，此时汇率为 e_1，国民收入为 y_1。此时消费者对经济增长的信心下降，表现为消费者的消费支出减少，它使得 IS_1^* 向左移动到 IS_2^*，汇率下降了，但国民收入不变。

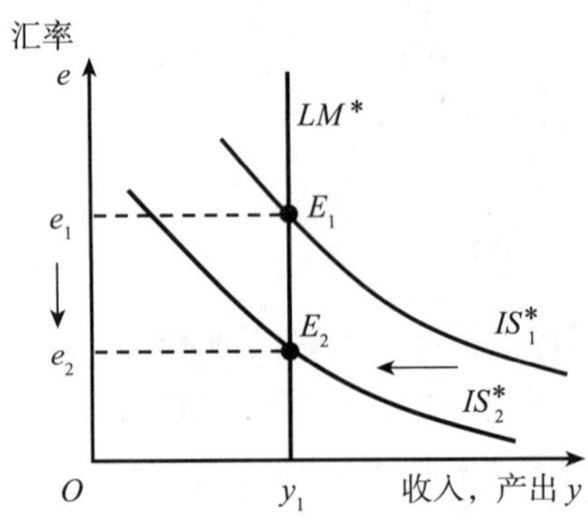

图 18-9　浮动汇率制下的消费者信心下降

国民收入不变的原因在于，消费者的消费支出减少，导致货币需求减少，从而利率下降。由于资本是完全流动的，利率下降会迅速导致资本流出，并使得利率回升到世界利率 r_w。同时，资本流出增加了市场对外币的需求和本币的供给，使得本币贬值而外币升值，增加了净出口，净出口的增加抵消了国内消费支出的影响。

23.【难度】2　　【考点】浮动汇率制下的财政政策和货币政策；固定汇率制下的财政政策和货币政策

【答案】小国开放经济是指一国对外经济往来的规模较小，其净出口的变化不会对国际物价产生影响，其对外净投资的变化也不会对国际利率水平产生影响，而且资本完全流动，因此该经济的利率是由世界利率决定的，即利率可看成常数。

小国开放经济在浮动汇率制下，财政政策无效而货币政策有效；在固定汇率制下，财政政策有效而货币政策无效。

(1) 在浮动汇率制下，政府实施扩张性财政政策，使 IS^* 曲线右移，结果汇率上升而收入水平不变。因为，如图 18-10 所示，收入上升导致利率产生向上的压力，这会导致资本流入，资本流入使得汇率上升，同时汇率的升值使得国内产品相对于国外产品变得更贵，从而减少了净出口，净出口的减少抵消了财政政策对收入的影响。

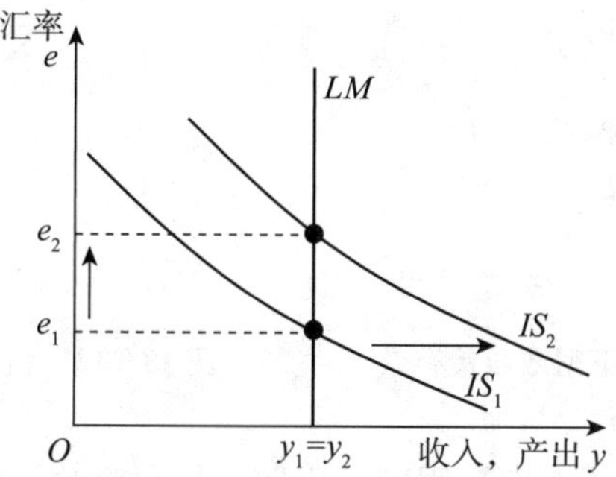

图 18－10　浮动汇率制下财政政策无效

在浮动汇率制下，政府实施扩张性货币政策使得 LM^* 曲线右移，结果汇率下降，收入增加。因为，如图 18－11 所示，扩张性货币政策使 LM^* 曲线右移，这使得利率产生了向下的压力，这会导致资本流出，资本流出使得国内利率继续保持在世界利率水平，同时还会导致本国货币贬值，汇率下降，本国货币贬值使得国内产品相对于国外更便宜，刺激了净出口，增加了收入。

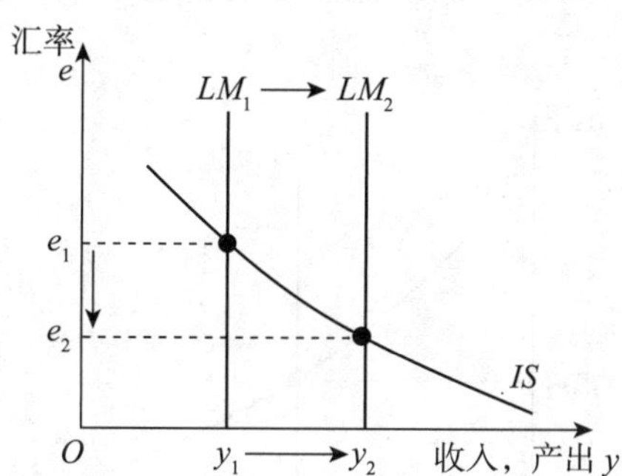

图 18－11　浮动汇率制下货币政策有效

（2）在固定汇率制下，财政扩张使 IS^* 曲线右移，这就对汇率产生了上升的压力，但是由于中央银行随时准备按固定汇率进行货币兑换，因此，套利者迅速对汇率上升做出反应，把外汇卖给中央银行，这就自动引起了货币扩张。货币供给增加从而使 LM^* 曲线右移。因此，在固定汇率制下，财政扩张增加了收入，如图 18－12 所示。

在固定汇率制下，扩张性货币政策最初的影响是使得 LM^* 曲线右移，从而降低了汇率，但是由于中央银行承诺按固定汇率交易本国与外国通货，因此，套利者将本币出售给中央银行，这就引起货币供给减少并使 LM^* 曲线向左回移，如图 18－13 所示。因此，在固定汇率制下，货币政策是无效的。

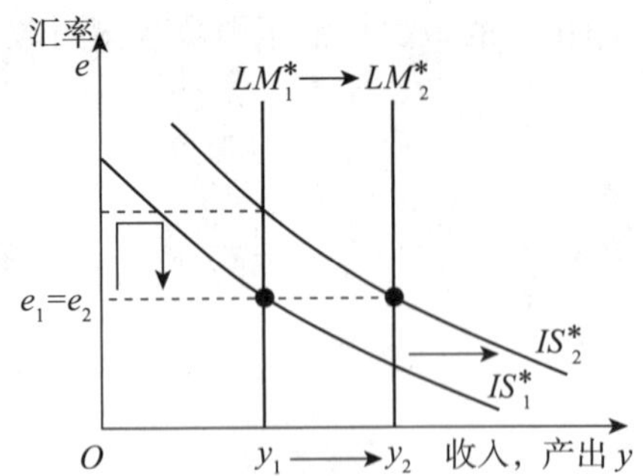

图 18－12　固定汇率制下财政政策有效

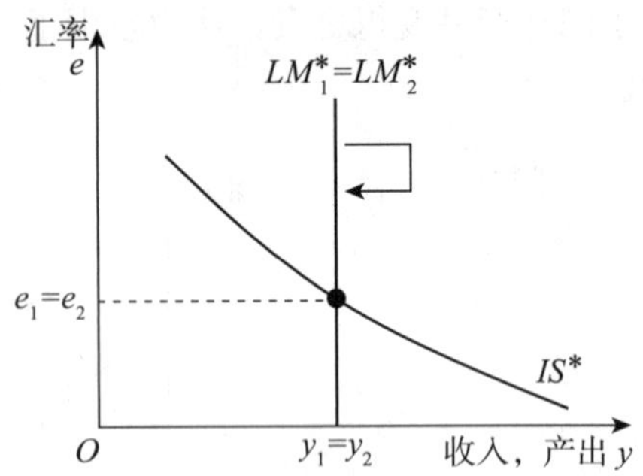

图 18－13　固定汇率制下货币政策无效

24. **【难度】**2　　　**【考点】**固定汇率制下的财政政策和货币政策

【答案】假设一个小型开放经济实现了资本自由流动，且该经济体将汇率固定，则此时该国的货币政策就是无效的，即由于同意把汇率固定，中央银行放弃了它对货币供给的控制。

如图 18－14 所示，假设中央银行想要增加货币供给，这使得 LM^* 曲线向右移动，从而降低了汇率，但是由于中央银行承诺按固定汇率交易本国与外国通货，套利者随即向该经济体的中央银行出售本国通货，这一过程一直持续到汇率回到其起始位置，从而该经济体内的货币供给也恢复到初始水平，LM^* 曲线向左回移到初始位置。

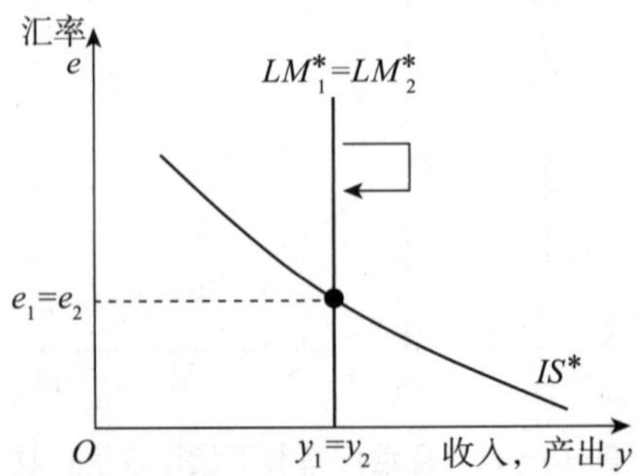

图 18－14　固定汇率制下货币政策无效

因此，一个小型开放经济无法同时实现资本自由流动、汇率固定和自主的货币政策。

第十九章 经济增长

学习精要

一、 学习重点

1. 新古典增长理论
2. 内生增长理论

二、 知识脉络图

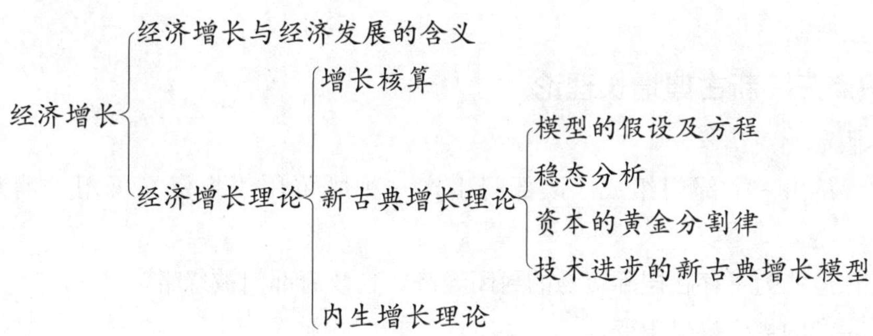

三、 理论精要

知识点一 经济增长与经济发展

经济增长：通常定义为产量的增加，产量既可以指经济的总量，也可以指人均产量。

增长率：表示经济增长的程度。

（1）总产量表示的增长率：$g_Y=\frac{Y_t-Y_{t-1}}{Y_{t-1}}$。$Y_t$ 表示 t 时期的总产量，Y_{t-1}表示（$t-1$）时期的总产量。

（2）人均产量表示的增长率：$g_y=\frac{y_t-y_{t-1}}{y_{t-1}}$。$y_t$ 表示 t 时期的人均产量，y_{t-1} 表示（$t-1$）时期的人均产量。

经济发展是反映一个经济社会总体发展水平的综合性概念。不仅包括经济增长，还包括国民生活质量、社会经济结构和制度结构的总体进步。

经济增长是一个“量”的概念，而经济发展是一个“质”的概念。

知识点二　增长核算

假定经济的生产函数为 $Y=AK^{\alpha}N^{1-\alpha}$，则增长核算方程为：

$$g_Y=g_A+\alpha g_K+(1-\alpha)g_N$$

式中，g_A 为来自生产率增长的贡献；αg_K 为来自资本增长的贡献；$(1-\alpha)g_N$ 为来自劳动增长的贡献。

增长核算方程还可以写为：

产出增长＝生产率增长的贡献＋资本增长的贡献＋劳动增长的贡献

式中，$g_A=g_Y-\alpha g_K-(1-\alpha)g_N$，被称为全要素增长率，也被称为索洛余量。

增长核算的检验（丹尼森）：

（1）影响经济增长的因素有：劳动；资本存量的规模；资源配置状况；规模经济；知识进展；其他影响单位投入产量的因素。

（2）知识进展是发达国家最重要的增长因素。

知识点三　新古典增长理论

基本假定：

（1）经济由一个部门组成，该部门生产一种既可用于投资又可用于消费的商品。

（2）该经济为不存在国际贸易的封闭经济，且政府部门被忽略。

（3）生产的规模报酬不变。

（4）经济的技术进步、人口增长及资本折旧均由外生因素决定。

（5）社会储蓄函数为 $S=sY$，s 为储蓄率。

为说明简便起见，假定全部人口都参与生产，则人均生产函数 $y=f(k)$ 的特点为：随着每个人拥有的资本量的上升，即 k 值的增加，每个人生产的产量也在增加，但由于报酬递减规律，人均产量增加的速度是递减的。

基本方程为：

$$\dot{k}=sy-(n+\delta)k$$

式中，k 为人均资本，s 为储蓄率，y 为人均产量，n 为人口增长率（即劳动增长率），δ 为资本折旧率。

资本深化（$\dot{k}$）：人均资本的增加，即每个人占有的资本存量上升。

资本广化（$nk+\delta k$）：包括给新增人口配备平均量的资本 nk 以及替换折旧资本 δk。

因此，基本方程又可表述为：资本深化＝人均储蓄（投资）－资本广化。

稳态：在稳态时，人均资本达到均衡值并维持在均衡水平不变；在忽略了技术变化的条件下，人均产量也达到稳定状态，即 $\dot{k}=0$。

稳态的条件：$sy=(n+\delta)k$。

稳态增长率：$g_K=g_Y=n$。

稳态增长率不受储蓄率的影响。

产量增长的影响因素：

（1）储蓄率。在短期，储蓄率增加导致了总产量和人均产量增长率的增加。在长期，储蓄率的增加只提高了稳态的人均产量水平和人均资本水平，而不会影响稳态增长率。

（2）人口增长率。人口增长率的提高降低了人均资本的稳态水平和人均产量的稳态水平；人口增长率的提高增加了总产出的稳态增长率。

含技术进步的新古典增长模型：

（1）基本方程：$\dot{\hat{k}}=s\hat{y}-(n+g+\delta)\hat{k}$，式中，$\hat{k}=\dfrac{K}{AN}$为有效劳动的平均资本，$\hat{y}=\dfrac{Y}{AN}$为有效劳动的平均产量，$g$ 为技术进步增长率。

（2）稳态条件为：$s\hat{y}=(n+g+\delta)\hat{k}$。

（3）$\hat{k}$、$\hat{y}$ 的稳态增长率为 0，人均产出的增长率为 g，总产出的增长率为 $n+g$。

资本黄金律：若要使稳态人均消费达到最大，稳态人均资本量的选择应使资本的边际产量等于劳动的增长率加上折旧率，即 $f'(k_{gold})=n+\delta$。

知识点四　内生增长理论

1. 基本模型

$$\left.\begin{aligned}&Y=AK\\&\Delta K=sY-\delta K\end{aligned}\right\}\Rightarrow\frac{\Delta Y}{Y}=\frac{\Delta K}{K}=sA-\delta$$

式中，A 是一个产量，它衡量一单位资本所生产的产出量。

模型的含义：（1）资本存量 K。与新古典增长模型假定资本边际收益递减不一样，该模型假定资本边际收益不变，即固定为 A。这一假设的关键在于把知识也看作一种资本。

（2）即使没有外生技术进步，只要 $sA>\delta$，经济也会持续增长。

（3）如果可以被累积的生产要素有固定报酬，那么稳态增长率将被这些要素的积累率所影响。储蓄率 s 越高，产出增长率也将越高。

2. 两部门模型

（1）假设。

①经济中有两个部门，即制造业企业和研究性大学。

②企业生产产品与劳务用于消费和物质资本投资。

③大学生产供免费利用的"知识"要素。

（2）模型方程。

企业的生产函数：$Y=F[K,(1-u)EN]$。

大学的生产函数：$\Delta E=g(u)E$。

资本积累方程：$\Delta K=sY-\delta K$。

（3）结论。

①在规模报酬不变的条件下，如果物质资本 K 和知识 E 都翻一番，则两个部门的产出也都翻一番。

②当大学的劳动力比例 u 不变时，E 按不变的比率 $g(u)$ 增长，结果和作用机理与新古典增长模型一样。

知识点五　促进经济增长的政策

（1）鼓励技术进步。

（2）鼓励资本形成。

（3）增加劳动供给。

（4）建立适当的制度。

习题解析

1. 说明经济增长与经济发展的关系。

【难度】1　　**【考点】**经济增长与经济发展

【答案】经济增长是产量的增加，这里的产量既可以指经济的总量，也可以指人均产量。通常用经济增长率来表示经济增长的程度。

（1）用总产量表示的增长率：$g_Y=\frac{Y_t-Y_{t-1}}{Y_{t-1}}$。$Y_t$ 表示 t 时期的总产量，Y_{t-1} 表示（$t-1$）时期的总产量。

（2）用人均产量表示的增长率：$g_y=\frac{y_t-y_{t-1}}{y_{t-1}}$。$y_t$ 表示 t 时期的人均产量，

y_{t-1}表示（$t-1$）时期的人均产量。

经济发展是反映一个经济社会总体发展水平的综合性概念，不仅包括经济增长，还包括国民生活质量的提高以及整个社会经济结构和制度结构的总体进步。

经济增长与经济发展是两个既紧密联系又不完全相同的概念。如果说经济增长是一个“量”的概念，那么经济发展就是一个“质”的概念。经济增长一般研究的是发达国家如何实现国民生产总值增加的问题，经济发展一般研究的是发展中国家如何由不发达向发达过渡的问题。经济发展是经济持续增长的结果，国民生活水平的提高、经济结构和社会形态等的进步也都在很大程度上依赖于经济增长。

2. 经济增长的源泉是什么?

【难度】2　　**【考点】**增长核算

【答案】关于经济增长的源泉，可以通过增长核算的方法来认识。增长核算方法把产出的增长分为两个不同的来源：生产要素的增加和技术进步。当生产要素只包括资本和劳动时，则增长核算方法把产出的增长分解为资本增加、劳动增加和技术进步三个来源。

设经济的宏观生产函数为：

$$Y=AF(N,K)$$

式中，Y、N 和 K 顺次为总产出、投入的劳动量和投入的资本量，A 代表经济的技术状况，则经济的增长率为：

$$\frac{\Delta Y}{Y}=\frac{MP_N\times\Delta N+MP_K\times\Delta K+F(N,K)\times\Delta A}{Y}$$

变形得：

$$\frac{\Delta Y}{Y}=\frac{MP_N\times N}{Y}\times\frac{\Delta N}{N}+\frac{MP_K\times K}{Y}\times\frac{\Delta K}{K}+\frac{\Delta A}{A}$$

化简可以得到一个描述投入要素增长率、产出增长率与技术进步增长率之间关系的方程，我们称其为增长率的分解式，即：

$$G_Y=\alpha G_N+\beta G_K+G_A$$

式中，G_Y 为产出的增长率；G_A 为技术进步增长率；G_N 和 G_K 分别为劳动和资本的增长率。α 和 β 为参数，它们分别是劳动和资本的收益在产出中所占的份额。

从增长率的分解式可知，产出的增加可以由三种力量（或因素）来解释，即劳动、资本和技术进步。换句话说，经济增长的源泉可被归结为劳动和资本的增长以及技术进步。

有时，为了强调教育和培训对经济增长的潜在贡献，还把人力资本作为一种单独的投入写进生产函数。所谓人力资本是指体现在个人身上的获取收入的潜在能力的价值，它包括天生的能力和才华以及通过后天教育训练获得的技能。当把人力资本作为一种单独投入时，按照上述分析的思路可知，人力资本也可以被归为经济增长的源泉之一。

3. 什么是新古典增长模型的基本公式？它有什么含义？

【难度】1　　**【考点】**新古典增长理论

【答案】（1）离散形式的新古典增长模型的基本公式为：

$$\dot{k}=sy-(n+\delta)k$$

式中，k 为人均资本，s 为储蓄率，y 为人均产量，n 为人口增长率，δ 为资本折旧率。

（2）上述关系式表明，人均资本的增加 $\dot{k}$ 等于人均储蓄 sy 减去 $(n+\delta)k$ 项。$(n+\delta)k$ 项被称为资本广化，其含义是：一方面，在劳动数量以增长率 n 增长时，人均储蓄的一部分必须用于装备新增加的人口，每个人占有社会平均量的资本 k，这一部分储蓄为 nk；另一方面，人均储蓄的一部分必须用于替换折旧资本，这一用途的储蓄为 δk。总计为 $(n+\delta)k$ 的人均储蓄被用于资本广化。人均储蓄超过 $(n+\delta)k$ 的部分将导致人均资本 k 的上升，即 $\dot{k}>0$，这被称为资本深化。因此，新古典增长模型的基本公式可以表述为：

资本深化＝人均储蓄－资本广化

4. 在新古典增长模型中，储蓄率的变动对经济有哪些影响？

【难度】1　　**【考点】**新古典增长理论

【答案】新古典增长模型如图 19－1 所示。假定经济初始时处于 C 点的稳定均衡状态，这时稳态的人均资本为 k_0，人均储蓄是 $sf(k)$。当储蓄率变化时，假定储蓄率上升，首先导致储蓄曲线上移至 $s'f(k)$，结果导致稳态点由 C 点移动到 C' 点。这一变化过程对产量的增长影响如下：

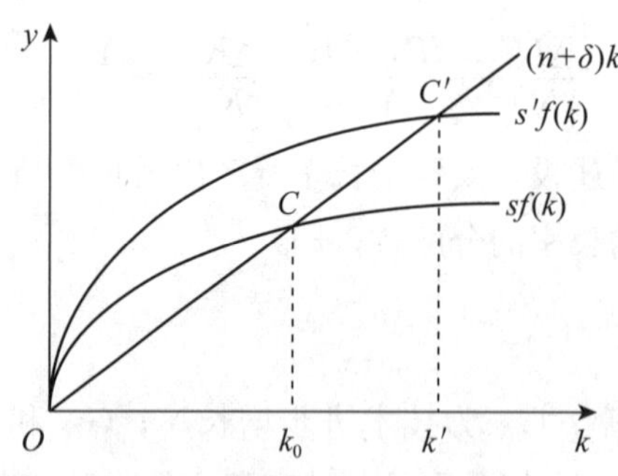

图 19－1　储蓄率增加的影响

（1）在短期，储蓄率上升会导致人均资本的上升（从 k_0 上升到 k'），而人均收入是人均资本的增函数，因而储蓄率上升会增加人均产量和总产量，总产量和人均产量一直增加到经济达到新的均衡为止。储蓄率下降的结果则相反。

（2）在长期，随着资本积累，产量的增长率逐渐降低，最终回到人口增长的水平，即稳态中的产量增长率是独立于储蓄率的。

因此，可以说储蓄率的变动不能影响到稳态增长率，但能够改变收入的稳态水平。从这一点上说，储蓄率的变动只有水平效应，没有增长效应。

5. 在新古典增长模型中，人口增长对经济有哪些影响？

【难度】 1　　**【考点】** 新古典增长理论

【答案】 新古典增长理论虽然假定劳动力按一个不变的比率 n 增长，但当把 n 作为参数时，就可以说明人口增长对产量增长的影响，如图 19-2 所示。

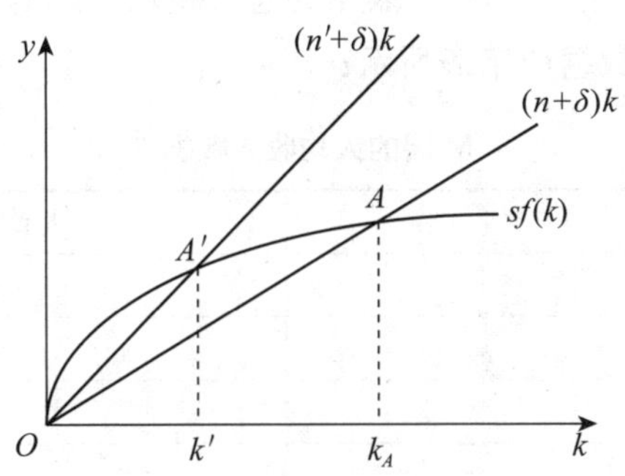

图 19-2　人口增长的影响

在图 19-2 中，经济最初位于 A 点的稳态均衡。现在假定人口增长率从 n 增加到 n'，则 $(n+\delta)k$ 线便移动到 $(n'+\delta)k$ 线，这时，新的稳态均衡为 A' 点。比较 A' 点与 A 点可知，人口增长率的增加降低了人均资本的稳态水平（从原来的 k_A 减少到 k'），进而降低了人均产量的稳态水平。这是从新古典增长理论得出的又一重要结论。西方学者进一步指出，人口增长率上升导致的人均产量下降正是许多发展中国家面临的问题。两个有着相同储蓄率的国家仅仅由于其中一个国家比另一个国家的人口增长率高，就可以有非常不同的人均收入水平。

对人口增长进行比较静态分析的另一个重要结论是，人口增长率的上升增加了总产量的稳态增长率。这是因为 A' 点和 A 点都是稳态均衡点。而稳态表示人均资本达到均衡值并维持在均衡水平不变；在忽略了技术变化的条件下，人均产量也达到稳定状态，即 $\Delta k=0$。这时的增长率为：$\frac{\Delta Y}{Y}=\frac{\Delta N}{N}=\frac{\Delta K}{K}=n$。因此，$n$ 增加到 n'，产量的稳态增长率也增加到 n'。又由于 A 点和 A' 点都是稳态，故人口增加对人均资本和人均产量的增长率都不产生影响。

6. 推导某一时期总产量、人均产量和人口这三者的增长率之间的关系。

【难度】 2　　**【考点】** 新古典增长理论

【答案】 分析如下：

由于人均产量 y 和总产量 Y、人口 N 的关系式为 $y=\frac{Y}{N}$，对该式两边同时取对数得：

$$\ln y=\ln Y-\ln N \quad ①$$

引入时间变量 t，对式①两边同时求 t 的导数得：

$$\frac{\mathrm{d}y/\mathrm{d}t}{y}=\frac{\mathrm{d}Y/\mathrm{d}t}{Y}-\frac{\mathrm{d}N/\mathrm{d}t}{N} \quad ②$$

式②可表示为：

$$g_y=g_Y-g_N \quad ③$$

其中，g_y 为人均产量的增长率，g_Y 为总产量的增长率，g_N 为人口增长率。

式③说明，人均产量增长率可以表示为总产量增长率与人口增长率之差。

7. M 国的人均收入数据如下表所示：

M 国的人均收入数据

年份	人均收入（美元）
1870	2 525
1929	7 100
1950	11 720
2004	36 880

计算该国 1870—1929 年人均收入的年均增长率和 1950—2004 年人均收入的年均增长率。

【难度】2　　**【考点】**经济增长与经济发展

【答案】如果第 t 期人均收入为 y_t，第 $t+n$ 期人均收入为 y_{t+n}，则人均收入的年均增长率 $g=(y_{t+n}/y_t)^{1/n}-1$。

1870—1929 年人均收入的年均增长率 $g_1=(7\,100/2\,525)^{1/(1929-1870)}-1\approx1.77\%$

1950—2004 年人均收入的年均增长率 $g_2=(36\,880/11\,720)^{1/(2004-1950)}-1\approx2.15\%$

8. 在新古典增长模型中，人均生产函数为

$$y=f(k)=2k-0.5k^2$$

人均储蓄率为 0.3，人口增长率为 0.03，求：

（1）使经济均衡增长的 k 值。

（2）与黄金律相对应的人均资本量。

【难度】2　　**【考点】**新古典增长理论

【答案】（1）新古典增长模型的稳态条件为：$sy=(n+\delta)k$。

假定没有折旧，将人均储蓄率 $s=0.3$ 和人口增长率 $n=0.03$ 代入其中得：

$$0.3\times(2k-0.5k^2)=0.03k$$

求解方程得：$k=3.8$。

（2）当人均资本量满足黄金律时，有 $f'(k^*)=n$，也就是有 $2-k^*=0.03$，求解得到与黄金律相对应的人均资本量 $k^*=1.97$。

9. 设一个经济的人均生产函数为 $y=\sqrt{k}$。如果储蓄率为 28%，人口增长率为 1%，技术进步速度为 2%，折旧率为 4%，那么，该经济的稳态产出为多少？如果

储蓄率下降到 10%，而人口增长率上升到 4%，这时该经济的稳态产出为多少?

【难度】2　　　**【考点】**新古典增长理论

【答案】稳态条件为：$sf(k)=(n+\alpha+\delta)k$。

代入数值得：

$$0.28\sqrt{k}=(0.01+0.02+0.04)k$$

解得 $k=16$，从而，$y=4$，即稳态产出为 4。

当储蓄率变成 $s=0.1$，人口增长率变成 $n=0.04$ 时，稳态条件变为 $0.1\sqrt{k}=(0.04+0.02+0.04)k$，解得 $k=1$，$y=1$，即此时稳态产出为 1。

10. 已知资本增长率 $g_k=2\%$，劳动增长率 $g_l=0.8\%$，产出增长率 $g_y=3.1\%$，资本的国民收入份额 $\alpha=0.25$，在这些条件下，技术进步对经济增长的贡献为多少?

【难度】2　　　**【考点】**增长核算

【答案】劳动的国民收入份额为：$\beta=1-\alpha=1-0.25=0.75$。

根据增长核算方程有：

$$\frac{\Delta Y}{Y}=\beta\frac{\Delta N}{N}+\alpha\frac{\Delta K}{K}+\frac{\Delta A}{A}\Rightarrow g_y=\beta g_l+\alpha g_k+g_A$$

代入数值得：

$$3.1\%=0.75\times0.8\%+0.25\times2\%+g_A=1.1\%+g_A$$

解得 $g_A=3.1\%-1.1\%=2\%$，即技术进步对经济增长的贡献为 2%。

11. 设一个经济中的总量生产函数为

$$\boldsymbol{Y_t=A_tf(N_t,K_t)}$$

式中，Y_t、N_t 和 K_t 分别为 t 时期的总产量、劳动投入量和资本投入量；A_t 为 t 时期的技术状况。试推导经济增长的分解式，并加以解释。

【难度】2　　　**【考点】**增长核算

【答案】对生产函数 $Y_t=A_tf(N_t,K_t)$ 关于时间 t 求全导数，有：

$$\frac{\mathrm{d}Y_t}{\mathrm{d}t}=f(N_t,K_t)\frac{\mathrm{d}A_t}{\mathrm{d}t}+A_t\frac{\partial f}{\partial N_t}\times\frac{\mathrm{d}N_t}{\mathrm{d}t}+A_t\frac{\partial f}{\partial K_t}\times\frac{\mathrm{d}K_t}{\mathrm{d}t} \quad ①$$

式①两边同除以 Y_t，化简后得：

$$\frac{\mathrm{d}Y_t/\mathrm{d}t}{Y_t}=\frac{\mathrm{d}A_t/\mathrm{d}t}{A_t}+\frac{\partial f/\partial N_t}{f(N_t,K_t)}\times\frac{\mathrm{d}N_t}{\mathrm{d}t}+\frac{\partial f/\partial K_t}{f(N_t,K_t)}\times\frac{\mathrm{d}K_t}{\mathrm{d}t} \quad ②$$

经恒等变形后，式②又可表示为：

$$\frac{\mathrm{d}Y_t/\mathrm{d}t}{Y_t}=\frac{\mathrm{d}A_t/\mathrm{d}t}{A_t}+\frac{\partial f}{\partial N_t}\times\frac{N_t}{f(N_t,K_t)}\times\frac{\mathrm{d}N_t/\mathrm{d}t}{N_t}+\frac{\partial f}{\partial K_t}$$

$$\times\frac{K_t}{f(N_t,K_t)}\times\frac{\mathrm{d}K_t/\mathrm{d}t}{K_t}$$

定义 $a=\frac{\partial f}{\partial N_t}\times\frac{N_t}{f(N_t,K_t)}$，$b=\frac{\partial f}{\partial K_t}\times\frac{K_t}{f(N_t,K_t)}$，并用 g_A 表示$\frac{\mathrm{d}A_t/\mathrm{d}t}{A_t}$，用 g_Y 表示$\frac{\mathrm{d}Y_t/\mathrm{d}t}{Y_t}$，用 g_N 表示$\frac{\mathrm{d}N_t/\mathrm{d}t}{N_t}$，用 g_K 表示$\frac{\mathrm{d}K_t/\mathrm{d}t}{K_t}$，上式变为：

$$g_Y=g_A+ag_N+bg_K \qquad ③$$

式③即为增长的分解式。其含义为总产量的增长率被表示为劳动增长率、资本增长率和技术进步的加权平均。式③也为说明经济增长的源泉提供了框架。

12. 在新古典增长模型中，总量生产函数为：

$$\boldsymbol{Y=F(K,L)=K^{\frac{1}{3}}L^{\frac{2}{3}}}$$

(1) 求稳态时的人均资本量和人均产量。

(2) 用这一模型解释“为什么我们如此富裕，而他们那么贫穷”。

(3) 求出与黄金律相对应的储蓄率。

【难度】2　　**【考点】**新古典增长理论

【答案】(1) 由所给的总量生产函数求得人均生产函数为：$y=k^{\frac{1}{3}}$。

在新古典增长模型中，稳态条件为：$sy=(n+\delta)k$。

通常假定没有折旧，即 $\delta=0$，则 $sk^{\frac{1}{3}}=nk$。

解得人均资本量为：$k^*=\left(\frac{s}{n}\right)^{\frac{3}{2}}$。

将其代入人均生产函数，求得稳态的人均产量为：$y^*=(k^*)^{\frac{1}{3}}=\left(\frac{s}{n}\right)^{\frac{1}{2}}$。

(2) 解释国家间的生活差异的一个重要方面是人均收入，由稳态的人均资本量和稳态的人均产量公式可知，当一个国家的储蓄率高、人口增长率低时，该国的稳态人均资本和人均产量就相对较高；反之亦然。因此，根据这一模型，可以用储蓄率和人口增长率的差异来解释“为什么我们如此富裕，而他们那么贫穷”这个问题。

(3) 黄金律所要求的资本存量应满足：$f'(k^*)=n$，即$\frac{1}{3}k^{-\frac{2}{3}}=n$。在稳态时，$k=\left(\frac{s}{n}\right)^{\frac{3}{2}}$。

所以有：

$$\frac{1}{3}\left[\left(\frac{s}{n}\right)^{\frac{3}{2}}\right]^{-\frac{2}{3}}=n$$

所以 $s^*=\frac{1}{3}$ 即为与黄金律相对应的储蓄率。

13. 设在新古典增长模型的框架下，生产函数为：

$$Y=F(K,L)=\sqrt{KL}$$

(1) 求人均生产函数 $y=f(k)$。

(2) 若不存在技术进步，求稳态下的人均资本量、人均产量和人均消费量。

【难度】2　　　**【考点】**新古典增长理论

【答案】(1) 人均生产函数为：$y=f(k)=\frac{Y}{L}=\frac{\sqrt{KL}}{L}=\sqrt{\frac{K}{L}}=\sqrt{k}$。

(2) 设人口增长率为 n，储蓄率为 s，折旧率为 δ，人均消费水平为 c，则经济的稳态条件为：

$$sy=(n+\delta)k$$

将人均生产函数代入上式得：

$$s\sqrt{k}=(n+\delta)k$$

求解得：稳态人均资本量 $k=[s/(n+\delta)]^2$，稳态人均产量 $y=\sqrt{k}=s/(n+\delta)$，稳态人均消费水平 $c=y-sy=\frac{(1-s)s}{n+\delta}$。

14. 在新古典增长模型中，已知生产函数为 $y=2k-0.5k^2$，y 为人均产量，k 为人均资本，储蓄率 $s=0.1$，人口增长率 $n=0.05$，资本折旧率 $\delta=0.05$。试求：

(1) 稳态时的人均资本和人均产量。

(2) 稳态时的人均储蓄和人均消费。

【难度】2　　　**【考点】**新古典增长理论

【答案】(1) 稳态条件为：$sy=(n+\delta)k$。

将数值代入上式得：$0.1\times(2k-0.5k^2)=(0.05+0.05)k$。

解得稳态时的人均资本 $k=2$。

人均产量 $y=2k-0.5k^2=2\times2-0.5\times2^2=2$。

(2) 稳态时的人均储蓄 $sy=0.1\times2=0.2$。

人均消费 $c=y-sy=2-0.2=1.8$。

15. 一个开始时处于新古典增长模型描述的稳态的经济遭遇了一场强烈的地震，地震摧毁了该经济一半的资本存量。利用新古典增长模型的图形说明该经济如何随时间的推移而变化。

【难度】2　　　**【考点】**新古典增长理论

【答案】如图 19-3 所示，假设经济中没有技术进步，在初始状态时，均衡人均资本为 k^*，此时 $sf(k^*)=(n+\delta)k^*$，经济增长处于稳定状态。在 t 时刻，经济遭遇地震，导致人均资本存量从 k^* 减少到 k_t。由图可知，此时有：$sf(k_t)>(n+\delta)k_t$。可知，人均储蓄(投资)超过资本广化，社会资本出现了资本深化，即 $\dot{k}=$

$sf(k_t)-(n+\delta)k_t>0$。

随着资本的深化，人均资本逐渐增加，即从 k_t 向 k^* 靠拢，最终会均衡在 k^* 上。

显然，在 t 时刻，人均产量 y 也会因人均资本减少而减少，但随着人均资本的增加，人均产量也会逐渐增加，最终恢复到均衡产量。

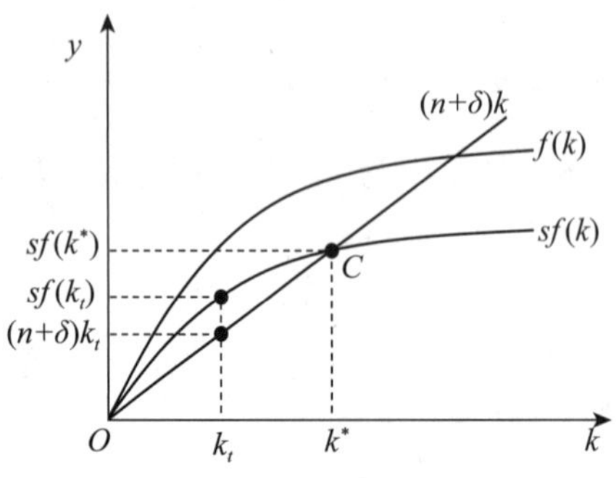

图 19－3 新古典增长模型

该经济随时间推移的变化如图 19－4 所示。

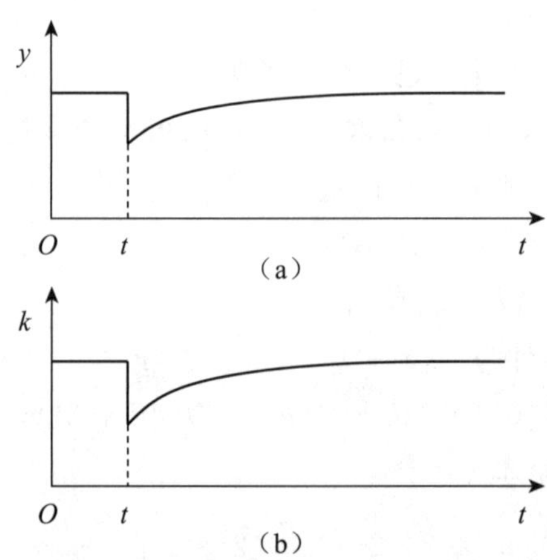

图 19－4 经济随时间推移的变化

补充训练

1. （名词解释）索洛剩余（对外经济贸易大学 2019）

2. （名词解释）劳动增强型技术进步（对外经济贸易大学 2016）

3. （名词解释）资本的黄金率水平（对外经济贸易大学 2017）

4. （判断题）在简单的 AK 内生增长模型中，储蓄率不能影响经济的长期增长率，不具有增长效应。（对外经济贸易大学 2013）

5. （判断题）经济学家认为一个国家经济的增长除了与各种生产要素的增长、技术进步有关外，还与其经济制度有着密切的关系。（华东师范大学 2015）

6. 在没有技术进步的索洛增长模型中，稳态的人均资本量取决于（　　）。（上海财经大学 2016）

A. 储蓄率　　B. 人口增长率

C. 资本折旧率　　D. 以上均是

7. 根据索洛增长理论，如果一个国家提高储蓄率，那么在达到稳态时（　　）。（暨南大学 2017）

A. 人均产出和人均消费都将上升

B. 人均产出可能上升也可能下降，但人均消费将上升

C. 人均产出将上升，但人均消费可能上升也可能下降

D. 人均产出和人均消费都可能上升也可能下降

8. 根据新古典经济增长模型，人口增长率的上升将（　　）。（华东师范大学 2015）

A. 提高每个工人资本的稳态水平

B. 降低每个工人资本的稳态水平

C. 对每个工人资本的稳态水平没有影响

D. 降低总产量的稳态增长率

9. 在新古典增长模型中，当人均资本的边际产量等于下列哪一项时，人均消费将达到极大？（　　）（上海财经大学 2007）

A. $sy/(n+\delta)$　　B. $sy-(n+\delta)$　　C. $s-(n+\delta)$　　D. $n+\delta$

10. 内生增长理论与索洛模型最本质的区别在于，内生增长理论（　　）。（南京航空航天大学 2017）

A. 肯定了技术变革对经济增长的作用

B. 抛弃了索洛模型外生技术变革的假设

C. 将研究与开发作为外生技术变革的主要原因

D. 以上表述都不正确

11. 关于基本的索洛模型和内生增长模型，以下表述正确的是（　　）。（中央财经大学 2016）

A. 在索洛模型和内生增长模型中，储蓄率都不能影响均衡的经济增长率

B. 在索洛模型和内生增长模型中，储蓄率都能影响均衡的经济增长率

C. 在索洛模型中储蓄率不能影响均衡状态的经济增长率，在内生增长模型中，储蓄率能影响均衡状态的经济增长率

D. 在索洛模型中储蓄率能影响均衡状态的经济增长率，在内生增长模型中，储蓄率不能影响均衡状态的经济增长率

12. 如果产出是 Y，资本是 K，u 是在大学中的劳动力比率，L 是劳动力，E 是知识的存量。生产函数 $Y=F[K,(1-u)EL]$ 的规模报酬不变，那么产出在什么情况下会翻倍？（　　）（上海财经大学 2014）

A. 资本翻倍　　B. 资本和大学中的劳动力比率翻倍

C. 资本和知识存量翻倍　　　　　　　　D. 劳动力翻倍

13. 简述经济增长、经济发展的含义与差别。（财政部 2014）

14. 经济增长表现出哪些一般趋势？（浙江理工大学 2006）

15. 简述经济增长及其主要源泉。（扬州大学 2019）

16. 假定一个国家的生产函数可以表示为 $Y=AK^{\alpha}L^{1-\alpha}$。

（1）将该国的 GDP 增长率 $\dot{Y}\equiv\frac{\mathrm{d}Y/\mathrm{d}t}{Y}$ 表示为资本增长率、劳动增长率和技术进步率的函数。

（2）A 国和 B 国的统计数据如下表所示，请计算两个国家的技术进步率，并分析和评价两个国家的经济增长方式和增长绩效。（复旦大学 2008）

A 国和 B 国的相关统计数据

	期初				期末		
	GDP	资本	劳动	利率	GDP	资本	劳动
A 国	100	500	500	0.08	120	600	600
B 国	200	1 000	500	0.06	210	1 100	500

17. 一国国民经济增长率为 5%，其中资本增长率为 4.2%，劳动增长率为 1.7%，土地增长率为 2.2%。资本收入占国民总收入的比例为 30%，劳动收入占国民总收入的比例为 60%，土地收入占国民总收入的比例为 10%，那么技术对国民经济增长率的贡献是多少？（清华大学 2011）

18. 假设一个国家的生产函数为柯布-道格拉斯生产函数 $Y=K^{0.25}L^{0.5}H^{0.25}$，其中 K、L、H 是三种投入要素。

（1）证明该国的经济是规模报酬不变的。

（2）求各个要素产出占总产出的份额。（西安交通大学 2011）

19. 设生产函数为 $Y=K^{\alpha}L^{1-\alpha}$，其中，Y、K 和 L 分别表示产出、资本和劳动，$0<\alpha<1$。储蓄率、资本折旧率和人口增长率分别为常数 s、d 和 n。

（1）推导索洛增长模型资本积累的基本方程。

（2）图示并辅以简要文字，说明储蓄率提高对经济增长的影响。（中山大学 2017）

20. 在新古典增长模型中，某生产函数为 $y=f(k)=6k-k^2$，该经济体中的人均储蓄率为 0.5，设人口增长率为 2%，技术进步率为 2%，折旧率为 0。求长期消费水平最大时的人均资本存量。这时的消费是多少？（南京大学 2017）

21. 在新古典经济的增长模型中，劳动 L 的增长率为 n，知识 A 的增长率为 g，总产量生产函数为 $Y=F(K, AL)$，F'_K 表示 $\partial F(K, AL)/\partial K$，并假定所有资本收入都被储蓄，所有劳动收入都被消费，因而存在 $\dot{K}=[\partial F(K, AL)/\partial K]K-\delta K$。

（1）证明经济收敛于一平衡增长路径，说明这一平衡增长路径的存在性与稳定性；

（2）处于该平衡增长路径上的 k 是大于、小于还是等于 k 的黄金律水平？（北京大学 2004）

22. 根据新古典增长理论，回答以下问题：

（1）怎样衡量各种投入对增长的贡献？

（2）“转变增长方式”的含义是什么？

（3）怎样转变增长方式？（南京大学 2006）

23. 假设某国的社会总生产函数为 $Y=K^{\theta}(\alpha L\times E)^{1-\theta}$，其中 K 代表资本存量，L 是总人口，E 是劳动生产率，α 是劳动力参与率，$0<\alpha\leqslant 1$，$1/2<\theta<1$。需要额外注意的是在该国，只有 αL 人口是劳动力。

该国的储蓄率为 s，资本折旧率为 δ，人口的增长速度为 n，劳动生产率的增长率为 g，其中 $0<s<1$，$0<\delta<1$。定义每个效率工人的资本为 $k=K/(\alpha L\times E)$。

（1）计算稳态时的每个效率工人的资本表达式。

（2）为了获得黄金律下的每个效率工人的资本，对应的储蓄率应该为多少？

（3）假设该国当前经济处于稳态，由于该国实施延迟退休的政策，使得劳动力参与率提高。请分析该政策对该国稳态时每个效率工人的资本以及总产出的影响，并用图形来表示每个效率工人的资本和总产出增长速度随着时间变化的趋势。（中山大学 2019）

24. 假设在索洛模型中，人均生产函数 $y=k^{0.5}$，储蓄率为 s，人口增长率 $n=0.005$，折旧率为 $\delta=0.035$。

（1）计算在储蓄率 $s=0.16$ 时的稳态人均资本存量。

（2）计算在储蓄率提高到 $s=0.41$ 后的稳态人均资本存量，并用图形说明储蓄率的提高对稳态人均资本存量的影响（保留一位小数）。

（3）计算调整黄金律下的储蓄率。

（4）以储蓄率 $s=0.16$ 时的稳态为初期，这时人口为 1 000 单位。在储蓄率提高到 $s=0.41$ 后，计算下一期的总产出和人均资本。结合画图描述总产出和人均资本动态调整路径。（上海财经大学 2014）

25. 考虑一个有如下柯布-道格拉斯生产函数的经济：

$$Y=F(K,L)=K^{0.4}L^{0.6}$$

（1）若没有人口增长和技术进步，找出稳态的人均资本量和人均产量、人均产出以及人均消费（作为储蓄率和折旧率的函数）；

（2）若年折旧率为 10%，求出使人均消费最大的储蓄率。（厦门大学 2011）

26. 根据索洛模型，为提高居民生活水平和人均产出增长率，应该提高投资在产出中的比例。你同意这一观点吗？为什么？（复旦大学 2014）

27. 用索洛模型说明储蓄率增长不是经济增长的原因而技术进步会带来经济增

长。（西安交通大学 2011）

28. 简单评价 AK 增长模型的主要观点。（南京大学 2014）

29. 说明内生经济增长理论和新古典经济增长理论的主要区别。（暨南大学 2011）

30. 什么是生产率？影响一国生产率的因素有哪些？（山东大学 2007）

参考答案

1. **【难度】** 1　　**【考点】** 增长核算

【答案】 经济增长中无法直接观察，需要间接衡量的技术进步部分被称为索洛剩余，由于这个剩余是索洛通过大量的计量和统计工作得到的，所以被称为索洛剩余。用公式表示为：

$$\frac{\Delta A}{A}=\frac{\Delta Y}{Y}-\alpha\frac{\Delta N}{N}-\beta\frac{\Delta K}{K}$$

其中，$\frac{\Delta A}{A}$为索洛剩余，$\frac{\Delta Y}{Y}$为产出增长率，$\frac{\Delta N}{N}$为劳动增长率，$\frac{\Delta K}{K}$为资本增长率，α 和 β 分别为劳动力和资本收益在经济产出中所占的份额。

2. **【难度】** 3　　**【考点】** 新古典增长理论

【答案】 劳动增强型技术进步是指在长期经济增长模型中，在劳动 N 之前加一个 A，即 $Y=F(AN, K)$，A 代表技术水平，可以提高劳动者的劳动效率。在新古典模型中，技术是外生给定的。在正常的总量生产函数两边同时除以有效劳动 AN，得到 $y=f(k)$，此时按有效劳动平均的资本存量 $k=K/(AN)$，按有效劳动平均的产出 $y=Y/(AN)$。设人口增长率 $(\mathrm{d}N/\mathrm{d}t)/N$ 为 n，技术进步率 $(\mathrm{d}A/\mathrm{d}t)/A$ 为 g，由于稳态时 k 增长率为零，则人均资本存量 K/N 增长率为 g，总资本存量 K 增长率为 $n+g$，人均产出 Y/N 增长率为 g，总产出 Y 增长率为 $n+g$。

劳动增强型技术进步可以解释一些国家生活水平的持续提高，即技术进步会引起人均产出的持续增长，一旦经济处于稳定状态，人均产出的增长率只取决于技术进步的比率。

3. **【难度】** 1　　**【考点】** 新古典增长理论

【答案】 资本的黄金律水平是指稳定状态人均消费最大化所对应的人均资本水平。在一个不考虑技术进步的经济中，稳态的人均消费 $c=f(k)-sf(k)=f(k)-(n+\delta)k$，在人均消费最大化时，有 $\mathrm{d}f(k)/k=n+\delta$，即 $MP_k=n+\delta$。

也就是说，如图 19－5 所示，当资本存量处在黄金律水平上时，资本的边际产出等于折旧率加上人口增长率（如果考虑技术进步，则再加上技术进步率）。

从黄金律可知，当稳态的人均资本量 $k>k_{gold}$ 时，可通过增加消费，降低储蓄，使人均资本量下降到黄金律水平；当稳态的人均资本量 $k<k_{gold}$ 时，则应该减少消

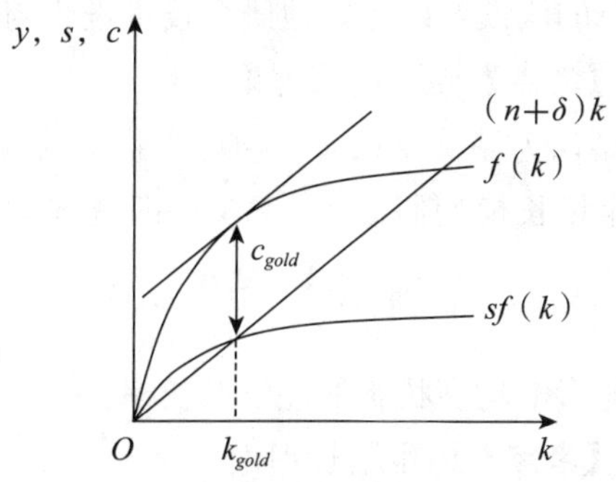

图 19-5 资本的黄金率水平

费，提高储蓄，直到人均资本达到黄金律水平。

需要指出，一个经济并不会自动地趋向于黄金律所对应的稳态资本量。如果人们想要得到黄金律所对应的稳态资本存量，就需要一种特定的储蓄率来支持它。

4.**【难度】**1　　**【考点】**内生增长理论

【答案】错误。在简单的 AK 内生增长模型中，有公式：$\Delta Y/Y=\Delta K/K=sa$（假定人口没有增长，资本没有折旧，a 为资本的边际产量）。它表明，储蓄率 s 越高，产出增长率 $\Delta Y/Y$ 也将越高。

5.**【难度】**1　　**【考点】**促进经济增长的政策

【答案】正确。各国生产效率水平不同的一个原因是指导稀缺资源配置的制度不同，因此，创建适当的制度对经济增长是非常有必要的。

6.**【难度】**1　　**【考点】**新古典增长理论

【答案】D。在没有技术进步即 $g=0$ 的索洛增长模型中，由于经济处于稳态时，$\Delta k=0$，因此设资本折旧率为 δ，则根据 $\Delta k=sy-(n+\delta)k=0$ 可得稳态人均资本量取决于以上所有要素。

7.**【难度】**1　　**【考点】**新古典增长理论

【答案】C。储蓄率的增加提高了稳态的人均资本和人均产量。如果资本未达到黄金律水平，提高储蓄率会提高人均消费；但如果资本已经处于或高于黄金律水平，提高储蓄率则人均消费下降。

8.**【难度】**1　　**【考点】**新古典增长理论

【答案】B。人口增长率的上升会降低人均资本的稳态水平，进而降低人均产量的稳态水平，但不会降低总产量的稳态水平。

9.**【难度】**2　　**【考点】**新古典增长理论

【答案】D。因为 $c=y-sy=f(k)-(n+\delta)k$，c 最大化的一阶条件为 $\frac{dc}{dk}=f'(k)-(n+\delta)=0$，所以有 $MP_K=f'(k)=n+\delta$。

10.**【难度】**1　　**【考点】**内生增长理论

【答案】B。内生经济增长理论与索洛模型最本质的区别在于内生增长理论抛弃了索洛模型外生技术变革的假设，以更好地研究技术进步与经济增长之间的关系。

11. **【难度】**2　　**【考点】**内生增长理论

【答案】C。索洛模型认为储蓄率只会影响均衡状态的人均收入水平，不能影响人均收入增长率。但内生增长模型假设 $Y=AK$，即资本的边际报酬不变，所以有 $\Delta Y=\Delta K$，再假设 $\Delta K=sY-\delta K$，则有$\frac{\Delta Y}{Y}=\frac{\Delta K}{K}=sA-\delta$。只要 $sA>\delta$，经济就会持续增长，所以储蓄率能影响均衡状态的经济增长率。

12. **【难度】**1　　**【考点】**内生增长理论

【答案】C。因为规模报酬不变，所以有 $F[(K\times 2),(1-u)(E\times 2)L]=F[2K,2(1-u)EL]=2F[K,(1-u)EL]$。

13. **【难度】**1　　**【考点】**经济增长与经济发展

【答案】（1）在宏观经济学中，经济增长通常被定义为产量的增加，这里，产量既可以表示为经济的总产量，也可以表示为人均产量。经济增长的程度可以用增长率来描述。

若用 Y_t 表示 t 时期的总产量，用 Y_{t-l} 表示（$t-1$）期的总产量，则总产量意义下的增长率可表示为：

$$g_Y=\frac{Y_t-Y_{t-1}}{Y_{t-1}}$$

式中，g_Y 为总产量意义下的增长率。

若用 y_t 表示 t 时期的人均产量，y_{t-1} 表示（$t-1$）期的人均产量，则人均产量意义下的增长率可表示为：

$$g_y=\frac{y_t-y_{t-1}}{y_{t-1}}$$

式中，g_y 为人均产量意义下的增长率。

经济增长率的高低体现了一个国家或一个地区在一定时期内产出的增长速度，也是衡量一个国家总体经济实力增长速度的标志。人均总产出增长率的高低则体现了经济效率的高低。

（2）经济发展的内涵比经济增长丰富，它不仅包括经济增长，而且包括国民的生活质量，以及整个社会各个不同方面的总体进步。因此，经济发展是反映一个经济社会总体发展水平的综合性概念。

（3）经济增长和经济发展是两个既有联系又有区别的概念。如果说经济增长是一个“量”的概念，那么经济发展就是一个比较复杂的“质”的概念。从经济增长与经济发展的关系来看，经济增长是经济发展的前提、基础和核心，没有一定的经济增长，就不会有经济发展。但是，经济增长不等于经济发展，人均产值或收入的增长并不一定意味着发展，经济高速增长也不一定意味着发展。20 世纪 60—70 年代许多发展中国家的经验证明，经济增长并不一定带来经济发展，即使在经济增长速度很快的情况下，许多发展中国家也并没有取得社会经济的普遍进步，反而出现了“有增长无发展”或“没有发展的经济增长”的现象。

虽然经济增长和经济发展都指人均国民收入增加，但经济增长一般是指经济发达国家人均实际国民收入的增加。而经济发展理论则专门研究一个国家如何由不发达状态过渡到发达状态，因而主要研究发展中国家的经济。

14. **【难度】**1　　**【考点】**经济增长与经济发展

【答案】经济增长是指一个国家在一定时期内实际人均产出水平的提高（或人均实际产品和劳务的增加）。经济增长的过程是经济中当生产要素被充分利用时，GDP 所经历的过程。

一般来说经济的潜在产量具有上升趋势。这是因为，经济中可得到的资源更多了，如人口规模增加，厂商获得了更先进的生产工具并修建新的工厂，土地得到改良以利于种植，新产品和新生产方法的发明和采用，增加了知识存量，等等，使得经济能生产出更多的产品和劳务。

实际 GDP 并不总是处于趋势水平，更多的是围绕其趋势水平波动，出现收缩或扩张。

15. **【难度】**1　　**【考点】**经济增长与经济发展

【答案】经济增长是指一个国家或地区产量的增加，可以表示为 GDP 总量的增加或者人均 GDP 的增加。经济增长的程度可以用增长率来描述，如果用 Y 表示 GDP 总量，则其增长率可表示为 $g_Y=\lim\limits_{\Delta t\to 0}\frac{Y(t+\Delta t)-Y(t)}{\Delta t Y(t)}=\frac{\frac{\mathrm{d}Y(t)}{\mathrm{d}t}}{Y(t)}=\frac{\mathrm{d}\ln Y(t)}{\mathrm{d}t}$。

生产函数可用 $Y=AF(K,L)$ 表示，其中 A 表示技术水平，K 表示资本存量，L 表示劳动力。由此可知，经济增长的源泉主要有三个方面：技术进步、资本存量的增加、劳动数量的增加。

16. **【难度】**3　　**【考点】**增长核算

【答案】(1) 该国的 GDP 增长率：

$$\dot{Y}\equiv\frac{\mathrm{d}Y/\mathrm{d}t}{Y}=\frac{A'K^{\alpha}L^{1-\alpha}+\alpha AK^{\alpha-1}K'L^{1-\alpha}+(1-\alpha)AK^{\alpha}L^{-\alpha}L'}{AK^{\alpha}L^{1-\alpha}}$$

$$=\frac{A'}{A}+\alpha\frac{K'}{K}+(1-\alpha)\frac{L'}{L}$$

其中，$A'=\frac{\mathrm{d}A}{\mathrm{d}t}$，$K'=\frac{\mathrm{d}K}{\mathrm{d}t}$，$L'=\frac{\mathrm{d}L}{\mathrm{d}t}$。

用 G_t 表示经济增长率，用 n 表示劳动增长率，用 k 表示资本增长率，用 a 表示技术进步增长率，则：$G_t=a+\alpha k+(1-\alpha)n$。

(2) 由 $G_t=a+\alpha k+(1-\alpha)n$ 可知，技术进步率为 $a=G_t-\alpha k-(1-\alpha)n$。

A 国经济增长率为 $G_t=\frac{120-100}{100}=20\%$，资本增长率为 $k=\frac{600-500}{500}=20\%$，

劳动增长率为 $n=\dfrac{600-500}{500}=20\%$。

A 国技术进步增长率为 $a=G_t-\alpha k-(1-\alpha)n=20\%-\alpha\times20\%-(1-\alpha)\times20\%=0$。

B 国资本收入为 $\dfrac{1\,000+1\,100}{2}\times0.06=63$，资本收入占总收入的份额为 $\alpha=\dfrac{63}{210}=0.3$。

B 国经济增长率为 $G_t=\dfrac{210-200}{200}=5\%$，资本增长率为 $k=\dfrac{1\,100-1\,000}{1\,000}=10\%$，劳动增长率为 $n=\dfrac{500-500}{500}=0$。

B 国技术进步增长率为 $a=G_t-\alpha k-(1-\alpha)n=5\%-0.3\times10\%-(1-0.3)\times0=2\%$。

A 国经济高速增长，但是经济增长是由要素投入增长导致的，技术没有任何进步，是一种粗放式经济增长，劳动者的平均收入没有任何增长；B 国经济增长率适中，但是经济增长主要是由资本增长和技术进步导致的，劳动没有任何增长，是一种集约式经济增长，劳动者的平均收入增长 5%。

17. **【难度】** 2　　**【考点】** 增长核算

【答案】 将数据 $\Delta Y/Y=0.05$，$\Delta L/L=0.017$，$\Delta K/K=0.042$，$\Delta N/N=0.022$，$\alpha=0.6$，$\beta=0.3$，$\gamma=0.1$ 代入经济增长核算方程 $\dfrac{\Delta Y}{Y}=\alpha\times\dfrac{\Delta L}{L}+\beta\times\dfrac{\Delta K}{K}+\gamma\times\dfrac{\Delta N}{N}+\dfrac{\Delta A}{A}$ 中，便得到技术进步增长率为 $\Delta A/A=0.025$，所以技术对国民经济增长率的贡献是 2.5%。

18. **【难度】** 2　　**【考点】** 增长核算

【答案】　(1) 设 $Y=F(K, L, H)$，$\lambda>0$，则有 $F(\lambda K, \lambda L, \lambda H)=(\lambda K)^{0.25}(\lambda L)^{0.5}(\lambda H)^{0.25}=\lambda K^{0.25}L^{0.5}H^{0.25}=\lambda F(K, L, H)$，因此，该国的经济是规模报酬不变的。

(2) 该经济既然是规模报酬不变的，那么根据竞争性市场上厂商使用生产要素的原则，要素的实际报酬＝要素的边际产量，因此，要素的收益＝要素的实际报酬×要素数量＝要素的边际产量×要素数量。

$$\text{要素 } K \text{ 所占产出的份额}=\frac{MP_K\times K}{Y}=\frac{0.25K^{-0.75}L^{0.5}H^{0.25}\times K}{K^{0.25}L^{0.5}H^{0.25}}=0.25$$

$$\text{要素 } L \text{ 所占产出的份额}=\frac{MP_L\times L}{Y}=\frac{0.5K^{0.25}L^{-0.5}H^{0.25}\times L}{K^{0.25}L^{0.5}H^{0.25}}=0.5$$

$$\text{要素 } H \text{ 所占产出的份额}=\frac{MP_H\times H}{Y}=\frac{0.25K^{0.25}L^{0.5}H^{-0.75}\times H}{K^{0.25}L^{0.5}H^{0.25}}=0.25$$

19.【难度】1　　　【考点】新古典增长理论

【答案】依题意知，人均产出 $y=Y/L$，人均资本 $k=K/L$，$n=\frac{\dot{L}}{L}$，其中 $\dot{L}=\frac{\mathrm{d}L}{\mathrm{d}t}$且有 $y=K^{\alpha}L^{1-\alpha}/L=K^{\alpha}/L^{\alpha}=k^{\alpha}$。

对资本 K 关于时间变量求导有：

$$\dot{K}=I-dK=S-dK=sY-dK \quad ①$$

对人均资本 k 关于时间变量求导有：

$$\dot{k}=\frac{\mathrm{d}k}{\mathrm{d}t}=\frac{\mathrm{d}(K/L)}{\mathrm{d}t}=\frac{\mathrm{d}K}{\mathrm{d}t}\cdot\frac{1}{L}-\frac{K}{L^2}\frac{\mathrm{d}L}{\mathrm{d}t}=\frac{\dot{K}}{L}-\frac{\dot{L}}{L}\cdot\frac{K}{L}=\frac{\dot{K}}{L}-nk \quad ②$$

将式①代入式②得资本积累的基本方程：

$$\dot{k}=\frac{sY-dK}{L}-nk=sy-dk-nk=sk^{\alpha}-(d+n)k$$

(2) 如图 19－6 所示，假设经济最初处于 C_1 点位置，储蓄率为 s_1，随后储蓄率上升到 s_2，这使得储蓄曲线从 s_1k^{α} 上升到 s_2k^{α}，新的稳态为 C_2 点。比较 C_1 和 C_2 可知，储蓄率的增加提高了稳态的人均资本量和人均产量，人均资本量从 k_1 增加到 k_2，于是人均产量从 $y_1=k_1^{\alpha}$ 上升到 $y_2=k_2^{\alpha}$。

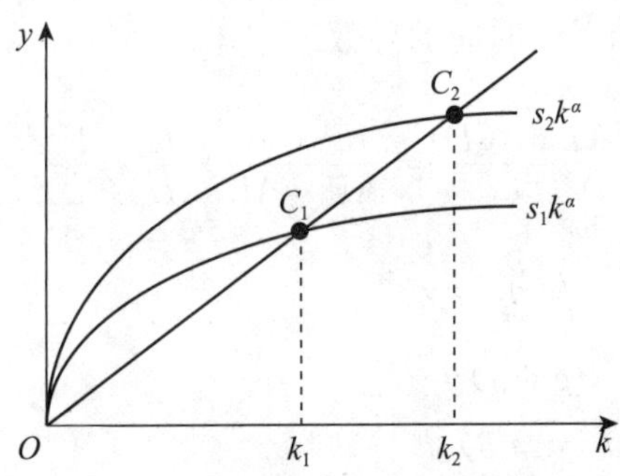

图 19－6　储蓄率提高对经济增长的影响

由于 C_2 点也是稳态，而稳态的增长率是独立于储蓄率的，所以，当经济在 C_2 点稳定下来之后，经济增长率就恢复到 C_1 点同样的增长率，即增长率没有变化。

图 19－7 (a) 显示了人均收入的时间路径，储蓄率的上升导致人均资本上升，进而导致人均产出的上升，但进入新的稳态后，人均收入就不再增长，而是保持在新的稳态上，不同的是在新的稳态上，人均收入比最初的稳态时的人均收入更高。但总产量 (Y) 的增长率在新的稳态和初始状态下都是 n，如图 19－7 (b) 所示。

20.【难度】1　　　【考点】新古典增长理论

【答案】长期消费水平最大时有 $f'(k)=n+x+\delta$，即

$$6-2k=0.02+0.02+0=0.04$$

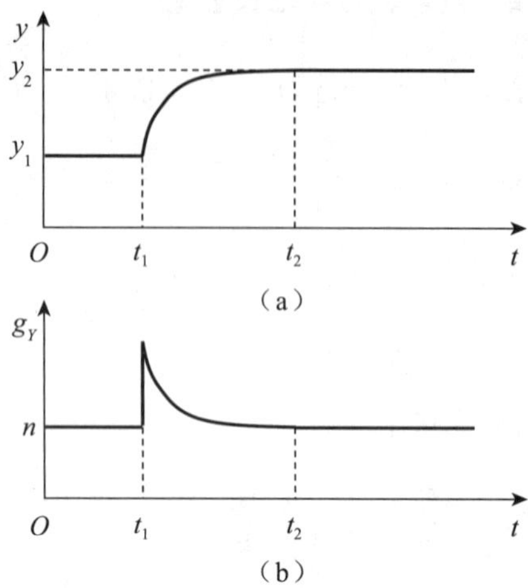

图 19－7　储蓄率提高对经济增长的影响

解得 $k=2.98$，则：

$$人均消费=(1-s)y=(1-0.5)\times(6\times2.98-2.98^2)\approx4.5$$

21.【**难度**】3　　【**考点**】新古典增长理论

【**答案**】（1）由题设条件及新古典增长模型的相关假定，得有效劳动平均的产量 $y=Y/AL$，有效劳动平均的资本 $k=K/AL$。

对 $k=K/AL$ 两边求关于时间的导数：

$$\begin{aligned}\dot{k}&=\frac{\dot{K}AL-K(\dot{A}L+A\dot{L})}{(A^{L})^2}=\frac{\dot{K}}{AL}-\frac{K}{AL}\times\frac{\dot{L}}{L}-\frac{K}{AL}\times\frac{\dot{A}}{A}=\frac{\dot{K}}{AL}-k(n+g)\\&=\frac{F'_KK-\delta K}{AL}-k(n+g)\\&=F'_Kk-k(n+g+\delta)\\&=[f'(k)-(n+g+\delta)]k\end{aligned}$$

新古典增长模型满足稻田条件，即当资本量趋于零时，资本的边际产量无穷大，当资本量很大时，资本的边际产量趋于零。

当资本量很大从而 $\dot{k}=0$ 时，存在 k^* 使得 $f'(k)=n+g+\delta$，即均衡的 k^* 存在。

由于生产函数具有单调性，因而 k^* 有唯一性。

生产函数的单调性同时告诉我们：

当 $k>k^*$ 时，$f'(k)<f'(k^*)=n+g+\delta$，$\dot{k}<0$，即 k 随时间增加而减少；

当 $k<k^*$ 时，$f'(k)>f'(k^*)=n+g+\delta$，$\dot{k}>0$，即 k 随时间增加而增加；

故 k^* 稳定，即存在一个稳定的平衡增长路径。

（2）在该平衡增长路径上 k 等于黄金律水平的 k^*。

黄金律水平的 k^* 满足：

$$\max c^* = y^* - sy^* = f(k^*) - (n+g+\delta)k^*$$

根据极值定理有：

$$\frac{\partial c^*}{\partial k^*} = f'(k^*) - (n+g+\delta) = 0$$

解得：$f'(k^*) = n+g+\delta$。

根据第（1）问的解答，我们知道平衡增长路径上的 k 和黄金律水平的 k^* 都满足上式条件，因而该平衡增长路径上的 k 等于黄金律水平的 k^*。

22. **【难度】**2　　**【考点】**新古典增长理论

【答案】（1）新古典经济增长模型的基本公式为 $\Delta Y = MP_K \times \Delta K + MP_L \times \Delta L$，其中 ΔY、ΔK、ΔL 分别代表国民收入、资本和劳动的增量。根据上述公式可计算国民收入增长率：$\frac{\Delta Y}{Y} = \frac{MP_K \times \Delta K}{Y} + \frac{MP_L \times \Delta L}{Y} = \frac{MP_K \times K}{Y} \times \frac{\Delta K}{K} + \frac{MP_L \times L}{Y} \times \frac{\Delta L}{L}$。

$\alpha = \frac{\Delta Y}{Y} / \frac{\Delta K}{K} = MP_K \times \frac{K}{Y}$，同理 $\beta = MP_L \times \frac{L}{Y}$，所以，$\frac{\Delta Y}{Y} = \alpha \frac{\Delta K}{K} + \beta \frac{\Delta L}{L}$。该式表明，经济增长率等于各要素的增长率与其产出弹性之和。

（2）“转变增长方式”主要是指经济增长由粗放型向集约型、由外延增长向内涵增长转变。

（3）①转变经济增长方式，必须摒弃传统观念。要辩证地认识物质财富的增长和人的全面发展的关系，转变重物轻人的发展观念。发展应该始终把提高人民的物质文化生活水平和健康水平作为出发点和归宿。②转变经济增长方式，必须调整经济结构。调整和优化经济结构，是转变经济增长方式的主要途径和重要内容。③转变经济增长方式，必须推进科技进步。一方面，科技进步既为经济增长方式转变标示了方向，也是促进经济增长方式转变的有效手段。④转变经济增长方式，必须加快体制创新。经济增长方式难以实现根本性转变，关键在于导致增长方式不合理的体制和机制还没有实现根本性转变。⑤转变经济增长方式，必须强化企业管理。企业既是经济活动的主体，也是转变经济增长方式的微观基础。⑥转变经济增长方式，必须提高国民素质。

23. **【难度】**3　　**【考点】**新古典增长理论

【答案】（1）依题意知，$y = Y/(\alpha L \times E) = K^\theta (\alpha L \times E)^{1-\theta} / (\alpha L \times E) = [K/(\alpha L \times E)]^\theta = k^\theta$。

稳态时，$\Delta k = sf(k) - (n+g+\delta)k = 0$，所以 $sf(k) = (n+g+\delta)k$，即有：

$$sk^\theta = (n+g+\delta)k$$

解得稳态时的每个效率工人的资本表达式为：$k = \left(\frac{s}{n+g+\delta}\right)^{\frac{1}{1-\theta}}$。

（2）黄金律的资本存量应满足 $y' = n+g+\delta$，即 $\theta k^{\theta-1} = n+g+\delta$，解得：$k_{gold} = \left(\frac{\theta}{n+g+\delta}\right)^{\frac{1}{1-\theta}}$。

由于经济处于稳态，此时还有 $sy=sk^{\theta}=(n+g+\delta)k$。

所以 $s_{gold}=(n+g+\delta)k_{gold}{}^{1-\theta}=(n+g+\delta)\times\left[\left(\frac{\theta}{n+g+\delta}\right)^{\frac{1}{1-\theta}}\right]^{1-\theta}=\theta$。

【提示】 如果 $y=k^{\theta}$，则有 $s_{gold}=\theta$，这个很容易记住，建议背下来，因为 $y=k^{\theta}$ 是新古典增长模型考题中最常见的生产函数。

（3）劳动力参与率提高即 α 上升，会引起效率工人 $\alpha L\times E$ 的数量增加。在短期内，相当于劳动力增长率 n 在瞬间上升到 n'，进而引起每个效率工人的资本 $k=K/(\alpha L\times E)$ 减少。但劳动力参与率在新的比例上稳定下来之后，劳动力增长率又回复到以前的水平，因此稳态时每个效率工资的资本也回到以前的水平。如图 19－8 所示，劳动力参与率的提高使得每个效率工人的资本由 k^* 减少到 k'，然后又逐渐回归到 k^*。

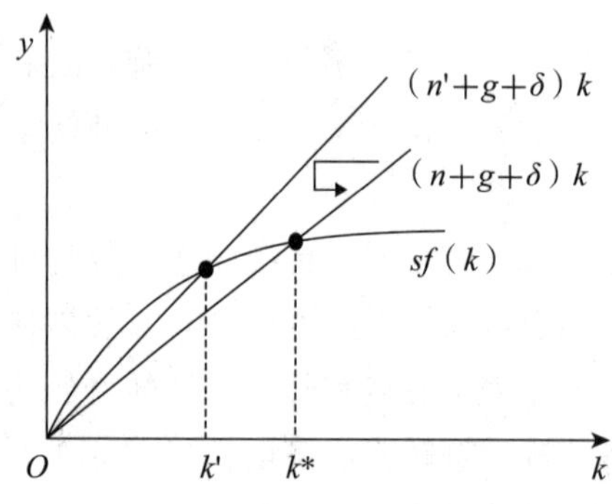

图 19－8 每个效率工人的资本

稳态时，总产出增长率 $g_Y=n+g$，劳动力参与率提高导致 n 瞬间上升，随后又逐渐回落到以前的水平，因此总产出增长率在瞬间上升后，又会回落到以前的水平。每个效率工人的资本和总产出增长速度随着时间变化的趋势如图 19－9 所示。

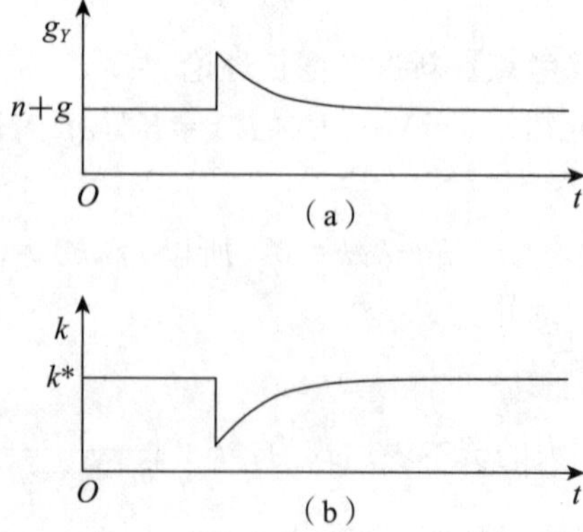

图 19－9 每个效率工人的资本和总产出增长速度随着时间变化的趋势

【提示】劳动力参与率与劳动力增长率是两个不同的概念。劳动力参与率的上升是一次性的而不是持续的，它会导致劳动力增长率的瞬间上升，但不会导致劳动力增长率的持续上升。

24.【难度】3　　【考点】新古典增长理论

【答案】(1) 稳态时，$sy=(n+\delta)k$，即 $0.16\times k^{0.5}=(0.005+0.035)k$，解得 $k^*=16$。

(2) s 提高后，有 $0.41\times k^{0.5}=(0.005+0.035)k$，解得 $k^*=105.1$。

储蓄率的提高提高了稳态时的人均资本水平。

(3) 人均资本处于黄金律水平时，$f'(k_{gold})=n+\delta$，即 $0.5k^{-0.5}=0.005+0.035$，解得 $k_{gold}{}^{0.5}=12.5$，又因 $sf(k)=(n+\delta)k$，有 $s\times k^{0.5}=(0.005+0.035)k$，整理得 $s=(0.005+0.035)k^{0.5}=0.04\times 12.5=0.5$。

(4) 在初期 ($t=0$)，$n=0.005$，$\delta=0.035$，$s_0=0.16$，$k_0^*=16$，人均产出 $y_0^*=16^{0.5}=4$，总产出 $Y_0^*=N\times y_0^*=1\ 000\times 4=4\ 000$。

储蓄率提高后，$s_1=0.41$，新的稳态下人均资本 $k^*=105.1$，稳态人均产出 $y^*=105.1^{0.5}=10.25$。

下一期 ($t=1$) 人口为 $N_1=1\ 000\times(1+0.005)=1\ 005$。

下一期 ($t=1$) 人均资本 $k_1=k_0+\Delta k=k_0+sy_0-(n+\delta)k_0=16+0.41\times 4-0.04\times 16=17$。

下一期 ($t=1$) 总产出 $Y_1=N_1\times y_1=1\ 005\times 17^{0.5}=4\ 143.7$。

在 $t=0$ 时刻，人均资本量 $k_0^*=16$；在 $t=1$ 时刻，人均资本量 $k_1=17$。随着时间的推移，人均资本量逐渐增加，但是增加的幅度越来越小，最后稳定在新的稳态 $k^*=105.1$。其动态调整路径如图 19-10 所示。

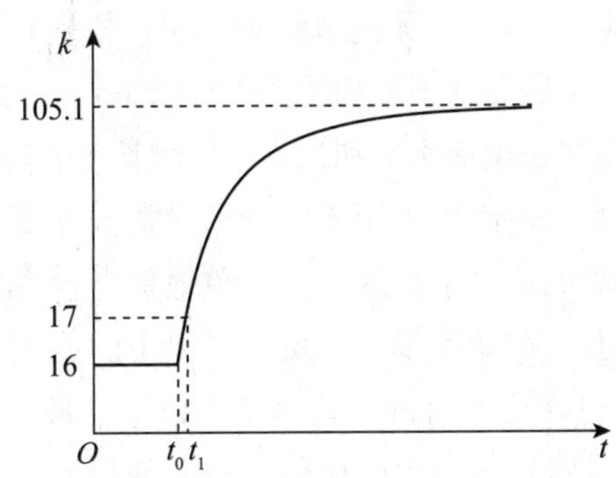

图 19-10　储蓄率提升后 k 的调整轨迹

在 $t=0$ 时刻，总产量 $Y_0^*=4\ 000$，在 $t=1$ 时刻，$Y_1=4\ 143.7$。随着时间的推移，总产量逐渐增加，但增加的幅度越来越小。最后，Y 的增加率稳定在人口增长率 0.005 的水平上。其动态调整路径如图 19-11 所示。

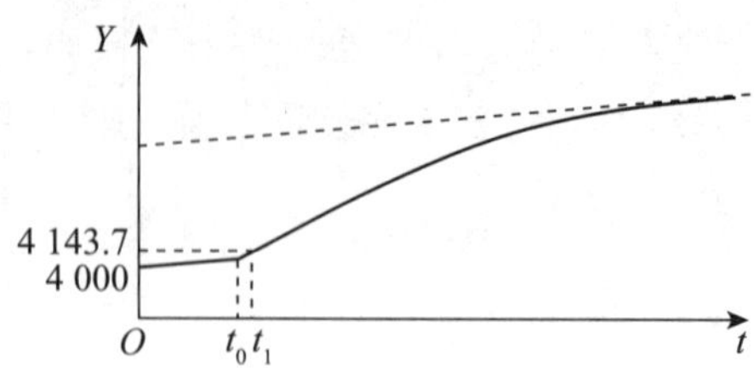

图 19－11 Y 的调整轨迹

25.【难度】3　　　【考点】新古典增长理论

【答案】依题意有 $y=Y/L=K^{0.4}L^{0.6}/L=(K/L)^{0.4}=k^{0.4}$。

在没有人口增长和技术进步的稳态，有 $sy=\delta k$，即 $sk^{0.4}=\delta k$（其中 s 为储蓄率，δ 为折旧率），解得稳态时人均资本存量 $k=\left(\frac{s}{\delta}\right)^{\frac{5}{3}}$，人均产出 $y=\left[\left(\frac{s}{\delta}\right)^{\frac{5}{3}}\right]^{0.4}=\left(\frac{s}{\delta}\right)^{\frac{2}{3}}$，人均消费为 $(1-s)y=(1-s)\left(\frac{s}{\delta}\right)^{\frac{2}{3}}$。

（2）人均消费最大的储蓄率即满足黄金律时的储蓄率，此时人均资本存量应满足 $f'(k)=\delta$，即 $0.4k^{-0.6}=\delta$，在稳态时有 $k=\left(\frac{s}{\delta}\right)^{\frac{5}{3}}$，所以 $0.4\times\left(\frac{s}{\delta}\right)^{-1}=\delta$，解得 $s=0.4$。

26.【难度】2　　　【考点】新古典增长理论

【答案】不同意。

（1）在不考虑技术进步的情况下，经济进入稳态时，人均产出增长率为 0，即人均产出不随时间增长（总产出以人口增长率 n 的速度保持增长）；在考虑技术进步的情况下，经济进入稳态时，人均产出增长率等于技术增长率 a（总产出以人口增长率 n＋技术增长率 a 的速度增长）。无论哪一种情况，投资在产出中的比例都不影响人均产出的稳态增长率，也因此并不影响居民生活水平，因为居民生活水平主要由人均产出决定。能持续提高居民生活水平和人均产出增长率的，是技术进步增长率。

（2）从全社会的角度看，产出可用于消费和投资（储蓄）两个方面，消费多了投资就少，投资多了消费也就少了，因此，简单地提高投资比例是不科学的。由增长的黄金律我们可以知道，在储蓄率（投资在产出中的比例）满足资本黄金律的经济学条件 $f'(k)=n+\delta$ 时，稳态时的人均消费可以达到最大化。在资本存量超过黄金律的情况下，再提高投资在产出中的比例，只会使得人均消费更少，从而居民生活水平也更低。

27.【难度】2　　　【考点】新古典增长理论

【答案】（1）当 $sf(k)=(n+\delta)k$ 时，$\Delta k=0$，经济就达到稳定状态。在稳态下，k 和 y 达到一个保持不变的水平，此时人均产出增长率为零。由此可见，经济增长和储蓄率无关。

如图 19－12 所示，假设初始均衡时，储蓄率为 s_1，此时人均资本存量为 k_1，人均产出为 $f(k_1)=y_1$，此时，如果没有其他冲击，人均产出将稳定在 y_1 水平上；假设储蓄率增长到 $s_2(s_2>s_1)$，由图可知，人均资本存量为 k_2，人均产出为 $f(k_2)=y_2$。此时，如果没有其他冲击，人均产出将稳定在 $y_2(y_2>y_1)$ 水平上，而不会逐年增长。因此，储蓄率的增加只能提高人均产出的水平，却不能导致人均产出的持续增长。

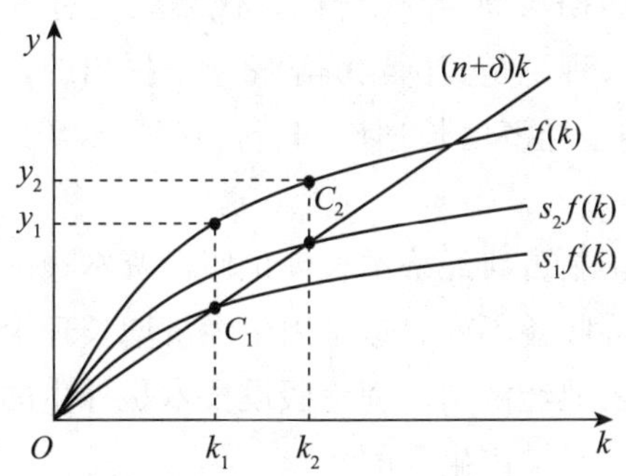

图 19－12　储蓄率增长不能导致人均产量持续增长

(2) 把技术进步因素当作外生变量加入上述模型，就会得到改进后的新古典经济增长模型基本方程：$\Delta\hat{k}=sf(\hat{k})-(n+\delta+a)\hat{k}$，其中 $\hat{k}=\dfrac{K}{AN}$ 表示按有效劳动平均的资本（A 表示技术状态变量，以一个固定的比率 a 增长），$\hat{y}=f(\hat{k})=\dfrac{Y}{AN}$ 表示按有效劳动平均的产量。稳态时 $\Delta\hat{k}=0$，但此时人均资本和人均产出的增长率就等于技术进步增长率 a，由此可见，持续的技术进步会带来人均产出的持续增长。

28. **【难度】**1　　　**【考点】**内生增长理论

【答案】AK 增长模型即内生经济增长模型，内生经济增长模型把知识看成是一种资本，从而保证资本边际收益不变。与新古典经济增长理论不同，内生经济增长理论用规模收益递增和内生技术进步来说明一国长期经济增长和各国增长率差异，认为经济的长期增长依赖于储蓄率和其他因素，而不仅仅依赖于劳动力的增长率。内生经济增长理论的重要特征就是使经济增长率内生化。

假设生产函数为 $Y=AK$，并且 $\Delta K=sY-\delta K$，则有：

$$\frac{\Delta Y}{Y}=\frac{\Delta K}{K}=sA-\delta$$

其中，A 是一个常量，它衡量一单位资本所生产的产出量，δ 为资本折旧率。

上式表明，这个模型不存在资本边际收益递减，额外一单位资本就能生产 A 单位的额外产出，只要 $sA>\delta$，即使没有外生的技术进步这一假设，经济也一直可以增长。新古典经济增长模型假设技术是外生的，因此，需要在技术进步的假设前提下，人均产出才能增长。AK 增长模型的进步就在于可以剔除“技术进步”这一外生的假设前提。

AK 模型认为资本的边际收益是不变的，这是它与新古典经济增长模型的关键区别。如果把知识也认为是一种资本，那么，假设资本边际收益不变的内生经济增长模型就可以合理地描述长期经济增长。

29.**【难度】**2　　**【考点】**新古典增长理论；内生增长理论

【答案】内生经济增长理论是新古典经济增长理论之后产生的经济增长理论，产生于 20 世纪 80 年代后期与 90 年代初期，代表人物有罗默、卢卡斯和阿罗等经济学家。新古典经济增长理论是美国经济学家索洛提出的，产生于 20 世纪 50 年代后期与整个 60 年代。内生经济增长理论和新古典经济增长理论的主要区别有以下三个方面：

（1）假设条件不同。新古典经济增长理论假设资本边际收益递减，而内生经济增长理论则假设资本边际收益不变。这是内生经济增长理论和新古典经济增长理论的关键区别。另外，新古典经济增长理论假设技术是外生的，而内生经济增长理论则认为技术和资本一样，是"内生"的。

（2）模型形式不同。内生经济增长模型中的生产函数为 $Y=AK$，其中，Y 是产出，K 是资本存量，而 A 是一个常量。新古典经济增长模型中的生产函数为 $Y=F(N, K)$，其中 Y 是产出，K 是资本存量，而 N 是投入的劳动量。这里，对 $Y=F(N, K)$ 的假设包括规模报酬不变。

（3）结论不同。内生经济增长理论的结论是经济增长率是内生的，即促使经济增长的因素是模型内决定的，储蓄和投资会引起经济的长期增长。新古典经济增长理论的结论则是经济增长取决于外生的技术进步，而储蓄只会导致经济的暂时增长，资本边际收益递减最终使经济增长只取决于外生的技术进步。

30.**【难度】**2　　**【考点】**促进经济增长的政策

【答案】（1）生产率是生产要素的生产效率，是指一单位要素投入的产出量大小。经济的增长，一方面是投入要素数量增加的结果，另一方面是这些投入的生产要素生产率提高的结果。研究表明，近代社会的大部分产出增长要归因于要素生产率的增长。

（2）影响一国生产率提高的因素主要有以下几个方面：

①资本品积累（投资）的增加。每个工人拥有的资本品越多，越是使用先进的工具和机械设备把自己武装起来，其产出就越多。

②劳动力质量提高。劳动者越是有技能，其生产率就越高。先进的技术设备必须有高素质的劳动者来操作，现代的高科技对劳动者素质的要求越来越高。

③资源从低生产率部门不断转移到高生产率部门的重新配置。例如，随着劳动力从生产率低的传统农业部门转移到生产率高的现代工业部门，社会生产率就会大大提高。

④技术变革，尤其是高新技术转化为现实的生产力。技术的进步体现在更高的产品质量、更好的生产方法和更好的组织生产的方式上。

第二十章 宏观经济学的微观基础

学习精要

一、学习重点

1. 跨期消费决策模型
2. 相对收入消费理论
3. 生命周期消费理论
4. 永久收入消费理论
5. 新古典投资模型
6. 鲍莫尔-托宾模型

二、知识脉络图

- 宏观经济学的微观基础
  - 消费理论
    - 跨期消费决策模型
      - 可借贷
      - 不可借贷
    - 消费的随机游走假说
    - 相对收入消费理论
    - 生命周期消费理论
    - 永久收入消费理论
  - 投资
    - 企业固定投资
    - 住房投资
    - 存货投资
  - 货币需求理论
    - 资产组合理论
    - 鲍莫尔-托宾模型

三、 理论精要

知识点一　跨期消费决策模型

跨期消费决策模型：将消费者一生的消费划分为不同时期，说明消费者面临的约束条件和偏好，分析理性的消费者如何在现期消费与未来消费之间做出选择。

消费者跨期消费的预算约束条件：$c_1+c_2/(1+r)=y_1+y_2/(1+r)$。

消费者跨期消费最优决策的条件：$MRS=-(1+r)$。

消费者决策的影响因素：

1. 收入变动对消费的影响

无论是现期收入还是未来收入的增加（减少），都会使得预算约束线向右（向左）平移。

（1）消费平稳化：任一期的收入增加，消费者都将把它分摊到每一期的消费上。

（2）消费取决于现期收入与未来收入的现值：收入的现值$=y_1+y_2/(1+r)$。

2. 实际利率变动对消费的影响

当第一期储蓄时，利率上升的收入效应和替代效应都增加了第二期的消费；而利率上升的收入效应将增加第一期的消费，但利率上升的替代效应将减少第一期的消费。

跨期消费决策模型的借贷约束：

（1）当消费者第一期的意愿消费小于现期收入时，借贷约束不影响消费。

（2）当消费者第一期的意愿消费大于现期收入时，现期消费只取决于现期收入，即 $c_1=y_1$，$c_2=y_2$。

知识点二　消费的随机游走假说

随机游走假说是永久收入假说与理性预期的结合。根据永久收入假说，消费者总是尽量按照他的可预期到的长期收入平稳消费，随着时间的推移，消费者会根据新获得的信息修正其对一生收入的预期进而调整消费。如果消费者的行为是理性预期的，那么只有意外的收入变动才会改变消费，即消费的变动是随机游走的。

如果消费遵循随机游走方式，那么决策者可以通过影响公众对政策行为的预期来影响消费。

知识点三　相对收入消费理论

相对收入消费理论由美国经济学家杜森贝利提出。他认为消费者的消费并不是完全由收入决定的，会受到自己过去的消费习惯（棘轮效应）以及周围人的消费水准（示范效应）的影响，所以是相对决定的。长期消费函数是从原点出发的直线，但短期消费函数是有正截距的曲线。

棘轮效应：消费者的消费水平容易随收入提高而增加，但不易随收入降低而减少。

知识点四　生命周期消费理论

生命周期消费理论由美国经济学家莫迪利安尼提出。他认为个人会在其生命周期内平稳均匀地消费他的所有财富和工作收入。

其消费公式为 $C=aWR+cYL$，其中，WR 为实际财富，a 为财富的边际消费倾向，YL 为工作收入，c 为工作收入的边际消费倾向。

知识点五　永久收入消费理论

永久收入消费理论由美国经济学家弗里德曼提出。他认为消费者的消费支出主要不是由他的现期收入决定的，而是由他的永久收入决定的。永久收入是指消费者可以预期到的长期收入，大致可以根据所观察到的年收入数值的加权平均数得到，距离现在的时间越近则权数越大，反之则越小。

知识点六　企业固定投资

企业固定投资是企业购买用于生产的机器设备和建筑物的活动。

最优资本存量的决定：根据资本的边际收益等于资本的边际成本的原则决定资本存量，即根据资本边际收益 $P\times MP_K=$ 租赁价格 R 的原则来决定资本存量。

资本的实际租赁价格：由资本的边际产量决定。在柯布-道格拉斯生产函数下，资本的实际租赁价格 $R/P=MP_K=aA(L/K)^{1-a}$。

资本存量越低，资本的实际租赁价格越高；劳动投入量越高，资本的实际租赁价格越高；技术水平越高，资本的实际租赁价格越高。

$$\text{单位资本的成本}=P_K(r+\delta)$$

根据新古典投资模型有：如果租赁价格高于资本的成本，企业投资就为正；如果租赁价格低于资本的成本，企业投资就为负。

当企业实际资本存量偏离最优资本存量时，实际资本 K 将做趋于最优资本存量 K^* 的调整：$K=K_{-1}+\lambda(K^*-K_{-1})$。

知识点七　住房投资

住房相对价格 P_H/P 取决于住房需求和现期固定的住房资本存量 K_H。

住房需求曲线的影响因素有：

(1) 人们的财富。财富增加使住房需求增加，曲线向右平移，反之亦然。

(2) 拥有住房的真实净收益。住房净收益增加使住房需求增加，曲线向右平移，反之亦然。

（3）其他资产的真实净收益。其他资产的净收益减少使住房需求增加，曲线向右平移，反之亦然。

在短期内，新住房的供给量（新住房投资）随住房价格上升而增加；在长期内，新住房投资会增加住房存量，在住房需求不变的情况下，会降低住房的相对价格。

知识点八　存货投资

存货周期：在经济繁荣时，企业自愿增加存货投资；在经济开始衰退时，企业非自愿地增加存货；在衰退过程中，企业非自愿地削减存货；在经济萧条时，企业自愿地削减存货。存货的这种周期变动就叫存货周期。

存货的加速模型：存货投资取决于产出的变动。

$$I=a\Delta Y$$

知识点九　货币需求理论

资产组合理论是强调货币作为价值储藏手段的货币需求理论，指出持有货币是人们资产组合的一部分。用公式表示为：$M^d/P=L(r_s，r_b，\pi^e，W)$。

货币需求的交易理论是强调货币作为交换媒介的货币需求理论，指出人们持有货币是出于交易动机，人们通过权衡持有货币的成本和收益来决定持有货币的数量。

鲍莫尔-托宾模型：人们持有货币是有机会成本的，即用于购买债券等生息资本所能得到的利息；而人们持有货币是为了交易方便，其收益在于减少了交易成本，即：

$$平均货币持有量=Y/(2N)=(YF/2r)^{1/2}$$

习题解析

1. 假设甲、乙两个消费者按照费雪的跨期消费模型进行消费决策。甲在两期各收入 1 000 元，乙在第一期的收入为 0，第二期的收入为 2 100 元，储蓄或者借贷的利率均为 r。

（1）如果两人在每一期都消费 1 000 元，利率为多少？

（2）如果利率上升，甲在两期的消费会发生什么变化？利率上升后，他的消费状况是变好还是变坏？

（3）如果利率上升，乙在两期的消费会发生什么变化？利率上升后，他的消费状况是变好还是变坏？

【难度】2　　　【考点】跨期消费决策模型

【答案】(1) 甲的消费状况是：$c_1^1=y_1^1=1\ 000$，$c_2^1=y_2^1=1\ 000$。

消费者每一期刚好完全消费掉当期收入，没有借贷发生。

根据乙的消费，有：

$$c_1^2+c_2^2/(1+r)=y_1^2+y_2^2/(1+r)$$

将已知参数代入上式得：

$$1\ 000+1\ 000/(1+r)=0+2\ 100/(1+r)$$

求解得：$r=0.1$。

(2) 利率上升会使甲减少第一期消费，增加第二期消费，这是因为利率上升意味着把第一期获得的收入放弃用于消费，就能获得更多的利息收入。也就是说，第一期消费的机会成本提高了，相对来说第一期消费的代价比第二期消费提高了，基于替代效应的考虑，甲会选择减少第一期消费、增加第二期消费。

利率上升后，甲的消费状况变好了，这是因为从理论上讲甲仍然可以选择各期消费 1 000 元；而现在甲选择减少第一期消费、增加第二期消费只能说明这种选择要比前一种选择更好（根据消费者偏好理论）。

(3) 乙在第一期没有收入，需要借贷消费，利率上升意味着消费者的借贷成本上升了，因而在替代效应下，消费者乙会减少较为昂贵的第一期消费。第二期消费可能增加，也可能减少，这是因为替代效应导致乙减少第一期消费、增加第二期消费，但是更高的利率导致更高的借贷消费利息，从而使得消费者乙的实际收入相对减少了，这种收入效应会导致第二期消费相对减少。

在利率水平上升的情况下，消费者乙第二期 2 100 元的收入显然无法维持各期 1 000 元的消费，也就是原消费点在消费者乙的可行消费集之外，显然这说明原消费点的效用要高于现在所有消费点的效用，消费者乙的消费状况变差了。

2.（教材中）本章第一节在对费雪模型的分析中，讨论了消费者在第一期进行储蓄的情况下，利率变动对消费决策的影响。现在假设消费者在第一期进行借贷，试分析利率变动对消费决策的影响，并画图说明其收入效应和替代效应。

【难度】2　　　【考点】跨期消费决策模型

【答案】假定消费者在第一期借贷消费，由于预算约束线的斜率为$-(1+r)$，r 上升会使得预算约束线围绕两期收入的组合点（y_1，y_2）顺时针旋转，变得更陡峭，从而影响消费者在两个时期的消费决策。如图 20－1 所示，随着 r 的上升，预算约束线由 AB 绕点（y_1，y_2）顺时针旋转到 $A'B'$，最优消费组合由 E_0 点移动到 E_1 点，即第一期消费减少，减少量为图中 ac 距离，第二期消费增加，增加量为图中 de 距离。

当消费者借贷消费时，利率上升会产生收入效应，即导致消费者收入相对减少，向较低的无差异曲线移动（由 I_1 移动到 I_2），因而消费者两期的消费都将减

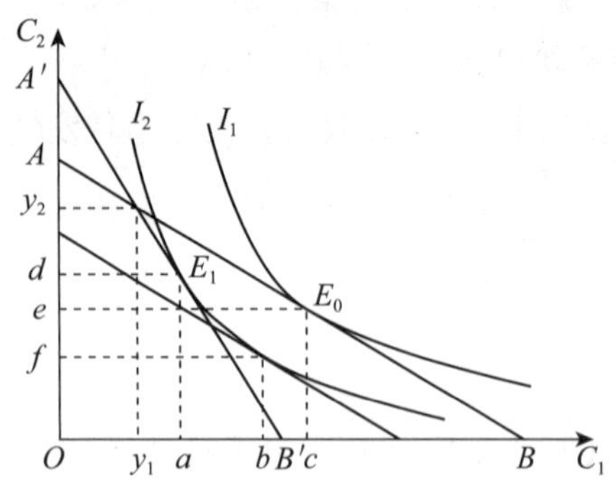

图 20-1　利率变动的收入效应和替代效应

少。但是，利率上升同时会产生替代效应，利率的上升会使得第一期消费相对于第二期消费变得更昂贵，第一期消费借贷的成本更高了。因而，消费者会减少第一期的消费，增加第二期的消费。

显然，在利率上升的情况下，收入效应和替代效应都减少了第一期的消费。收入相对减少的收入效应使得消费者减少 bc 距离的消费；利率上升导致第一期消费变得更昂贵产生的替代效应使得消费者减少 ab 距离的消费。收入效应和替代效应共同作用使得第一期消费减少 $ac=ab+bc$。

但两种效应对第二期消费的影响是相反的，收入效应使得第二期消费减少，减少量为如图 20-1 所示的 ef 距离；替代效应则使得第二期消费增加，增加量为如图 20-1 所示的 df 距离。利率上升对第二期消费的影响是收入效应和替代效应之和，即如图 20-1 所示，$de=df-ef$。显然利率上升对第二期消费的影响取决于收入效应和替代效应的大小。当替代效应大于收入效应时，利率上升使得第二期消费增加；当替代效应小于收入效应时，利率上升使得第二期消费减少。

因此，利率上升使得消费者减少第一期消费，但是对第二期消费的影响是不确定的，可能增加，也可能减少。在图 20-1 中，我们展示的是替代效应大于收入效应的情况，所以第二期消费增加。

【提示】消费者在第一期是储蓄还是借贷对利率变动的消费反应是不一样的。

当消费者在第一期储蓄时，利率上升产生的收入效应导致消费者收入增加，从而增加两期消费。利率上升产生的替代效应意味着第二期消费相对第一期消费更便宜，消费者应在第一期减少消费，而在第二期增加消费。

当消费者在第一期借贷时，利率上升产生的收入效应导致消费者收入减少，从而减少两期消费。利率上升的替代效应意味着第二期消费相对于第一期消费更便宜，消费者应在第一期减少消费，而在第二期增加消费。

3. 为什么说如果消费者遵循永久收入假说且能够进行理性预期，消费的变动就是不可预测的？

【难度】1 【考点】消费的随机游走假说

【答案】美国经济学家霍尔认为永久收入假说与理性预期的结合意味着消费的变动遵循随机游走方式。这是因为，根据永久收入假说，消费者的收入处于变化当中，并且消费者总是尽量按照他的可预期到的长期收入平稳消费。随着时间的推移，消费者会根据新获得的信息修正其对一生收入的预期，进而调整他的消费。如果消费者的行为是理性预期的，那么只有意外的收入变动才会改变消费，即消费的变动是随机游走的，也就是不可预测的。

4. 试画图分析消费者收入变动对消费决策的影响。

【难度】2 【考点】跨期消费决策模型

【答案】根据费雪的消费者跨期消费决策模型，有预算约束满足条件：

$$c_1+\frac{c_2}{1+r}=y_1+\frac{y_2}{1+r}$$

因此，无论是现期收入还是未来收入的变动，引起的都是预算约束线的平移。如图 20－2 所示，当消费者的收入增加时，预算约束线由 AB 外移至 $A'B'$，较高的预算约束可以让消费者选择更好的消费组合，最优决策点由 E_0 点移动到 E_1 点。无论是第一期还是第二期的收入增加，消费者都将把它分摊到两个时期的消费上，以平稳化消费。

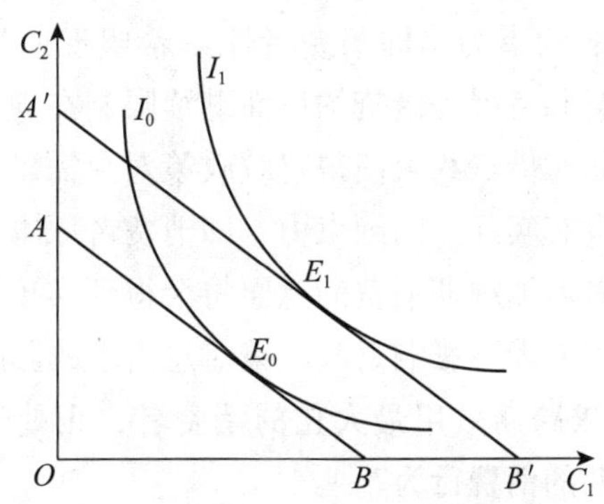

图 20－2 收入增加对消费决策的影响

5. 试说明下列两种情况下，借贷约束是增加还是减少了财政政策对总需求的影响程度：

(1) 政府宣布暂时减税；

(2) 政府宣布未来减税。

【难度】2 【考点】跨期消费决策模型

【答案】借贷约束意味着借贷的限制使得现期消费不能大于现期收入，即：

$$c_1\leqslant y_1$$

财政政策对总需求的影响在这里取决于对消费的影响，如果消费变化大，那么财政政策效果大，反之则效果小。

(1) 政府宣布暂时减税。暂时减税会影响现期收入，但对未来的收入水平没有影响。在没有借贷约束时，现期收入增加后，消费者会把增加的收入分摊到两个时期的消费上。在有借贷约束时，由于借贷约束并不限制消费者的储蓄行为，因此，现期收入增加后，消费者如果想储蓄部分新增收入以备未来使用是完全不受约束的。

此时有两种可能的情况：第一，借贷约束有实际上的约束力，即消费者原本希望在现期的消费超过现期收入，此时，新增收入可能全部或较多部分被用于现期消费，此时，相对于没有借贷约束的情况，借贷约束增加了财政政策对总需求的影响程度。第二，借贷约束没有实际上的约束力，即消费者原本希望在现期的消费小于或等于现期收入，此时，新增收入会被均匀分摊到两个时期的消费上，就如没有借贷约束一样，此时，借贷约束本身并不影响财政政策对总需求的影响程度。不过，财政政策对总需求的影响依然是存在的，因为即使没有借贷约束，减税也是可以影响总需求的。

(2) 政府宣布未来减税。这一财政政策将增加消费者预期的未来收入。当没有借贷约束时，消费者将把增加的这部分未来收入分摊到两个时期的消费上，因而引起现期消费水平的提高。

但是在有借贷约束的条件下，又有两种可能的情况出现：第一，政府宣布减税前，借贷约束有实际上的约束力，即消费者原本希望现期消费超过现期收入，此时，消费者增加消费的意愿将因为借贷约束而继续限制在现期收入水平内，而现期收入没有变化，因此，此时借贷约束使得财政政策对总需求没有影响。第二，政府宣布减税前，借贷约束没有实际上的约束力，即消费者原本希望在现期的消费小于或等于现期收入，消费者增加现期消费的意愿将会得到实现或至少是部分实现，因此，此时借贷约束减弱了或者不影响财政政策对总需求的影响程度。

6. 假定你是一个追求跨期效用最大化的消费者，正处于青年时期，下述事件的发生将如何影响你现期的消费行为？

(1) 一位失散多年的亲戚突然与你取得联系，并在其遗嘱中将你列为其巨额财产的唯一继承人；

(2) 你目前所从事的行业属于夕阳行业，未来几年你将面临下岗的威胁；

(3) 医生根据你目前的身体状况预测你可以活到 90 岁。

【难度】 2　　**【考点】** 跨期消费决策模型

【答案】 (1) 这将增加消费者预期的未来收入，在平稳化消费的原则下，消费者将把这部分增加的收入分摊到现期和未来的消费中，这将增加现期的消费。

(2) 这将减少消费者预期的未来收入，同样，在平稳化消费的原则下，消费者将把这部分减少的收入分摊到现期和未来的消费中，这将减少现期的消费。

(3) 可预见的寿命的延长意味着在固定的现期收入与未来收入的现值下，收入需要被分摊到更长的时间上，因而现期的消费将减少，减少的部分用于满足延长的寿命期间的生活需要。

7. 根据新古典投资模型，分析在什么条件下企业增加自己的固定资本存量是有盈利的。

【难度】2　　**【考点】**企业固定投资

【答案】根据新古典投资模型，企业在生产过程中，是按照资本的边际收益与资本的边际成本来决定资本的使用量即资本存量的。同时，新古典投资模型将市场中的企业分为生产企业和租赁企业。因此，

（1）对于生产企业，资本的边际收益等于资本的边际产量 MP_K 乘以产品价格 P，而资本的边际成本就是资本的租赁成本，即租赁价格 R。企业使用资本的利润为 $P \times MP_K - R$，当企业存在正的利润即 $MP_K > R/P$ 时将增加资本存量，也就是说，当资本的边际产量大于资本的实际租赁价格时，生产型企业将增加资本存量。

（2）对于租赁企业，资本的收益就是将资本出租给生产企业所获得的收入，即出租单位资本得到的实际租赁价格 R/P。实际的成本为$(P_K/P)(r+\delta)$。企业出租资本的利润为 $R/P-(P_K/P)(r+\delta)$，当企业存在正的利润即 $R/P>(P_K/P)(r+\delta)$时将增加资本存量。

从整个经济社会来看，当 $MP_K>(P_K/P)(r+\delta)$时，企业增加固定资本存量有盈利。

8. 试分析利率的上升如何减少新住房投资流量。

【难度】2　　**【考点】**住房投资

【答案】新住房投资流量是由住房相对价格决定的，而住房相对价格 P_H/P 是由现有住房存量的供给和住房需求决定的。在短期，现有住房存量 K_H 是固定的，因此住房相对价格主要取决于住房需求，而影响住房需求的一个重要因素就是实际利率。这是因为许多人是通过贷款购买住房的，贷款利率上升意味着增加了贷款的成本；同时，利率上升意味着增加了以住房持有财富的机会成本。因此，在其他条件不变的情况下，利率上升增加了贷款成本或买房的机会成本，从而减少了拥有住房的真实净收益，进而减少了住房需求，降低了住房价格，也就减少了新住房投资流量。

9. 试阐述企业持有存货的原因。

【难度】1　　**【考点】**存货投资

【答案】企业存货是指企业持有的作为储备的产品，包括原材料、在生产过程中的产品（在产品）以及产成品。企业持有存货的原因是多方面的，主要包括：

（1）平稳生产动机。由于市场需求存在波动性，因而企业持有一定量的存货可以减少为适应产品市场需求波动而调整生产造成的损失。

（2）避免脱销动机。为了避免产品销量意外高涨导致产品脱销，企业需要持有一定量的存货。

（3）提高经营效率。企业大量订货以库存方式持有生产要素比频繁少量订货更节省成本。

（4）生产过程中的产品储备。产品未完成时，在进入最后一道工序前作为半成品成为企业存货的一部分。

10. 用新古典投资模型解释下列每一种情况对资本租赁价格、资本成本以及企业净投资的影响：

（1）政府实施扩张性货币政策提高实际利率；

（2）一次自然灾害摧毁了部分固定资产，资本存量减少；

（3）大量国外劳动力的涌入增加了国内的劳动力供给。

【难度】2　　**【考点】**企业固定投资

【答案】根据新古典投资模型，在均衡状态下，资本的实际租赁价格 R/P 等于资本的边际产量。单位资本的成本 $=P_K(r+\delta)$。企业净投资等于资本边际产量减去资本成本。

（1）政府实施扩张性货币政策提高实际利率。根据资本成本公式，即单位资本的成本 $=P_K(r+\delta)$，实际利率的提高将导致资本成本增加，如果经济初始时处于均衡状态，则这一变化将导致资本成本大于资本的边际产量，净投资为负值。随着投资的减少，对应的资本的边际产量提高，即资本的租赁价格将提高，直到等于更高的资本成本而重新达到均衡为止。

（2）自然灾害摧毁了部分固定资产，资本存量减少。这时，资本的边际产量将提高，资本的租赁价格也相应提高。这时如果资本成本不变，意味着企业的净收益提高了，因而企业的净投资相应提高了。

（3）劳动力供给的增加一方面意味着生产规模的扩大，需要相应的资本量来配合生产，因而在资本成本不变的情况下会引起企业净投资的增加，资本需求的增加将引起资本租赁价格的上升；另一方面，劳动力供给的增加会导致劳动力价格的降低，相对于资本，劳动力显得更便宜，替代效应会使得企业更多使用劳动力去替代资本，因而会引起净投资减少，资本租赁价格降低，其最终作用要看两者的效力。

11. 假定在完全竞争市场中，某企业的生产函数 $Q=AK^{\alpha}L^{1-\alpha}$，产量 $Q=100$，$\alpha=0.3$，资本的租金率 $R=0.1$，企业产品价格 $P=1$。

（1）计算最优资本存量。

（2）假设 Q 预期上升到 120，最优资本存量是多少？

（3）假定最优资本存量在 5 年内保持不变，现有的资本存量为 100，企业会逐步调整资本存量使其接近于最优值，设 $\lambda=0.3$。第一年的投资量是多少？第二年的资本存量是多少？

【难度】2　　**【考点】**企业固定投资

【答案】（1）最优资本存量的决定满足资本的边际收益等于资本的边际成本这个条件，即 $P\times MP_K=R$。

$$MP_K=\frac{\partial Q}{\partial K}=A\alpha K^{\alpha-1}L^{1-\alpha}=\alpha K^{-1}AK^{\alpha}L^{1-\alpha}=\alpha\frac{Q}{K}$$

$$P\times MP_K=R\Rightarrow P\times\alpha\frac{Q}{K}=R\Rightarrow K=\frac{\alpha PQ}{R}$$

将相关参数代入上式得最优资本存量 $K^*=\frac{\alpha PQ}{R}=\frac{0.3\times1\times100}{0.1}=300$。

(2) 如果 Q 预期上升到 120，则有新的最优资本存量 $K^*=\frac{\alpha PQ}{R}=\frac{0.3\times1\times120}{0.1}=360$。

(3) 由于 $K_0=100$，$K^*=300$，所以第一年投资量为 $I_1=\lambda(K^*-K_0)=0.3\times(300-100)=60$，第一年资本存量为 $K_1=100+60=160$，第二年投资量为 $I_2=\lambda(K^*-K_1)=0.3\times(300-160)=42$，第二年资本存量为 $K_2=160+42=202$。

12. 假定住房存量供给函数 $S_S=100$，需求函数 $D=Y-0.5P$，住房流量供给函数 $S_F=2P$，式中，P 为住房价格，Y 为收入。当 $Y=200$ 时，住房的均衡价格是多少？当收入增加到 300，并且假定住房能在瞬间造好，则短期住房价格为多少？新建住房价格为多少？

【难度】3　　**【考点】**住房投资

【答案】(1) 住房的总供给等于住房原有存量加上新增住房数量，即住房总供给函数为：

$$S=S_S+S_F=100+2P$$

当收入 $Y=200$ 时，住房市场均衡时有 $S=D$，因而有：

$$100+2P=Y-0.5P=200-0.5P$$

解得住房的均衡价格为 $P^*=40$。

(2) 当收入增加到 300 时，住房需求函数变为 $D=300-0.5P$。

由于住房能在瞬间造好，这意味着市场能够瞬间实现住房市场供求的平衡而不影响价格，也就是短期住房价格不变，仍然为 $P=40$。

(3) 在 $P=40$ 的情况下，住房的需求量为：

$$D=300-0.5P=300-0.5\times40=280$$

而在短期，住房的存量为当收入是 200 时的总供给量：

$$S=100+2\times40=180$$

这意味着住房市场存在供给缺口，$280-180=100$，因此要新增住房：

$$S_F=2P=100$$

解得 $P=50$，即新建住房价格为 50。

13. 解释货币需求的资产组合理论与交易理论之间的区别与联系。

【难度】2　　**【考点】**货币需求理论

【答案】（1）货币需求的资产组合理论与交易理论之间的区别在于：

货币需求的资产组合理论强调的是货币的价值储藏的作用。该理论认为持有货币和持有其他资产一样都是财富所有者资产组合的一部分。货币提供了一种不同于其他资产的风险与收益的组合，只不过货币本身是没有收益的，而股票与债券的收益会上升或者下降。用公式表示为：$M^d/P=L(r_s, r_b, \pi^e, W)$，其中，$r_s$ 为预期股票收益，r_b 为预期债券收益，π^e 为预期通货膨胀率，W 为实际财富。r_s 或 r_b 的提高增加了其他资产的收益，因而会减少货币的需求。π^e 上升意味着货币贬值得较为厉害，在这种情况下，人们会减少货币的持有，降低对货币的需求。实际财富 W 的增加意味着更多的资产组合，因而货币需求会增加。资产组合理论较难解释狭义上的货币需求。

而货币需求的交易理论恰恰强调了货币作为交换媒介的作用。人们持有货币是出于交易动机，人们通过权衡持有货币的成本和收益来决定持有货币的数量。分析持有货币的成本与收益的著名模型是鲍莫尔-托宾模型：人们持有货币是有机会成本的，即用于购买债券等生息资本所能得到的利息；而人们持有货币是为了交易方便，其收益在于减少了交易成本。用公式表示为：平均货币持有量$=Y/(2N)=(YF/2r)^{1/2}$，即货币需求正向地取决于支出，反向地取决于利率。

（2）货币需求的资产组合理论与交易理论之间的联系在于：我们可以从更广义的意义上理解货币交易需求模型，获得和资产组合理论相同的货币需求观点。假设某人持有某种货币资产和非货币资产的组合。货币资产可用于交易，但收益率很低，r 可以用来表示货币资产和非货币资产之间的收益差额，F 表示把非货币资产转换成货币资产的成本，如抛售股票或者债券产生的费用，而资产转换次数类似于去银行的次数，那么货币交易需求的模型也就可以用来解释货币资产的需求了。

14. 凯恩斯的消费理论与古典学派的消费理论有什么区别？

【难度】 2　　**【考点】** 超出本章范围

【答案】 古典学派的理论认为，利率上升会增加储蓄，抑制消费，因而消费与储蓄都和利率有关。而凯恩斯认为，消费与收入有关，是收入的函数，即 $c=f(y)$，若以线性方式表示，可写成 $c=\alpha+\beta y$，其中，β 是边际消费倾向（MPC），而平均消费倾向 $APC=\frac{\alpha}{y}+\beta$。

15. 凯恩斯的消费函数有哪些特性？

【难度】 1　　**【考点】** 超出本章范围

【答案】 凯恩斯的消费函数 $c=\alpha+\beta y$ 有如下一些特性：

（1）消费是现期收入（可支配收入）的函数，随收入增减而增减；

（2）边际消费倾向大于 0，小于 1，即 $0<\beta<1$；

（3）平均消费倾向随收入增加而降低，即使边际消费倾向不变也如此。

16. 试述生命周期消费理论的重要含义。

【难度】 2　　**【考点】** 生命周期消费理论

【答案】生命周期消费理论的重要含义如下：

（1）经济增长是国家储蓄率的主要决定因素。当经济增长迅速时，人们会感到至少不必为未来储蓄，因为将来的收入会更好。这样储蓄率会骤然下降。相反，当收入和经济产出缓慢增加时，人们就不得不从收入中挤出钱来储蓄，那么储蓄率就会提高。

（2）当想要对消费者支出进行解释和预期时，财产应当被考虑在内。对任何人而言，财产的价值仅仅是未来会从财产中获得的预期收益。财产可以算作未来预期收益的一部分，也将会既影响家庭的支出行为，又影响家庭的储蓄行为。财产总额增加意味着人们有更多的财产且可以减少为退休而准备的储蓄。

（3）生命周期消费理论支持凯恩斯理论。该理论能解释为什么预期未来收入提高会刺激个人消费，而对未来收入较差的预期会减少消费。

（4）生命周期消费理论同样能解释为什么暂时的政策变化既不能影响支出，也不能影响整个经济活动。例如，税收暂时的变化可对当前的收入有很大的影响，但它对一生的收入没有什么影响，所以，暂时的税收变化不太可能影响消费者的支出。

（5）生命周期消费理论对宏观经济学分析是一个非常有用的理论工具，因为它使经济学家们在试图解释和预期家庭所做的消费决策时将财产和对未来收入的预期考虑在内，正是这个原因使得经济学家们从生命周期消费理论开始理解总的消费和储蓄行为。

17. 在生命周期假设中，消费对积累的储蓄的比率一直到退休时都是下降的。(1) 为什么？有关消费的什么假设导致了这个结果？(2) 在退休以后，这个比率如何变化？

【难度】2　　　【考点】生命周期消费理论

【答案】(1) 根据生命周期假设，消费者每年消费 $C=\frac{WL}{NL}\cdot YL$（WL 为工作的年数，YL 为每年的工作收入，NL 为工作以后的生活年数），则退休前每年储蓄 $S=YL-C=\frac{NL-WL}{NL}\cdot YL$。至 T 年（$1\leqslant T\leqslant WL$），积累的储蓄 $WR=S\cdot T=\frac{NL-WL}{NL}\cdot YL\cdot T$，则消费对积累的储蓄的比率 $\frac{C}{WR}=\frac{WL}{(NL-WL)\cdot T}$。显然，随着 T 的增大，消费对积累的储蓄的比率 $\frac{C}{WR}$ 逐渐减小。这主要是由“消费者将其工作收入均匀地用于其一生的消费”即平稳消费这一假设导致的。

(2) 在退休以后，消费者每年的消费还是 $C=\frac{WL}{NL}\cdot YL$，而积累的储蓄为 $WR=\frac{NL-WL}{NL}\cdot YL\cdot WL-(T-WL)\cdot C=\frac{NL-T}{NL}\cdot YL\cdot WL$，其中，$WL\leqslant T\leqslant NL$，则消费对积累的储蓄的比率为 $\frac{C}{WR}=\frac{1}{NL-T}$。显然，随着 T 的增大，消

费对积累的储蓄的比率也逐渐增大。

上述积累的储蓄和消费的关系可用图 20－3 表示。在退休前，由于每年的工作收入大于消费，所以每年获得一个正的储蓄，如图 20－3 中左边的阴影部分所示。随着时间 T 的增加，消费者积累的储蓄会增加，如图 20－3 中的 OA 所示。退休后，由于消费者失去固定的工作收入，但每年仍有消费，所以每年的储蓄为负，如图 20－3 中右边的阴影部分所示。随着时间 T 的增加，消费者积累的储蓄会减少，如图 20－3 中的 AB 段所示。

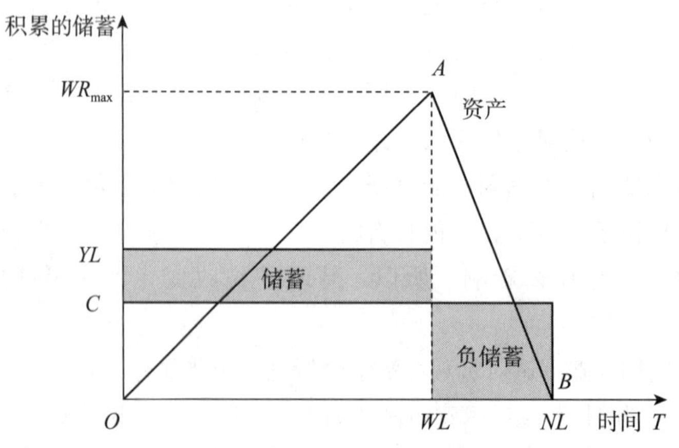

图 20－3 生命周期消费理论

18. 假定有消费方程 $C=aWR+bY_p$，永久收入 $Y_p=\theta Y_D+(1-\theta)Y_{D-1}$，现有具体的消费方程：$C=0.045WR+0.55Y_D+0.17Y_{D-1}$。试求 θ 值。

【难度】 2　　**【考点】** 永久收入消费理论

【答案】 将永久收入的等式代入消费方程后可得

$$C=aWR+b[\theta Y_D+(1-\theta)Y_{D-1}]=aWR+b\theta Y_D+b(1-\theta)Y_{D-1}$$

具体的消费方程为 $C=0.045WR+0.55Y_D+0.17Y_{D-1}$。

上面两个等式对照，可知相应的系数之间有如下关系：

$$\begin{cases} b\theta=0.55 \\ b(1-\theta)=0.17 \end{cases}$$

联立解得：$\theta=55/72$。

19. 假设消费函数为 $C=200+0.9Y_p$，其中，Y_p 是永久可支配收入。同时假设消费者的永久可支配收入是当年加上前一年的加权平均：$Y_p=0.7Y_D+0.3Y_{D-1}$，其中，Y_D 是当年可支配收入。

(1) 假设第一年和第二年的可支配收入都是 6 000 元，则第二年的消费为多少？

(2) 假设第三年的可支配收入增至 7 000 元，并在将来一直保持这个收入，则第三年、第四年以及以后各年的消费为多少？

(3) 短期边际消费倾向和长期边际消费倾向各为多少？如何解释 (2)？

【难度】2　　【考点】永久收入消费理论

【答案】(1) 依题意知:

$$Y_{p2}=0.7Y_{D2}+0.3Y_{D1}=0.7\times 6\ 000+0.3\times 6\ 000=6\ 000(\text{元})$$

所以有:

$$C_2=200+0.9Y_{p2}=200+0.9\times 6\ 000=5\ 600(\text{元})$$

(2) 依题意知:

$$Y_{p3}=0.7Y_{D3}+0.3Y_{D2}=0.7\times 7\ 000+0.3\times 6\ 000=6\ 700(\text{元})$$

$$C_3=200+0.9Y_{p3}=200+0.9\times 6\ 700=6\ 230(\text{元})$$

$$Y_{p4}=0.7Y_{D4}+0.3Y_{D3}=0.7\times 7\ 000+0.3\times 7\ 000=7\ 000(\text{元})$$

$$C_4=200+0.9Y_{p4}=200+0.9\times 7\ 000=6\ 500(\text{元})$$

由于以后的可支配收入一直维持在 7 000 元，则第四年以后的永久可支配收入也一直保持在 7 000 元，因而消费也将一直保持在 6 500 元这一水平上。

(3) 短期边际消费倾向表明的是消费和当年可支配收入之间的关系，将永久可支配收入形成公式代入消费函数，有 $C=200+0.9\times(0.7Y_D+0.3Y_{D-1})$，可知短期边际消费倾向为:

$$\frac{\partial C}{\partial Y_D}=0.63$$

长期边际消费倾向表明的是消费和长期可支配收入（永久可支配收入）之间的关系，直接由消费函数可得到长期边际消费倾向为:

$$\frac{\partial C}{\partial Y_p}=0.9$$

第三年的可支配收入比前一年增加 1 000 元，则该年消费的增加额为短期边际消费倾向乘以该年可支配收入的增加值，即 $0.63\times 1\ 000=630$（元）。第四年与第三年相比，当年的可支配收入没有变化，但永久可支配收入增加了 $0.3\times(7\ 000-6\ 000)=300$（元），因而消费的增加额为长期边际消费倾向乘以永久可支配收入的增加值，即 $0.9\times 1\ 000=900$（元）。

20. 假设消费者的生活分为两期。在第一期消费者劳动，获得收入，用来满足该期的消费和储蓄。在第二期消费者不劳动，用第一期的储蓄来满足该期的消费。假设消费者在第一期的消费为 C_1，储蓄为 S，劳动收入为 W；在第二期的消费为 C_2，市场利率为 r，贴现因子为 $0<\beta<1$；设消费者的效用函数为:

$$U(C)=\frac{C^{1-\theta}-1}{1-\theta}$$

其中，θ 为正常数。

要求:

(1) 写出消费者的效用极大化问题;

(2) 求出消费者的储蓄函数，讨论利率的改变与储蓄的关系;

(3) 将上面的结论与我国当前实际相结合，分析利率下降与储蓄的关系。

【难度】2　　**【考点】**跨期消费决策模型

【答案】(1) 消费者效用极大化可表述为：

$$\max U(C)=U(C_1)+U(C_2)$$
$$\text{s.t.}\quad C_1+C_2\times\beta=W$$

构造拉格朗日辅助函数：

$$L=U(C_1)+U(C_2)+\lambda(C_1+C_2\times\beta-W)$$

效用极大化的一阶条件为：

$$\frac{\partial L}{\partial C_1}=C_1^{-\theta}+\lambda=0$$
$$\frac{\partial L}{\partial C_2}=C_2^{-\theta}+\beta\lambda=0$$
$$\frac{\partial L}{\partial \lambda}=C_1+C_2\times\beta-W=0$$

联立解得：

$$C_1=\frac{W}{1+\beta^{1-\frac{1}{\theta}}},\ C_2=\frac{W}{\beta+\beta^{\frac{1}{\theta}}}$$

(2) 设消费者的储蓄为 S，则有 $S(1+r)=C_2=\frac{W}{\beta+\beta^{\frac{1}{\theta}}}$，即 $S=\frac{W}{(\beta+\beta^{\frac{1}{\theta}})(1+r)}$。

又因为 $\beta=\frac{1}{1+r}$，所以有：

$$S=\frac{W}{\left[\frac{1}{1+r}+\left(\frac{1}{1+r}\right)^{\frac{1}{\theta}}\right](1+r)}=\frac{W}{1+(1+r)^{1-\frac{1}{\theta}}}$$

$$\frac{\mathrm{d}S}{\mathrm{d}r}=-\frac{W\left(1-\frac{1}{\theta}\right)}{\left[1+(1+r)^{1-\frac{1}{\theta}}\right]^2(1+r)^{\frac{1}{\theta}}}$$

其中，分母一定大于 0，分子则需要分类讨论：

如果 $0<\theta<1$，则 $\frac{\mathrm{d}S}{\mathrm{d}r}<0$，$S$ 关于 r 是减函数，r 上升使得 S 下降；

如果 $\theta>1$，则 $\frac{\mathrm{d}S}{\mathrm{d}r}>0$，$S$ 关于 r 是增函数，r 上升使得 S 上升。

(3) 对我国的利率下降政策不能简单运用上面的原理进行分析。因为在 (1)、

(2）中，我们假设收入 W 是不变的，而我国的降息主要是政府希望增加当前消费，促进居民收入的增加，从而促进经济的下一期增长。因此考虑我国降息政策的效果，采用局部均衡的方法是行不通的，需要从一般均衡的角度出发，即全面地看总量。

补充训练

1. （名词解释）相对收入（南京大学 2007）

2. （名词解释）绝对收入消费理论和永久收入消费理论（华南师范大学 2011）

3. （名词解释）资本存量调整的可变加速模型（中山大学 2007）

4. （名词解释）棘轮效应（中南财经政法大学 2014）

5. （名词解释）生命周期消费理论（武汉大学 2015）

6. （判断题）永久性减税对消费支出的影响大于暂时性减税。（上海海事大学 2017）

7. （判断题）某个消费者只有两期存活期，并能以利率 R 随心所欲地借入或借出资金。在第一期，该消费者最大化其效用的最优选择是借入资金；在利率 R 上升后，他的最优选择仍然是作为借入者。从上述情况可判断该消费者在第二期的效用下降了。（中山大学 2013）

8. （判断题）实际货币需求取决于实际收入和名义利率，持有货币的实际回报率是 0。（上海财经大学 2015）

9. 小李在第一期有 400 元收入，在第二期有 600 元收入。他的效用函数为 $U(c_1,c_2)=c_1^{0.4}c_2^{0.6}$，其中 c_1 为其在第一期的消费金额，c_2 为其在第二期的消费金额。假设利率为 20%。如果小李在第一期的收入翻倍，但是在第二期的收入保持不变，那么小李在第一期的消费金额（即 c_1）将会（　　）。（上海财经大学 2015）

A. 翻倍　　B. 增加 160 元　　C. 增加 80 元　　D. 保持不变

10. 有关利率上升对消费的影响，下列哪个说法正确？（　　）（同济大学 2017）

A. 跨期替代效应使得未来的消费减少，所以增加现在的消费

B. 跨期替代效应使得未来的消费更加合算，所以增加未来的消费

C. 未来从资本市场获得的收入增加，从而仅仅增加未来的消费

D. 未来从借贷市场获得的收入增加，从而仅仅增加未来的消费

11. 相对收入消费函数理论表明（　　）。（华东师范大学 2014）

A. MPC 可能会提高　　B. MPC 可能会不变

C. MPC 可能会下降　　D. 人们的实际收入决定了消费水平

12. 根据相对收入假说，消费倾向在下列哪种情况较高？（　　）（上海海事大学 2017）

A. 教育程度较低　　B. 社会地位较低

C. 拥有较多流动资产　　D. 周围人群消费水平较高

13. 下面哪一种说法是正确的？（　　）（暨南大学 2016）

A. 研究指出，高收入家庭的平均消费倾向高

B. 经济学家一般认为，提高利率会减少消费、增加储蓄

C. 生命周期假说认为人们希望自己一生平稳消费

D. 永久收入假说认为人们拥有稳定的平均消费倾向

14. 生命周期消费理论和永久收入消费理论都认为（　　）。（上海财经大学 2015）

A. 消费取决于收入而不是财富

B. 各期的消费会发生大幅波动

C. 消费者会基于对未来的预期做出当期消费决策

D. 以上各项均是

15. 根据消费永久收入假说，（　　）。（上海海事大学 2016）

A. 平均消费倾向等于暂时收入与当前收入之比

B. 消费同等取决于永久收入和暂时收入

C. 对于收入的暂时性变动，人们用储蓄加以平滑

D. 上述都不对

16. 在两时期投资模型中，假定生产函数 $Q=2K^{1/2}$，初始资本 $K=81$，利率为 10%；如果资本不折旧，最佳投资量是（　　）。（上海社会科学院 2014）

A. 0　　B. 19　　C. 20　　D. 21

17. 根据货币交易需求的平方根公式，当利率从 5%上升到 6%时，货币需求将（　　）。（对外经济贸易大学 2012）

A. 上升 0.5%　　B. 上升 10%　　C. 下降 0.5%　　D. 下降 10%

18. 政府突然宣布在下个月全面放松对于公用事业收费（水、电、煤气等）的价格管制。人们因此都认为整个物价水平将大幅度上涨。李四将自己的银行存款全部取出购买了黄金和股票。以下哪一种叙述是正确的？（　　）（同济大学 2017）

A. 因为货币资产的名义利率变化降低了李四的货币需求

B. 因为非货币资产的名义利率变化降低了李四的货币需求

C. 因为预期通货膨胀率的变化降低了李四的货币需求

D. 因为风险升高降低了李四的货币需求

19. 考虑一个单一产品经济，假定张三的寿命分两期：第一期参加工作，收入用于当期的消费和储蓄；第二期张三作为退休的老人，不参加工作，使用第一期的储蓄满足该期的消费。张三在第一期的消费为 c_1，储蓄为 s，劳动收入为 w；在第二期的消费为 c_2，利率为 r。张三的效用函数为：

$$U(c_1,c_2)=\frac{c_1^{1-\theta}-1}{1-\theta}+\beta\frac{c_2^{1-\theta}-1}{1-\theta},\ 0<\beta<1,\ \theta>0$$

假定 w、r、β、θ 为外生参数（数值已知）。

（1）写出张三的效用最大化问题，并给出张三在第一、第二期的消费函数。

（2）讨论利率 r 升高后，储蓄 s 如何变化，并给出经济解释。（南开大学 2013）

20. 请画图说明一个借款者在利率上升以后是否一定还是一个借款者，并简要说明原因。（中山大学 2012）

21. 假设收入逐年增加，则根据相对收入消费理论，长期消费函数 $C=0.8Y$，C 为消费，Y 为收入。若收入下降，则边际消费倾向为 0.6。

（1）当收入为 5 万元时，平均消费倾向是多少？

（2）当收入下降到 4 万元时，确定短期消费函数和平均消费倾向。（东华大学 2017）

22. 假定某人从 25 岁开始工作，年收入为 50 000 元，60 岁退休，预期寿命为 85 岁，现在他已经 45 岁，试求：

（1）此人财富的边际消费倾向和劳动收入的边际消费倾向。

（2）假定此人现有财富 100 000 元，则他的年消费为多少？（南开大学 2005）

23. 何为消费函数之谜？生命周期消费理论和永久收入消费理论对“消费函数之谜”是如何解释的？（南京大学 2013）

24. 试述消费者平稳消费的理论基础，即为什么消费者会在一定时期内大致平均地花费其收入或财富。（兰州大学 2013）

25. 消费函数为 $C=300+0.9Y_p$，其中 Y_p 是永久可支配收入，同时假设消费者的永久收入是当年和以前两年的加权平均：$Y_p=0.6Y_d+0.3Y_{d-1}+0.1Y_{d-2}$，其中 Y_d 是当年可支配收入。

（1）假设第一、第二、第三年的可支配收入都是 8 000 元，则第三年的消费为多少？

（2）假设第四年的可支配收入增至 9 000 元，并在将来一直保持这个收入，则第四、第五、第六年以及以后每年的消费为多少？

（3）短期边际消费倾向和长期边际消费倾向各为多少？（北京邮电大学 2016）

26. 假设某国经济陷入衰退，政府决定从 2014 年开始之后的十年内减税 2 万亿元，但是这个减税不是平滑实行的，而是在 2014 年和 2015 年少量减税，之后增加。

（1）一些评论者使用凯恩斯的消费函数，认为这种政策对经济衰退不起作用，为什么？

（2）一些评论者使用永久收入消费理论，认为政府在 2014 年和 2015 年减税是有作用的，为什么？

（3）如果人们接受永久收入消费理论，但是存在借贷约束，这会如何影响上一问的结论？（中国人民大学 2015）

27. 回答下列问题：

（1）简述凯恩斯消费函数理论的基本内容。

（2）消费的生命周期-永久收入假说（LC-PIH）可用下述行为刻画，推导

LC-PIH的消费行为。

$$\max[U=\sum_{i=0}^{T}u(C_{t+i})]$$

$$\text{s. t.} \sum_{i=0}^{T}C_{t+i}=W_t+\sum_{i=0}^{T}YL_{t+i}$$

（3）假设经济体中遵从凯恩斯消费函数理论和 LC－PIH 的消费者比重分别为 $1-\lambda$ 和 λ，运用凯恩斯乘数模型分析 λ 变化对乘数的影响。（中山大学 2014）

28. 凯恩斯的消费理论与生命周期-永久收入消费理论的区别是什么？（山东大学 2018）

29. 用永久收入消费理论说明短期边际消费倾向和长期边际消费倾向的不同。（北京大学 2007）

30. 说明资本的边际产量（marginal product of capital，*MPC*）与投资需求（investment demand）之间的关系。（北京大学 2011）

31. 设生产函数为柯布-道格拉斯形式：$Y=AK^{\theta}N^{1-\theta}$。

（1）推导合意资本存量 K^* 的表达式。

（2）假设 $\theta=0.3$，$Y=50$ 万亿元人民币，资本租金成本 $rc=0.10$，计算合意的资本存量 K^*。

（3）如果预期产出将上升到 $Y=60$ 万亿元人民币，计算相应的合意资本存量 K^*。

（4）假定预期收入变动之前，资本存量处于合意水平。再假定投资根据可变加速模型进行，调整速度参数 $\lambda=0.4$，则预期收入变动后第一年的净投资为多少？（中山大学 2013）

32. 投资支出具体包括哪些内容？（南京大学 2017）

33. 假设某人一定时期挣得的收入(Y)为 1 000 元，每往返一次银行提款的成本(F)为 2 元，银行利率(r)是 10%。

（1）利用货币交易需求模型，计算该时期的最佳平均货币持有量和往返银行次数。

（2）把上面的最佳平均货币持有量作为代表性货币交易需求（L_1），并且货币投机需求为 $L_2=200-5r$，计算货币总需求量（M_d）。并计算在收入为 2 000 元、货币供给（M_s）为 300 元时的货币投机需求量。（上海大学 2005）

34. 简要说明影响货币需求的因素主要有哪些。（山东大学 2016）

参考答案

1. **【难度】** 1　　**【考点】** 相对收入消费理论

【答案】 相对收入消费理论是杜森贝利提出的，他认为消费并不取决于现期绝对收入水平，而是会受自己过去的消费习惯以及周围人的消费水准的影响，从而是相对地被决定的，即相对收入决定了消费者的消费水准。这里的相对收入是指消费者过去的收入水平、消费者周围人群的收入水平、消费者当前收入水平的综合影响结果。

按照相对收入消费理论，在长期，消费和收入会维持一个固定的比例，因此长期消费函数可表示为 $C=\beta y$，消费曲线是一条从原点出发的直线；但在短期，人们增加消费容易，但减少消费难，哪怕收入下降了，因此，短期消费函数表现为有正截距的曲线。这被称为“棘轮效应”。

同时，相对收入消费理论还认为，消费者的行为要受周围人的消费水准的影响，这就是所谓的“示范效应”。如果消费者的收入和周围人的收入等比例增加，则消费者的消费占收入的比重不会发生什么变化。但是，如果消费者周围人的收入增加比例更大，则消费者可能会强制提高自己的消费绝对量，此时会导致 C/y 增加。

2. **【难度】**1　　　**【考点】**永久收入消费理论

【答案】绝对收入消费理论和永久收入消费理论代表两种完全对立的对消费理论的理解。

绝对收入消费理论是英国经济学家凯恩斯提出的一种消费理论。该理论指出，个人或家庭的消费支出和收入之间有稳定的函数关系，消费函数可以假设为收入的线性函数，即 $c=\alpha+\beta y$，其中 $\alpha>0$ 为自发消费，$0<\beta<1$ 为边际消费倾向，c、y 分别为当期消费和收入。不过，凯恩斯提出，边际消费倾向和平均消费倾向都会随收入 y 的增加而递减。

永久收入消费理论是美国经济学家弗里德曼提出的一种消费理论。该理论指出，个人或家庭的消费不取决于现期收入而取决于永久收入。永久收入可以被认为是一个人期望终生从其工作或持有的财富中产生的收入。弗里德曼的理论认为，在保持财富完整性的同时，个人的消费在其工作和财富的收入流量的现值中占有一个固定的比例。永久收入假说的消费函数可以表示为 $C=cY_P$，其中 C 代表消费，c 代表边际消费倾向，Y_P 代表永久收入。

3. **【难度】**1　　　**【考点】**企业固定投资

【答案】资本存量调整的可变加速模型是投资理论中的一种，其基本观点是：现有资本存量与合意资本存量之间的差距越大，企业投资速度就越快。

根据资本存量调整的可变加速模型，企业在每一时期都打算填补合意资本存量与实际资本存量之间 λ 部分的差距，以使当前时期结束时的实际资本存量 K 成为 $K_0=K_{-1}+\lambda(K^*-K_{-1})$，其中上期结束时的资本存量表示为 K_{-1}，合意资本存量与实际资本存量之间的差距表示为 (K^*-K_{-1})，资本存量调整速度表示为 λ。

根据上述方程，净投资逐渐调整的表达式为：

$$I=K_0-K_{-1}=\lambda(K^*-K_{-1})$$

上述净投资公式表明，当前投资支出取决于合意资本存量 K^* 与上期实际资本

存量 K_{-1} 两者之差，二者之间的差额越大，企业投资速度越快。

4. **【难度】** 1　　**【考点】** 相对收入消费理论

【答案】 棘轮效应由美国经济学家杜森贝利在《收入、储蓄的消费行为理论》中提出。杜森贝利认为，消费者易于随收入的提高增加消费，但不易随收入的降低而减少消费，以致产生有正截距的短期消费函数，这种特点被称为棘轮效应，即上去容易下来难。

现代宏观经济学的奠基人凯恩斯主张消费是可逆的，即绝对收入水平变动必然立即引起消费水平的变化。针对这一观点，杜森贝利认为这实际上是不可能的，因为消费决策不可能是一种理想的计划，它还取决于消费习惯。这种消费习惯受许多因素影响，如生理和社会需要、个人经历等，特别是个人在收入最高期所达到的消费标准对消费习惯的形成有很重要的作用。

【补充】 北宋司马光在《训俭示康》中指出："由俭入奢易，由奢入俭难。"这就是对棘轮效应最好的解读。

5. **【难度】** 1　　**【考点】** 生命周期消费理论

【答案】 生命周期消费理论由莫迪利安尼提出，这种理论认为人的理性消费是为了一生的效用最大化，强调人们会在更长时间范围内计划他们的生活消费开支，以达到他们在整个生命周期内消费的最佳配置。按照该理论，消费不取决于现期收入，而主要取决于一生的收入。

按照分析，长期消费函数为：$C=\frac{WL}{NL}\times YL$，其中，WL 表示工作年限，NL 表示生活年数，YL 表示每年收入水平。可以看出，长期平均消费倾向保持不变。短期消费函数为：$C=\frac{1}{NL-T}\times WR+\frac{WL-T}{NL-T}\times YL$，其中，$T$ 表示某个时点，WR 是财富水平。可以看出，短期平均消费倾向下降。因此，生命周期消费理论解释了消费函数之谜，即为什么短期消费函数有正截距，长期消费函数过原点。

6. **【难度】** 1　　**【考点】** 永久收入消费理论

【答案】 正确。根据米尔顿·弗里德曼的永久收入假说可知，消费者的消费支出主要不是由他的现期收入决定，而是由他的永久收入决定。所谓永久收入是指消费者可以预计到的长期收入。根据这种理论，政府想通过暂时增减税收来影响总需求的政策是不能奏效的，因为人们认为因减税而增加的收入是暂时性收入，并不会立即用来增加消费。永久性减税则会增加永久收入，因此会对消费支出产生较大影响。

7. **【难度】** 2　　**【考点】** 跨期消费决策模型

【答案】 错误。对于借入者而言，利率上升的替代效应使得第一期消费减少、第二期消费增加，收入效应（利率上升使得借入者两期总收入下降）使得第一期和第二期消费都减少。综合来看，第一期消费必然减少，第二期消费增减不确定。所以，第二期效用的变化是不确定的。

如图 20－4 所示，消费者起初是一个借入者，在利率上升后，预算线更陡峭，且经过禀赋点，如果他决定仍然是一个借入者，那么其最优选择必然位于禀赋点的右侧、初始消费点的左侧。可以确定的是，在第一期里，新的消费 C_1'＜初始消费 C_1，因此第一期的效用下降，但在第二期里，新的消费 C_2'与初始消费 C_2 的大小是不确定的，因此第二期的效用变化不确定。

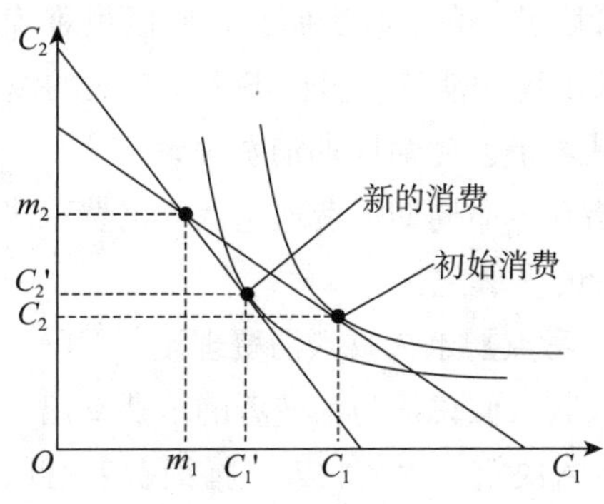

图 20－4　利率上升的影响

8.【**难度**】2　　　【**考点**】货币需求理论

【**答案**】错误。由货币需求函数知，实际货币需求取决于实际收入和名义利率，但是持有货币的成本是名义利率 r，即持有货币则损失了名义利息，也就是说，名义回报率是 0，但实际回报率是 $-r$。

9.【**难度**】2　　　【**考点**】跨期消费决策模型

【**答案**】B。$\dfrac{MU_1}{MU_2}=\dfrac{0.4c_1^{-0.6}c_2^{0.6}}{0.6c_1^{0.4}c_2^{-0.4}}=\dfrac{2c_2}{3c_1}=MRS_{12}=1+r=1.2$，解得 $c_2=1.8c_1$。代入约束函数 $c_1+\dfrac{c_2}{1+0.2}=400+\dfrac{600}{1+0.2}=900$，解得 $c_1=360$。同理，如果第一期收入翻倍到 800，解得 $c_1'=520$。所以 $\Delta c_1=520-360=160$。

10.【**难度**】1　　　【**考点**】跨期消费决策模型

【**答案**】B。利率上升的替代效应是指由于第二期消费更便宜，所以消费者用第二期消费替代第一期消费，所以第一期消费减少，第二期消费增加。收入效应是指由于利率上升，(借款出去的人）两期总收入增加了，所以他会增加消费，第一期和第二期的消费都会增加。

11.【**难度**】2　　　【**考点**】相对收入消费理论

【**答案**】A。相对收入消费理论认为，消费者会受周围人消费水准的影响来决定消费，如果周围人消费金额高，消费者可能会提高边际消费倾向。

12.【**难度**】2　　　【**考点**】相对收入消费理论

【**答案**】D。根据相对收入假说，人们的消费存在两种效应：①人们的消费会相互影响，有攀比倾向，即“示范效应”，人们的消费不决定于其绝对收入水平，而决定于同别人相比的相对收入水平；②消费有习惯性，某期消费不仅受当期收入的影响，而且受过去所达到的最高收入和最高消费的影响。消费具有不可逆性，即“棘轮效应”。当周围人群消费水平较高时，由于示范效应，消费倾向会较高。

13. **【难度】**2　　**【考点】**生命周期消费理论

【答案】C。$c=\alpha+\beta y$，$APC=\alpha/y+\beta$，随着 y 增加，APC 是递减的，所以高收入家庭平均消费倾向更低；提高利率的替代效应使得消费者减少消费、增加储蓄，收入效应使得消费者增加消费、减少储蓄，所以很难确定最终结果是什么；永久收入假说认为人们追求平稳的消费，但也不排除收入的波动导致消费的不平稳。

14. **【难度】**2　　**【考点】**生命周期消费理论

【答案】C。A 选项错在生命周期消费理论认为消费取决于财富，两种理论都认为消费者会力图实现消费的平滑化。

15. **【难度】**1　　**【考点】**永久收入消费理论

【答案】C。消费永久收入假说认为消费者的消费支出主要不是由他的现期收入决定，而是由他的永久收入决定。永久收入是指消费者可以预计到的长期收入。永久收入大致可以根据观察到的若干年收入的数值之加权平均数计得，距现在的时间越近，权数越大；反之，则越小。因此收入的暂时性变动对消费的影响很小，人们会用储蓄来平滑消费。

16. **【难度】**2　　**【考点】**企业固定投资

【答案】B。最佳投资量是使投资的边际产出等于利率，即$\frac{\mathrm{d}Q}{\mathrm{d}K}=\frac{1}{\sqrt{K}}=10\%$，解得 $K=100$，所以还需要投资 $100-81=19$。

17. **【难度】**1　　**【考点】**货币需求理论

【答案】D。货币交易需求$=(YF/2r)^{1/2}$，它表示交易性货币需求的利率弹性为 0.5，因此，当利率上升$\frac{6\%-5\%}{5\%}=20\%$时，货币需求下降 10%。

【提示】本题中计算货币需求的利率弹性使用了指数弹性公式。

如果 $y=Ax^N$，则有 y 关于 x 的弹性$\frac{\mathrm{d}y}{\mathrm{d}x}\cdot\frac{x}{y}=N$。

如果 y 关于 x 的弹性$\frac{\mathrm{d}y}{\mathrm{d}x}\cdot\frac{x}{y}=N$，则有 $y=Ax^N$。

这一结论在考试时也可以直接作为定理使用，并且对应的考题经常出现在试卷上。具体的证明过程和更多应用实例，可关注微信公众号“王海滨老师”，点击菜单栏中“精品文章/精品文章合集/1 个简单公式秒杀 90%指数函数题”或微信扫描二维码查看。

18. **【难度】**1　　**【考点】**货币需求理论

【答案】C。本题不要纠结于放松价格管制是否或者如何导致通货膨胀，题干描述得很简单：人们有通货膨胀的预期，便减少了对货币的持有量，所以选 C。

19.【难度】2　　　【考点】跨期消费决策模型

【答案】(1) 张三的效用最大化问题可表述为：

$$\max_{c1,c2}\left(\frac{c_1^{1-\theta}-1}{1-\theta}+\beta\frac{c_2^{1-\theta}-1}{1-\theta}\right)$$

$$\text{s. t. } c_1+\frac{c_2}{1+r}=w$$

利用拉格朗日方法求解此问题。拉格朗日辅助函数为：

$$L=\frac{c_1^{1-\theta}-1}{1-\theta}+\beta\frac{c_2^{1-\theta}-1}{1-\theta}-\lambda\left(c_1+\frac{c_2}{1+r}-w\right)$$

一阶条件为：

$$\frac{\partial L}{\partial c_1}=c_1^{-\theta}-\lambda=0$$

$$\frac{\partial L}{\partial c_2}=\beta c_2^{-\theta}-\frac{1}{1+r}\lambda=0$$

$$\frac{\partial L}{\partial \lambda}=w-c_1-\frac{c_2}{1+r}=0$$

解得：$c_1=\frac{1}{1+\beta^{\frac{1}{\theta}}(1+r)^{\frac{1}{\theta}-1}}w$，$c_2=\frac{\beta^{\frac{1}{\theta}}(1+r)^{\frac{1}{\theta}}}{1+\beta^{\frac{1}{\theta}}(1+r)^{\frac{1}{\theta}-1}}w$。

(2) 由 (1) 知储蓄函数为：

$$s=w-c_1=w-\frac{1}{1+\beta^{\frac{1}{\theta}}(1+r)^{\frac{1}{\theta}-1}}w$$

如果 $0<\theta<1$，则有 $\frac{\partial s}{\partial r}>0$，此时，利率 r 升高后，储蓄 s 会增加；如果 $\theta>1$，则有 $\frac{\partial s}{\partial r}<0$，此时，$r$ 升高后，储蓄 s 会减少。

利率 r 升高后，s 可能会增加也可能会减少，是因为利率 r 升高后，对于张三第一期和第二期的消费会同时产生替代效应和收入效应两种影响。替代效应是指利率 r 升高后，第一期消费的机会成本更高，因而张三更愿意增加储蓄，以便获得更多的第二期消费，即以第二期消费替代第一期消费；收入效应是指利率 r 升高后，张三的两期总收入也升高了，这促使张三倾向于同时增加第一期和第二期消费。因此，对于第二期消费而言，利率 r 升高后，第二期消费是一定增加的，但第一期消费是增还是减（对应着储蓄 s 是减还是增）要看收入效应和替代效应哪个的影响更大。

20.【难度】2　　　【考点】跨期消费决策模型

【答案】在利率上升以后，一个借款者可能仍然是一个借款者，也有可能变成一个贷款者。如图 20-5 所示，c_1 和 c_2 表示消费者两期的消费量，m_1 和 m_2 表示两期的收入，消费者初始的跨期均衡点为 E_0，此时 $c_1>m_1$，表明消费者是一个借款者。原有的跨期消费预算约束线为 AB，利率的上升会使跨期预算约束线围绕初始禀赋点（m_1，m_2）顺时针旋转到 FG，变得更陡峭。

利率上升后，如果消费者新的跨期选择均衡点为 E_1，此时 $c_1<m_1$，表明消费者从一个借款者变成一个贷款者；如果消费者新的跨期选择均衡点为 E_2，此时 $c_1>m_1$，表明消费者仍然是一个借款者。

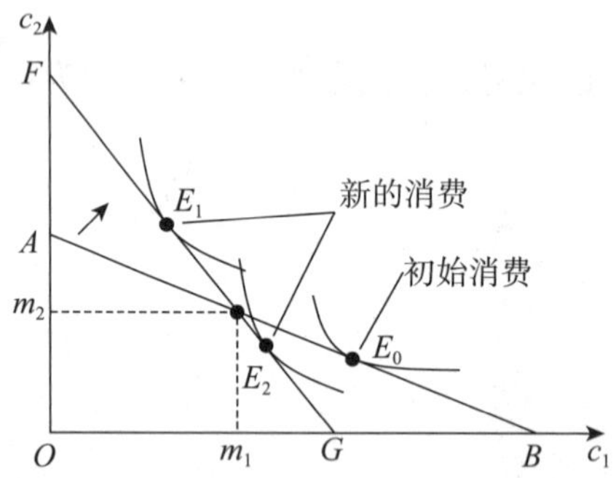

图 20－5　利率上升对借款者的影响

【补充】 新均衡点为 E_2 的情况比较好理解，借款利息提高了，第一期就少借一点，尽量用第二期消费替代第一期消费。对于新均衡点为 E_1 的情况，部分同学不太理解。你可以想象一个极端的情况：假设消费者第一、第二期各有 1 万元收入，利息突然飙升 10 倍，于是消费者决定第一期节衣缩食，把钱放贷出去获取利息收入，这样第二期的消费就可以增加很多，足以补偿第一期消费的不足。

21. **【难度】** 1　　　**【考点】** 相对收入消费理论

【答案】（1）当 $Y=5$ 时，$C_5=0.8\times5=4$(万元)。

平均消费倾向 $APC_5=C_5/Y=4/5=0.8$。

【提示】 $APC=0.8$ 中的 0.8，和 $C=0.8Y$ 中的 0.8 不是一个概念，后者是 MPC。两者之所以相等，是因为没有自发消费。

（2）此时收入减少了，短期消费函数 $C=C_5-0.6\times(5-Y)=4-3+0.6Y=1+0.6Y$。

实际消费 $C_4=1+0.6\times4=3.4$(万元)。

平均消费倾向 $APC_4=C_4/Y=3.4/4=0.85$。

22. **【难度】** 2　　　**【考点】** 生命周期消费理论

【答案】（1）根据生命周期消费理论，人们会在他的生命周期内平稳均匀地消费自己的所有财富和工作收入，因而有：

$$终生收入=YL\times WL=5\times(60-25)=175(万元)$$

年均消费 $C=YL\times WL/NL=175/(85-25)=35/12$(万元)

则此人 45 岁时拥有的财富储蓄为：$WR=(YL-C)\times(45-25)=(5-35/12)\times 20=125/3$(万元)。

财富的边际消费倾向指的是每年消费的财富的比例，因此，此人财富的边际消费倾向 $a=1/(85-45)=0.025$。

根据生命周期消费理论函数 $C=aWR+cYL$，可得：

$$35/12=0.025\times 125/3+c\times 5$$

解得劳动收入的边际消费倾向为 $c=0.375$。

(2) 将财富 $WR=10$ 万元和年收入 $YL=5$ 万元代入生命周期消费理论函数有：$C=aWR+cYL=0.025\times 10+0.375\times 5=2.125$(万元)。

【提示】编者将本题略加改编，编在《高鸿业〈西方经济学〉（宏观部分・第八版）习题册》中，同时也发布在微信公众号上。通过做那道改编后的题目，读者可以体验到生命周期消费理论的很多细节。例如，如果没有意外之财，随着财富的逐年积累，短期消费曲线并不是向上平移，而是绕着某一点逆时针旋转。详细情况可关注微信公众号“王海滨老师”，点击菜单栏中的“精品文章/精品文章合集/一道计算题，彻底理清生命周期假说”或微信扫描二维码查看。

23. **【难度】**2　　**【考点】**生命周期消费理论；永久收入消费理论

【答案】(1) 凯恩斯之后的许多经济学家认为，凯恩斯提出的绝对收入假说与实证研究不相符，两者之间的矛盾被称为“消费函数之谜”。

凯恩斯认为，边际消费倾向和平均消费倾向都是递减的，但是，这一假设与对消费统计资料的实证研究并不一致。首先，边际消费倾向并不是递减的，而是递增的；其次，短期边际消费倾向是波动的，而不是稳定的。另一个证据是美国经济学家库兹涅茨研究了 1869—1933 年间每 30 年左右的长期消费资料，得出如下结论：长期平均消费倾向是基本稳定的，而不是下降的；根据第二次世界大战爆发前的资料所得出的平均消费倾向小于根据第二次世界大战爆发后的资料所得出的平均消费倾向。故可以得出，边际消费倾向不是下降而是上升了。第二次世界大战结束后，平均消费倾向和边际消费倾向是基本相等的。

以上结论与凯恩斯的绝对收入假说不一致，这些矛盾被称为“消费函数之谜”。经济学家正是在对消费函数之谜的解释中提出了各种消费理论，其中具有代表性的是永久收入消费理论和相对收入消费理论。

(2) 莫迪利安尼提出了生命周期消费理论来解释消费行为，从而解释了凯恩斯的消费理论之谜。生命周期消费理论的主要内容是：人们在年少的时候，收入很低，所以经常举债（动用储蓄），因为他们知道在以后的生活中他们将挣到更多的钱。在从事工作以后，收入在中年时达到高峰，他们将偿付过去所欠的负债，并为退休后的岁月进行储蓄。一旦退休，工作收入就降为零，人们就要消费他们积累的财富。

生命周期消费理论的消费函数形式为：$C=\alpha WR+\beta YL$，其中 α、β 分别为既有财富和收入的边际消费倾向。根据生命周期消费函数，平均消费倾向 $APC=\alpha(W/Y)+\beta$。从个人或短期数据来看，高收入会导致低的平均消费倾向 APC；但是在一个较长的时间跨度内，财富 W 与收入 Y 同比例变动，平均消费倾向 APC 也是常数。

如图 20-6 所示，在任一既定的财富水平上，生命周期消费理论的消费函数似乎与凯恩斯的消费函数相同，但是在长期中，随着财富的增加，消费函数向上移动，这阻止了 APC 随收入增加而下降。

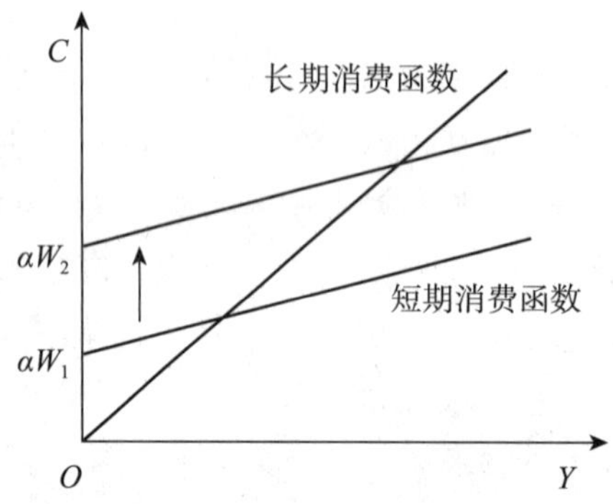

图 20-6 财富变动使得消费曲线上移

(3) 弗里德曼的永久收入消费理论认为消费者的收入应该分为两部分——永久收入 Y_P 与暂时收入 Y_T，即 $Y=Y_P+Y_T$。永久收入是指消费者可以预期到的长期收入，这部分收入在长期内比较稳定，而暂时收入是消费者不可预期的、临时的不稳定收入。弗里德曼认为，消费支出主要不是由一个人的现期收入决定，而是由他的永久收入决定，即 $C=\alpha Y_P$，其中 α 是定值，它衡量永久收入中用于消费的部分。

根据永久收入消费理论，平均消费倾向 $APC=\frac{C}{Y}=\alpha\frac{Y_P}{Y}$，$APC$ 取决于永久收入 Y_P 与总收入 Y 的比率。在短期中，由于暂时收入 Y_T 的存在会使得收入 Y 发生波动，因此平均消费倾向就会发生波动。在现期收入暂时高于永久收入时，平均消费倾向会暂时下降；在现期收入暂时低于永久收入时，平均消费倾向会暂时上升。但从长期的视角来看，暂时收入的影响会相互抵消，从而 $\frac{Y_P}{Y}$ 会比较稳定。

24. **【难度】** 1　　**【考点】** 相对收入消费理论；生命周期消费理论；永久收入消费理论

【答案】 基于以下三个理论基础，消费者会在一定时期内大致平均地花费其收入或财富：

(1) 根据杜森贝利的相对收入消费理论，消费者的消费决定会受到自己过去的消费习惯以及周围人的消费水准的影响，即“棘轮效应”“示范效应”，因此即使收入暂时下降，消费也不会下降太多，消费趋向平稳。

(2) 根据莫迪利安尼的生命周期消费理论，消费不取决于现期收入而主要取决于一生的收入，人们会在更长时间范围内计划他们的生活消费开支，以达到整个生命周期内消费的最佳配置，因而消费者的消费是平稳的。

(3) 弗里德曼的永久收入消费理论认为消费者可以预期他的永久收入值，通过永久收入决定消费支出，因此消费者在一定时期内会平均花费他的收入。

当然，将其所有收入平均地消费于各时期仅是消费者的主观愿望。实际上，由于收入和价格水平的不确定性（即未被预期到的收入和价格水平的变化）以及消费者本人所受意外事件的影响，消费者各个时期的消费水平总是有一定幅度的变化的，只是变化幅度较小。这符合实际的观察。

25.【难度】1 【考点】永久收入消费理论

【答案】(1) $Y_{p3}=0.6Y_3+0.3Y_2+0.1Y_1=0.6\times 8\ 000+0.3\times 8\ 000+0.1\times 8\ 000=8\ 000$(元)。

$C_3=300+0.9Y_{p3}=300+0.9\times 8\ 000=7\ 500$(元)。

(2) $Y_{p4}=0.6Y_4+0.3Y_3+0.1Y_2=0.6\times 9\ 000+0.3\times 8\ 000+0.1\times 8\ 000=8\ 600$ (元)。

$C_4=300+0.9Y_{p4}=300+0.9\times 8\ 600=8\ 040$(元)。

$Y_{p5}=0.6Y_5+0.3Y_4+0.1Y_3=0.6\times 9\ 000+0.3\times 9\ 000+0.1\times 8\ 000=8\ 900$(元)。

$C_5=300+0.9Y_{p5}=300+0.9\times 8\ 900=8\ 310$(元)。

$Y_{p6}=0.6Y_6+0.3Y_5+0.1Y_4=0.6\times 9\ 000+0.3\times 9\ 000+0.1\times 9\ 000=9\ 000$(元)。

$C_6=300+0.9Y_{p6}=300+0.9\times 9\ 000=8\ 400$(元)。

由于从第四年起，每年的可支配收入固定为 9 000 元，所以从第六年起，每年的永久收入都是 9 000 元，消费都是 8 400 元。

(3) 短期边际消费倾向为 $0.9\times 0.6=0.54$，长期边际消费倾向为 0.9。

26.【难度】3 【考点】永久收入消费理论

【答案】(1) 按照凯恩斯的消费函数，消费 $c=\alpha+\beta(y-t)$，其中 α 为必不可少的自发消费部分，即收入为 0 时举债或动用过去的储蓄也必须要有的基本生活消费；β 为边际消费倾向，且 $0<\beta<1$；y 为当前收入，t 为税收，$(y-t)$ 表示税后收入即可支配收入。这个公式表示，居民消费总量为自发消费和引致消费之和，其中主要消费量来自引致消费部分，即 $\beta(y-t)$。由于 2014 年和 2015 年只是少量减税，该项政策带来的现期收入增加幅度即 $\Delta(y-t)$ 很小，引致消费 $\beta\times\Delta(y-t)$ 也就很小，所以，他们认为这种政策对经济衰退不起作用。

(2) 根据永久收入消费理论，现期收入 Y 可被视为永久收入 Y_P 与暂时收入 Y_T

之和，即 $Y=Y_P+Y_T$。永久收入是人们预期持续到未来的那一部分收入；暂时收入是人们预期不能持续的那一部分收入。消费者的消费支出主要不是由他的现期收入决定，而是由他的永久收入决定的。永久收入是指消费者可以预计到的长期收入。因为政府决定从 2014 年开始之后的十年内减税 2 万亿元，即使减税不是平滑实行的，消费者预期自己的永久收入会增加，而永久收入的边际消费倾向很大，甚至接近于 1，所以该政策会使消费增加，从而使经济复苏。

（3）在存在借贷约束的情况下，这种减税政策对减轻经济衰退效果不大，原因如下：①存在借贷约束时，即使消费者预期在长期收入会增长，也无法在当期通过增加借贷来增加消费；②2014 年和 2015 年减税很少，短期内实际收入增加就很少，消费增加很少，总需求的增加很少。

27. **【难度】** 3　　**【考点】** 生命周期消费理论；永久收入消费理论

【答案】（1）凯恩斯的消费函数理论强调，消费品需求并不是固定不变的，而是随收入的增加而增加的：高收入家庭比低收入家庭消费得更多，高收入国家一般具有更高的总消费水平。消费与收入之间的关系用消费函数表示，即

$$c=\alpha+\beta y$$

其中，$\alpha>0$，α 表示自发消费，即收入为 0 时也必须花费的消费，例如食物；$0<\beta<1$，β 为边际消费倾向。收入增加时，消费也增加。但在增加的收入中，用来增加消费的部分所占比例可能越来越小，用于增加储蓄的部分所占比例可能越来越大。以上内容都基于凯恩斯的三个猜测之上：

①边际消费倾向介于 0 和 1 之间。这意味着人们不会把所有的收入用于消费，而是拿出收入中的一部分进行消费，另一部分进行储蓄。

②平均消费倾向随收入的增加而下降。平均消费倾向等于消费与收入之比。凯恩斯认为，储蓄是奢侈品，因此他认为富人收入中用于储蓄的比例要高于穷人。

③凯恩斯认为收入是消费的主要决定因素，而利率对储蓄并没有重要作用。

根据这三个猜测，凯恩斯主义的消费函数通常可以写成如上述的形式。

（2）构建拉格朗日函数 $L=\sum_{i=0}^{T}u(C_{t+i})+\lambda\left(W_t+\sum_{i=0}^{T}YL_{t+i}-\sum_{i=0}^{T}C_{t+i}\right)$

U 最大化的一阶条件为：

$$\frac{\partial L}{\partial C_{t+i}}=\frac{\mathrm{d}u(C_{t+i})}{\mathrm{d}C_{t+i}}-\lambda=0 \quad ①$$

$$\frac{\partial L}{\partial \lambda}=W_t+\sum_{i=0}^{T}YL_{t+i}-\sum_{i=0}^{T}C_{t+i}=0 \quad ②$$

由①得：$\frac{\mathrm{d}u(C_{t+i})}{\mathrm{d}C_{t+i}}=\frac{\mathrm{d}u(C_{t+j})}{\mathrm{d}C_{t+j}}$，$i\neq j$，可知 $C_{t+i}=C_{t+j}$，$i\neq j$，代入②可得：

$$C_t=C_{t+1}=C_{t+2}=\cdots=C_{t+T}=\frac{W_t+\sum_{i=0}^{T}YL_{t+i}}{T+1}$$

【提示】 这道题看起来很恐怖，但思路并不难，按常规思路解，还是可以顺利解答的。编者把这类题命名为“纸老虎题”，类似的“纸老虎题”在很多高校的考研试卷里常常出现，我主编的《高鸿业〈西方经济学〉（微观部分·第八版）习题册》《高鸿业〈西方经济学〉（宏观部分·第八版）习题册》收集了很多“纸老虎题”。有兴趣的考生可以体验一下，这两本习题册都将在中国人民大学出版社出版发行。

（3）遵从凯恩斯消费函数理论的消费者的乘数 $k_{G1}=\dfrac{1}{1-\beta}$。

遵从LC-PIH的消费者的边际消费倾向$=\dfrac{1}{T+1}$，所以乘数 $k_{G2}=\dfrac{1}{1-\dfrac{1}{T+1}}=\dfrac{T+1}{T}$。

所以总乘数为：

$$
\begin{aligned}
k&=(1-\lambda)\frac{1}{1-\beta}+\lambda\frac{T+1}{T}\\
&=\frac{1}{1-\beta}+\left(\frac{T+1}{T}-\frac{1}{1-\beta}\right)\lambda\\
&=\frac{1}{1-\beta}+\frac{1-\beta(T+1)}{T(1-\beta)}\lambda
\end{aligned}
$$

$$\frac{\partial k}{\partial\lambda}=\frac{1-\beta(T+1)}{T(1-\beta)}$$

由于 $1-\beta>0$，所以：

如果 $1-\beta(T+1)>0$，即 $\beta<\dfrac{1}{T+1}$，则$\dfrac{\partial k}{\partial\lambda}>0$，此时，$\lambda$ 越大则乘数越大；

如果 $1-\beta(T+1)=0$，即 $\beta=\dfrac{1}{T+1}$，则$\dfrac{\partial k}{\partial\lambda}=0$，此时，$\lambda$ 的大小与乘数的大小无关；

如果 $1-\beta(T+1)<0$，即 $\beta>\dfrac{1}{T+1}$，则$\dfrac{\partial k}{\partial\lambda}<0$，此时，$\lambda$ 越大则乘数越小。

28. **【难度】** 3　　**【考点】** 生命周期消费理论；永久收入消费理论

【答案】（1）凯恩斯的消费理论。

凯恩斯的消费理论又称绝对收入假说，即消费由当前的绝对收入决定。消费函数可表示为 $C=a+bY$，其中，$a>0$，$0<b<1$，C、Y 分别是当期消费和收入，b 为边际消费倾向。a 是必不可少的自发消费部分，即收入为0时举债或动用过去的储蓄也必须要有的基本生活消费；bY 是收入引致的消费。因此，消费函数 $C=a+bY$ 的经济含义是：消费等于自发消费与引致消费之和。

（2）永久收入消费理论。

永久收入消费理论由弗里德曼提出，他把现期收入看成是永久收入和暂时收入之和，即 $Y=Y_P+Y_T$，其中，永久收入 Y_P 是收入中人们预期可以持续到未来的那一部分，暂时收入 Y_T 是收入中人们预期并不持续的那一部分。换个说法就是，永久收入是平均收入，暂时收入是对平均值的随机偏离。

弗里德曼认为消费主要取决于永久收入，也就是消费 $C=\alpha Y_P$，其中 α 为常数，表示永久收入中用于消费的比例。

（3）生命周期消费理论。

生命周期消费理论由莫迪利安尼提出，他认为消费不是由绝对收入决定的。人们希望达到整个生命周期消费的最佳配置，据此决定消费。人的一生可分为两个阶段：第一阶段参加工作，第二阶段纯消费而无收入，用第一阶段的储蓄来弥补第二阶段的消费。生命周期消费理论的基本消费函数为：$C=aWR+cYL$，其中 C、WR、YL 分别是当期消费、实际财富和工作收入，a 为财富的边际消费倾向，即每年消费的财富的比例；c 为工作收入的边际消费倾向，即每年消费的工作收入的比例。财富的边际消费倾向和工作收入的边际消费倾向取决于消费者的年龄。因此，根据生命周期消费理论，如果社会上年轻人和老年人的比例增大，则消费倾向会提高；如果社会上中年人的比例增大，则消费倾向会下降；总储蓄和总消费会部分地依赖于人口的年龄分布，当有更多人处于储蓄年龄时，净储蓄就会上升。

（4）凯恩斯的消费理论与生命周期-永久收入消费理论的区别。

①对消费者行为的假设不同。

凯恩斯的消费理论假设消费者是“短视”的，只关注短期，因而根据当期可支配收入决定当期消费。生命周期消费理论和永久收入消费理论都假设单个消费者是前向预期决策者，其消费不只同现期收入相关，而是以一生或永久的收入作为消费决策的依据。

②对政策有效性的评价不同。

根据凯恩斯的消费理论，减税或增税政策通过影响当期可支配收入影响当期消费，是有效的。根据生命周期消费理论和永久收入消费理论，一次性暂时收入变化引起的消费支出变动很小，即其边际消费倾向很低，甚至接近于零，减税或增税如果只是临时性的，消费并不会受到很大影响，只有永久性税收变动，才会有明显的效果。

【总结】四种消费理论的主要区别：

绝对收入消费理论强调当期收入对消费的影响，因而消费随当期收入变化而变化。而其他的消费理论都是强调消费的平稳性，弱化当期收入变化对消费的影响。

相对收入消费理论的平稳消费在于强调棘轮效应和示范效应等影响。

生命周期消费理论侧重于对储蓄动机的分析，强调的是人们将其总财富和总收入在整个生命周期内平均配置。

永久收入消费理论侧重于对个人如何预测自己未来收入的分析，强调的是人们将根据其未来的长期收入平均消费。

29.【难度】1　　【考点】永久收入消费理论

【答案】永久收入消费理论认为，家庭的现期收入 Y 由 Y_P 和 Y_T 两部分组成，即 $Y=Y_P+Y_T$。其中，Y_P 为永久收入部分，Y_T 为现期收入对永久收入的随机扰动部分。家庭的消费决策取决于永久收入，而不是现期收入。永久收入消费理论可解释短期边际消费倾向为何小于长期边际消费倾向。

在短期中，收入的增加主要源于随机扰动部分 Y_T 的增加，永久收入 Y_P 的变化不大，从而消费变化不大，表现为短期边际消费倾向较小。在长期中，收入的增加源于永久收入 Y_P 的增加，从而消费也相应增加，表现为长期边际消费倾向较大。

假设家庭两时期的收入分别为 Y_1 和 Y_2，家庭按照永久收入 Y_P 均等化，则两期消费 $C_1=C_2=C$。根据消费者的预算约束有：

$$C+\frac{C}{1+r}=Y_P+\frac{Y_P}{1+r}=Y_1+\frac{Y_2}{1+r}$$

解得：$C=Y_P=\frac{1+r}{2+r}\times(Y_1+\frac{Y_2}{1+r})$。

在短期内，仅 Y_1 变化，$MPC=\frac{1+r}{2+r}$，趋近于 $\frac{1}{2}$；

在长期内，Y_1 与 Y_2 同等变化，$MPC=\frac{1+r}{2+r}\times(1+\frac{1}{1+r})=1$。

可见，短期边际消费倾向小于长期边际消费倾向。

30.【难度】2　　【考点】企业固定投资

【答案】(1) 资本的边际产量是指增加单位资本所生产出来的产品数量。资本的边际产量越高，说明资本效率越高。假设生产函数为 $Y=F(K, L)$，其中 K 为资本，则资本的边际产量 $MP_K=F(K+1, L)-F(K, L)$。

(2) 经济学中的投资是指资本的形成，即社会实际资本存量的增加，包括厂房、设备和存货的增加，以及新住宅的建造等，其中主要是厂房、设备的增加。

(3) 投资需求取决于资本的边际产量。厂商为什么要进行投资？按照新古典经济学理论，厂商的目标是利润最大化，而资本是能够带来利润的生产要素，因此厂商对资本资产有着强烈的需求。但是厂商对投资的需求是有条件的，也就是边际收益（等于边际产量 MP_K 和产品价格 P 之积）必须不低于边际成本（资本的租金 R），即 $P\times MP_K\geqslant R$，而在 $P\times MP_K=R$ 处，资本所带来的利润达到了最大化。换言之，当资本的边际产量大于资本成本时，企业倾向于增加资本存量即增加投资；反之，当资本的边际产量小于资本成本时，企业倾向于减少资本存量即减少投资；只有当资本的边际产量等于资本成本时，企业的投资需求才会处于静止状态。可以用如下投资函数形式来表示这种关系：

$$I=I_n[MP_K-(R_K/P)(r+\delta)]+\delta K$$

其中，$I_n[MP_K-(R_K/P)(r+\delta)]$为净投资，$(R_K/P)(r+\delta)$是资本的实际成本（$R_K$为单位资本价格，$P$为单位产品价格，$r$为实际利率，$\delta$为折旧率），$\delta K$为重置投资。

（4）投资需求的增加会导致资本的边际产量递减。资本也和其他生产要素一样遵循着边际产量递减的原则，即当其他投入要素不变时，连续增加投入资本要素所带来的收益是递减的。

31. **【难度】**2　　**【考点】**企业固定投资

【答案】（1）由生产函数$Y=AK^{\theta}N^{1-\theta}$可得资本的边际产量为：

$$MP_K=\frac{\partial Y}{\partial K}=\theta AK^{\theta-1}N^{1-\theta}=\frac{\theta Y}{K}$$

假定资本的租金成本为rc，根据合意资本存量均衡条件$MP_K=rc$，有$\frac{\theta Y}{K}=rc$。

可得合意资本存量为：$K^*=\frac{\theta Y}{rc}$。

（2）将$\theta=0.3$，$Y=50$，$rc=0.10$代入合意资本存量的表达式可得：

$$K^*=\frac{\theta Y}{rc}=\frac{0.3\times 50}{0.10}=150(\text{万亿元})$$

即此时合意资本存量为150万亿元人民币。

（3）若预期产出水平上升到$Y=60$，此时合意资本存量为：

$$K^*=\frac{0.3\times 60}{0.10}=180(\text{万亿元})$$

（4）根据可变加速模型$I=\lambda\times(K^*-K)$可得：

$$I_1=0.4\times(180-150)=12(\text{万亿元})$$

即预期收入变动后第一年净投资将为12万亿元人民币。

32. **【难度】**1　　**【考点】**企业固定投资；住房投资；存货投资

【答案】投资是购置物质资本的活动。投资可分为两大类：一类是在新资本品上的支出，被称为固定投资，固定投资又可细分为企业固定投资和住房投资两部分；另一类是公司持有存货的增加，被称为存货投资。概括起来，投资支出可以包括三部分内容：

（1）企业固定投资。

企业固定投资，又被称为企业固定资产投资，是企业购买用于生产的机器设备和建筑物的活动。企业在生产和服务中使用的机器设备和建筑物构成企业固定投资的存量，或称之为资本存量。资本存量在一定时期内的变动，即企业在一定时期内追加的资本存量就是企业固定投资。

（2）住房投资。

住房投资包括居民购买住宅。由于住房不同于其他消费品，住房的使用年限非常长，有的住房可以持续使用数百年，所以不便计入消费品，更适合计入投资。

（3）存货投资。

存货投资是企业存货的变动。存货是企业持有的作为储备的产品，包括原材料、在生产过程中的产品（在产品），以及产成品。

存货投资又可以包括两部分：计划存货投资和非计划存货投资。前者是指企业预先计划的存货购买；后者是指厂商的实际销量小于计划销量，因此出现产品积压，被计入企业的非计划存货投资。如果实际销量大于计划销量，则非计划存货投资为负数。

【提示】宏观经济学里有两个总投资的概念。

一方面，我们把总投资界定为总投资＝企业固定投资＋住房投资＋存货投资。按照这个界定，由于非计划存货投资可能为负数，所以，理论上说，总投资也可能为负数。但实际上，由于存货投资的量远远低于前两者，所以实际上总投资也是不会为负的。

另一方面，我们又把企业固定投资说成是总投资，按照这个界定，总投资＝重置投资＋净投资。按照这个界定，总投资是肯定不会为负数的。

33. **【难度】**2　　**【考点】**货币需求理论

【答案】（1）设此人收入为 Y 并都存入银行，提款次数为 N 次，则每次提款为 Y/N，此人的平均货币持有量为 $Y/2N$。根据鲍莫尔-托宾的交易模型有：$N=\sqrt{\frac{rY}{2F}}=\sqrt{\frac{0.1\times 1\,000}{2\times 2}}=5$(次)。

平均货币持有量 $Y/2N=1\,000/10=100$(元)。

即最佳平均货币持有量和往返银行次数分别为 100 元和 5 次。

（2）以最佳平均货币持有量作为代表性货币交易需求，因此 $L_1=100$(元)。货币总需求为：

$$M_d=L_1+L_2=100+200-5r=250(\text{元})$$

当收入为 2 000 元时，货币交易需求为：$L_1=\sqrt{\frac{YF}{2r}}=\sqrt{\frac{2\times 2\,000}{2\times 0.1}}=100\sqrt{2}$(元)。

根据货币市场均衡有 $M_d=M_s$，所以 $L_1+L_2=100\sqrt{2}+L_2=300$(元)。

可求得投机需求：$L_2=300-100\sqrt{2}$(元)。

34. **【难度】**1　　**【考点】**货币需求理论

【答案】人们对货币的需求主要源于交易动机、谨慎动机、投机动机，综合而言，主要有以下因素影响货币需求：

（1）价格水平。平均价格水平越高，人们在进行交易时所需要的货币就越多，反之则对货币的需求就越少。

（2）实际收入。人们的收入越高，所进行的交易就越多，对持有货币的需求就越大。但货币需求的增加比例一般低于实际收入的增加比例。

（3）利率。利率高则人们会减少对货币的需求，反之则人们会增加对货币的需求。

（4）预期股票收益。股票收益的提高会吸引人们将货币转换为股票，从而减少货币需求。

（5）预期通货膨胀率。较高的通货膨胀率意味着较高的货币贬值率，在这种情况下，人们会减少货币的持有，降低对货币的需求。

（6）实际财富。当财富增加时，人们可能会以货币形式持有部分新增财富。当然，如果收入和交易水平保持不变，财富所有者以货币而非其他高收益资产形式持有新增财富的动机较小，因而财富增加对货币需求的影响也比较小。

第二十一章

新古典宏观经济学和新凯恩斯主义经济学

学习精要

一、 学习重点

1. 新古典宏观经济学的基本假设及其 $AD—AS$ 模型的基本思想和政策含义
2. 新凯恩斯主义的基本假设及其 $AD—AS$ 模型的主要观点和政策主张
3. 目前关于宏观经济学的基本共识

二、 知识脉络图

宏观经济学在目前的争论和共识
- 总供给曲线的推导
- 货币主义
  - 新货币数量论和自然率假说
  - 主要观点
  - 政策主张
- 新古典宏观经济学
  - 基本假设
  - 卢卡斯总供给曲线和经济模型
  - 模型的主要观点和政策含义
- 新凯恩斯主义
  - 假设条件及特征
  - 名义黏性理论
  - 新凯恩斯主义的 $AD—AS$ 模型
- 宏观经济学的基本共识

三、 理论精要

知识点一　从菲利普斯曲线到总供给曲线

附加预期的菲利普斯曲线方程：$\pi-\pi^{e}=-\varepsilon(u-u^{*})\Rightarrow P-P^{e}=-\varepsilon(u-u^{*})$。

奥肯定律：$\dfrac{y-y_f}{y_f}=-\alpha(u-u^{*})$。

将两式相结合推导出总供给曲线方程为：$y=y_f+\lambda(P-P^{e})$。

结论：(1) 方程可以同时代表古典的、凯恩斯的以及常规的总供给曲线，而三者的差别在于参数 λ 的取值及对 λ 的解释。

(2) 一般认为，当研究产出与价格水平时，总供给曲线比较方便，当研究失业与通货膨胀时，菲利普斯曲线比较方便。

【提示】从第六版开始教材已删除本知识点，但课后依然保留有与本知识点对应的习题，故暂时保留这一知识点。事实上，这一知识点还是很重要的，考试经常考到。

知识点二　货币主义的主要观点和政策主张

新古典宏观经济学的理论渊源是货币主义，货币主义提出的货币数量论和自然率假说是现代宏观经济学的重要内容。

货币数量论的核心论点：物价水平的高低和货币价值的大小由一国货币数量决定，物价水平与货币数量成正比，货币价值与货币数量成反比。

货币数量论：

(1) 费雪方程（交易方程）：$Py=MV$。

费雪交易方程强调货币作为交易媒介的作用，即作为流通手段的作用。

(2) 剑桥方程：$M=kY=kPy$。

含义：人们对货币的需求量取决于货币流通速度和名义国民收入。假设货币流通速度与实际国民收入不变，则价格水平的高低取决于货币数量的大小。

(3) 凯恩斯的货币需求方程：$\dfrac{M}{P}=L(y,r)=L_1(y)+L_2(r)$。

货币主义的批判：凯恩斯的货币需求方程的缺点主要在于，只注意到利率和收入对货币需求的影响，而忽略了人们对财富的持有量也是决定货币需求的重要因素，以及把财富的构成看得过于简单（只有货币和债券两种资产可供选择）。

(4) 弗里德曼的新货币数量论：

$$\frac{M}{P}=f(r_b, r_e, r_p, w, y, u)$$

货币需求量主要取决于四个因素：

①总财富。社会总财富的指标：永久性收入 y。

②非人力财富在总财富中所占的比例。非人力财富与人力财富之间的比例 w 越大，货币需求越小。

③各种非人力财富的预期报酬率。预期报酬率越高，愿意持有的货币就越少。

④其他影响货币需求的因素 u。

自然率：在没有货币因素干扰的情况下，劳动市场处于供求稳定状态时的失业率。其大小取决于该社会的技术水平、资源数量和文化传统等自然因素。

自然率假说：在长期中，社会的经济总是趋向于自然失业率。

货币主义的主要观点：

（1）货币供给对名义收入的变动具有决定性作用。

（2）在长期中，货币数量的作用主要在于影响价格以及其他用货币表示的量，而不能影响就业量和实际国民收入。

（3）在短期中，货币供给量可以影响实际产量，如就业量和实际国民收入。

（4）私人经济具有自身内在的稳定性，国家的经济政策会使它的稳定性遭到破坏。

货币主义的政策主张：

（1）反对凯恩斯主义的财政政策。

（2）反对“斟酌使用”的货币政策。

（3）力主单一政策规则。

单一政策规则：排除利率、信贷流量、准备金等因素，以货币供给量作为货币政策的唯一控制指标，公开宣布一个长期不变的货币增长率。

知识点三 新古典宏观经济学的基本假设

基本假设：

（1）个体利益最大化。这是宏观经济理论的微观基础。

（2）理性预期。

理性预期是在有效地利用一切信息的前提下，对经济变量做出的在长期中平均说来最为准确的，而又与所使用的经济理论、模型相一致的预期。

理性预期假说的含义：第一，做出经济决策的经济主体是有理性的；第二，为了做出正确预期，经济主体在做出预期时会力图得到有关的一切信息；第三，经济主体在预期时不会犯系统性的错误。

通俗地讲，理性预期就是指在长期中，人们会准确地或趋向于预期到经济变量所应有的数值。

（3）市场出清。工资和价格具有充分的灵活性，可以根据供求状况及时调整，因此，劳动市场和产品市场都不存在超额供给。

（4）自然率假说。

知识点四　实际经济周期理论

实际经济周期理论认为宏观经济学经常受到一些实际因素的冲击，其中最常见、最值得分析的是技术的冲击，在大部分情况下，这是经济波动的根源。

实际经济周期理论接受新古典增长理论对技术变化的定义，即技术变化包括任何使生产函数发生移动，而不涉及投入要素数量变化的因素。例如，管理的成功与失败构成技术冲击，也会带来技术变化。

知识点五　新古典宏观经济学的 *AD—AS* 模型

卢卡斯总供给函数：$y=nh(1-b)(P-\hat{P})+y^*$。

经济含义：经济的总产出与未被预期到的价格上升之间具有正相关关系。

卢卡斯总供给函数的变形形式：$y=y^*+\gamma(P-\hat{P})$。式中，参数 $\gamma>0$，$\hat{P}$ 为预期价格。

经济含义：预期价格与实际价格的偏离会导致实际产出与经济正常产出的偏离。

（1）新古典宏观经济模型。

总需求函数：$y_t^d=\alpha_t+\beta(m_t-p_t)$，$\beta>0$。

附加预期的总供给函数（卢卡斯供给函数）：$y_t^s=y_n+\gamma(p_t-p_t^e)$，$\gamma>0$。

供求均衡理论：

①理性预期均衡（$p_t=p_t^e$）：

均衡产出：$y_t^e=y_n$。

均衡价格：$p_t^e=m_t^e-\frac{1}{\beta}(y_n-\alpha_t^e)$。

②非理性预期均衡：

均衡产出：$y_t=y_n+\frac{\gamma}{\gamma+\beta}[\alpha_t-\alpha_t^e+\beta(m_t-m_t^e)]$。

均衡价格：$p_t=m_t^e-\frac{1}{\beta}(y_n-\alpha_t^e)+\frac{1}{\gamma+\beta}[\alpha_t-\alpha_t^e+\beta(m_t-m_t^e)]$。

（2）新古典宏观经济模型的基本思想。

对货币量和一般价格水平的不完全预期导致了货币的非中性，即货币量的变化导致了人们对一般价格和相对价格变化的短期混淆，从而带来了产出和就业的波动。由模型引申出的含义是，系统的货币政策无效，随机的货币政策有害。

（3）新古典宏观经济模型的政策含义。

波动的根源是货币冲击，而这种冲击一般是由中央银行的货币政策引起的。

①能预期到的货币供给的变化将只改变价格水平，而对实际产量和就业没有影响。

②只有未预期到的货币供给的变化才影响实际产量。

知识点六　新凯恩斯主义的假设条件及特征

假设条件：

（1）非市场出清。工资和价格具有黏性而不是刚性，来自原凯恩斯主义。

（2）经济当事人利益最大化或理性人假设，来自传统微观经济学或新古典经济学。

（3）理性预期，来自新古典宏观经济学。

特征：

（1）否认古典二分法。古典二分法认为货币等经济中的名义变量对产量和就业等实际变量没有实质性影响。

（2）认为市场具有不完全竞争性。市场不完全竞争、信息不完备、相对价格刚性导致工资和价格黏性，进而导致市场不能出清，经济处于非瓦尔拉斯均衡状态。

名义黏性：

（1）名义工资黏性。

①合同的交错签订。各种长期合同都是交错签订的，从而工资的调整也是交错进行的。这种合同的交错签订使得工资的调整不可能非常及时，这是工资黏性的一个重要原因。

②合同的长期性。由于合同具有期限，而且期限往往较长，所以工资的调整总是缓慢的，这便使工资具有了黏性。

（2）名义价格黏性。

一种解释是菜单成本理论。

菜单成本理论又叫成本的价格调整理论。该理论认为，经济中的垄断厂商是价格的决定者，能够选择价格，而菜单成本的存在阻碍了厂商调整产品价格，所以，价格有黏性。

菜单成本指厂商每次调整价格要花费的成本，包括研究和确定新价格的成本、重新编印价目表的成本、通知销售点更换价格标签的成本等。厂商调整价格的机会成本也叫作菜单成本。

知识点七　新凯恩斯主义的 ***AD—AS*** 模型

新凯恩斯主义的短期总供给曲线：在具有名义工资黏性的劳动市场上，随着经济中价格水平的变化，经济中的就业量也会发生变化，从而经济中的总产量会发生变化，进而得出一条向右上方延伸的短期总供给曲线。

宏观经济波动解释：初始经济的总需求曲线与短期总供给曲线交于充分就业水平；当经济受到总需求冲击时，总需求曲线变动，导致产出变动；随着长期劳动合同的交错到期，短期总供给曲线逐渐变化，最终和总需求曲线重新交于充分就业水平。

政策主张：由于价格和工资的黏性，经济在遭受总需求冲击后，从非充分就业的均衡状态回到充分就业的均衡状态是一个缓慢的过程，因此用政策来刺激总需求以加速调整、减轻痛苦是有必要的。

知识点八　目前宏观经济学的基本共识

（1）在长期，一国生产产品和劳务的能力决定着该国居民的生活水平。

（2）制度对于长期经济增长是非常重要的。

（3）在长期，货币增长率决定通货膨胀率。

（4）在短期，总需求影响一国生产的产品与劳务的数量。

（5）在短期，政策制定者面临着通货膨胀和失业之间的权衡。

（6）预期是重要的。

习题解析

1. 简述货币主义的基本观点和政策主张。

【难度】2　　　**【考点】**货币主义的主要观点和政策主张

【答案】（1）根据新货币数量论和自然率假说，货币主义有以下基本观点：

第一，货币供给对名义收入变动具有决定性作用。由弗里德曼的货币需求函数的变形形式可知名义收入的函数式为：$Y=Py=V(r_b, r_e, r_p, w, y, u)\cdot M$。式中，$V(r_b, r_e, r_p, w, y, u)=\dfrac{1}{f(r_b, r_e, r_p, w, y, u)}$为货币流通速度。由于货币流通速度$V$在短期仅仅可以做出轻微变动，而在长期中又是不变的数量，因而货币供给量M便是影响名义收入Y的决定性因素。

第二，在长期中，货币数量的作用主要在于影响价格以及其他用货币表示的量，而不能影响就业量和实际国民收入。根据自然率假说，就业量（从而实际国民收入）是由技术水平、风俗习惯、资源数量等非货币因素决定的，因此y与M无关。同时，由于V在长期是一个常数，因此，货币供给M能影响的只能是价格及其他货币变量。

第三，在短期中，货币供给量可以影响实际变量，如就业量和实际国民收入。

第四，私人经济具有自身内在的稳定性，国家的经济政策会使它的稳定性遭到破坏。虽然各种随机扰动将使经济出现短期波动，但经济本身具有长期均衡（趋向于自然率）的趋势。

（2）货币主义的政策主张主要包括三点：

其一，反对凯恩斯主义的财政政策。扩张性财政政策的“挤出效应”影响了劳动生产率的改善。此外，过度的政府开支会带来通货膨胀。因此，财政政策不但无效，而且对经济有害。

其二，反对“斟酌使用”的货币政策。经济政策的滞后性质往往使政策偏离其最初的目的。

其三，力主单一政策规则，即以货币供给量作为货币政策的唯一控制指标，排除利率、信贷流量、准备金等因素。在没有通货膨胀的情况下，按平均国民收入的增长率再加上人口增长率来规定并公开宣布一个长期不变的货币增长率。

2. 简述新古典宏观经济学的假设条件。

【难度】1　　**【考点】**新古典宏观经济学的基本假设

【答案】新古典宏观经济学的分析主要依赖于四个假设条件：

（1）个体利益最大化。

新古典宏观经济学认为，宏观经济现象是个体经济行为的结果，而微观经济学表明，理解个体行为的一个基本出发点就是假设个体追求其最大利益。因此，宏观经济学必须具备坚实的微观基础，应将个体利益最大化作为基本假设。

（2）理性预期。

所谓理性预期是在有效地利用一切信息的前提下，对经济变量做出在长期中平均来说最为准确的，而又与所使用的经济理论、模型相一致的预期。这一假设包含三层含义：第一，做出经济决策的经济主体是有理性的；第二，为了做出正确预期，经济主体在做出预期时会力图得到有关的一切信息；第三，经济主体在预期时不会犯系统性的错误。用通俗的话说，理性预期假说的意思是，在长期中，人们会准确地或趋向于预期到经济变量所应有的数值。

（3）市场出清。

市场出清假设是说，无论是劳动市场上的工资还是产品市场上的价格都具有充分的灵活性，可以根据供求情况迅速进行调整，因此，劳动市场和产品市场都不存在超额供给。

（4）自然率假说。

自然率假说认为，任何一个社会都存在着一个自然失业率，其大小取决于该社会的技术水平、资源数量和文化传统等，而在长期中，该社会的经济总是趋向于自然失业率。

3. 推导卢卡斯总供给曲线。

【难度】2　　**【考点】**新古典宏观经济学的 AD—AS 模型

【答案】（1）个体企业的供给函数。

一个典型企业 i 的供给函数可以表示为：$y_i=h(P_i-P)+y_i^*$，式中，y_i 为企业产量，P_i 为其产品价格，P 为价格总水平，y_i^* 为企业的潜在产量，h 表示企业对其产品价格与价格总水平偏离的一种反应，$h>0$。

用 P^e 表示企业对价格总水平 P 的估计，从而有：

$$y_i=h(P_i-P^e)+y_i^* \quad ①$$

进一步地，企业对价格总水平的估计假定按下式进行：

$$P^e=\hat{P}+b(P_i-\hat{P}) \quad ②$$

上式表示，企业对价格总水平的估计由两部分组成：一部分是该社会的有关机构预测并公布的价格预测值 $\hat{P}$；另一部分是企业根据其经验对预测值 $\hat{P}$ 的调整，参数 b 为调整系数。

将式②代入式①并整理，得：

$$y_i=h(1-b)(P_i-\hat{P})+y_i^*$$

（2）整个经济的总供给曲线是通过对所有企业的供给曲线加总而获得的。假设整个经济的生产由 n 个像企业 i 的企业组成，则经济的总供给函数为：

$$y=nh(1-b)(P-\hat{P})+y^* \quad ③$$

式③即为卢卡斯总供给函数。其中，y 为总产出，P 为整个经济的价格水平，y^* 为经济的潜在产量。卢卡斯总供给函数表示，经济的总产出与未被预期到的价格上升之间具有正相关关系。经过合并系数，卢卡斯总供给函数通常写为：

$$y=y^*+\gamma(P-\hat{P})$$

其中，参数 $\gamma>0$，$\hat{P}$ 为公众对价格的预期。

4. 推导新凯恩斯主义的短期总供给曲线。

【难度】2　　**【考点】**新凯恩斯主义的 AD—AS 模型

【答案】新凯恩斯主义总供给曲线可以用图 21－1 推导出来。如图 21－1（a）所示，由于名义工资 W 在短期内是固定的，所以，当物价水平由 P_1 上升为 P_2 时，实际工资则由 W/P_1 下降为 W/P_2，此时经济对劳动的需求从而就业量就由 N_1 增加到 N_2。从图 21－1（b）可知，由于就业量的增加，经济产出由 y_1 增加到 y_2。

将 P_1 与 y_1，P_2 与 y_2 导入图 21－1（c）可得到新凯恩斯主义短期总供给曲线 AS。

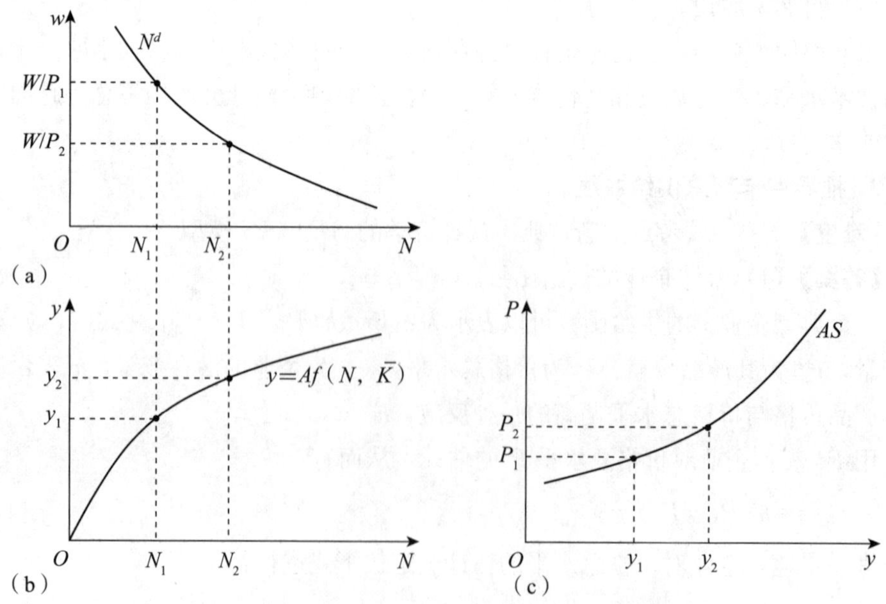

图 21－1　新凯恩斯主义短期总供给曲线的推导

5. 说明宏观经济政策的时间不一致性。

【难度】 1　　　**【考点】** 超出本章范围

【答案】 这一问题最先由基德兰德和普雷斯科特在 1977 年提出。简单地说就是，决策者（政府）开始实施一项最优政策，随着时间的推移，下一阶段会出现使决策者改变计划的动机，即今天的决策不再适合明天了，这就出现了时间的不一致性。尤其是，有时决策者能够通过前后不一致把事情做得更好。

例如，政府追求低通货膨胀率和低失业率，所以，在出现高通货膨胀率的时期，政府可能会宣布即将实施紧缩性货币政策，以遏制通货膨胀。在公众相信了政府的这个承诺后，由于预期的下调，实际通货膨胀率的确会下降，而此时政府就没有实施紧缩性货币政策的动机了，因为这会扩大失业率，政府此时的动机则是实施扩张性货币政策以降低失业率，这就造成了宏观经济政策的前后不一致性。

6. 从菲利普斯曲线推导总供给曲线。

【难度】 2　　　**【考点】** 从菲利普斯曲线到总供给曲线

【答案】 根据附加预期的菲利普斯曲线方程有：

$$\pi-\pi^e=-\varepsilon(u-u^*)$$

用 $P-P_{-1}$ 代替 π，用 P^e-P_{-1} 代替 π^e，这里 P 为当期价格水平，P_{-1} 为前一期价格水平，P^e 为预期价格水平，则上式变为：

$$P-P^e=-\varepsilon(u-u^*) \qquad ①$$

另外，根据奥肯定律有：

$$\frac{y-y_f}{y_f}=-\alpha(u-u^*)$$

将上式代入式①并替换掉（$u-u^*$）后得：

$$P-P^e=-\frac{\varepsilon}{\alpha}\cdot\frac{y-y_f}{y_f}$$

记 $\lambda=\frac{\alpha y_f}{\varepsilon}$，则上式可写为：

$$y=y_f+\lambda(P-P^e)$$

这就是总供给方程。这一方程可以同时代表古典的、凯恩斯的和常规的总供给曲线，而三者的差别在于参数 λ 的取值及对 λ 的解释。具体来说，当 $\lambda=0$ 时，总供给方程化为 $y=y_f$，此即为古典的总供给方程；当 $\lambda\to\infty$ 时，总供给方程化为 $P=P^e$，在 P^e 已知的情况下，这一方程即为凯恩斯的总供给方程；对 λ 取有限正数时的方程即为常规的总供给方程。

【提示】从菲利普斯曲线到总供给曲线，还有一种复杂一点的推导方法，但数理上更严谨一些，适合学习中级经济学的读者。可关注微信公众号“王海滨老师”，点击菜单栏中的“精品文章/精品文章合集/菲利普斯曲线到总供给曲线的2种完全不同的推法”或微信扫描二维码查看。

7. 理性预期和适应性预期有何区别？

【难度】2　　　**【考点】**新古典宏观经济学的基本假设

【答案】（1）预期是指从事经济活动的行为主体在做出决定之前，对将来的经济形势或经济变量做出的估计。如企业决策要考虑当前收益率，还要对未来收益率做出预期。

（2）新古典综合派和货币主义采用“适应性预期假说”，认为经济行为主体对未来情况的预期是随着时间的推移，为适应已有情况而调整的。但对任一给定时期来说，他们对任一经济变量的未来情况的预期值则完全取决于过去和当前已有数值的加权平均数。人们在形成对现期的预期价格时，要考虑上一期的预测误差。当上一期的预期价格高于实际价格时，对下一期的预期价格要相应地减少；反之，则相应增加。

（3）所谓理性预期是在有效地利用一切信息的前提下，对经济变量做出在长期中平均来说最为准确的，而又与所使用的经济理论、模型相一致的预期。这一假设包含三层意思：第一，做出经济决策的经济主体是有理性的；第二，为了做出正确的预期，经济主体在做出预期时会力图得到有关的一切信息；第三，经济主体在预期时不会犯系统性的错误。用通俗的话说，理性预期假说的意思是，在长期中，人们会准确地或趋向于预期到经济变量所应有的数值。

8. 黏性价格假定有什么重要性？

【难度】2　　　**【考点】**新凯恩斯主义的假设条件及特征

【答案】价格黏性是指价格不随总需求的变动而迅速变化。价格黏性的重要性在于：价格是否有黏性的问题可以转换为市场能否出清的问题，即市场机制是否有效的问题。如果价格具有弹性，那么当供求发生变化时，价格能迅速根据供求状况做出调整，使得总供给和总需求能较快速地恢复均衡，市场不存在超额供给，市场是出清的，因而社会的资源能得到充分利用。而价格黏性是新凯恩斯主义的重要假设，认为市场是非出清的，用于反对新古典宏观经济学的市场出清假设。新凯恩斯主义认为，价格存在黏性，导致当市场的供求发生变化时，价格不能灵活迅速地做出相应的调整，需要较长时间才能调整到位，这时可能会存在大量的超额供给，市场机制失灵，只有政府干预才能纠正市场的无效性。

9. 简要说明实际经济周期理论。

【难度】1　　　**【考点】**实际经济周期理论

【答案】实际经济周期理论是新古典宏观经济学的代表性理论之一。该理论的基本观点可概括如下：

（1）技术冲击是经济波动之源。实际经济周期理论认为技术冲击能够引起产出、消费、投资和就业等实际变量的波动。在种种实际冲击中，由于技术冲击对经济活动的影响最持久，因此技术冲击是经济周期之源。

（2）经济周期所产生的产出波动不是实际 GDP 对潜在 GDP 的背离，而是潜在 GDP 本身的变动。

（3）即使在短期，货币也是中性的，货币量的变化不能引起产出和实际就业量等实际变量的变化。

如图 21－2 所示，假设初始时经济在 A 点处运行，均衡就业量为 N_0，产量为 y_0。在某一时刻，经济受到了有利冲击，导致生产函数 $y=f_0(N)$ 变动为 $y=f_1(N)$，表现在图中为生产函数向上移动，在均衡就业量不变的情况下，产出由 y_0 增加到 y'_0。但生产函数上移使得对劳动力的需求增加，即需求曲线从 N_0^d 右移到 N_1^d，这导致均衡就业量从 N_0 增加到 N_1，所以受到冲击后，经济均衡在 C 点运行，就业量为 N_1，产出为 y_1。

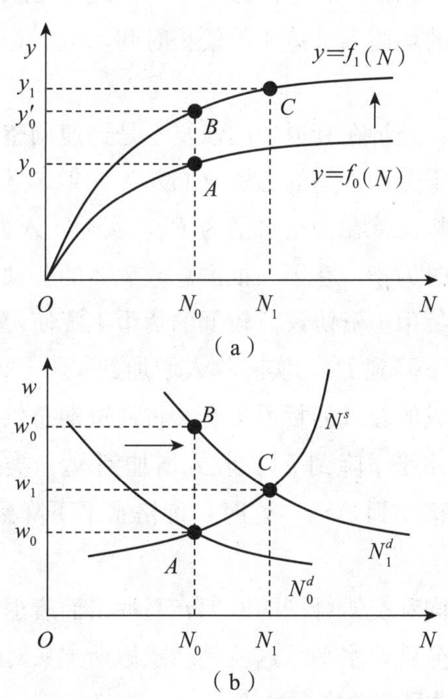

图 21－2　有利冲击对产出和就业的影响

10. 说明新凯恩斯主义对经济波动的解释。

【难度】2　　**【考点】**新凯恩斯主义的 AD—AS 模型

【答案】新凯恩斯主义对宏观经济波动的考察是用总需求曲线和总供给曲线并结合长期劳动合同的交错性质来说明的，如图 21－3 所示。

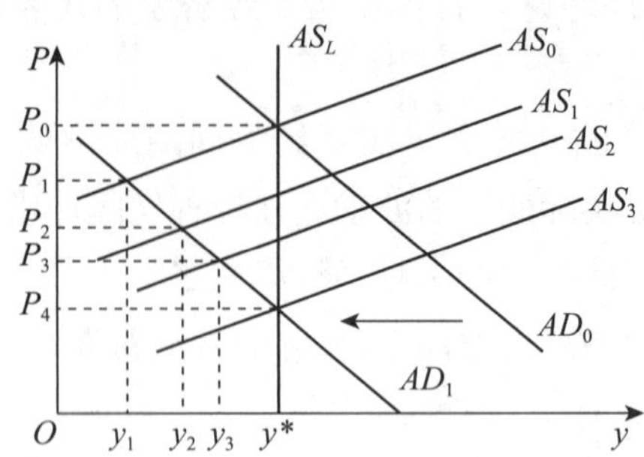

图 21-3　新凯恩斯主义对经济波动的解释

假定经济起初时位于总需求曲线 AD_0 和新凯恩斯主义短期总供给曲线 AS_0 的交点上，这时均衡的价格水平为 P_0，均衡产出即充分就业的产出为 y^*。假定经济受到诸如企业对未来收益预期悲观而减少投资需求等各种原因导致的总需求冲击，使得总需求减少了，因而总需求曲线由 AD_0 向左移动到 AD_1，从而价格水平下降到 P_1，实际收入水平下降到 y_1。由于劳动市场长期合同的存在导致企业不能迅速调整工资水平来适应新的总需求和总供给水平，因此价格水平和实际收入水平将在偏离充分就业水平的新的均衡点维持一段较长时间，也就是社会经济要经历较长一段时间的衰退。

按照交错合同理论，经济在衰退中的恢复不是迅速调整的，而是按照合同的到期时间逐步调整的。假定劳动市场的工资合同期为 3 年，且每年有 1/3 的合同到期重新签订，因此，经济将保持在价格水平为 P_1、实际收入为 y_1 的状态，直到第一批劳动合同被重新签订时为止。在第一批占总数 1/3 的劳动合同重新签订时，劳动供求双方达成了较低的货币工资协议，较低的货币工资使短期总供给曲线向右移动到 AS_1，这时价格水平下降到 P_2，实际收入增加到 y_2。到第二年第二批劳动合同到期重新签订时，新达成的较低的货币工资又将使短期总供给曲线进一步向右移动到 AS_2，相应地，价格水平下降到 P_3，收入增加到 y_3。类似地，到第三批合同到期时，总供给曲线向右移动到 AS_3，这时，价格水平下降到 P_4，而收入则恢复到充分就业水平 y^*。

显然，由于长期合同和交错合同的原因，受冲击而衰退的经济需要经历一个较长的时期才能恢复到充分就业水平。这就是新凯恩斯主义对宏观经济波动的解释。

11. 说明宏观经济学目前的主要共识。

【难度】1　　**【考点】**目前宏观经济学的基本共识

【答案】目前宏观经济学的主要共识有以下六点：

（1）在长期中，一国生产产品和劳务的能力决定着该国居民的生活水平。GDP 是衡量一国经济福利的重要指标，实际 GDP 衡量了经济中产品与劳务的总产出，进而衡量了一国满足其公民需要和欲望的能力。在长期中，GDP 依赖于包括劳动、资本和技术在内的生产要素，当生产要素增加和技术水平提高时，GDP 得以增长。

(2) 制度对于长期经济增长是非常重要的。基础性制度，例如，清晰界定的产权和不存在腐败，对实现高经济增长是非常关键的。市场经济通过价格来协调市场上的企业之间以及企业和消费者之间的交易，而价格机制发挥作用的一个重要前提是经济中广泛尊重产权。

(3) 在长期中，货币增长率决定通货膨胀率。宏观经济强调了货币供给的增长是通货膨胀的最终决定因素，即在长期，当货币当局发行了越来越多的货币时，通货的实际价值才会随时间的推移而下降。

(4) 在短期中，总需求影响一国生产的产品与劳务的数量。由于短期内价格是黏性的，所以总需求至关重要，所有影响总需求的变量都能够影响经济波动，因此，政策制定者对总需求进行密切的监控。

(5) 在短期中，政策制定者面临通货膨胀和失业之间的权衡。在短期中，政策制定者可以用货币政策和财政政策扩大总需求，这会减少失业但会提高通货膨胀；反之，他们也可以用政策紧缩总需求，这会降低通货膨胀但会增加失业。

(6) 预期是重要的。由于公众和市场对未来的变量可以做出最优的预测，因此货币政策对经济的影响极大地受到是否被预期到的影响，进一步说，对预期的管理是制定货币政策的关键因素。预期管理还强调了货币当局行动的重要性：如果货币当局的行动与它想如何管理预期相一致，那么货币当局的政策就会被信任。

12. 给出西方学者将微观经济学应用于宏观经济分析的两个例子。

【难度】2　　**【考点】**新古典宏观经济学的基本假设；新凯恩斯主义的假设条件及特征

【答案】(1) 新古典宏观经济学把个体利益最大化作为假设条件之一，这是将微观经济学应用到宏观经济学的一个例子。

(2) 新凯恩斯主义在关于工资和价格黏性的理论分析中用到了微观经济学中的不完全竞争理论。

13. 凯恩斯和弗里德曼都注意到了货币流通速度的顺周期性，分别用他们的理论解释这一现象。

【难度】2　　**【考点】**货币主义的主要观点和政策主张；新凯恩斯主义的假设条件及特征

【答案】从交易方程 $MV=PT$ 可以知道，货币流通速度和货币需求实际上是一个问题的两个方面。如果货币需求是稳定的、可以预测的，那么货币流通速度也是稳定的，但是在经验研究中，由于货币流通速度是比较直观且容易得到的（即等于名义国民收入除以平均货币存量），所以往往被反过来用于说明货币需求对利率的敏感性以及货币需求函数的稳定性。

(1) 凯恩斯主义者对货币流通速度顺周期变动的解释。

从各国的货币流通数据中大致可以看出这样一个规律：在经济繁荣时，货币流通速度上升；在经济萧条时，货币流通速度则是要么增长率放慢，要么绝对地下降。也就是说，货币流通速度往往是顺周期变动的。这一现象和凯恩斯主义的观点是相吻合的。按照凯恩斯主义的观点，货币需求和利率是反方向变动的，而利率的变动往往又是顺周期的，也就是说，利率在经济繁荣时上升，在衰退时下降，受此影响，货币需求在繁荣时期会趋于下降，在衰退时期会趋于上升。而根据交易方程，货币需求又是和货币流通速度呈反向变动关系的，因此货币流通速度会表现出顺周期变动的特征。

（2）货币主义者对货币流通速度顺周期变动的解释。

弗里德曼的货币需求理论也能够对货币流通速度的顺周期波动提供合理的解释。他的解释是这样的：由于货币的需求是由永久收入决定的，而在繁荣时期，永久收入的增长相对慢于现期收入的增长，因而货币需求的增长相对慢于国民收入的增长，货币流通速度也就上升或加快上升；在衰退时期，永久收入的下降慢于现期收入的下降，因而货币需求的下降也就表现出顺周期的特征。

（3）两种解释的比较。

由以上分析可知，凯恩斯主义和货币主义都认为货币流通速度是顺周期变动的。但是从长期的资料来看，货币流通速度稳定的观点受到了一定的挑战。实际情况表明，将货币流通速度视为一个随时间缓慢变化的量是缺乏依据的，将它视为一个常数更是不科学的。特别是在一个经济高速发展或剧烈波动的时期，货币流通速度会有较大的波动。由此看来，像费雪那样将货币流通速度看成一个由制度因素决定的外生变量，并据以估计货币需求的方法是不正确的。必须将货币流通速度视为人们行为的结果，也就是说，必须用人们的货币需求来解释货币流通速度，而不是用货币流通速度来解释货币需求。

14. 为什么新凯恩斯主义认为稳定化政策是必要的?

【难度】 2　　**【考点】** 新凯恩斯主义的 AD—AS 模型

【答案】 经济衰退后，从一个非充分就业的均衡状态恢复到充分就业的均衡状态是一个缓慢的过程，因此可以用政策来刺激总需求，原理如图 21-4 所示。

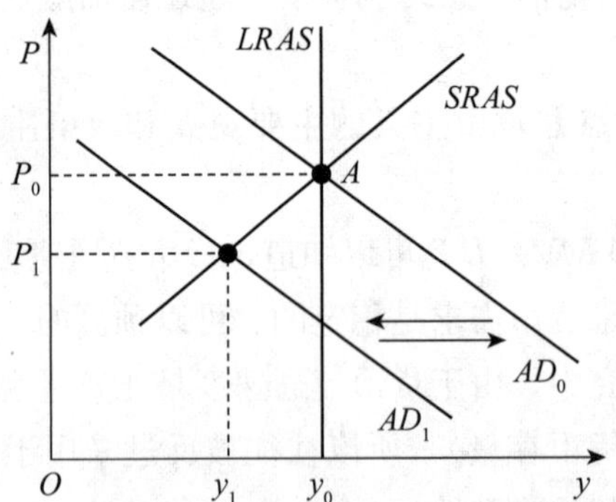

图 21-4　有利冲击对产出和就业的影响

假定经济最初处于由总需求曲线 AD_0 和总供给曲线 $SRAS$ 的交点 A 所确定的充分就业状态，收入和价格水平分别为 y_0 和 P_0。总需求减少使总需求曲线移动到

AD_1，实际收入下降到 y_1，价格水平下降到 P_1。假设签订的劳动合同为期一年，尽管厂商和个人都有理性预期，但必须到一年的年末新的合同才被重新签订，这意味着，*SRAS* 曲线并没有移动。按照新凯恩斯主义的观点，如果政府在衰退时采取刺激需求的政策来抵消外部冲击，会使总需求曲线从 AD_1 恢复到原来的 AD_0 的位置，因为 *SRAS* 曲线没有移动或移动缓慢，经济就不会遭受暂时性的衰退。从这个角度来看，稳定化政策是有必要的。

15. 怎样理解凯恩斯的"有效需求"概念？假如某经济社会的总供给大于总需求，则国民收入和就业将发生什么变化？凯恩斯认为应采取什么样的财政政策或货币政策？

【难度】2　　**【考点】**新凯恩斯主义的假设条件及特征；新凯恩斯主义的 *AD—AS* 模型

【答案】凯恩斯所讲的有效需求是指社会上商品总供给价格和总需求价格达到均衡状态时的总需求。所谓供给价格是指当企业愿意雇用一定数量的工人来生产一定数量的产品时所必须取得的收益，这一收益必须等于生产这些产品所付出的生产要素的成本加上预期的利润。所有产品供给价格之和就是总供给价格。所谓需求价格是指企业预期社会上人们购买其产品时愿意支付的价格，总需求价格是全部企业预期社会上人们愿意购买全部商品的价格的总和。

总供给价格和总需求价格都随就业量的增加而增加。当总需求价格大于总供给价格时，企业会扩大生产，增雇工人；相反，当总需求价格小于总供给价格时，企业则会缩减生产，减雇工人。只有当总供给价格与总需求价格相等时，企业才能获得最大的预期利润，从而生产既不扩大，也不缩小，达到均衡状态，这时的总需求就是有效需求。

因此，如果某经济社会的总供给大于总需求，则表示有效需求不足，失业率上升，国民收入水平下降。凯恩斯认为，这时需要政府采取扩张性财政政策或货币政策来对经济加以干预，以降低失业率，提高国民收入水平。

16. 为什么说卢卡斯总供给曲线是建立在微观基础之上的宏观总供给曲线？为什么卢卡斯总供给曲线相对来说是更加经得起卢卡斯批评的？

【难度】2　　**【考点】**新古典宏观经济学的基本假设；新古典宏观经济学的 *AD—AS* 模型

【答案】卢卡斯总供给曲线是以微观分析为基础推导出的宏观总供给曲线。卢卡斯假定整个经济由 n 个完全相同的厂商组成，只要推出代表性厂商 i 的供给曲线，然后进行加总就可以得出整个社会的总供给曲线。

假定 y_i 为企业产量，y_i^* 为企业潜在产量，代表性厂商的产品价格为 P_i，该经济总的市场价格水平为 P。卢卡斯总供给曲线推导的基础是传统的微观经济学假设：厂商做出的理性决策是最优化的，厂商的产量供给取决于相对价格。

因此代表性厂商的供给曲线为：

$$y_i = h(P_i - P) + y_i^*,\ h > 0 \quad ①$$

实际上，代表性厂商在制定未来价格时，并不知晓未来的经济总体价格水平，只能用未来的价格水平预期 P^e 来代替，于是，代表性厂商的供给曲线转化为：

$$y_i = h(P_i - P^e) + y_i^* \quad ②$$

代表性厂商对未来价格水平的预期由两部分构成：一部分是该社会中的有关机构预测并公布的价格预测值 $\hat{P}$；另一部分是代表性厂商根据经验对预测值 $\hat{P}$ 的调整，调整系数为 b。P^e 可以用以下公式来表示：

$$P^e = \hat{P} + b(P_i - \hat{P}),\ 0 \leqslant b \leqslant 1 \quad ③$$

将式③代入式②，可得：

$$y_i = h(1-b)(P_i - \hat{P}) + y_i^*$$

将上式两边同乘以 n，即可推出卢卡斯总供给曲线：

$$y = nh(1-b)(P - \hat{P}) + y^*$$

所以卢卡斯总供给曲线是建立在微观基础之上的宏观总供给曲线。

卢卡斯批评指出，丁伯根创立的用大规模宏观计量模型来模拟和评价经济政策的做法是建立在政策变化时计量模型的参数保持不变的基础之上的，而这个假设本身是站不住脚的。对于总量变量之间的关系，预期是很重要的。政策变化以后，经济当事人会随着经济环境的变化而调整他们的预期和行为，其结果是政策的变化会改变计量模型的参数。于是利用既定的模型就无法准确地预测政策变化后的经济效果。相反，包括卢卡斯总供给曲线在内的新古典分析的长处就在于其微观基础，即在厂商和家庭的目标和约束方面，已经把经济主体的预期和公共信息考虑在内，因而其理论模型的参数很可能在政策变化时不发生改变，模型的验证和预测效果更好，因此相对更经得起卢卡斯批评。

17. 长期劳动合同论与工资黏性有什么关系？

【难度】2　　　**【考点】**新凯恩斯主义的假设条件及特征

【答案】长期劳动合同论认为，在市场经济中，汽车、钢铁、建筑、机电、航空、铁路等许多行业是高度工会化的，而服装、饮食、零售等行业是非工会化的。在工会化行业中，劳资双方一般签订为期三年或不同期限的劳动合同，这会形成每三年谈判一次工资的周期，但不同行业和厂商的合同的谈判和签订并不是同步的，而是交错进行的，从而每年都有新的合同签订，也有合同期满。影响工资谈判的因素有很多，劳资双方对这些因素都要进行调查研究，因而谈判要花费成本。如果谈判不成功，那么罢工给双方带来的损失会更大，而长期劳动合同对厂商和工人都是有利的，可以降低谈判成本，减少罢工次数。因此，厂商和工人都愿意通过谈判签订长期合同，其结果是合同期内工资固定，而且由于合同期满的时间相互交错，排除了工资适应条件变化而迅速调整的可能性，使名义工资具有黏性。

18. 设总需求方程是 $AD=120-20P$，卢卡斯曲线控制着经济的运行。有 100 个企业，每个企业都有供给方程 $y_i=4(P_i-P^e)+1$。每个企业都用去年的价格 P_{-1} 和它自己的价格形成它对总价格水平的预算，$P^e=P_{-1}+0.5(P_i-P_{-1})$。

(1) 通过解出 P_i，求卢卡斯的总供给函数。

(2) 现在假定 $P_{-1}=1.00$，求总需求曲线和卢卡斯总供给曲线相交时的总产量水平和总价格水平。

(3) 假设需求突然上升，AD 方程变为 $AD=131-20P$，求总产量和总价格。

【难度】2　　**【考点】**新古典宏观经济学的 AD—AS 模型

【答案】(1) 将预期价格 $P^e=P_{-1}+0.5(P_i-P_{-1})$ 代入代表性厂商的供给方程，得供给方程为：$y_i=4(P_i-P^e)+1=2(P_i-P_{-1})+1$。

整个经济的总供给曲线是对于单个企业的供给曲线的加总，因而卢卡斯总供给曲线方程为：$y=200(P-P_{-1})+100$（当个别企业的价格 P_i 变为 100 个企业的价格时，P_i 就成为 P）。

(2) 当 $P_{-1}=1.00$ 时，卢卡斯总供给函数为：$y=200(P-P_{-1})+100=200P-100$。已知总需求函数为 $AD=y=120-20P$。

联合总需求函数和总供给函数求解得经济均衡总产出和价格水平分别为：

$$y^*=100，P^*=1$$

(3) 当总需求曲线上升为 $AD=y=131-20P$ 时，联立新的总需求曲线和总供给曲线方程：

$$\begin{cases} y=131-20P \\ y=200P-100 \end{cases}$$

解得：$y^*=110$，$P^*=1.05$。

19. 设卢卡斯总供给函数为

$$y=c(P-\hat{P})+y^*$$

其中，$c=20\ 000$，$y^*=4\ 000$。当价格水平 P 为 1.01、预期价格 $\hat{P}$ 为 1.00 时，产量 y 为 4 200，即高于潜在水平 $y^*=4\ 000$。假设总需求曲线为：

$$Y=1\ 101+1.288G+3.221M/P$$

(1) 假设某一时期经济已处于产量为潜在水平的状态，并在近期内预期政策不会变化。货币供给为 600，政府支出为 750，则价格水平为多少?

(提示：如果不发生突然变动，则实际价格水平和预期价格水平不相同。)

(2) 现假设美联储宣布将把货币供给从 600 增加到 620，新的产量水平和价格水平为多少?

(3) 现假设美联储宣布将把货币供给增加到 620，实际上却增加到了 670，新的产量水平和价格水平将为多少?

【难度】2　　**【考点】**新古典宏观经济学的 AD—AS 模型

【答案】（1）根据题意知，近期内预期政策不变化，经济处于潜在产量水平，因此有：

$$4\ 000=1\ 101+1.288\times750+3.221\times600/P$$

$$1\ 933=\frac{1\ 932.6}{P}$$

$$P\approx1$$

（2）货币供给从 600 增加到 620 是美联储宣布的，因此 $P=\hat{P}$，产量仍是 $y^*=4\ 000$。这时价格为：

$$4\ 000=1\ 101+1.288\times750+3.221\times620/P$$

$$1\ 933=\frac{1\ 997}{P}$$

$$P\approx1.033$$

（3）美联储宣布把货币供给从 600 增加到 620，因此，这时 $\hat{P}=1.033$，但实际增加到 670。因此，卢卡斯曲线为：

$$y=20\ 000(P-1.033)+4\ 000=20\ 000P-16\ 660$$

总需求为：

$$y=1\ 101+1.288\times750+3.221\times670/P=2\ 067+\frac{2\ 158}{P}$$

令总需求等于总供给，即 $2\ 067+\frac{2\ 158}{P}=20\ 000P-16\ 660$，解得：

$$P\approx1.04,\ y\approx4\ 142$$

（注：1.04 是近似值，较精确的值是 1.040 1。按照此值，y 从需求函数和供给函数计算，就较为一致。）

20. 假定在通货膨胀政策方面政府与私人部门之间是一个非合作的斯塔克伯格博弈。政府占主导地位，私人部门对政府的决策做出反应，而政府将根据跟随者的反应做出进一步的决策。假定政府的最优化决策是

$$\max U(\pi,y)=-c\pi^2-(y-k\bar{y})^2$$
$$\text{s.t. } y=\bar{y}+\beta(\pi-\pi^e)$$
$$c>0,\ k>1,\ \beta>0$$

式中，π 是通货膨胀率，π^e 是预期通货膨胀率，$\bar{y}$ 是自然失业率下的产量。假设总供给曲线是卢卡斯总供给曲线，政府厌恶通货膨胀，那么，政府零通货膨胀的政策是一个动态时间一致的政策吗？

【难度】2　　**【考点】**新古典宏观经济学的基本假设

【答案】 政府零通货膨胀的政策是一个动态时间不一致的政策。

首先，如果政府实行零通货膨胀的政策，且公众相信政府将坚持零通货膨胀的政策，则

$$\pi=\pi^e=0$$

将上式代入政府的最优化函数，可得政府实施零通货膨胀政策的效用为：

$$y=\overline{y}$$
$$U_0=-(\overline{y}-k\overline{y})^2=-(k-1)^2\overline{y}^2$$

但零通货膨胀政策不是一个动态时间一致的政策。因为假定政府许诺坚持零通货膨胀的政策，私人部门也相信了该承诺，所以此时政府得到最优化结果的通货膨胀率将不再是零。推导如下：

先求解政府最优化的一阶条件。

将最优化约束条件代入效用函数可得：

$$U=-c\pi^2-[\overline{y}+\beta(\pi-\pi^e)-k\overline{y}]^2$$

一阶条件是：

$$\frac{\partial U}{\partial \pi}=-2c\pi-2\beta^2\pi+2\pi^e\beta^2-2\beta(1-k)\overline{y}=0$$

此时有：

$$\pi^*=(c+\beta^2)^{-1}\beta[\beta\pi^e+(k-1)\overline{y}]$$

如果私人部门相信政府将坚持零通货膨胀政策，则此时政府的最优通货膨胀率将不再是零，而是

$$\pi^*(\pi^e=0)=(c+\beta^2)^{-1}\beta(k-1)\overline{y}>0$$

代入政府的效用函数，得政府的效用为：

$$U_f=-(1+c^{-1}\beta^2)^{-1}[(k-1)\overline{y}]^2$$
$$U_f>U_0$$

所以，政府此时实行大于零的通货膨胀率的效用将高于实行零通货膨胀的效用。政府有积极容忍甚至放任通货膨胀的倾向。

而如果私人部门是理性的，能理性预期到政府的这种行为及其结果，则私人部门和政府共同博弈的结果将是政府的效用是次优的 U_s，即：

$$\pi^*=\pi^e$$

代入一阶条件有：

$$\pi^*=\pi^e=c^{-1}\beta(k-1)\overline{y}$$
$$U_s=-(k-1)^2\overline{y}^2(1+c^{-1}\beta^2)$$

动态时间不一致政策的最终结果是政府的效用 $U_s<U_0$。

补充训练

1. （名词解释）货币中性（中南财经政法大学 2017）

2. （名词解释）货币非中性（对外经济贸易大学 2009）

3. （名词解释）理性预期（浙江工商大学 2019）

4. （名词解释）适应性预期（南京大学 2016）

5. （名词解释）市场出清（浙江工商大学 2006）

6. （名词解释）古典二分法（武汉大学 2016）

7. （名词解释）货币幻觉（中南财经政法大学 2018）

8. （名词解释）菜单成本（对外经济贸易大学 2011）

9. （名词解释）效率工资（浙江工商大学 2019）

10. （判断题）货币中性是指货币量的变化对产出和价格都没有影响。（上海财经大学 2016）

11. （判断题）弗里德曼的新货币数量论认为，货币流通速度是一个稳定的函数，是完全由制度决定的。（　　）（对外经济贸易大学 2017）

12. （判断题）在理性预期时，只有欺骗民众的货币政策才有可能产生实际效果。（对外经济贸易大学 2018）

13. 古典学派认为货币具有中性是指（　　）。（同济大学 2017）

A. 长期内，货币供给量的变动不影响实际经济

B. 短期内，货币供给量的变动对实际经济不产生影响

C. 货币供给量的多少和物价水平、利率等经济指标无关

D. 货币供给量不影响实体经济

14. 根据货币数量论，如果一个国家经济增长率和货币流通速度没有发生变化，央行提高货币供给增长速度 1 个百分点，那么价格水平的上涨速度将提高（　　）。（暨南大学 2017）

A. 小于 1 个百分点　　B. 等于 1 个百分点

C. 大于 1 个百分点　　D. 无法确定

15. 在理性预期学派看来，通货膨胀率与失业率之间的关系是（　　）。（上海社会科学研究院 2011）

A. 短期两者是替代关系，长期两者无任何关系

B. 无论是长期还是短期，两者都是替代关系

C. 无论是长期还是短期，两者都无任何关系

D. 短期里两者无任何关系，长期里两者是替代关系

16. 对于实际经济周期模型，短期中（　　）。（同济大学 2017）

A. 劳动投入是逆周期的　　B. 劳动投入是顺周期的

C. 消费是逆周期的　　　　　　　　　　D. 实际工资是逆周期的

17. 根据卢卡斯的理性预期供给函数，一次预期的货币供给的减少将（　　）。(南京航空航天大学 2014)

A. 会降低价格水平，但不会减少产量

B. 不会降低价格水平，但会减少产量

C. 会降低价格水平和产量

D. 不会降低价格水平和产量

18. 在解释工资黏性的内部人-外部人模型中，外部人是（　　）。(对外经济贸易大学 2016)

A. 企业外部处于失业状态的劳动者

B. 企业外部的政府官员

C. 其他企业中已就业的工人

D. 企业内部已就业的工人

19. 假定今年的货币供给是 10 000 亿元，名义 GDP 是 20 万亿元，实际 GDP 是 10 万亿元。请计算：

(1) 物价水平是多少？货币流通速度是多少？

(2) 假设货币流通速度不变，每年经济物品和劳务的产量增加 5%。如果央行想保持货币供给不变，明年的名义 GDP 和物价水平将是多少？

(3) 如果想保持物价水平不变，要使每年经济物品和劳务的产量增加 5%，央行应该把明年的货币供给设定为多少？

(4) 若央行想把通货膨胀率控制在 10%，要使每年经济物品和劳务的产量增加 5%，央行应该把货币供给设定为多少？(深圳大学 2015)

20. 凯恩斯主义、货币主义和新古典宏观经济学认为货币供给增加的长短期影响有什么不同？(中国人民大学 2011)

21. 简述古典货币数量论的基本内容。(南京大学 2017)

22. 假设今年的货币供给是 5 000 亿美元，名义 GDP 是 10 万亿美元，而实际 GDP 是 5 万亿美元。请计算：

(1) 物价水平是多少？货币流通速度是多少？

(2) 假设货币流通速度是不变的，而每年经济的产品和劳务产量增加 5%。如果美联储想保持货币供给不变，明年的名义 GDP 和物价水平是多少？

(3) 如果想保持物价水平不变，美联储应该把明年的货币供给设定为多少？

(4) 如果美联储想把通货膨胀率控制在 10%，美联储应该把货币供给设定为多少？(武汉大学 2015)

23. 假定一国经济中货币供给量增长 16%，货币流通速度增长 2%，国民收入增长 11%，名义利率为 3%，求实际利率。(西安交通大学 2011)

24. 简述新古典宏观经济学的假设条件。(武汉大学 2012)

25. 货币经济周期理论与实际经济周期理论（RBC）对经济波动的根源和传导

机制的看法有什么不同？（中国人民大学 2017）

26. 论述新旧凯恩斯主义的联系与差别。（中国财政科学研究院 2018）

27. 论述新古典主义经济学与新凯恩斯主义经济学在价格和工资调整速度方面不同的观点，并解释其重要结论的差异性。（山东大学 2017）

28. 简述工资黏性的原因。（南京大学 2016）

参考答案

1. **【难度】**1　　**【考点】**货币主义的主要观点和政策主张

【答案】货币中性是指名义货币数量的变化不改变产品市场原有的均衡状态和国民收入的结构，仅引起产品市场各种产品的绝对价格水平的同比例变动的一种经济效应。当货币是中性的时，货币供给的增加引起货币需求的增加，货币市场在新的供求均衡点上达到均衡，货币市场均衡的改变只引起物价总水平的变化，不改变商品的相对价格，也不影响产品市场的均衡，不影响实际国民收入中消费与储蓄、投资与储蓄的比例关系。此时，货币经济极类似于物物交易经济。这一观点从根本上否定了规则的货币政策对经济周期的调节作用，并认为只有对未被预期到的通货膨胀采取适当的货币政策才可以提高实际经济水平。

2. **【难度】**1　　**【考点】**新凯恩斯主义的假设条件及特征

【答案】货币非中性观点是与货币中性相对立的关于货币在经济中的作用问题的一种理论。货币非中性是指名义货币供给量的变动能够引起相对价格和利率的变动，从而引起消费或投资方式的变化，进而改变经济中的实际变量，这是因为，从短期来看，价格不可能立即随货币数量的变动而同比例变动。相反，各类价格会以不同的比率对某种货币变化做出反应，进而影响相对价格体系并对就业和产出产生影响。更为重要的是，价格水平的变化会造成实际收入在债权人和债务人之间分配的变化，价格的骤然下跌会导致债务人的大批破产，对国民经济产生有害的影响。短期货币非中性是凯恩斯主义货币理论的一个基本特点，这一特点产生于下述论断：在经济中存在大量失业的情况下，价格并不随货币数量的增加而同比例上涨，由此而造成的实际货币数量的增加将导致利率下跌，并因此使投资和国民收入水平增长。短期货币非中性也是现代货币主义者的基本信条。弗里德曼指出：一方面，在短期内，如 5～10 年间，货币的变动会主动影响产出；另一方面，在几十年内，货币增长率则主要影响价格。

【提示】货币中性还是非中性，是货币政策选择的基本依据，也是宏观经济学领域的一个长期争论的问题。货币中性的观点认为货币政策是无效的，而凯恩斯主义者则秉持非中性的观点，认为货币政策能有效影响国民产出。理解这一点是理解新古典综合派和货币主义学派政策分歧的关键。

3. **【难度】**1　　　**【考点】**新古典宏观经济学的基本假设

【答案】理性预期是指在有效地利用一切信息的前提下，对经济变量做出的在长期中平均说来最为准确的，而又与所使用的经济理论、模型相一致的预期。

理性预期假说包括三层含义：第一，做出经济决策的经济主体是有理性的。为了追求最大利益，他们总是力求对未来做出正确的预期。第二，为了做出正确预期，经济主体在做出预期时会力图得到有关的一切信息。第三，经济主体在预期时不会犯系统性的错误。经济主体会随时随地根据他们所得到的信息来修正他们预期中的错误，因而，从整体上看，在长期中，他们对某一经济变量的未来预期值与未来的实际值会保持一致。

通俗来讲，理性预期就是指在长期中，人们会准确地或趋向于预期到经济变量所应有的数值。按照理性预期假说，政府的宏观经济政策是没有必要的，也是无效的，因此理性预期学派反对一切宏观经济政策。

4. **【难度】**1　　　**【考点】**货币主义的主要观点和政策主张

【答案】适应性预期是指人们总是根据某一经济变量的过去信息来形成对该变量未来水平的预期。根据适应性预期假设，经济当事人把他们对某一变量未来值的预期仅仅建立在该变量过去值的基础之上。除非所预期的变量在一个相当长的时期内保持不变，否则对它形成的预期必然存在系统性错误。按照适应性预期，菲利普斯曲线所描述的失业率和通货膨胀率之间的替代关系在短期内能够成立，但长期内不成立。长期菲利普斯曲线是一条位于自然失业率水平的垂线。

5. **【难度】**1　　　**【考点】**新古典宏观经济学的基本假设

【答案】市场出清是指劳动市场上的工资及产品市场上的价格都有充分的灵活性，可根据供求情况迅速调整，因此劳动市场和产品市场都不会存在超额供求，因为一旦产品市场上出现了超额供给，价格就会下降，直至降到使买者把超额供给用光为止，如果劳动市场出现超额供给，工资就会下降，直至跌到使企业愿意为所有想工作的失业者提供工作为止，因而市场总能出清。

6. **【难度】**1　　　**【考点】**新古典宏观经济学的基本假设

【答案】古典经济学把变量分为实际变量和名义变量，这称为“古典二分法”。实际变量是用实物单位衡量的变量，例如汽车的数量；名义变量是用货币表示的变量，例如汽车的价格。古典二分法的产生是由于在古典经济理论中，货币供给的变动不影响实际变量。这种货币对实际变量的无关性称为货币中性。在现实中，在长期，货币供给不会对实际变量产生影响；而在短期，货币供给会对实际变量产生影响。古典二分法是古典宏观经济学的一个重要的观点，它简化了经济理论，考察实际变量而不考虑名义变量。

7. **【难度】**1　　　**【考点】**新凯恩斯主义的假设条件及特征

【答案】货币幻觉是指人们只是对货币的名义价值做出反应，而忽视其实际购买力变化的一种心理错觉。例如，若物价与货币收入以相同比例提高，实际收入不变，一般情况下不会影响消费，但假如消费者只注意到货币收入增加而忽略了物价上升，则会误以为实际收入增加，从而平均消费倾向也会上升，这种情况就是消费者存在“货币幻觉”。

8.【难度】1　　【考点】新凯恩斯主义的假设条件及特征

【答案】菜单成本是指不完全竞争厂商每次调整价格要花费的成本，这些成本包括研究和确定新价格、重新编印价目表、将新价目表通知销售点、更换价格标签等所支付的成本，是厂商在调整价格时实际支出的成本。因为产品价格的变动如同餐馆的菜单价目表的变动，所以，新凯恩斯主义者将这类成本称为菜单成本。另有一类成本是厂商调整价格的机会成本，它虽不是厂商实际支出的成本，但同样阻碍着厂商调整价格，也被称为菜单成本。

菜单成本理论认为，经济中的垄断厂商是价格的决定者，能够选择价格，而菜单成本的存在阻滞了厂商调整产品价格，所以，价格有黏性。菜单成本的存在是新凯恩斯主义反击新古典主义的批判并证明其所主张的价格黏性的重要理由。

关于菜单成本能否引起价格的短期黏性，经济学家们的观点是不一致的。一部分经济学家认为，菜单成本通常非常小，不可能对经济产生巨大影响。另一部分经济学家却认为，菜单成本虽然很小，但由于总需求外部性的存在，会导致名义价格出现黏性，从而对整个经济产生巨大的影响，甚至引起周期性波动。

9.【难度】1　　【考点】新凯恩斯主义的假设条件及特征

【答案】效率工资是指企业为了提高工人生产率而支付的高于均衡水平的工资。根据效率工资理论，如果工资高于均衡水平，企业的经营会更具效率。因此，即使存在超额劳动供给，企业保持高工资也是有利的。效率工资理论有以下四种：

①工人健康。工资高的工人因其饮食的营养更丰富，所以更健康、有更高的生产率。

②工人流动率。企业雇用并培训新工人是有成本的，而且，即使在经过培训之后，新雇用的工人的生产率也不如有经验的工人高。因此，企业倾向于通过支付高工资来降低其工人的流动率。

③工人素质。由于信息不对称，企业无法准确测定申请者的素质，当一个企业支付了高工资时，它就吸引了更好的工人来申请这份工作，从而提高了其劳动力的素质。

④工人努力程度。如果工资在使供求均衡的水平上，工人就没有什么理由去努力工作，因为即使被解雇，工人也能很快找到一份支付同样工资的工作。因此，企业把工资提高到均衡水平以上，可以激励工人不要逃避责任。

10.【难度】1　　【考点】货币主义的主要观点和政策主张

【答案】错误。货币中性是指货币量的变化对实际变量——产出——没有影响，但对名义变量——价格——是有影响的。

11.【难度】1　　【考点】货币主义的主要观点和政策主张

【答案】错误。弗里德曼强调，新货币数量论与传统货币数量论的差别在于，传统货币数量论把货币流通速度 V（或 $1/k$）当作由制度决定了的一个常数，而新货币数量论则认为流通速度 V 不是数值不变的常数，而是决定它的其他几个数目有限的变量（r_m、r_b、$\frac{1}{P}\cdot\frac{\mathrm{d}P}{\mathrm{d}t}$、$w$ 等）的稳定函数，不只是取决于政府政策。

12. **【难度】**1　　　**【考点】**新古典宏观经济学的基本假设

【答案】正确。在理性预期时，人们可以最好地利用所有可以获得的信息，包括关于现在政府政策的信息来预期未来，所以正常的货币政策对实际经济状况不会造成影响，只有通过欺骗民众的货币政策，使民众产生错误的预期，才有可能改变实际经济状况。

13. **【难度】**1　　　**【考点】**货币主义的主要观点和政策主张

【答案】A。货币中性是指货币供给量的变动对实际经济(如就业、产出)没有影响，只会引起物价水平的同比例变动。古典学派认为在长期内，货币是中性的，但新古典宏观经济学基于理性预期的假设，认为货币在短期内也是中性的，所以B选项属于新古典宏观经济学的观点。

14. **【难度】**1　　　**【考点】**货币主义的主要观点和政策主张

【答案】B。$MV=Py$，即 $P=MV/y$，所以 P 的增长率$=M$ 的增长率$+V$ 的增长率$-y$ 的增长率。

15. **【难度】**2　　　**【考点】**新古典宏观经济学的基本假设

【答案】C。理性预期学派认为，如果央行为减低失业率，公开宣布实施扩张性货币政策，那么私人部门会根据这种信息，理性地预期到未来价格会上升，并做出相应的反应。厂商会提高产品的价格，但是不增加产量；工人会要求增加货币工资，但不增加劳动供给。于是，货币扩张的结果仅仅是价格、货币工资与名义利率等名义变量值的上升，而实际就业量与产量不变。因此，即使在短期，通货膨胀率与失业率也没有替代关系，即货币是超中性的，短期的菲利普斯曲线也是垂直的。

16. **【难度】**1　　　**【考点】**实际经济周期理论

【答案】B。经济繁荣时某项指标也跟着上涨则被称为顺周期，反之则被称为逆周期。根据实际经济周期理论，短期中，劳动投入、消费和实际工资都是顺周期的。逆周期的一般比较少，为了平滑经济，政府支出常常会逆周期。

17. **【难度】**2　　　**【考点】**新古典宏观经济学的 AD—AS 模型

【答案】A。卢卡斯的理性预期供给函数为 $y=y^*+\lambda(P-\hat{P})$，预期货币供给会减少，人们会完全预期到价格的下降，即 $P=\hat{P}$，因此不影响均衡产量，但价格下降。

18. **【难度】**2　　　**【考点】**新凯恩斯主义的假设条件及特征

【答案】A。在内部人-外部人模型中，内部人是指企业内部已就业的工人，外部人是指企业外部处于失业状态的劳动者。

19. **【难度】**2　　　**【考点】**货币主义的主要观点和政策主张

【答案】(1) 物价水平 $P=$名义 GDP/实际 GDP$=200\ 000/100\ 000=2$。

由 $MV=Py$ 得货币流通速度 $V=Py/M=200\ 000/10\ 000=20$。

（2）每年经济物品和劳务的产量增加5%即实际GDP增加5%，明年的实际GDP为 $y=100\ 000\times(1+5\%)=105\ 000$(亿元)。

明年的物价水平 $P=MV/y=10\ 000\times20/105\ 000=40/21$

明年的名义 $\text{GDP}=Py\approx40/21\times105\ 000=200\ 000$(亿元)

【提示】事实上，按照 $MV=Py$，其中 Py 表示名义GDP，在 MV 不变时，必然也有名义GDP不变，所以与第一年的名义GDP是相同的。

（3）按照 $MV=Py$，如果 V 与 P 不变，则 M 与 y 的变动率相同，所以，货币供给应该也增加5%，即明年的货币供给 $M=10\ 000\times(1+5\%)=10\ 500$(亿元)。

（4）若通货膨胀率为10%，即物价水平 P 增加10%，在货币流通速度不变的情况下，货币供给将增加15%，即货币供给为 $10\ 000\times(1+15\%)=11\ 500$(亿元)。

【提示】按照 $MV=Py$，把通货膨胀率控制在10%即 P 增加10%，由于 y 增加5%，V 不变，所以 M 变动率 $=(1+10\%)\times(1+5\%)=1.155$，即货币供给为 $1.155\times10\ 000=11\ 550$（亿元）。

20.**【难度】**2　　**【考点】**货币主义的主要观点和政策主张；新古典宏观经济学的基本假设

【答案】（1）凯恩斯主义认为，短期内货币供给增加会导致货币供给曲线右移，从而导致利率下降，而利率下降将会导致投资增加，进而使得国民收入增加，因此短期货币供给增加有效。一般，凯恩斯主义认为货币在长期内是中性的，增加货币供给不能影响实际国民收入，只能引起价格水平的上升。

（2）货币主义认为，在短期中，货币供给量可以影响实际变量如就业量和实际国民收入。因为根据费雪交易方程 $Py=MV$，如果货币流通速度 V 以及物价水平 P 在短期内不发生变化的话，增加货币供给 M 是可以增加实际国民收入 y 的。在长期中，增加货币的作用主要在于影响物价水平以及其他用货币表示的量如货币工资等，而不能影响实际就业量和实际国民收入。因为根据货币主义的自然率假说，实际就业量和实际国民收入是技术水平、资源数量等非货币因素所决定的，因此交易方程中的 y 和 M 无关，而 V 在长期又是一个不变的常数，因此增加货币供给只能导致价格水平上升，从而导致通货膨胀。

（3）新古典宏观经济学认为，增加货币供给无论在短期还是在长期都是无效的。根据新古典宏观经济模型，假如货币当局宣布打算增加货币供给，理性的当事人在形成他们的预期时会考虑这个信息并完全预见到货币供给的提高对一般价格水平的影响，结果产量和就业会停留在自然率水平上不动。当货币工资在一个向上的价格预期下提高时，总需求曲线向右移动的效果就被总供给曲线向左移动所抵消。这样，经济停留在垂直的长期供给曲线上，因此即使在短期，产量和就业也没有变化，即货币是中性的。

21.**【难度】**1　　　**【考点】**货币主义的主要观点和政策主张

【答案】古典货币数量论主要包括交易方程和剑桥方程。

1911 年，美国经济学家欧文·费雪在其《货币的购买力》一书中提出了“交易方程”：

$$Py=MV$$

式中，P 为价格总水平或价格指数；M 为流通中的货币数量；y 为一国的实际国民收入；V 为货币流通速度，其定义为名义国民生产总值除以货币总量。按照西方学者的解释，V 是由一些如公众的支付习惯、使用信用范围的大小、交通和通信的方便与否等制度上的因素决定的，而这些因素在短期内不会有大的变化，因而在短期内 V 不会迅速变化。y 取决于资源、技术条件，而在充分就业的状态下，不可能发生大的变化，因此，V 和 y 被视为常量。这样，价格 P 就随着货币数量 M 正比例地发生变化。费雪在这里所强调的是货币作为交易媒介的作用，即作为流通手段的作用。

剑桥学派的代表人物之一、马歇尔的嫡传弟子庇古根据前者的学说，在 1917 年发表的《货币的价值》一文中提出了所谓“剑桥方程”。他所关心的是人们所愿意持有的货币数量，即对货币的需求量。剑桥方程表示如下：

$$M=kY=kPy$$

式中，P 的含义同前；Y 代表以货币计量的国民生产总值，也就是名义国民生产总值；y 为实际国民生产总值；k 为经常持有的货币量，即货币需求总量和名义国民生产总值的比例，k 显然为货币流通速度 V 的倒数。这里的 M 与交易方程中的 M 在意义上所强调的方面略有不同，它代表人们对货币的需求量从而强调货币作为储藏手段的职能，于是，剑桥方程也就是剑桥学派的货币需求方程。这个方程表明，人们对货币的需求量取决于货币流通速度和名义国民收入两个因素，与 k 的倒数即货币流通速度成反比，与收入成正比。据解释，k 的大小取决于社会的商业习惯和制度等因素，在短期内固定不变，可被视为常数。y 在达到充分就业均衡时也是一个已知常数。因此，价格水平 P 同货币数量 M 成正比例变化，价格水平的高低取决于货币数量的大小。由于剑桥方程强调货币作为储藏手段的职能，即把货币作为财产的保存形式，侧重于货币的持有方面，因此，剑桥方程暗含着利率对货币需求的影响。

交易方程和剑桥方程不但在实质上是相同的公式，而且它们所企图说明的内容也是相同的，即货币数量与价格水平之间存在着直接的因果数量关系，物价水平的高低取决于货币数量的多少，二者成正向关系。它们被认为是早已存在于西方经济学的“货币数量论”的现代表达形式。二者的不同之处在于：交易方程强调货币的交易媒介作用，而剑桥方程则强调对货币的需求方面。

22.**【难度】**2　　　**【考点】**货币主义的主要观点和政策主张

【答案】（1）名义国内生产总值＝价格水平×实际国内生产总值，可得物价水平为：

$$P=\frac{10}{5}=2$$

根据交易方程 $Py=MV$，可知货币流通速度为：

$$V=\frac{Py}{M}=\frac{2\times5}{0.5}=20$$

（2）由第（1）问可知：

$$MV=Py=10$$

$$y'=y\times(1+5\%)=5\times(1+5\%)=5.25$$

$$P'=\frac{MV}{y'}=\frac{10}{5.25}=1.90$$

（3）$M=\frac{Py'}{V}=\frac{2\times5.25}{20}=0.525$

即应该把明年的货币供给设定为 5 250 亿美元。

（4）$P''=P\times(1+10\%)=2\times(1+10\%)=2.2$

$$M=\frac{P''y'}{V}=\frac{2.2\times5.25}{20}=0.577\ 5$$

即应该把货币供给设定为 5 775 亿美元。

23. **【难度】** 2　　**【考点】** 货币主义的主要观点和政策主张

【答案】 根据费雪交易方程 $MV=Py$ 可得如下关系式：

$$\pi=\hat{m}+\hat{v}-\hat{y}$$

其中，π 为通货膨胀率，$\hat{m}$ 为货币增长率，$\hat{v}$ 为货币流通速度变化率，$\hat{y}$ 为产量增长率。

根据题设有 $\hat{m}=0.16$，$\hat{v}=0.02$，$\hat{y}=0.11$，将它们代入上式得：

$$\pi=0.16+0.02-0.11=7\%$$

又根据费雪方程 $r=i-\pi$，其中 r 为实际利率，i 为名义利率，根据题设以及前面的计算结果知 $\pi=7\%$，$i=3\%$，于是得实际利率 $r=3\%-7\%=-4\%$。

24. **【难度】** 1　　**【考点】** 新古典宏观经济学的基本假设

【答案】 新古典宏观经济学的假设条件主要有：个体利益最大化、理性预期、市场出清和自然率假说。

（1）个体利益最大化。

新古典经济学认为，宏观经济现象是个体经济行为的后果，宏观经济理论必须具有微观理论的基础。而微观经济学认为，理解个体行为的基本出发点就是假设个体追求其利益最大化。所以，要使宏观经济学具有坚实的微观经济基础，应将个体利益最大化作为基本假设。

（2）理性预期。

理性预期指经济当事人在有效地利用一切信息的前提下，对经济变量做出在长期中平均来说最为准确的，而又与所使用的经济理论、模型相一致的预期。用通俗的话说，理性预期假说的意思是：在长期中，人们会准确地或趋向于预期到经济变量所应有的数值。

（3）市场出清。

市场出清指每一个市场都处于或趋向于供求相等的一般均衡状态。也就是说，无论劳动市场上的工资还是产品市场上的价格，都具有充分的灵活性，可以根据供求情况迅速进行调整，使相应的市场供给和需求相等或趋于相等。

（4）自然率假说。

按照自然率假说，任何一个社会都存在着一个自然失业率，其大小取决于该社会的技术水平、资源数量和文化传统等。在短期中，人为的经济政策的作用可能暂时使实际的失业率大于或小于自然失业率；而在长期中，该社会的经济总是趋向于自然失业率。这就是说，人为的经济政策的作用可以暂时或在短期中使实际的失业率大于或小于自然率，但是在长期中，不可能做到这一点。

25.**【难度】**2　　**【考点】**实际经济周期理论

【答案】货币经济周期理论和实际经济周期理论是新古典宏观经济学的两种经济周期模型。

（1）货币经济周期理论。

卢卡斯等人的货币经济周期理论从不完全信息出发论证了货币政策无效。该论述的中心内容是，预期到的货币供给的变化只会影响价格水平，不会影响产量；只有未被预期到的货币供给才会影响产量。因此，货币经济周期理论认为货币因素是经济波动的根源，且未预期到的货币供给冲击引起了经济波动。

货币经济周期理论认为经济波动的传导机制是由于市场分割而造成的信息障碍，即经济当事人是有限理性的，他们的经验和技术通常是不足的，而经济交易又是复杂多变的，因此，当事人总是不能得到预期变量的完整和全部的信息，而且当事人之间的信息往往是不对称的。这种信息障碍也是造成货币非中性的源泉。

（2）实际经济周期理论。

实际经济周期理论是新古典宏观经济学的代表性理论之一。实际经济周期理论把经济波动看作主要由持续的实际（供给方）冲击引起，而不是由未预见的货币（需求方）冲击引起的。实际经济周期理论认为，导致经济周期的根本原因是供给面而不是需求面冲击，如技术进步引起的生产率冲击，能源价格上升的冲击等。宏观经济会受到一些实际因素的冲击，明显的两个例子是石油危机和农业歉收，还有诸如战争、人口增减、技术革新等。因此，该理论认为经济的波动是随机的、不可预测的。实际经济周期理论认为其中最常见、最值得分析的是技术冲击，而且技术冲击是经济波动的动力之源，而总需求冲击如货币供给的变动即使在短期也是中性的，因此不是经济周期波动的根源。

实际经济周期理论认为经济波动的传导机制是劳动供给的跨时期替代，即在不同时期配置工作时间的意愿。人们在不同时期中劳动投入的比率是由各时期的相对工资决定的，减少相对工资较少的时期的劳动量而增加相对工资较高的时期的劳动量，从而在工作总量不变的情况下获得更多收入，但这并不意味着劳动供给对工资的永久性变动很敏感。因此，如果技术冲击是暂时的，使得当期的实际工资暂时地高于标准，那么劳动者将以工作替代闲暇，提供更多的劳动，从而产出和就业均上升，而在预期实际工资较低的未来减少工作。因此，实际工资的变动会带来较大的供给变化。这样，通过跨时劳动替代对外来冲击形成了经济波动。

26.**【难度】**2　　　**【考点】**新凯恩斯主义的假设条件及特征

【答案】（1）原凯恩斯主义和新凯恩斯主义的理论。

原凯恩斯主义认为生产和就业的水平决定于总需求的水平，主张国家采用扩张性的经济政策，通过增加需求促进经济增长，即扩大政府开支，实行财政赤字，刺激经济，维持繁荣。新凯恩斯主义经济学以不完全竞争和不完全信息为前提，分析论证名义的和实际的工资和价格黏性的存在，从而得出资本主义市场经济的不稳定性（市场始终难以出清）这种论断，以及资本主义社会必然产生大量非自愿失业这个现象，因此提出政府干预市场经济的必要性，否定政策措施无效性的论调。

（2）两者的联系。

原凯恩斯主义是新凯恩斯主义的基础，原凯恩斯主义的不足和对经济现象解释的效微力乏促使了新凯恩斯主义的产生和发展，新凯恩斯主义以工资黏性和价格黏性代替原凯恩斯主义工资刚性和价格刚性的概念，以工资黏性、价格黏性和非市场出清的假设取代新古典宏观经济学的工资、价格完全伸缩性和市场出清的假设，并将其与宏观层次上的产量和就业量等问题相结合，建立起有微观基础的新凯恩斯主义宏观经济学。

新凯恩斯主义是原凯恩斯主义受新古典宏观经济学打击之后，汲取凯恩斯主义与其对立的学派的斗争中的经验教训而形成的，并在与新古典宏观经济学的斗争中不断发展，是原凯恩斯主义的复兴。

（3）两者的差别。

尽管新凯恩斯主义和原凯恩斯主义都坚持非市场出清的假设，但两者的非市场出清理论存在着重大的差别，主要在于：

①原凯恩斯主义非市场出清模型假定名义工资刚性，而新凯恩斯主义非市场出清模型假定工资和价格有黏性，即工资和价格不是不能调整，但其调整是缓慢的。

②原凯恩斯主义非市场出清理论缺乏微观基础，没有阐明为什么价格和工资具有刚性，新凯恩斯主义模型则增加了原凯恩斯主义模型所忽略的两个假定：一个就是经济当事人利益最大化原则，即厂商追逐利润最大化和消费者追求效用最大化，另一个就是理性预期，这一假设来自新古典宏观经济学。

这使得新凯恩斯主义得到了全新的基本观点：

①厂商只有在调整价格后的利润增量大于菜单成本时，才会调整价格。

②交错调整是成本量小的价格调整方法。

③劳资双方通过雇佣合同调整工资，所以工资调整也是交替出现的。

④信贷市场是信息不完全的市场，信贷双方的信息是不对称的，存在逆向选择。因此，市场出清的利率与银行最优利率往往不相吻合。

27. **【难度】**2　　　**【考点】**新古典宏观经济学的基本假设；新凯恩斯主义的假设条件及特征

【答案】新古典主义经济学从理性预期出发，认为工资和价格具有充分的弹性，可以迅速调整，通过工资和价格的不断调整，使供给量与需求量相等，市场连续地处于均衡之中，即市场是连续出清的。这也就意味着货币供给的变化将只改变价格水平，而对实际产量和就业没有影响，只有未预期到的货币供给的变化才影响实际产量，即在能预期到的情况下，货币等名义变量的变化是“中性”的，此时古典二分法成立，名义变量的变化不影响实际变量。这种连续出清也意味着政府的宏观经济政策只会扰乱市场，加剧了市场的混乱。如果市场遭遇到了冲击，理性预期和价格弹性本身就可以让市场迅速恢复均衡，而不需要政府的干预。

新凯恩斯主义者虽然也认同理性预期，但他们认为理性预期只是长期内的效果，短期内形成的预期是适应性预期而不是理性预期，而且，由于市场不完全和信息不对称，经济当事人的理性预期也常常受到约束或者限制，这种预期通常只是“理性约束预期”或者“近似理性预期”。从这种理论出发，新凯恩斯主义者认为，当经济出现需求扰动时，工资和价格不能迅速调整到使市场出清，缓慢的工资和价格调整使经济回到实际产量等于正常产量的状态需要一个很长的过程，例如需要几年的时间，而在这一过程中，经济处于供求不等的非均衡状态。

非市场出清的观点使得新凯恩斯主义者认为，货币等名义变量的变动会导致产量和就业量等实际变量的波动，即古典二分法至少在短期是失效的。经济在遭受到总需求冲击之后，从一个非充分就业的均衡恢复到充分就业均衡状态是一个缓慢的过程，因而刺激总需求是有必要的。所以，为了避免较长时期的非充分就业持续出现，新凯恩斯主义者倡导政府通过政策影响总需求，以此来稳定和调控国民经济。

28. **【难度】**1　　　**【考点】**新凯恩斯主义的假设条件及特征

【答案】当工资随时间缓慢变化，而不是充分和快速地灵活变化来确保每一时刻充分就业时，工资就是黏性的，或者工资调整迟缓。工资具有黏性的原因有以下几个方面：

（1）信息不充分。当名义工资因价格上涨而提高时，在短期内，由于信息不充分，工人存在货币幻觉，会以为实际工资得到了提高，因此愿意提供更多的工作，因此名义工资的提高会导致短期内的失业率下降和产出提高。

（2）劳动合同的约束。劳动合同一般是以年为单位计算的，在短期内调整工作的可能性有限。

（3）协调问题。如果企业间相互协调，它们可以一起减少工资，但在一般情况下，它们不可能协调一致，因为个别企业降低其雇员的名义工资时，率先行动的企业的利润将会受到最严重的打击。因此，当总需求下降时，工资不会立即降低。

（4）效率工资。根据效率工资理论，雇主必须把工资作为刺激雇员努力工作的手段。雇员在工作时的努力程度决定了生产和经营的经济效率，而雇员的努力程度又在很大程度上取决于雇员得到的报酬的高低。因此，为了激励员工努力工作，雇主往往提高雇员的名义工资，使其高于市场平均水平，从而获得工人更高的工作效率。

（5）工会力量。工会力量的存在也导致工资水平较难下降，工资的话语权在很大程度上掌握在工会组织的手中。通过谈判等途径获取降低工资的可能对企业来说成本很高，并且这种可能性不大。

（6）内部人-外部人模型。内部人是指企业内部已经就业的工人，外部人是指企业外部处于失业状态的劳动者。由于失业者并不参与工资的谈判，即使失业者愿意接受比现行实际工资更低的工资水平，但由于厂商只和在职工人协商，解雇已经就业的内部人和雇用外部人也有较大的成本——解雇成本、雇佣成本、培训成本，所以内部人相对于外部人来说具有优势，企业愿意对内部人支付较高的工资。内部人-外部人模型说明，实际工资并不对失业做出较大的反应。

第二十二章 西方经济学与中国

学习精要

一、学习重点

1. 我国国情
2. 微观经济学的可借鉴之处
3. 宏观经济学的参考价值
4. 我国社会经济发展的主要矛盾
5. 中国经济新常态
6. 供给侧结构性改革
7. 国内国际双循环的新发展格局

二、知识脉络图

本章知识点没有明显的脉络性关系。

三、理论精要

知识点一　我国国情

第一，从社会制度看，西方国家实行的是资本主义制度，而我国实行的是中国特色社会主义制度。

第二，从社会发展历史方位看，经过长期努力，现在中国特色社会主义进入了新时代，社会主要矛盾已经转化为人民日益增长的美好生活需要和不平衡不充分的发展之间的矛盾。

第三，从基本国情看，我国社会仍处于并将长期处于社会主义初级阶段的基本国情以及是世界最大发展中国家的国际地位都没有变。

第四，从经济发展的基本战略看，中国要加快形成以我为主、内外兼修的国内国际双循环相互促进的新发展格局。

第五，从文化传统和意识观念看，我国与西方国家也有重大差别。

知识点二　政府与市场的定位

资源配置这件事由市场决定，政府则要在制定规章、加强监管、提供公共物品和宏观调控等方面更好地发挥作用。

有为政府的经济职能包括：（1）提升效率；（2）促进公平；（3）稳定经济。

知识点三　微观经济学的可借鉴之处

一些微观经济理论对我国经济体制改革有可借鉴之处：

（1）均衡价格理论。供求决定价格，价格协调需求，我国还有少数产品未真正被纳入市场经济轨道，价格仍有扭曲。

（2）商品供求理论。我国还存在大企业垄断价格的现象，政府在个别方面掌握了定价权，难以让商品价格跟着供求变化走。

（3）厂商均衡理论。这些理论中包含的放宽市场准入、保护知识产权激励、让厂商有更大自主权等理论对我国企业发展具有参考价值。

（4）公平竞争理论。生产者之间、消费者之间、生产者和消费者之间都要公平有序竞争。我国既要支持公有经济和非公有经济共同发展，也要依法规范发展，反对垄断和不正当竞争行为。

（5）优胜劣汰理论。传统观念认为企业优胜劣汰是两极分化的资本主义现象，但是在市场竞争中必然会有企业优胜劣汰，也必须要有优胜劣汰，否则经济就没有效率，社会也不会进步。我国在这方面还有一些问题有待解决。

（6）博弈论和信息经济学的一些理论。我国市场经济历史不长，现代市场经济所要求的人们的守约意识和诚信观念还比较薄弱。在这种情况下，策略均衡理论、逆向选择和道德风险理论、信号传递和激励机制理论等都有用处。

（7）收入分配与贫富差距理论。我国改革开放使经济有所发展，但同时也使得社会贫富差距有所扩大。我国的收入分配制度改革，既不能搞平均主义做法，要提高经济效率，又不能使贫富差距过分扩大，要走向共同富裕，西方经济学家在这方面提出的一些理论观点和政策主张中有一些东西值得借鉴。

(8) 市场失灵和微观经济政策的理论。无论是在西方国家还是在我国，经济生活中市场失灵的情况都是存在的，而这些情况，包括外部性的克服、公共物品的提供、垄断和竞争中的兴利除弊、贫富差距的调节等，都是无法依靠市场力量来自动纠正的。

知识点四　西方宏观经济学的参考价值

了解西方宏观经济理论对认识和研究我国经济发展问题是有意义的。

(1) 关于国民收入衡量的理论。对于如何认识 GDP、核算 GDP 和对待 GDP，西方经济学家提出了不少值得我们思考的观点，其中包括如何与时俱进地改进国民收入核算体系的理论。

(2) 关于国民收入决定的理论。目前西方主流经济学的基本思想就是需求决定供给、生产和就业。多年来我国经济发展遵循的也是这一理论。把投资、消费和出口当做拉动经济的三驾马车，确实推动了经济快速发展，但也带来了一系列严重问题。现在中国共产党提出了供给侧结构性改革理论，这是对需求决定供给理论的补充和修正。但我国还必须同时注重需求侧管理，打通需求管理中的堵点。

(3) 关于长期经济增长的理论。其中最有参考价值的也许是新古典增长模型和内生增长理论，尤其是对要素生产率提高因素的分析，它们对深刻理解我国当前的创新驱动、转型发展很有意义。

(4) 关于宏观调控的经济政策理论以及宏观经济学不同流派观点的争论。西方经济学家注重研究的财政政策和货币政策被用来稳定总需求。变动政府支出和收入，变动货币供给量和利率，同样是我国宏观经济政策中的不二选择。关于宏观经济学不同流派观点的争论，也能够启发我们思考在经济出现一定波动时，究竟是需要政府多一点干预好还是让市场自动调整多一点好；如果确实需要政府干预，是用财政政策好还是货币政策好，这些都需要权衡利弊得失。

知识点五　我国社会经济发展的主要矛盾

我国已进入高质量发展阶段，社会主要矛盾已经转化为人民日益增长的美好生活需要和不平衡不充分的发展之间的矛盾。

知识点六　中国经济新常态

中国经济新常态是 21 世纪中国经济社会呈现的一种状态。我国经济正从高速增长转向中高速增长，经济发展方式正从规模速度型粗放增长转向质量效率型集约增长，经济结构正从增量扩能为主转向调整存量、做优增量并存的深度调整，经济发展动力正从传统增长点转向新的增长点。

中国经济新常态蕴含多方面的政策寓意：一是经济增长正式告别高速增长，宏观经济政策告别常态的调控和刺激；二是经济增长的动力转换，尽管发展还是第一要务，但创新已成为第一动力，人才成为第一资源；三是经济结构将“避重就轻”，在推动新型工业化的同时，强力扶持服务业；四是告别货币推动型增长模式，控制包括房地产在内的资产价格泡沫和债务杠杆会优于经济增长本身。

知识点七　供给侧结构性改革

供给侧结构性改革是指从提高供给质量出发，用改革办法推进结构调整，矫正资源配置扭曲，扩大有效供给，提高供给结构对需求变化的适应性，提高全要素生产率，更好满足广大人民日益增长的美好生活需要，促进社会经济持续健康发展。

知识点八　中国经济发展新理念

中国经济的五大发展理念是创新、协调、绿色、开放、共享，这五大发展理念是指导中国下一个时期经济发展新的“思想灵魂”。

创新发展是跨越“中等收入陷阱”难题的根本出路。协调发展是要在优化结构、补齐短板上取得突破性进展。绿色发展是人与自然和谐共生的现代化要求。开放发展是要在积极融入国际社会的同时成为主动塑造者。共享发展是经济发展的出发点和落脚点。

知识点九　国内国际双循环的新发展格局

以国内大循环为主体就是产品要以满足国内市场需求为主，以国内市场需求促进国内生产，以国内生产保障国内消费和投资需要，实现供给和需求的经济循环。

但是，中国的发展离不开世界，世界的发展也离不开中国，持续深化对外开放，科学谋划和主动参与国际经济循环，才能在扩大开放中获得更有力的资源、技术、人才、资金支撑。

因此一定要构建一个国内国际双循环的模式。国内大循环处在主体地位，是国际循环的基础和保证；国际循环则起着带动和优化的作用，是国内循环的外延和补充。

知识点十　经济全球化和经济逆全球化

经济全球化是指世界经济活动超越国界，通过对外贸易、资本流动、技术服务而形成相互联系、相互依存的全球范围有机经济整体的过程，也是一个以市场经济为基础，以先进科技和生产力为手段，以经济效益为目标，通过分工、贸易、投资、跨国公司和要素流动等，实现各国市场分工与协作、相互融合的过程。

经济全球化对发展中国家具有积极影响：发展中国家可以引进先进技术和管理经验，实现产业结构优化，增强经济竞争力，缩短与发达国家的差距；发展中国家通过吸引外资，扩大就业，使劳动力资源的优势得到充分发挥；发展中国家也可以利用不断扩大的国际市场解决产品销售问题，以对外贸易带动本国经济的发展；发展中国家还可以借助投资自由化和比较优势从经济全球化中获益。但是全球化也是有代价的，其中之一是全球经济的不稳定会成为一种常态。

经济逆全球化是指一种与全球化反向而行的思潮，如主张贸易保护，反对商品、资本、人员、技术等在国际上流动，要求离开和退出国际组织或者地区性组织，走上内向道路。

习题解析

1. 当借鉴西方经济学时必须考虑我国的哪些重大国情？

【难度】2　　**【考点】**我国国情；我国社会经济发展的主要矛盾

【答案】在部分论点、概念和方法上，西方经济学有值得借鉴之处，但借鉴不是生搬硬套，必须结合我国国情，否则，不仅不能带来想要的结果，反而可能产生有害影响。我国国情和西方国家有很多差异，最主要的有以下几点：

第一，从社会制度看，西方国家实行的是资本主义制度，而我国实行的是中国特色社会主义制度。

第二，从社会发展历史方位看，经过长期努力，现在中国特色社会主义进入了新时代，社会主要矛盾已经转化为人民日益增长的美好生活需要和不平衡不充分的发展之间的矛盾。

第三，从基本国情看，我国社会主要矛盾尽管已经变化，但仍处于并将长期处于社会主义初级阶段的基本国情以及是世界最大发展中国家的国际地位都没有变，因此要牢牢坚持党的基本路线，以经济建设为中心，坚持四项基本原则，坚持改革开放，坚定不移把发展作为党执政兴国的第一要务，坚持解放和发展生产力，坚持社会主义经济改革方向，转变发展方式，优化经济结构，转换增长动力，以供给侧结构性改革为主线，推动经济发展质量变革、效率变革、动力变革，提高全要素生产率，着力构建市场机制有效、微观主体有活力、宏观调控有度的经济体制。

第四，从经济发展的基本战略看，中国要加快形成以我为主、内外兼修的国内国际双循环相互促进的新发展格局。

第五，从文化传统和意识观念看，我国与西方国家也有重大差别。中国历来崇尚以人为本、生命至上，而西方历来崇尚财富为本；中国人集体观念较强，而西方人个人主义较重；中国人法制观念、合同意识还不太强，而西方人则比较重视这方面；中国人往往“不患寡而患不均”，而西方人往往注重个人争取。对优良传统应继承发扬，而不良意识与习惯则必须逐步克服。

2. 你认为哪些微观经济学理论对我国的经济改革具有一定的参考价值？

【难度】2　　**【考点】**微观经济学的可借鉴之处

【答案】以下微观经济理论对我国进一步深化经济体制改革有一定的参考价值：

（1）均衡价格理论。

在市场经济中，供求决定价格，价格协调供求。这一价格理论很值得我国借鉴。我国经济随着改革不断深化，绝大部分产品都逐步走上了市场化道路，但至今还有少数产品由于种种原因未真正被纳入市场经济轨道，价格仍有扭曲。

（2）商品供求理论。

西方微观经济学对商品供求理论做了比较全面的分析，商品供求理论对我们认识市场供求变化很有用处，它包括各种需求弹性理论、消费者选择理论、价格变化和收入变化对消费者均衡影响的理论、替代效应和收入效应的理论等。今天，我国消费品市场化程度已经相当充分，但这些领域存在的问题还相当多。一方面，一些大企业垄断了市场和价格；另一方面，政府在个别方面还掌握了定价权，难以让商品价格跟着供求变化走。

（3）厂商均衡理论。

西方微观经济学的厂商均衡理论分析资本主义企业在一定约束条件下，如何根据成本和收益的边际变化来做出产量和定价的决策以求取最佳经济效益，分析竞争和垄断的各种市场结构产生的条件和程度，分析怎样才能获取超额利润等。这些理论中包含的放宽市场准入、保护知识产权激励、让厂商有更大自主权等理论对我国企业发展还是有一定参考价值的。

（4）公平竞争理论。

市场经济是竞争经济，竞争需要公平。市场经济中的所有经济活动主体，包括生产者之间、消费者之间、生产者和消费者之间，都要公平有序竞争。要强化反垄断和防止资本无序扩张。反垄断、反不正当竞争是完善我国社会主义市场经济体制，推动高质量发展的内在要求。我国既要支持公有经济和非公有经济共同发展，也要依法规范发展，反对垄断和不正当竞争行为，否则广大中小企业就难以生存发展。

（5）优胜劣汰理论。

传统观念认为企业优胜劣汰是两极分化的资本主义现象，但是在市场竞争中必然会有企业优胜劣汰，也必须要有优胜劣汰，否则经济就没有效率，社会也不会进步。我国在这方面还有一些问题有待解决。

（6）博弈论和信息经济学的一些理论。

现代市场经济中充满了不确定性，因此近几十年来迅速发展起来的博弈论和信息经济学对我们研究许多经济现象都非常有用。我国还是一个现代市场经济发展历史不长的国家，现代市场经济所要求的人们的守约意识和诚信观念还比较薄弱。在这种情况下，策略均衡理论、逆向选择和道德风险理论、信号传递和激励机制理论等都有用处。

（7）收入分配与贫富差距理论。

收入分配与贫富差距理论中也有值得借鉴之处。一是关于贫富差距扩大因素的分析，认为随着资本力量越来越强大，贫富差距必然越来越大；二是关于贫富差距衡量指标的分析，包括基尼系数、洛伦茨曲线等；三是如何协调公平和效率关系的观点。这些理论和分析对研究我国收入分配问题是值得参考的。我国改革开放打破了平均主义的“大锅饭”，经济有所发展，但社会贫富差距日益扩大。我国的收入分配制度改革，既不能搞平均主义做法，要提高经济效率，又不能使贫富差距过分扩大，要走向共同富裕，西方经济学家在这方面提出的一些理论观点和政策主张中有一些东西值得借鉴。

（8）市场失灵和微观经济政策的理论。

无论是在西方国家还是在我国，经济生活中市场失灵的情况都是存在的，而这些情况，包括外部性的克服、公共物品的提供、垄断和竞争中的兴利除弊、贫富差距的调节等，都是无法依靠市场力量来自动纠正的。因此这一理论对我国也是有借鉴意义的。

3. 怎样理解博弈论和信息经济学的一些理论对认识我国当前市场经济秩序是有帮助的？

【难度】2　　**【考点】**微观经济学的可借鉴之处

【答案】现代市场经济中充满了不确定性，因此近几十年来迅速发展起来的博弈论和信息经济学对我们研究许多经济现象都非常有用。我国还是一个现代市场经济发展历史不长的国家，现代市场经济所要求的人们的守约意识和诚信观念还比较薄弱。在这种情况下，策略均衡理论、逆向选择和道德风险理论、信号传递和激励机制理论等都有用处。例如，企业真正树立长期品牌意识，真正弄明白品牌和形象对企业长期发展壮大的意义，并不是一件容易的事。

4. 你认为西方经济学中的收入分配和贫富差距理论在哪些方面对我国具有参考价值？

【难度】2　　**【考点】**微观经济学的可借鉴之处

【答案】西方微观经济学把国民收入分配看做要素价格问题，掩盖了资本主义雇佣劳动剥削关系，这是我们必须认识到的。但这一套理论中也有值得借鉴之处。

一是关于贫富差距扩大因素的分析，认为随着资本力量越来越强大，贫富差距必然越来越大；二是关于贫富差距衡量指标的分析，包括基尼系数、洛伦茨曲线等；三是如何协调公平和效率关系的观点。这些理论和分析对研究我国收入分配问题是值得参考的。

以贫富分化为例，基尼系数是衡量贫富分化的一项参考指标。联合国开发计划署等组织规定：基尼系数在0.3～0.39之间表示分配相对合理，0.4～0.59则表示贫富分化较严重。通常把0.4作为收入分配差距的“警戒线”，一般发达国家的基尼系数在0.24～0.36之间。按照世界银行公布的数据，中国基尼系数在2010年高达0.437。我国改革开放打破了平均主义的“大锅饭”，虽然经济有所发展，但社会贫富差距有所扩大。我国的收入分配制度改革，既不能搞平均主义做法，要提高经济效率，又不能使贫富差距过分扩大，要走向共同富裕，西方经济学家在这方面提出的一些理论观点和政策主张中有一些东西值得借鉴。例如，西方国家为缩小贫富差距而采用的税收政策和社会保障政策中就有不少东西可以借鉴，而我国采用的精准扶贫的种种做法，更是既有利于实现公平，又不损害效率的一种创造。通过一系列政策的调节，我国的基尼系数逐渐下降，到 2016 年下降到 0.385，基本接近发达国家的安全范围。

5. 为什么说西方经济学的市场失灵及其调节理论对我国具有一定的参考价值?

【难度】 2　　**【考点】** 微观经济学的可借鉴之处

【答案】 无论是在西方国家还是在我国，经济生活中市场失灵的情况都是存在的，而这些情况，包括外部性的克服、公共物品的提供、垄断和竞争中的兴利除弊、贫富差距的调节等，都是无法依靠市场力量来自动纠正的。对于市场失灵的微观经济政策，无论是西方国家还是中国，都是大同小异的，因此西方经济学的市场失灵及其调节理论对我国是具有一定参考价值的。

以负外部性中的环境污染来说，在我国改革开放以来的经济高速发展中，存在资源过度利用、环境污染问题，无论在水、空气还是土壤方面，都需要治理。这种治理不可能靠企业自己去做，必须靠政府用行政的、经济的各种手段来解决。关于治理生产的负外部性，西方经济学里有比较成熟的方法，例如行政处罚、庇古税、企业合并、明确财产权等等措施，这些理论无论对西方国家还是对我国，都是有效的。

6. 为什么西方宏观经济学又称为国民收入决定理论? 了解西方宏观经济学对认识和研究我国经济发展有没有意义?

【难度】 2　　**【考点】** 西方宏观经济学的参考价值

【答案】 西方宏观经济学研究国家或者地区的总体经济问题，包括国民收入的衡量、决定、波动、发展和调控等，其中国民收入的决定是一条主线。因此宏观经济学又称国民收入决定理论。理解并结合我国情况研究这套理论，对认识我国经济发展的过去、现在和将来是有益的。

了解西方宏观经济学对认识和研究我国经济发展是有意义的。

(1) 关于国民收入衡量的理论。

目前，我国也采用联合国的国民经济核算体系（SNA），其中最核心的指标是 GDP。对于如何认识 GDP、核算 GDP 和对待 GDP，西方经济学家提出了不少值得我们思考的观点，其中包括如何与时俱进地改进国民收入核算体系的理论。例如，将研究与开发的支出列入 GDP。

(2) 关于国民收入决定的理论。

目前西方主流经济学还是凯恩斯主义那一套有效需求理论，基本思想就是需求决定供给、生产和就业。多年来我国经济发展遵循的也是这一理论。把投资、消费和出口当做拉动经济的三驾马车，确实推动了经济快速发展，但也带来了一系列严重问题。实际上，有效需求决定生产和就业，是凯恩斯的短期均衡国民收入决定理论，凯恩斯本人也曾说过。但多年来各国都把投资、消费和出口当做拉动经济的三驾马车。现在中国共产党提出了供给侧结构性改革理论，这是对需求决定供给理论的补充和修正。但是，重视供给侧结构性改革绝不是不重视需求侧管理，而是必须同时注重需求侧管理，打通需求管理中的堵点。

（3）关于长期经济增长的理论。

西方经济学家提出了一套又一套理论，其中最有参考价值的也许是新古典增长模型和内生增长理论，尤其是对要素生产率提高因素的分析，它们对深刻理解我国当前的创新驱动、转型发展很有意义。

（4）关于宏观调控的经济政策理论以及宏观经济学不同流派观点的争论。

西方经济学家注重研究的财政政策和货币政策被用来稳定总需求。变动政府支出和收入，变动货币供给量和利率，同样是我国宏观经济政策中的不二选择。关于宏观经济学不同流派观点的争论，也能够启发我们思考在经济出现一定波动时，究竟是需要政府多一点干预好还是让市场自动调整多一点好；如果确实需要政府干预，是用财政政策好还是货币政策好，这些都需要权衡利弊得失。

总之，了解西方宏观经济学确实可以帮助我们认识和研究我国经济发展中的一些问题。然而，必须充分认识到，当代西方宏观经济学那套理论对思考我国宏观经济问题的意义是很有限的，因为那套理论基本上是发达市场经济国家经济运行和发展的经验教训的总结，而我国现在不但还是一个发展中国家，而且在社会制度、文化传统和其他国情各方面与西方国家有着重大区别。中国有自己的情况，要认识中国经济发展尤其是当前中国经济发展问题，还得从我们国家的实际出发。

7. 为什么说西方宏观经济学对思考和认识我国宏观经济问题的意义是很有限的？

【难度】2　　**【考点】**西方宏观经济学的参考价值

【答案】了解西方宏观经济学确实可以帮助我们认识和研究我国经济发展中的一些问题。然而，必须充分认识到，当代西方宏观经济学那套理论对思考我国宏观经济问题的意义是很有限的，因为那套理论基本上是发达市场经济国家经济运行和发展的经验教训的总结，而我国现在不但还是一个发展中国家，而且在社会制度、文化传统和其他国情各方面与西方国家有着重大区别。中国有自己的情况，要认识中国经济发展尤其是当前中国经济发展问题，还得从我们国家的实际出发。

我国当前的社会主要矛盾已经转化为人民日益增长的美好生活需要和不平衡不充分的发展之间的矛盾。我国经济正从高速增长转向中高速增长，经济发展方式正从规模速度型粗放增长转向质量效率型集约增长，经济结构正从增量扩能为主转向调整存量、做优增量并存的深度调整，经济发展动力正从传统增长点转向新的增长点。要解决我国宏观经济学问题，更多的还得从我国经济的实际情况出发，寻找最适合我国当前经济现状的解决方案，而不是照搬西方宏观经济学的教条知识。例如供给侧结构性改革，就是我国自己的一种创造。

8. 中国经济新常态有哪些特点？这种经济新常态蕴含哪些政策寓意？

【难度】2　　**【考点】**中国经济新常态

【答案】中国经济新常态是 21 世纪中国经济社会呈现的一种状态。我国经济正从高速增长转向中高速增长，经济发展方式正从规模速度型粗放增长转向质量效率型集约增长，经济结构正从增量扩能为主转向调整存量、做优增量并存的深度调整，经济发展动力正从传统增长点转向新的增长点。

我国经济进入新常态，是过去多年高速发展的必然要求和结果。经过多年高速发展，我国资源环境压力大大增加，人口等要素成本上升，国家外部环境也变化了。所有这些都倒逼经济结构优化升级，发展转向创新驱动。这种新常态与传统不平衡、不协调、不可持续的粗放增长模式有本质区别。这种新常态是中国经济进入更高层次发展阶段后才出现的状态，推动中国经济迈上转型升级、提质增效的新阶段。

中国经济新常态蕴含多方面的政策寓意：一是经济增长正式告别高速增长，宏观经济政策告别常态的调控和刺激，如果经济增速在合理区间，政府一般不会采取非常规的刺激措施；二是经济增长的动力转换，尽管发展还是第一要务，但创新已成为第一动力，人才成为第一资源；三是经济结构将“避重就轻”，在推动新型工业化的同时，强力扶持服务业；四是告别货币推动型增长模式，控制包括房地产在内的资产价格泡沫和债务杠杆会优于经济增长本身。

新常态面临多种挑战，更蕴含多种机遇。随着新型工业化、信息化、农业现代化和城镇化协同推进，中国经济完全有条件、有能力保持较长时期的中高速增长，化解“成长中的烦恼”。新常态具有长期性，要适应、引领新常态，关键还在于全面深化改革，激发市场蕴藏的活力，为创新拓宽道路，为民生提供保障，增进人民福祉。

9. 什么是供给侧结构性改革？为什么要进行供给侧结构性改革？如何推进供给侧结构性改革？

【难度】2　　　**【考点】**供给侧结构性改革

【答案】供给侧结构性改革是指从提高供给质量出发，用改革办法推进结构调整，矫正资源配置扭曲，扩大有效供给，提高供给结构对需求变化的适应性，提高全要素生产率，更好满足广大人民日益增长的美好生活需要，促进社会经济持续健康发展。

为什么要进行供给侧结构性改革？因为当前我国经济生活中的需求结构已发生明显变化。随着收入水平提高和中等收入群体扩大，人民对物质生活、精神生活和生态环境等各方面的需求明显提高，多样化、个性化、高端化需求与日俱增。服务需求在消费需求中的占比明显上升。随着恩格尔系数持续下降，居民受教育水平普遍提高，人口老龄化加快，旅游、养老、教育、医疗等服务需求快速增长。同时，产业价值链提升对研发、设计、标准化、供应链管理、营销网络、物流配送等生产性服务也提出了更高要求。现有供给侧明显不适应需求结构的变化：无效和低端供给过多，一些传统产业产能严重过剩，产能利用率偏低，有效和中高端供给不足。供给侧改革就是为了适应需求结构升级，更好实现经济高质量发展。

国际分工格局重构对结构性改革也提出紧迫要求。前几年金融危机后，欧美国家信贷消费模式难以持续，转向推进再工业化战略，一些高端制造业出现回流；能源原材料生产国迫于新能源技术快速发展的压力，着力延伸产业链，提高产品附加值；人力资源丰富的国家凭借劳动力低成本优势，抢占劳动密集型产业的国际市场。在这种形势下，加快结构性改革是打造中国国际竞争新优势的关键。

推进供给侧结构性改革，一方面要着力减少无效和低端供给，尤其是其集中表现的过剩产能和过大库存。无效和低端供给沉淀了大量的厂房、土地、设备和劳动力等生产要素，降低了资源配置效率。去产能、去库存就是减少无效和低端供给、提高经济运行效率的根本举措。另一方面要着力扩大有效和中高端供给，改变供给体系和产品品质明显不适应居民消费结构升级要求的局面。推进供给侧结构性改革，要着力推进体制机制改革，包括取消一些行业准入限制和民营企业进入障碍，完善金融市场，健全市场诚信体系，加强知识产权保护度等。

推进供给侧结构性改革并不意味着放弃需求管理，而是要更重视打通需求管理中的一些“堵点”。需求管理重在短期调控，重在引导市场预期。在国际金融市场动荡不定、国内面临经济下行压力的背景下，做好需求管理可以改善市场预期，增强人们对经济的信心，避免经济增速短期快速下行激化各种矛盾和潜在风险，避免增大改革的难度和成本。事实上，必须贯通生产、分配、流通、消费各个环节，形成需求牵引供给、供给创造需求的更高水平的动态平衡，提升国民经济体系整体效能。为此，要把握好供给侧结构性改革的时间窗口，营造稳定的宏观经济环境，为改革有序推进创造条件。

10. 什么是中国经济的五大发展理念?

【难度】2 **【考点】**中国经济发展新理念

【答案】中国经济的五大发展理念是创新、协调、绿色、开放、共享，这五大发展理念是指导中国下一个时期经济发展新的“思想灵魂”。

创新发展是跨越“中等收入陷阱”难题的根本出路。在新常态下，创新是引领发展的第一动力，是国家发展全局的核心。创新包括理论创新、制度创新、科技创新、文化创新等各方面创新。未来突破发展瓶颈，推动在新常态下进一步发展，主要就是靠“创新”。

协调发展是要在优化结构、补齐短板上取得突破性进展。当前中国在协调发展方面存在三个比较突出的问题：一是城乡二元结构和城市内部二元结构的矛盾依然比较突出；二是区域发展不平衡，东中西部、东北区域间不平衡；三是社会文明程度和国民素质与经济社会发展的水平还不匹配。下一个时期的经济社会发展必须在优化结构、补齐短板上取得突破性进展，着力提高发展的协调性和平衡性。

绿色发展是人与自然和谐共生的现代化要求。过去中国经济发展中积累的大气、水、土壤污染的问题比较多，所以中国把坚持节约资源和保护环境作为基本国策，加快生态文明体制改革，建设美丽中国，坚持可持续发展，为经济转型升级添加强劲的“绿色动力”。

开放发展是要在积极融入国际社会的同时成为主动塑造者。历经 40 多年的不懈努力，中国已经成为全球最大货物贸易国、最大外汇储备国，吸引外资和对外投资也居世界前列。然而，经济全球化背景下的大国棋局正在发生深刻变化。中国和世界经济已经形成了你中有我、我中有你的格局。中国要发展更高层次的开放型经济，与世界各国同舟共济，促进贸易和投资自由化、便利化，推动经济朝更加开放、包容、普惠、平衡、共赢的方向发展。

共享发展是经济发展的出发点和落脚点。近些年来，中国在保障和改善民生上做了大量工作，也取得了明显的成效。但是与人民群众的期盼相比，公共服务和社会保障体系还不够完善，均等化程度也有待提高，因此，必须在坚持发展为了人民、发展依靠人民、发展成果由人民共享上做出更有效的制度安排，使全体人民在共建共享发展中有更多获得感、幸福感、安全感。共享发展是中国全面实现社会主义现代化的基本出发点和落脚点，要实现共享发展，除了脱贫之外，还要把优先发展教育事业、提高就业质量和人民收入、加强社会保障体系建设、实施健康中国战略、打造共建共治共享社会治理格局、维护国家安全这些事情一件件统统办好，不断满足人民日益增长的美好生活需要。

应当指出，经济新常态的判断、供给侧结构性改革的主线和五大发展理念，从经济学角度看，都统一于要提高资源配置效率的要求。从提高资源配置效率的要求看，中国经济不但要从求增速向求质量和效益转变，还必须促使经济结构优化，使资源向市场需要的、绿色环保方向流动，从创新中寻找新的发展动力。目前，供给侧结构性改革实行的去产能、去库存、去杠杆、降成本、补短板这五大任务，无一不是优化资源配置所要求的。五大发展新理念则更是体现了要进一步通过改革开放来更长远地保证优化配置、开发利用国内外一切现实的和潜在的经济资源来促进社会生产力发展的根本要求。

11. 什么是经济全球化？经济全球化形成的原因是什么？经济全球化可能付出什么代价？

【难度】2　　**【考点】**经济全球化和经济逆全球化

【答案】经济全球化是指世界经济活动超越国界，通过对外贸易、资本流动、技术服务而形成相互联系、相互依存的全球范围有机经济整体的过程，也是一个以市场经济为基础，以先进科技和生产力为手段，以经济效益为目标，通过分工、贸易、投资、跨国公司和要素流动等，实现各国市场分工与协作，相互融合的过程。

经济全球化的成因包括：一是生产力发展和高科技发展。信息技术的发展和互联网的发展使信息沟通、资本流动、商品买卖等的速度达到了难以想象的地步，这为经济全球化奠定了物质技术基础。二是原来实行计划经济的国家纷纷实现了市场化经济改革，越来越多的国家走上了市场化道路，为全球化提供了体制保障。三是跨国公司在全球范围的迅速扩张，为经济全球化提供了组织形式。

经济全球化是一个生产社会化程度不断提高的过程。社会分工在更大的范围内进行，资金、技术等生产要素在国际社会流动和优化配置，带来巨大的分工利益，推动世界生产力发展。长期以来，发达资本主义国家由于在经济全球化进程中占据优势地位，在制定贸易和竞争规则方面具有更大发言权，控制了一些国际组织，从而成为全球化的主要受益者。经济全球化对发展中国家也具有积极影响：经济全球化使资源在全球范围内加速流动，发展中国家可以利用这一机会引进先进技术和管理经验，实现产业结构优化，增强经济竞争力，缩短与发达国家的差距；发展中国家通过吸引外资，扩大就业，使劳动力资源的优势得到充分发挥；发展中国家也可以利用不断扩大的国际市场解决产品销售问题，以对外贸易带动本国经济的发展；发展中国家还可以借助投资自由化和比较优势从经济全球化中获益。

但是全球化也是有代价的，其中之一是全球经济的不稳定会成为一种常态。在经济全球化过程中，各国经济的相互依赖性空前加强，因而经济波动和危机的国际传染便成为经常性的而且是不可避免的事情。任何一个国家的内部失衡都可能反映为外部失衡，进而很快影响到与其具有紧密贸易和投资关系的国家，可能将所有国家不同程度地引入失衡与危机的境地。如 2008 年美国的次贷危机，很快传染到整个欧洲地区以及东南亚，从而形成严重的地区性金融危机，随后又波及拉美地区，形成了事实上的全球性金融动荡。因此形成了一股经济逆全球化潮流。

12. 经济全球化曾经给中国带来什么机遇和利益？中国在未来的经济全球化中可能做出什么贡献？

【难度】2　　**【考点】**经济全球化和经济逆全球化

【答案】改革开放以来，尤其是自加入世界贸易组织以来，我国抓住了全球工业革命浪潮、欧美去工业化和产业全球转移的机遇，利用了相对友好的国际环境，以开放的胸怀吸引全球生产要素流入，迅速成为全球制造业中心与制造业大国。利用全球化的机会，我国经济实现了持续的高增长，2001—2020 年，我国人均 GDP 从 1 053 美元增长到 10 500 美元，增长了近 9 倍。

中国是经济全球化的受益者，也是贡献者。现在，中国作为世界上最大的发展中国家、世界第二大经济体、第一大贸易国、第一大外资吸引国、第二大对外投资国，将继续为世界做出理念贡献、机会贡献、制度贡献，成为推动实现新的全球化的先行者、实践者、引领者：一方面切切实实从多方面提供发展机会，包括为各国提供更广阔的市场、更充足的资本、更丰富的产品、更宝贵的合作契机；另一方面实实在在地履行共商共建、共赢共享的全球治理担当，如提出“一带一路”倡议、设立丝路基金、倡建亚投行和金砖国家新开发银行，积极建设全球自贸区网络，发起《全球基础设施互联互通联盟倡议》，推进《区域全面经济伙伴关系协定》（RCEP）谈判，推动《巴黎协定》生效并做出有关承诺。总之，中国将高举新的全球化的大旗，积极推动有利于全球共同发展的贸易、投资自由化和服务便利化，继续发挥负责任大国作用，积极参与全球治理体系改革和建设，不断贡献中国智慧和力量。

补充训练

略。

附录

知识点及对应习题列表

章节	知识点	习题解析	补充训练
第十二章	宏观经济学的特点	1	
	国内生产总值	2、7、13	1、3、5、6、7、8、9、14、15、16、19、22
	国民收入核算方法	3、4、5、6、8、9、10、11、12	2、4、10、16、17
	国民收入的其他衡量指标	14	24
	储蓄—投资恒等式		18
	失业率、物价和采购经理指数	15	11、12、13、19、20、21、22、23、25
第十三章	均衡产出	2、10、11	6、9、10、11、20、21、22、24
	凯恩斯消费函数	1、3、9、10、13、18	5、12、15、16
	储蓄函数	10、14、16、18	1、13
	国民收入的决定	7、14、15、16、17、19	6、13、17、18、20、23
	乘数理论	4、5、6、8、12、15	2、3、7、8、14、21、22、23、24
	潜在国民收入与缺口		4、19、20、25、26

续表

章节	知识点	习题解析	补充训练
第十四章	投资的决定	2、3	1、17
	IS 曲线	4、5、9、10、11、15	2、5、12、21、23、24、25、26
	凯恩斯货币需求理论	6、12	3、4、6、7、13、14
	LM 曲线	7、9、10、12	8、15、16、21、23、24、25、26
	IS—LM 分析	1、8、13、14、16	9、10、11、17、18、19、20、21、22、23、24、25、26
第十五章	总需求函数	1、9	1、8、10
	总需求曲线	1、2、10、11	2、9、10、11、12
	劳动市场与总供给函数	3、13	4、12、13、14、15
	总供给曲线	4、12	5、6、16、17、18、19、20
	总需求—总供给分析	5、6、7、8、14、15	3、7、21、22、23、24、25、26、27、28
第十六章	失业及相关概念	2、3、8	14、29、30
	失业的原因	1	5、6、15、16、17
	失业的影响与奥肯定律		1、7、8
	通货膨胀的描述	7	9、18、22、23
	通货膨胀的原因	6、15	3、10、11、19、20、21、22
	通货膨胀的成本	5	23、24、25
	菲利普斯曲线	4、9、10、11、12、13、14	2、4、12、13、26、27、28、29、30
第十七章	宏观经济政策目标		13
	财政政策及工具	3	8、14、15
	自动稳定器与斟酌使用的财政政策	1	9、16
	功能财政和预算盈余	2、10、11	4、17、18
	财政政策效果的 *IS—LM* 分析		3、19、24、25
	挤出效应		5、20
	货币创造机制	4、8、9、13、14	21、22
	货币政策及工具	12、15、16、17、18、19	6、10、23
	货币政策的局限性		
	货币政策效果的 *IS—LM* 分析		19、24、25、26
	财政政策和货币政策的混合运用		11、27
	博弈论在宏观经济政策中的应用	20	1、28、29
	关于总需求管理政策的争论	5、6	2、7、12、15、29、30
	供给管理政策	7	31、32

续表

章节	知识点	习题解析	补充训练
第十八章	汇率及汇率制度	1、2、9	1、2、3、6、7、9、17、18
	净出口与资本净流出	3、10	8、10、19、20
	蒙代尔-弗莱明模型	4、5、6	4、8、11、21、22
	浮动汇率制下的财政政策和货币政策	8	12、13、14、15、23
	固定汇率制下的财政政策和货币政策	7	5、13、16、23、24
第十九章	经济增长与经济发展	1、7	13、14、15
	增长核算	2、10、11	1、16、17、18
	新古典增长理论	3、4、5、6、8、9、12、13、14、15	2、3、6、7、8、9、19、20、21、22、23、24、25、26、27、29
	内生增长理论		4、10、11、12、28、29
	促进经济增长的政策		5、30
第二十章	跨期消费决策模型	1、2、4、5、6、20	7、9、10、19、20
	消费的随机游走假说	3	
	相对收入消费理论		1、4、11、12、21、24
	生命周期消费理论	16、17	5、13、14、22、23、24、27、28
	永久收入消费理论	18、19	2、6、15、23、24、25、26、27、28、29
	企业固定投资	7、10、11	3、16、30、31、32
	住房投资	8、12	32
	存货投资	9	32
	货币需求理论	13	8、17、18、33、34
第二十一章	从菲利普斯曲线到总供给曲线	6	
	货币主义的主要观点和政策主张	1、13	1、4、10、11、13、14、19、20、21、22、23
	新古典宏观经济学的基本假设	2、7、12、16、20	3、5、6、12、15、20、24、27
	实际经济周期理论	9	16、25
	新古典宏观经济学的 *AD—AS* 模型	3、16、18、19	17
	新凯恩斯主义的假设条件及特征	8、12、13、15、17	2、7、8、9、18、26、27、28
	新凯恩斯主义的 *AD—AS* 模型	4、10、14、15	
	目前宏观经济学的基本共识	11	

续表

章节	知识点	习题解析	补充训练
第二十二章	我国国情	1	
	政府与市场的产生		
	微观经济学的可借鉴之处	2、3、4、5	
	西方宏观经济学的参考价值	6、7	
	我国社会经济发展的主要矛盾	1	
	中国经济新常态	8	
	供给侧结构性改革	9	
	中国经济发展新理念	10	
	国内国际双循环的新发展格局		
	经济全球化和经济逆全球化	11、12	

图书在版编目（CIP）数据

高鸿业《西方经济学》（宏观部分·第八版）学习指导书/王海滨主编. --北京：中国人民大学出版社，2021.10

21世纪经济学系列教材

ISBN 978-7-300-29799-6

Ⅰ.①高… Ⅱ.①王… Ⅲ.①西方经济学-高等学校-教学参考资料 Ⅳ.①F0－08

中国版本图书馆CIP数据核字（2021）第168861号

21世纪经济学系列教材

高鸿业《西方经济学》（宏观部分·第八版）学习指导书

主　编　王海滨

Gaohongye Xifang Jingjixue（Hongguan Bufen • Di-ba Ban）Xuexi Zhidaoshu

出版发行	中国人民大学出版社		
社　　址	北京中关村大街31号	**邮政编码**	100080
电　　话	010－62511242（总编室）		010－62511770（质管部）
	010－82501766（邮购部）		010－62514148（门市部）
	010－62515195（发行公司）		010－62515275（盗版举报）
网　　址	http://www.crup.com.cn		
经　　销	新华书店		
印　　刷	天津鑫丰华印务有限公司		
开　　本	787 mm×1092 mm 1/16	**版　　次**	2021年10月第1版
印　　张	20.5　插页1	**印　　次**	2024年6月第3次印刷
字　　数	430 000	**定　　价**	49.00元

教学支持说明

1. 教辅资源获取方式

为秉承中国人民大学出版社对教材类产品一贯的教学支持，我们将向采纳本书作为教材的教师免费提供丰富的教辅资源。您可直接到中国人民大学出版社官网的教师服务中心注册下载——http：//www.crup.com.cn/Teacher。

如遇到注册、搜索等技术问题，可咨询网页右下角在线 QQ 客服，周一到周五工作时间有专人负责处理。

注册成为我社教师会员后，您可长期根据您所属的课程类别申请纸质样书、电子样书和教辅资源，自行完成免费下载。您也可登录我社官网的“教师服务中心”，我们经常举办赠送纸质样书、赠送电子样书、线上直播、资源下载、全国各专业培训及会议信息共享等网上教材进校园活动，期待您的积极参与！

2. 赠送“经管之家”论坛币

经管之家（http：//www.jg.com.cn）于 2003 年成立，致力于推动经济学科的进步，传播优秀教育资源，做最好的经管教育。目前已经发展成国内最大的经济、管理、金融、统计类在线教育平台，也是国内最活跃和最具影响力的经济类网站。

为了更好地服务于教学一线的任课教师，凡使用中国人民大学出版社经济分社教材的教师，注册成为我社教师会员后，可填写以下信息调查表，发送电子邮件或者邮寄或者传真给我们，我们将会向您赠送经管之家论坛币 200 个。

教师信息表
姓名：
学校：
论坛 ID：
教授课程：
使用教材：
论坛识别码：pinggu_com_1501511_8899768

3. 高校教师可加入下述学科教师 QQ 交流群，获取更多教学服务

经济类教师交流群：809471792

财政金融教师交流群：182073309

国际贸易教师交流群：162921240

税收教师交流群：119667851

4. 购书联系方式

网上书店咨询电话：010－82501766

邮购咨询电话：010－62515351

团购咨询电话：010－62513136

中国人民大学出版社经济分社

地址：北京市海淀区中关村大街甲 59 号文化大厦 1506 室　100872

电话：010－62513572　010－62515803

传真：010－62514775

E-mail：jjfs@crup.com.cn